동기부여의 심리학:
신경증의 자가 진단과 치료

동기부여의 심리학

2022년 6월 10일 초판 1쇄

지은이 폴 디엘
옮긴이 김성민
펴낸이 김유빈
편집 및 디자인 김유빈
펴낸곳 월정분석심리연구원/도서출판 **달을 긷는 우물**

등록 2021년 02월 16일 제 566-10-01643호
주소 서울시 서초구 강남대로 365 대우도씨에빌 1차 1005호
전화 070-8100-3319
e-mail souyou67@gmail.com
홈페이지 https://blog.naver.com/puitsdelalune

ISBN 979-11-91335-02-6 03180
값 28,000원

Psychologie de la motivation de Paul Diel.

동기부여의 심리학:
신경증의 자가 진단과 치료

폴 디엘 지음 | 김성민 옮김

달을 긷는 우물

역자 서문

폴 디엘(Paul Diel)은 매우 독창적인 심리학자이자 정신치료자이다. 그는 현대 심층심리학의 창시자들인 프로이드, 아들러, 융 등의 후속 세대로서 그들의 이론과 어느 부분 공통되는 점들이 없지 않지만, 그들의 이론과 전혀 다른 학설과 치료법을 가지고 정신치료에 임했기 때문이다. 그는 그 자신이 체험하였고, 그가 환자를 치료하면서 확인한 정신 현상들을 가지고 가설을 만들었고, 그것들을 개선해 가면서 그의 이론을 정립하였던 것이다. 그러나 그는 어느 누구보다도 더 성공적인 치료자였고, 무엇보다도 성숙한 인격을 향해서 나아갔던 임상가였다. 그러면서 그는 그의 사상에 동조하는 사람들과 함께 "동기부여의 심리학회"와 "동기부여의 심리학 교육연구원"을 설립하여 후진들을 양성하였다(www.psychologie-de-la-motivation.net).

먼저 그는 프로이드의 무의식 이론과 승화(sublimation) 개념을 높이 평가하였지만, 프로이드의 범성욕설과 정신질환의 외상론을 날카롭게 비판하였다. 인간의 모든 욕망과 동기들이 5세 이전의 유아 성욕의 고착 때문에 결정된다는 것은 인간을 너무 환원주의적으로 보는 것이기 때문이다. 그에 따라서 그는 생물발생적(biogénétique)으로 볼 때 인간에게 가장 기본적인 본능은 영양섭취와 번식(繁殖)과 방향성(orientation, 앞으로 일어날 사태를 예측하고, 가치 평가하여 올바른 방향으로 나아가는 기능)이라고 주장하면서 그것들을 담당하는 기관들은 각각 위와 생식기와 두뇌라고 주장하였다. 인간에게는 영양섭취와 번식 등 신체적 본능 이외에 정신적 본능도 인간의 기본적인 본능이며, 그 욕구들이 조화와 균형을 이루어야 한다는 것이다. 이와 같은 디엘의 생각은 그가 인간은 오랜 시간 동안 진화한 존재였고, 삶의 궁극적 목적과 의미는 더욱더 정신적인 존재로 진화하는데 있다고 보았기 때문이다. 그는 그렇게 되어야 사람들은 모든 본능적이고, 사회적인 구속에서 해방되어 정말 자유로운 존재로 살 수 있다고 생각한 것이다.

또한 디엘은 정신질환의 외상론을 비판했는데, 그에 의하면 사람들에게 유아시절의 부모-자녀 관계는 매우 중요하고, 부모-자녀의 환경이 인간의 성격에 미치는 영향은 상당히 크다. 그러나 그는 한 개인의 성격을 거기에만 고정시키는 것은 인간의 자율성을 전혀 고려하지 않는 것이고, 성격은 죽을 때까지 발달하는 것이라고 강조하였다. 그러면서 그는 인간의 성격이 정신적 외상 때문에 형성되고, 고정되는 것이라면, 부모의 성격 역시 그 윗대의 부모-자녀 관계에서 나온 것이고, 그 윗대의 부모 역시 더 윗대로 올라가야 해서 원인을 규명할 수 없게 되므로 불합리하기 짝이 없다는 것이다. 그것은 사람의 성격이 수양(修養)을 통해서 더 성숙할 수 있다는 체험적 사실과도 위배된다(그러나 현대 사회에서는 수양이라는 단어를 잘 들을 수 없게 되었다). 게다가 디엘은 정신 외상론의 가장 큰 병폐는 그것이 환자들에게 현재 잘못된 것들을 모두 타인(특히 부모)에게 돌리면서 자신이 해야 할 것을 하지 못하게 한다는데 있다고 강하게 비판하였다. 사람들은 자신의 삶에 책임적인 태도를 가지고 살면서 그때그때 다가오는 삶의 문제들을 해결할 때 정신적으로 성숙하는데, 정신 외상론은 사람들이 자신의 책무를 지지 않으려고 하는데 방패막이를 제공한다는 것이다. 어떤 치료법에서도 원인을 아는 것은 치료에 아무 도움도 되지 않는데도 말이다.

그래서 디엘은 그 대안으로 정신치료에서는 올바른 동기부여와 심리학적 계산의 습득이 중요하다고 강조하였다. 환자들의 문제는 그들의 동기부여가 잘못돼서 생명의 본질로부터 벗어났기 때문인데, 그것을 바로잡아야 한다는 것이다. 인간은 생물학적 욕구만 충족시키려는 다른 동물들과 달리 물질적 욕망과 성적 욕망을 충족시키면서도 환경적 요구에 따라서 그것들을 정신화시키고, 승화시켜야 하는데, 부모-자녀 관계나 사회적 환경의 미비 때문에 일부 욕망들이 고조(高調)돼서 정신적 왜곡이 일어나고, 그것이 정신질환의 원인이라는 것이다. 그러므로 치료는 환자들이 그들의 왜곡된 정신체계에서 비롯된 잘못된 행동들과 결과들을 심리학적으로 따져보는 심리학적 계산(calcul psychologique)을 하는 데 있다. 환자들은 내적 성찰을 통하여 왜곡된 정신체계에서 나온 잘못된 동기부여를 바로잡아야 하는 것이다.

디엘은 동기부여가 잘못된 사람들의 정신에는 잘못된 네 가지 경향인 허영심(vanité), 죄의식(culpabilité), 비난(accusation), 감상성(sentimentalité)이 있다고 주장하였다. 환자들에게 가장 커다란 문제는 허영심이다. 그들은 자신이 삶의 본질적인 방향에서 벗어났다는 무의식의 고발 때문에 죄의식을 느끼면서, 그에 대한 반동으로 자기는 다른 사람과 다른 특별한 사람이라고 생각하고, 불가능한 목표를 세워서 그것을 성취하려고 하는데, 실상은 아무 성과도 없는 것이다(허영심). 그러다가 무엇이라도 잘못되면 이런 이유, 저런 이유를 대면서 자신은 정당하고, 잘못은 언제나 다른 사람들에게 있다고 하면서 비난한다(비난). 그러나 그들의 마음 깊은 곳에는 언제나 죄의식이 자리 잡아서 언제나 자신이 없고, 주도적으로 행동하지 못하지만 그 이유를 알지 못한다(죄의식). 그런 사람들은 감정이 발달하지 않아서 삶을 제대로 느끼면서 살지 못하고, 언제나 자기 자신을 피해자라고 생각하면서 연민에 빠진다(감상성). 그런데 디엘에 의하면 이 네 가지 경향은 삶의 모든 부분에서 아주 정교하게 맞물리면서 작동하여 그들의 삶을 점점 더 파괴로 몰고 간다. 그래서 디엘은 환자들의 행동 하나하나에서 이 경향들이 얼마나 그들의 삶을 파괴하였고, 고통스럽게 했는지 심리학적으로 계산하게 해야 한다고 강조하였다. 그에게 얼마나 허영심이 많았고, 죄의식이 얼마나 고통스럽게 했으며, 얼마나 다른 사람들을 비난했고, 감상에 빠졌는지 살펴보라는 것이다. 모든 환자들은 언제나 진정한 삶에서 벗어나 그를 다른 사람들과 비교하면서, 눈치만 보았고, 진정한 기쁨과 의미를 맛보지 못하면서 살았던 것이다.

하지만 디엘은 이런 네 가지 잘못된 경향은 정신질환자만이 아니라 모든 사람들에게 어느 정도 존재하며, 모든 사람들은 신경증적이거나(nerveux) 통속적(banalisé)으로 살면서 고통을 받는다고 주장하였다. 사람들은 죄의식과 허영심 때문에 물질적 욕망과 성적 욕망을 정신화 시키거나 승화로 나아가지 못했으며, 자기 자신은 아무 잘못도 없다고 하면서 다른 사람들과 세상을 비난하고, 감상성에 빠졌다는 것이다. 그러면서 그는 사람들을 세 가지 종류로 나누었다. 첫째는 신경증적인 사람인데, 그는 그가 잘못 살고 있다는 것을 느끼고, 승화로 나아가려고 물질적 욕망과 성적 욕망이 너무 억제하면서 고통을 받는다. 그는 매사에 신경이 과민해서 고통 받는 것이다. 둘째는 통속화된 사람인데, 그는 승화를 향해서 나아갔지만 실패하자 아예 그 욕망들을 억제하지 않으면서 예의와 염치도 없이 사는 아주 방탕(放蕩)한 사람들이다. 그러나 그들은 자기가 잘못된 것을 몰라서 더 문제인데, 현대사회에 많은 유형이다. 셋째로 건강한 사람은 자연스럽게 본질적 욕망 따르며 살면서도 외부에서 오는 흥분들을 충분히 제어하고, 의미 있는 욕망들을 실현시키며 산다. 그리고 변화시킬 수 없는 것은 받아들이면서 아무 무리가 없이 살고, 완전한 자유 속에서 산다.

디엘에게 특이한 점은 그가 무의식(inconscient)과 하위-의식(subconscient), 상위-의식(surconscient)을 구분하였다는 점이다. 그는 프로이드나 융처럼 인간에게 의식적이지 않은 부분인 무의식이 존재한다고 생각했지만, 프로이드가 주장하는 것처럼 부정적인 것은 아니라고 생각하였다. 그리고 무의식에는 두 부분이 있어서 하나는 하위-의식이고, 다른 하나는 상위-의식이다. 하위-의식은 글자 그대로 의식보다 아래 있어서, 그것이 프로이드가 말하는 것처럼 부정적인 특성을 가지고 있다. 여러 가지 신경증적 행동을 하게하고, 신경증이나 정신증의 증상들을 만드는 정신의 심급인 것이다. 그러나 상위-의식은 글자 그대로 의식보다 위에 있는 심급으로서 인간을 더욱더 정신적으로 나아가게 하는 부분이다. 인류가 생명발생적으로 발달하면서 형성된 정신적인 것들이 내장되어 있는 심급인 것이다. 굳이 말하자면, 융이 말한 집단적 무의식의 긍정적인 측면과 같은 것이다.

이런 디엘의 독창적인 사상은 현대 물리학에서 가장 영향력이 큰 알베르트 아인슈타인(A. Einstein)과 오스트리아의 철학자 모리츠 슐리크(Moritz Schlick), 프랑스의 심리학자 앙리 발롱(H. Wallon)과 철학자 가스통 바슐라르(G. Bachelard) 등 많은 사람들에게 깊은 인상을 심어 주었다. 그래서 아인슈타인은 죽을 때까지 디엘과 친분을 나누었고, 그에 대한 후원을 아끼지 않았다. 그의 심리학 이론은 이론에 그친 것이 아니라 그가 쎙-탄느 병원(Sainte-Anne)과 프랑스 국립과학연구소(CNRS)의 앙리 발롱 연구소에서 정신치료자로 일하면서 놀라운 효과를 나타냈다.

역자가 융학파 분석가로 정신치료를 하는 입장에서 볼 때도 디엘의 이론, 특히 사람들에게 있는 잘못된 네 가지 경향들인 허영심과 죄의식, 비난과 감상성은 분석자를 이해하는데 좋은 안목을 제공할 뿐만 아니라 충분히 같이 사용할 수 있으리라고 생각된다. 또한 다른 한편 특별한 증상이 없지만 사는 것이 무엇인가 불편한 신경증적인 사람들은 그 자신의 내면을 살펴보고, 왜곡된 정신체계를 교정해서 동기가 올바르게 부여돼서 건강하고, 행복하게 살 수 있을 것이라고 생각한다. 그래서 부제로 "신경증의 자가진단과 치료"라고 붙였다. 디엘의 이론이 복잡하지 않아서 손쉽게 사용될 수 있기 때문이다. 아무쪼록 디엘의 사상이 우리나라 정신치료와 상담에서도 더 많이 연구돼서 더 많이 적용될 수 있기를 바란다.

마지막으로 그의 방법론을 설명하는 이 책의 앞 부분은 필요하기는 하지만 좀 지루할 수도 있어서 제1부의 4장부터 보다가 다시 앞을 참조하면서 읽을 수도 있을 것이다. 그 다음부터는 우리의 정신 현상을 새로운 각도에서 설명해서 흥미 있을 것이다.

2022. 6. 5.
月汀.

차례

역자 서문 / 4

서언 / 12

서문 / 26

제1부: 이론

제1장 정의 / 49

제2장 전-의식적 정신의 형성 / 63

제3장 의식적 정신의 형성 / 78

제4장 의식적 정신의 왜곡 / 100

1. 교만의 죄/ 101
2. 신경과민 / 120
   - a. 잘못된 동기부여 / 121
   - b. 신경증 / 145
   - c. 정신증 / 170
3. 통속화 / 183

제5장 충동 / 205

제2부: 치료에의 적용

제1장 심리학적 계산 / 253
제2장 치료와 적용의 규칙들 / 272
1. 분석의 의도 272
2. 환자의 의도 / 283
제3장 치료 관계 / 290
1. 죄의식에 의한 결정 / 290
2. 비난에 의한 결정 / 292
3. 감상성에 의한 결정 / 296
4. 허영심에 의한 결정 / 298
제4장 꿈 / 303
제5장 정신적 외상 / 321

부록

분석사례: 비평과 결론 / 343

서언

이 책에서 사용한 연구 방법은 내적 성찰이지만 이 연구에는 흔히 내적 성찰의 심리학(psychologie de l'introspection)이라고 말하는 것과 공통되는 것은 아무것도 없다. 어떤 점에서 우리는 여기에서 이 작업에 사용된 방법론을 밝히고, 그와 연관된 과학적인 가치들을 증명하려는 것 이외에는 다른 아무 목적도 없다는 것이다. 따라서 이 책은 되도록이면 과학적 비판의 입장을 취할 것이다. 하지만 의무에는 언제나 권리가 따르는 법이라서 우리는 여기에서 늘 과학적 비판의 객관성을 지킬 것이다. 우리가 이 점을 상기하는 것은 괜한 것이 아니다. 다른 모든 학문들과 심리학이 유사하다고 말하려는 시도에 대해서는 외적 관찰만이 객관성에 심각한 문제가 있다고 지적할 수 있기 때문이다.

그럼에도 불구하고 외적으로 관찰 가능한 모든 정신적 반응에도 내적 원인이 개입되어 있다. 그리고 우리는 그것을 동기(motif)라고 부른다. 우리는 사람들의 반응을 어떤 방법들을 가지고 측정하여 관찰할 수 있고, 어떤 검사를 통해서도 도출할 수 있는 것이다. 또한 그것들을 통계적으로 해석하고, 그것으로부터 귀중한 결과들을 얻을 수도 있다. 그러나 우리가 내적 원인이 되는 동기를 연구하지 않는다면, 그 반응들과 정신적인 삶 전체를 내밀하게 이해하지는 못할 것이다.

인간의 정신은 다른 모든 과학적 연구 대상들과 같지 않다. 정신은 정신의 겉으로 드러난 표현들과 외적인 반응들을 명확하게 구분할 수 없는 유일한 "대상"인 것이다. 그래서 인간의 정신이 과연 어떤 것인지 완전히 파악하기 위해서는 정신의 내적 반응성(réactivité)에 대해서 알 필요가 있다.

과학 정신을 가진 사람은 필요한 그 어떤 연구도 불가능하게 되기를 바라지 않으며, 삶의 그 어떤 영역도 체계적인 연구를 통해서 접근할 수 있기를 바란다. 하지만 그런 특전(特典)은 아마 가능하지 않을 테고, 인간의 내적인 삶은 체계적인 탐구인 과학적 탐구를 거부할 것이다. 그러나 과학적인 사람은 필요할 경우, 모든 수단과 방법을 다 동원한 다음, 모든 실험을 거쳐서 완전히 새로운 방법을 시도할 것이다.

심리학이 인간의 정신적인 삶을 직접적이고, 심층적으로 탐색하려는 시도를 혐오하는 것은 충분히 이해할 수 있는 일이다. 현대 심리학은 그 어떤 방법론도 가지고 있지 않거나 충분한 방법론도 없이 얻은 기본적인 주장들을 사변적으로 확장시키려는 경향이 있는 내적 관찰의 심리학에 대한 반동으로 생겼기 때문이다. 그런 심리학은 쉽사리 구별할 수 있지만 분석하기는 쉽지 않은 의식의 기능들인 의지, 감정, 사고 밖에는 말하지 않는다. 더 나아가서 기껏해야 하는 일이 분석을 통하여 의식의 기능들을 연상으로 축소시키는 것밖에 없다. 이렇게 사변적이고, 체계적이지 않은 분석은 아무 방법론도 없는 사변적 종합에 의해서 보완되는데, 그것 역시 체계적이지 않고, 관찰 가능한 사실들을 넘어서 독단적인 형이상학의 모순된 주장 속으로 빠져 들어가곤 하였다. 인간적인 측면에서 볼 때, 불충분한 내적 성찰에서 기인된 오류가 다른 모든 내적 성찰들까지 의심 받도록 한 것은 충분히 이해할 수 있다. 그러나 그런 의심이 체계적으로 이루어진 모든 내적 성찰들까지 불가능하다고 단정하는 것은 과학적으로 받아들일 수 없다. 이런 불가능성은 객관성의 이상(理想)을 위하여 과학적 노력을 철회하기에는 너무 일반적이고, 분명하며, 무서운 감정적 왜곡 때문에 생기고, 이런 감정적 왜곡은 잘못된 동기에서 나온다. 인간은 의식적 존재로서 그의 욕망들을 가치 평가할 수 있으며, 그렇게 평가된 욕망들은 그의 반응들의 결정 인자(因子)인 동기들로 되는 것이다. 가치 평가는 제대로 될 수도 있고, 잘못될 수도 있는데, 사람들은 종종 그들의 잘못된 평가를 납득하지 않으려고 한다. 그들은 그것을 거짓되게 정당화하고, 의식적 통제로부터 벗어나서 하위-의식화(subconscient: 디엘은 하위-의식은 무의식보다 더 부정적인 층이라고 하면서 구분한다—역자 주)하며, 그것은 결국 잘못된 동기로 된다. 따라서 잘못된 가치 평가는 정신 기능의 무능력, 다시 말해서 정신의 병적인 왜곡이다. 그런데 그것은 인간의 본성에서 본질적인 것이 아니라 우연적인 것이다.

각 사람들의 정신에는 어느 정도 잘못된 동기를 부여하려는 경향이 있다. 그것은 우연이기는 하지만 일반적인 현상이다. 그리고 맹목적 감정 상태인 우연한 왜곡을 정신의 건전하고, 본질적인 발달 상태와 혼동하게 하는 것은 이런 일반성 때문이다. 여기에서 모순적인 상황이 전개된다. 어떤 관찰자가 과학적이고, 체계적으로 접근하는데 숙달되어 있을수록, 다시 말해서 그가 개인적으로 맹목적인 정서를 극복할수록, 그는 인간 정신의 일반적인 왜곡에 기반을 둔 객관적으로 정당화될 수 있는 신중함을 가지고 더욱더 원칙적으로 내성적 탐색을 기피하려고 하는 것이다.

하지만 사람들이 그들의 이런 비일상적인 무능(無能)을 치료할 수 있는 필수적인 능력을 갖추고 있어야 하는 것은 분명하다. 더구나 그들은 그 치유책을 그 자신의 내면에서밖에는 찾을 수가 없다. 즉 자신을 들여다보고, 그 자신의 건강하거나 건강하지 않은 정신 작용과 올바르거나 올바르지 못한 가치 평가를 살펴보는 것으로밖에는 얻어지지 않는 것이다. 객관적으로 이상적인 태도는 인식이 내적 성찰로부터 물러서게 하는 데 있기보다는 그와 정반대로 인간의 정신에 있는 이 근본적인 문제와 과감하게 맞서도록 부추기는데 있다. 내면세계를 탐색하게 해야 하는 것이다. 이상적인 것은 그 자신에 대한 태도를 완전히 뒤집는 것을 통해서 밖에는 얻어지지 않는다. 내적인 삶의 진실은 다른 어느 곳에서가 아니라 그가 잠재의식의 기반(基盤)까지 추적하여 그의 내밀한 곳을 살펴보면서 가치 평가를 어떻게 잘못하였고, 어떻게 동기부여를 잘못하였는지 살펴보아야 하는 것이다. 내적 성찰은 사람들이 정서적이고, 하위-의식적인 모호성의 원인을 과감하게 파헤치고, 그의 잘못된 동기를 의식화 해야만 객관화 되는 것이다. 잘못된 동기를 의식화 하는 것은 다음과 같은 것을 의미한다: **모호한 정서를 버리고, 그가 정말 어떤 사람인지를 알며, 인간 정신의 진실을 포착하고, 과학 연구의 대상을 이해하는 것이다.** 따라서 잘못된 동기부여와의 싸움은 내적 성찰의 체계적인 길이 된다. 잘못된 동기부여에는 여러 가지 형태와 위장(僞裝)이 있다. 그 형태들의 정체를 폭로하고, 그것들을 정의하는 것은 객관적인 내적 성찰의 방법을 설명하는 것이 된다. 그래서 이 연구에서는 잘못된 동기부여의 여러 가지 형태들을 정의하려는 것을 연구 주제로 삼으려고 한다. 그에 따라서 이 연구에서는 내적 성찰의 객관적 방법의 구성을 제시하려고 하는데, 그 방법은 내면 탐색의 원리이면서 동시에 치료의 원리가 된다.

내적 성찰이 아무리 체계적으로 이루어질지라도 그것이 다 아우르지 못하는 것은 수많은 정신병리적 현상들은 물론 그것이 정신적인 것들과 같이 작용하는 것과 그것들을 기술하고, 분류하는 것들이다. 반면에 외적 관찰이 아무리 실험적으로 이루어질지라도, 그것은 결코 내면에서 체험하는 결정, 즉 실제로 동기 부여하는 것과 내면에서 이해되는 과정은 물론 실제로 이루어지는 설명들은 다 보지 못한다. 그러므로 동기부여의 심리학은 실험심리학에 의해서 보완되어야 한다.

이 두 가지 심리학이 같은 대상인 정신(psyché)에 대해서 말하기 때문에 하나의 심리학에서 추출된 의미 있는 결과는 다른 쪽에서 추출된 의미 있는 결과와 일치하여야 한다.

잘못된 동기는 모든 사람의 내면에 있으며, 모든 정신적 왜곡과 정신 질환의 근본 원리가 된다. 그러나 잘못된 동기의 표현들 가운데는 하위-의식의 첫 번째 단계의 현시(顯示)인 다소 모호한 정서적 동요의 단순한 왜곡에서 벗어나고, 하위-의식보다 훨씬 더 깊이 있으면서 꿈과 상징의 언어로 나타나며, 하위-의식의 언어인 정서적 분출로 나타나는 것들도 있다. 정신병리 증상들이 그것들이다. 정신과의사들은 외적 관찰을 통해서 그것들을 기술하고, 분류하며, 생리적 요인에 대해서 관심을 기울인다. 정신병리 증상들의 많은 부분들은 우선 잘못된 동기들에서 비롯된다고 할 수 있는데, 그것들은 흔히 생리적 결정론은 물론 정신적 결정론을 따른다고도 한다. 거기에는 어떤 의미가 담겨 있다는 것이다. 우리는 정신병리 증상들을 하나의 계열로 분류할 수 있다. 그것들 가운데는 오직 생리적 요인들에 의해서만 생긴 증상들이 있고, 그 다음에 그 어떤 생리적 원인도 없이 정신적 요인들에 의해서만 생긴 것들도 있다. 그러나 그 증상들이 하위-의식의 표현이고, 하위-의식의 정서적 표현은 내분비 체계에 직접적으로 영향을 미치기 때문에 우리는 그 증상들에 있는 정신적이고, 의미 있는 표현 이외에 생리적인 요인들도 같이 작용하였다는 사실을 받아들여야 한다. 하지만 그것이 언제나 그렇다는 것은 아니고, 실험될 수도 없다. 정신병리 증상에서 정신적 요인과 기질적 요인이 어떻게 상호 작용했는지 제대로 파악할 수 없기 때문에 최초의 장애가 어떤 것인지를 정확하게 확인할 수는 없는 것이다. 그것이 정신적 장애인지, 아니면 자율신경계의 혼란 때문이라 결국 중추신경계의 장애 때문인지 알 수 없는 것이다. 그러므로 우리는 순전히 정신적인 것처럼 보이는 증상들에서도 생리적 요인이 같이 작용한 것으로 받아들여야 한다.

*

일련의 중요한 정신병리 증상들은 정신적 요인에 의해서 생긴다는 것이 밝혀졌다. 이 사실은 심리학 연구에서 매우 중요한 의미를 가진다: 새로운 형태의 심리학으로 나아가게 하는 것이다.

정신분석학은 임상적 관찰을 통해서 숨겨진 하위-의식적 의미를 찾으려고 하였다. 여전히 외적 관찰의 도움을 받았던 것이다. 또한 정신분석학은 초-의식적(extraconscient) 표현들까지 설명하려고 하였다. 정신병리 증상들은 물론 꿈과 우리 조상들의 초-의식적 표현인 신화들도 설명하려고 했던 것이다.

정신분석학은 소위 자유연상이라는 방법을 사용하였는데, 자유연상은 증상들과 마찬가지로 하위-의식의 표현들이다. 그 연상(association)들은 증상들과 하위-의식적으로 연계되어 있으며, 증상들에 의해서 결정된다. 그에 따라서 그것들은 정신분석학이 그것들을 직관적으로 해석함으로써 신경증 증상들의 내밀한 의미를 파악할 수 있게 해준다.

해석이 순전히 직관에 머물러 있기만 한다면, 그 내용을 파악할 수 없을 것이라는 사실은 분명하다. 그러므로 그 기반을 체계적으로 사용하면서 내용을 제대로 파악하려면, 연상과 직관에 의한 설명이 정신적인 삶의 어떤 실제적 사건 위에서 이루어졌는지 파악하려고 해야 한다. 물론 증상들과 하위-의식적으로 연결되어 있는 연상들이 증상들과 같은 의미를 가지고 있다는 사실은 분명하다. 그러나 연상들은 증상들보다는 덜 복잡하고, 덜 수수께끼 같다. 그 연상들은 환자의 과거의 삶에서 나온 것들로서 정신적 왜곡의 진정한 원인들로 작용한 외상적(traumatisant) 사건들과 관계되는 것들이다. 그래서 잘못된 동기들을 만들어냈다. 삶에서 일어나는 사건들은 행동하는 주체가 잘못된 가치 평가를 하지 않는 한 외상적으로 되지 않는다. 사람들에게 계속해서 정신적 왜곡을 만들고, 그것을 강화시키는 사건들은 언제나 개개의 불유쾌한 사건들을 곧바로 외상(外傷)으로 되게 하는 마음속의 침전물로 된다. 그것들이 언제나 잘못된 가치 평가를 하게하고, 잘못된 동기부여를 새롭게 하기 때문이다. 따라서 연상에 의해서 재구성된 사건들 밑에 감춰진 잘못된 동기부여는 실제적인 사실로 보아야 한다. 그것은 근거를 가지고 직관적인 설명을 하게하며, 사변화의 위험을 피하기 위하여 명확화를 요청한다.

어떤 증상의 원인을 추적하는 데서 중요한 것은 연상에 의하여 재구성된 지나간 사건이 아니다. 그 사건들은 언제나 실제로 있었던 것들과 부합되지도 않는다. 그것들은 종종 잘못된 동기부여에 의해서 만들어지고, 과거에 투사된 회고적인 상상이나 상상력에 의한 외상들이다. 재구성된 사건들이 감추고 있는 과거의 잘못된 동기부여와 상상에 의한 사건들 뒤에 감춰진 현재의 잘못된 동기부여는 하나의 같은 것이고, 그런 이유 때문에 과거에 실제로 일어났던 사건들과 과거에 일어났었다고 지금 상상하는 사건들에는 똑같이 무엇인가를 드러내려는 어떤 것이 담겨져 있다. 그에 따라서 우리는 과거의 사건이 아무리 외상적이라고 할지라도, 그 사건 자체는 별로 많은 것들을 설명할 수 없다고 해야 한다. 우리에게 더 많은 것을 설명해 주는 것은 과거의 사건을 외상적으로 만든 현재의 마음의 상태(état d'âme)이고, 환자가 과거의 그 사건이 지금 그에게 정신적 외상으로 작용하였다고 생각하게 하는 똑같은 마음의 상태이다.

모든 사람들도 그렇지만, 정신분석가에게는—원리적으로—설명의 요체가 있다. 그것은 잘못된 동기부여, 약한 사람들의 내면에서 일반적인 사건을 외상으로 만드는 마음의 상태 등이 그것이다. 그가 다시 떠오른 외상들과 환자의 연상들을 설명할 수 있는 것은 바로 그것 때문이다. 그러므로 진정한 설명 도구는 연상에 기반을 둔 임상적 관찰이 아니라 일종의 내적 관찰이다. 그것만이 임상적 관찰을 유용하게 해준다. 제대로 된 탐구 방법은 쉽게 설명자로서의 분석가를 필요로 하지 않을 수 있다. 정신분석학은 정말 살아 있고, 효과적으로 작용할 수 있는 설명 체계 대신 어느 정도 기계적으로 사용될 수 있는 설명 체계를 발달시켜왔다.

정신병리 증상의 의미가 연상들 속에 담겨 있다는 사실에 주목하면서, 즉 증상 자체는 하나의 상징적이고, 기질적인 연상에 불과하다고 하면서 정신분석학은 하위-의식의 문을 열었다. 정신분석학은 내적 성찰의 도움을 받아서 연상들을 설명하면서, 어떤 결정적인 체계가 없음에도 불구하고 심리학이 다시 내면세계를 탐구하도록 했던 것이다. 인간의 정신적인 삶을 내적으로 이해하려는 그 어떤 심리학도 정신분석학에 많은 빚을 지고 있다. 이 연구를 진행하는 동안에도 정신분석학적 입장에 서는 것은 불가피하였다. 따라서 정신분석학 체계와 거기에서 나온, 특히 개인심리학(A. Adler)의 체계가 이 작업에 효과적인 영향을 끼쳤다는 사실을 강조해야 한다. 우리는 승화(sublimation), 억압(refoulement), 저항(résistance) 등의 정신분석학 용어들을 이 책에서 사용할 테지만 그 본래적인 의미를 다 따르지는 않을 것이다.

*

정신의 내면을 명료하게 관찰하려면—이렇게 공간적인 표현을 할 수 있다면—그것을 관찰할 수 있어야 한다. 그때 대두되는 문제는 정신-내면의 기능에 대한 객관적 관찰의 가능 여부이다. 만일 그것이 가능하다면, 그것은 오직 자기-관찰을 통해서만 이루어질 수 있다. 동기부여가 이루어지는 것은 각자의 정신 속에서이고, 사람은 그 자신의 정신에서밖에 살아 있는 동기를 찾아볼 수 없기 때문이다. 그래서 다른 사람의 동기를 이해할 수 있는 것은 그 자신의 동기에 대한 이해를 통해서만 가능하다.

동기부여는 모든 사람들에게 공통적인 법적 토대 위에서 이루어진다. 동기들이 개인적으로 조합돼서 아무리 다양하게 이루어지고, 거기에서 비롯된 반작용이 얼마나 다양할지라도, 그리고 그 반응이 아무리 비논리적으로 왜곡되게 나타나며, 그것을 논리적 원인으로 해석하는 것이 아무리 불가능할지라도, 그것들은 모두 그 자체의 심리-학적(psycho-logique) 원인들, 즉 동기들로 환원시킬 수 있다.

그 자신에 대한 관찰을 통하여 다른 사람의 반응에 있는 하위-의식적 동기를 추출하면서 설명하는 것은 그것이 비록 거의 언제나 하위-

의식적으로 이루어지기는 하지만 가장 자연스러운 현상이고, 모든 인간관계와 사회적 관계의 기반이 된다. 따라서 종종 관찰의 범위에서 벗어나 있기는 하지만 모든 사람들은 다른 사람들의 행동이 그들의 내면에서 어떤 감정을 불러일으키는지 자문(自問)하면서 다른 사람들의 반응, 즉 그들의 행동뿐만 아니라 어조, 동작, 몸짓으로 나타나는 의도까지 끊임없이 해석하려고 한다는 사실을 강조하지 않을 수 없다. 모든 인간관계에서 느껴지는 공감과 반감 및 사랑과 미움은 투사적인 내적 성찰이 이루어지는 하위-의식의 작용에 의한다. 정신병리 증상들은 이 투사적 내적 성찰이 교란되어, 불안하게 되면서 그것이 병적으로 되고, 잘못 해석할 때 생긴다. 이것은 확실히 정신 질환은 잘못된 동기부여, 즉 그 자신에 대한 잘못된 가치 평가에 의해서 이루어진다는 사실을 보여준다. 환자는 그 자신에 대한 잘못된 해석을 다른 사람에게 투사하고, 다른 사람의 행동들과 의도들을 잘못 해석하는 것이다. 그러므로 억압된 불안의 표현들인 정신병리 증상들은 이제 더 이상 인간 정신의 가장 원시적이고, 원초적인 기능의 비논리적이고 상징적인 표출의—적어도 인간관계의 측면에서 볼 때—본능적이거나 무의식적인(inconscient) 표현이 아니라 병적이며, 하위-의식적인 전형적이고, 경련을 일으키는 표현이 아닌가? 그것이 투사적인 내적 성찰이기 때문이다. 이 기능은 생물학적으로 의식적 반성의 최초의 깨달음에서 나오지만 아직도 완전히 주관적이고, 정서적이며, 상상적이다. 투사 기능의 복잡성은 인간의 상호 관계가 점점 더 커지기 때문에 생긴다. 정신적 혼란은 인간의 사회적 삶이 점점 더 복잡해지기 때문에 그에 대한 충격으로 일어나는 것이다. 거기에서 객관적 반성의 단초가 흐릿해지기 때문이다. 어느 정도 명료한 반성에 내포된 혼미는 상상적 흥분의 형태로 나타난다. 따라서 투사적 경향이 있는 내적 성찰이 정말 인간 정신의 원초적 기능이고, 모든 정신적 삶의 왜곡이 투사적인 내적 성찰이 잘못돼서 생긴 것이라면, 세상에는 오직 하나의 치료제밖에 없을 것이다. 건전한 정신 기능의 회복, 다시 말해서 언제나 정신 기능을 덜 상상적으로 되게 하고, 더 의식적으로 되게 하는 체계적 발전밖에 없는 것이다. 결국 이런 변환만이 기능의 교란에서 생긴 가장 수수께끼 같은 표현들까지 이해할 수 있게 한다. 불안하고, 얼어붙게 하는 표현들인 증상들을 이해하게 해주는 것이다. 관찰자의 정신 안에 들어있지 않아서 직접적으로 관찰할 수 없는 것들까지 마침내 이해할 수 있고, 설명할 수 있게 하는 것은 체계적인 내적 성찰밖에 없는 것이다. 내적 성찰은 증상들과 증상들의 여러 가지 변이들까지 설명하게 해주기 때문이다. 체계적인 내적 성찰만이 증상들의 의미, 즉 숨겨진 하위-의식적 동기들을 의식화하게 해 준다.

지금의 이 연구는 무의식적이고 본능적이지만, 하위-의식적이고 병적으로 될 수 있는 투사적인 내적 성찰이 그와 정반대로 의식적이고 치유적으로 될 수 있음을 제안한다.

체계적인 내적 성찰은 하위-의식적인 삶의 모든 표출들을 드러내면서 바람직한 결과를 드러내도록 돕고, 거기에 체계적이며 유용한 성과를 낳게 한다. 그에 따라서 체계적인 내적 성찰과 임상적 관찰은 결국 서로 보완되고, 서로를 확인한다. 이 책에서 말하는 결과들은 임상적 관찰에 의해서 입증되었다는 사실이 강조되어야 한다. 또한 이 두 가지 보완적 체계들에서 나온 결과들은 연상에 기반을 둔 어떤 검사(예를 들어서 로르샤흐 검사)들을 더 분명하게 해석하게 하면서 결국 실험심리학을 풍요롭게 한다는 사실이 언급될 수 있다.

*

이 책에서는 내적 성찰과 임상적 관찰 이외에 제3의 방법인 직관도 사용될 것이다. 직관(intuition)은 그 나름대로 관찰을 이끌어갈 수 있는 가설들을 세우거나 직접적인 관찰로는 접근할 수 없는 연구 영역을 개척하면서 관찰의 결과들을 확장시킨다. 직관에는 진정한 과학적 가치가 있으며, 우리는 연구의 각 영역에서 직관을 어느 정도 공개적으로 사용한다고 말할 수 있다. 그러나 직관이 관찰할 수 없는 것까지 탐구하게 한다는 이유 때문에 직관은 종종 내적 성찰보다 비판을 덜 받는다. 그런 의미에서 직관이 사용된다고 말할 수 있다.

유비(analogie)의 도움을 받으며 이루어지는 직관은 각각의 유비가 서로를 드러내면서 동시에 서로를 자극하는 유비들의 조화로운 연관 속에서 통합될 때 체계적인 것이라고 할 수 있다. 관찰된 사실들에 올바른 특성을 부여하는 것은 바로 이 유비적으로 구성된 전체로서의 통합이다. 물리학은 수학적 계산의 도움으로 조직된 전체– 법칙들 모두–를 보여 주는데, 물리학이 엄밀하다는 특전을 보증하는 것은 사실들에 대한 직접적인 관찰보다 법칙들의 유비적 일관성 때문이라고 할 수 있다.

이 연구에서는 수학적 계산이 불가능하기 때문에 유비를 더 많이 사용하고, 그것들을 일관성 있게 연결시키려고 한다. 이런 위험은 관찰 대상이 외연적(外延的)이고, 양적으로 광범위하지 않고 집약적이며, 질적이라서 경험적으로 제어하기 어려운 과학 분야에서 분명해진다. 그리고 그런 것들은 내면세계에서 발견되는 "대상들"에서 더욱더 그렇다. 다른 한편 직관적인 방법들이 특히 잘 적용될 수 있고, 심지어 요청되는 것은 내면세계의 대상들인 동기들이다. 동기들은 서로 서로 독립적으로 존재하기 때문이다. 그 자체로 실질적이고, 실제적인 직관은 정신 작업의 산물이다. 욕망의 평가가 이루어지는 것이다. 가치 평가가 제대로 이루어졌다면 동기로 산정(算定)된 욕망들은 정신에 의해서 유비적인 연관 속으로 통합되어야 한다. 그것들은 유비적이고, 유기적 구조인 정신-내적 연속체를 형성하는 것이다. 그것이 자아-의식이다. 자아-의식 형성의 정신-내적 작업은 한 번도 온전히 이루어진 적이 없다. 그것은 하나의 이상, 즉 인간의 삶의 이상이다.

내면세계의 모든 탐구는 욕망의 에너지 변환으로 여겨지는 방향을 탐색하는 것이 되어야 한다. 삶의 의미(le sens de la vie)를 탐색하는 것이 되어야 하는 것이다. 그러므로 그것은 외부세계의 영역에 관심을 기울여서 결국 철학적 비전을 제시하는 모든 과학의 특정한 한계들을 뛰어넘으려고 할 것이다.

이런 경향은 한편으로는 내면세계의 가장 귀중한 목적을 겨누고 있으며, 다른 한편으로는 가장 커다란 위험이 되기도 한다. 철학은 그것이 충분히 체계적인 탐색이 되지 못하기 때문에 과학에서 제외된다. 하지만 철학의 과업은 방법론이 충분하지 않다는 이유 때문에 무시되어서는 안 된다. 그 해법 역시 인간 본성의 타고난 욕구에 속하는 것이다. 그럼에도 불구하고 철학적 과업에 대한 과학 정신의 불신은 사변적 직관에 어떤 체계가 없을 뿐만 아니라 그 체계의 부족이 철학적 설명 자체를 왜곡시키고, 그것들이 합쳐져서 형이상학적 문제들을 야기시키기 때문에 존중되어야 한다.

직관의 위험은 거기에 유비적이고, 유기적으로 설 수 있는 안정되고, 입증할 수 있는 기반을 형성하려는 유비적 관련성을 만들려고 하는 데 있다. 모든 유비가 사라지고 삶의 내재적 의미인 윤리적 이상을 향해서 나아가게 하려고 강요하는 데 있는 것이다. 그래서 그것은 동기들과 행동들을 조화시키려고 한다.

과거의 소위 내적 성찰의 심리학이라고 불렸던 것은 서로 모순되는 체계들로 나누어진 철학으로 귀결되었다. 생명의 모든 표출과 생명의 의미를 종합하려는 이론적 직관은 내적으로는 물론 체계적으로도 내면적인 삶을 정신 내적으로 특징짓는 직관의 길을 따라갔던 것이다. 그 의미를 따라서 욕망과 욕망의 충족을 평가하였을 것이라는 말이다. 그런데 그런 가치 평가는 욕망의 충족을 잘못 약속하고, 동기부여를 잘못하면서 그 자체가 잘못될 수 있다. 오직 체계적인 내적 성찰만이—그런 것이 존재할 수 있다면—일반적으로 알려진 병적인 내적 성찰을 교정할 수 있다. 체계적인 내적 성찰만이 정신의 내면적 현상들 전체의 일반적인 직관적이고, 종합적인 연장을 위한 충분한 기반을 만들 수 있는 것이다.

지금 우리가 하는 연구의 문제점과 목적은 다음과 같이 요약될 수 있다.

다른 일반적인 연구들과 달리 사람들은 이 연구에서 그 어떤 임상적 관찰의 사례를 찾아보지 못할 것이다. 그것은 이 연구가 내적 성찰의 방법을 사용했기 때문이다. 각 사람은 모두 그 자신의 연구 목적을 가지고 있다. 따라서 그 자신이 살아 있는 예증 자체이며, 그 사람이 자신의 방법론을 사용한다면, 그는 자신의 동기부여를 관찰함으로써 그의 주장을 입증할 수 있을 것이다. 이 책은 무엇보다도 먼저 이론을 제공하려고 하지 않고, 오히려 이론의 이차적 종합을 산출한 계속적인 실험들을 소개할 것이다. 따라서 임상 사례들은 우리가 그것들을 내적인 동기부여와 함께 직면한다면 비로소 의미를 가지게 될 것이다. 그 방법이 충분히 드러나지 않았다면 그것들은 피상적일 수밖에 없다. 그리고 부록에는 예시적으로 치료의 일부가 소개될 것이다.

여기에서 내적 성찰의 방법은 저자의 인용이 부족한 것을 정당화시킬 것이다. 여기에서 말하는 결과들은 종종 완전히 새로운 것들이다. 다른 것들은 그것들이 실험적인 것이든지 아니면 임상적인 것이든지 상관없이 외적 관찰을 통해서 얻은 것들을 동의할 것이고, 그 바탕이 되는 이론들을 상기시킬 것이다(예를 들어서 말하자면, 피에르 쟈네의 역동적인 긴장 이론). 그러나 동기부여의 심리학이 그에 알맞도록 과학적 방법론의 변이를 사용하기 때문에 다른 방법론에서 나온 것들을 차용할 수는 없다. 이것은 같은 방법론을 사용하는 다른 연구들의 연장이 아니고 오히려 자기-관찰에 기초를 두고, 그와 유사한 것들의 연장 및 그 연장과 유사하게 관계되는 것들에 기초를 둔 관념들의 통일성을 깨트리는 절충이다. 동기부여의 심리학이 효율성을 입증할 수 있고, 과학적 노력을 기울이는 공동체 속에 통합될 수 있는 것은 그 방법론이 지시하는 대로 자율성을 엄격하게 지키는 것을 통해서밖에 없다. 이 연구에서 인용들은 다른 연구들과 같은 의미를 가질 수 없다. 그것들은 직접적인 의존을 말하는 것이 아니라 일치점을 가리킬 뿐이다. 저자는 다른 저작들, 즉 저자에게 영향을 준 연구들과 같은 방향으로 나아가는 연구들에 많은 빚을 지고 있다는 사실을 의식하고 있음을 밝힌다.

폴 디엘

서문

과학 가운데서 가장 정확한 과학인 물리학과 동기부여의 심리학은 완전히 반대된다. 물리학은 외부세계와 그것의 규칙적인 관계에 초점을 맞추지만 동기부여의 심리학은 내면세계인 동기(motif)로 바뀌는 욕망들과 그것들의 규칙적인 관계에 초점을 맞추기 때문이다. 그러나 물리학과 동기부여의 심리학 사이에는 유비적인 관련성이 있다. 외부세계와 내면세계는 분리시킬 수 없고, 상호 침투적이며, 이런 상호 침투성이 인간의 삶인 것이다.

물리학은 내면세계와 무관하다. 그러나 물리학이 완전히 무관할 수 있을까? 물리학 역시 정신의 산물이라서 내면세계에서 나온 것이기 때문이다. 외부세계에 대한 탐구의 기초에는 하나의 믿음, 다시 말해서 세계에 대한 근본적인 해석 가능성에 대한 믿음이 있다.

내면세계에 주어진 것들을 추상화하는 물리학의 방법적 원리는 과학의 이상(理想)이다. 이런 이상이 문제시되는 과학이 있다면, 그것은 동기부여의 심리학이다. 동기부여의 심리학은 그의 특별한 대상이 되는 내면성인 내면세계를 결코 추상화할 수 없는 것이다. 동기부여의 심리학의 모든 어려움은 거기에 있다. 그것은 다른 모든 과학의 이상에 비판적 입장을 취하고, 방법론적으로 내면세계를 추상화하는 그것들의 원리를 분석하지 않을 수 없는 것이다. 동기의 과학이 내면세계를 탐구하는 그 자신의 방법을 정당화시키려는 필요성 때문에 이런 비판적 입장을 취하는 것은 매우 중요하다. 하지만 다른 모든 과학들은 그들의 이상이 공격 받지 않기를 바랄 것이다. 그것은 사실이다. 그것은 이런 이상(idéal)의 제한된 의미가 입증되었을 때에만 그렇다. 그리고 방법론적으로 내면세계가 존재하지 않는다고 추상화함으로서 제외시키는 이상은 사실 내면세계의 존재를 부정할 수 없으며, 그것이 포함될 수밖에 없는 과학적 문제를 낳는다. 과학 연구의 그런 이상은 과학의 한계이며, 하나의 작업가설로 존재할 뿐이다.

모든 물리학 논문들은 힘(force)에 대한 정의를 먼저 내린다. 힘은 신체적인 운동을 하게 하거나 변화시킬 수 있는 원인으로 정의된다. 힘을 통해서 이루어진 변화는 사용될 수 있어서, 그 변화에 의하여 유용한 작업이 이루어지고, 사람들은 에너지에 대해서 말하지만, 측량될 수 있고, 물리학 공식에 담기는 것은 변화들뿐이다. 변화의 원인인 힘은 관찰이나 실험 그 어느 것으로도 파악되지 않는다. 그것은 형이상학의 관념에 머무른다. 다시 말해서 힘에 대한 관념은 하나의 상징, 즉 신화적 의인화나 내면세계에서 빌려온 이미지일 뿐이다. 그리고 그 상징의 의미는 오직 내적 성찰인 의지에 의해서만 관찰될 수 있는 정신적 현상이다. 그러나 그것은 이상화된 의지, 즉 초인적 의지이며, 창조적 의지이다. 힘은 비인간화된 의인화인 것이다. 물리학은 내면세계를 상징으로 압축하여 재도입함을 통해서만 원칙적으로 내면세계를 추상화시킬 수 있다. 그래서 우리는 물리학을 과학적 신화라고 부를 수 있다. 고대의 신화들 역시 창조적 의지인 모든 생명의 설명할 수 없는 신비를 상징적으로 의인화하면서 창조적 의지에 대하여 말하였다. 창조자의 의지에 대해서 말하였던 것이다. 그 둘 사이의 차이는 어쩌면 우리가 믿는 것만큼 그렇게 크지 않을 것이다. 물리학은 원리상, 그리고 그 나름대로의 경제학을 가지고 내면세계가 그대로 드러나게 언급하기를 바라지 않기 때문에 내면세계를 추상화하고, 추상적 상징으로 압축한다. 그런데 심리학이 외부세계에서 빌려온 공간적 이미지의 도움을 통하여 "내면" 세계와 "내적 성찰"의 방법론에 대해서 말할 수밖에 없다는 사실은 흥미 있는 일이다. 그와 반대로, 물리학은 연구의 본질적 대상이며, 모든 물리적 표출의 원인인 힘을 내면세계에서 빌린 이미지로 밖에 말하지 못한다.

외부세계를 원칙적으로 설명할 수 있게 하는 것은 힘에 대한 관념이다. 하나의 과학으로서 물리학이 가능할 수 있는 것은 이 관념의 도움밖에 없으며, 이 관념은 그것이 생산적이고, 필수불가결하다는 특성 때문에 존재 가치가 있다.

물리학은 그 구조가 바탕을 두고 있는 형이상학적 기반이 완벽하게 안정되어 있기 때문에 그 기반을 정당화하라는 요구를 받지 않는다. 그 구조를 지탱할 수 있는 형이상학적 토대는 그 자체의 안정성 때문에 간접적으로 정당화된다. 물리학이 그런 간접적 증거의 도움을 받지 않고, 그의 형이상학적 토대를 정당화해야 한다면, 모든 물리학 논문들은 어쩌면 사변적으로 될지도 모르는 서론부터 시작해야 할 것이다. 심지어 우리는 그 주장이 얼마나 모순적으로 보일지 몰라도, 어떤 관점에서 볼 때 형이상학적인 힘을 정의하려는 사변적 노력이었던 고대의 모든 철학은 일종의 물리학의 서론이라고 말할 수 있다. 물리학에서는 그것이 불충분하다는 이유로 거부할 테지만 말이다.

심리학 역시 내면적 대상인 욕망, 사고, 감정, 의지 등에 대해서 말하고, 그것들 사이의 관계, 다시 말해서 그것들 사이의 변화와 정신 내적 작업과 정신에너지에 대해서 말하면서 형이상학적 관념인 힘에 대해서 설명할 필요가 있다. 심리학은 언제나 그렇게 하였고, 그것을 "생명력"(force vitale)이라고 불렀다. 그러나 심리학은 물리학에서 볼 때, 바람직한 입장에 있지 않았다. 그 구조는 언제나 너무 불안정해서 그 원인이 형이상학적 기초에 있다고 전가시키기도 불가능하였다. 따라서 동기의 과학은 상당히 어려운 입장에 있다. 동기의 심리학은 서론에서 그것이 물리학과 공통적으로 가지고 있는 형이상학적 기반을 정당화시켜야 한다. 그것은 과학적으로 필요한데, 어쩌면 모든 과학적 노력과 반대되는 사변이라고 오해 받을지도 모른다.

이 근본적인 어려움은 다르게 생각될 수도 있다. 인간의 내적 작업과 동기의 에너지의 변환들을 규명하려는 내적 성찰의 심리학은 그 결과들의 실제적 응용인 치료에 도달해야 한다. 그런데 모든 치료는 의학의 영역이며, 정신치료는 필연적으로 의학의 영역을 뛰어넘는다. 그것은 생명의 의미 있는 방향인 삶의 의미가 나아가는 방향을 찾는 것이다. 삶의 의미를 추구하지 않는 치료, 즉 삶의 의미를 거스르려는 치료는 필연적으로 정신이 나간 거짓된 치료이다. 그러므로 이것은 형이상학적 기초를 정의하려는 근본적인 어려움에 도덕적 목표를 정의해야 하는 만만치 않은 어려움을 덧붙인다.

*

삶의 의미를 추구하고, 이해하려는 모든 시도들이 공통적으로 탐구하는 대상은 삶이 어떤 것인지 분석하고, 그런 삶을 사는 데 있다. 분석의 첫 걸음은 어렵지 않다. 유일하게 주어진 구체적인 대상인 세계를 추상적인 두 부분, 세계와 삶으로 나누는 것이다. 다시 말해서 외부세계와 내면세계로 나누는 것이다. 하지만 불행하게도, 통일체가 일단 분석에 의하여 나누어지면, 그것은 이제 더 이상 회복되지 않는다. 사는 그대로의 세계에 대한 종합은 이제 불가능하고, 삶에 대한 설명과 양태적 내용도 파악할 수 없게 된다. 대상이 주체로부터 일단 분리되면, 주체가 대상을 이해하여 설명할 수 있는 것이 불가능해지는 것이다. 그래서 주체가 대상을 이해하여 설명할 수 있는 방법도 없어진다. 그에 따라서 잘못된 문제들이 생기고, 쌓이며, 얽히게 되면서 해결할 수 없게 되고, 결국 형이상학적 사념의 어둠속에 빠지게 된다.

이때 우리가 잊어버린 것은 외부세계와 내면세계는 서로 연계되어 있다는 사실이다. 내면세계는 외부세계로부터 무엇인가를 바라고, 그 때문에 외부세계는 내면세계를 자극할 수 있는 것이다. 내면세계가 추구하는 것, 다시 말해서 내면세계가 외부세계에 대하여 바라는 것은 외부세계를 파악하고, 소유하여 두 세계 사이의 분리에서 벗어나는 것이다. 내면세계는 외부세계와의 재통일을 꿈꾸는 것이다.

그 두 세계를 종합하고, 재통일할 수 있게 하는 유일한 연계인 외부세계와 내면세계 사이의 연계는 특별히 정신내적 현상인 욕망(désir)과 관계되기 때문에 재통일의 문제, 즉 과거에 철학이 다루었던 문제는 심리학적 평면으로 바뀌게 된다. 그리하여 문제의 해결은 이제 정신내적 현상인 욕망을 관찰할 줄 아는 심리학의 도움을 받을 수밖에 없다. 내적 성찰이 체계적으로 이루어지는 심리학으로 이루어져야 하는 것이다.

내면세계가 일반적으로 지향하는 것들을 기초적으로 살펴보려는 이 서론에서 다루는 모든 것(욕망에 의해서 외부세계와 연계된 것)이 나중에 자세하게 밝혀질 내성적(內省的) 결과들과 비슷한 연장선상에 있는 것이 아니라면 아마 사변적인 것일 것이다. 연구는 모든 사변이 그렇듯이 일반적인 고찰만 가지고 이루어지지는 않는다. 그것은 이미 그것들을 다루었다. 그 고찰들은 그 범위 전체를 추적하고, 용어들을 정의하기 위해서 처음부터 의도적으로 행해졌던 것이다.

내면세계의 대상들인 욕망들은 외부세계의 대상들과 역동적인 관계에 있다. 외적 대상들은 내면세계를 자극하고, 욕망들은 사람들을 흥분시킨다. 욕망들은 에너지를 불러일으키는 긴장이고, 그것들은 정신에너지의 가장 원시적 표출들이다. 어떤 특정한 욕망에서 비롯된 긴장이 외적 대상에 부어져서 진정되지 않고, 흥분이 반응 대상을 찾지 못하는 한, 욕망은 내적 긴장(tension intérieure)인 의도(in-tention)로 머물러 있고, 그렇게 해서 생긴 모든 에너지의 중심들은 서로 영향을 주게 된다. 욕망들은 정신의 바깥에서 이루어지는 작업인 반응(réaction)을 준비하는 정신내적 작업을 수행하면서 끊임없이 변환되는 것이다. 정신의 발달과 전체로서의 정신의 표현인 정신의 상위 기능은 정신내적 작업의 결과이다. 욕망들이 많아질수록, 그것들이 귀찮게 하고, 서로 충돌하지 않도록 하기 위하여 그것들을 조정할 필요성이 더욱더 커진다. 그때 이제는 더 이상 외부의 대상들을 소유하려고 하지 않고, 내면세계를 통제하며, 내면세계를 조화시키려는 새롭고, 특별한 욕망들이 생긴다. 그것은 내면을 소유하고, 내면세계의 이상을 실현시키려는 욕망이다. 이 새로운 욕망들은 기본적인 욕망들이 늘어나고, 그것들을 조정하는 역동적 필요성을 따라서 필연적으로 정신적인 삶의 과정으로 나타나면서 문화적 성향을 띠게 된다. 이 새로운 문화적 욕망들은 필연적으로 의식적 특성을 가진다. 그것들은 부분적으로 그들 자신, 즉 그들 자신의 내면성을 의식하고 있다. 그것이 아직 충분히 체계적인 것은 아니지만, 그 욕망들에는 내적 성찰의 능력이 있는 것이 틀림없다. 기본적인 욕망들은 비교의 기능, 따라서 판단의 기능에 의해서만 조정될 수 있기 때문이다. 그 기본적이고, 늘어나는 욕망들이 조정되려면 그것들은 거기에 담긴 중요한 가치에 따라서 비교되고, 선별되어야 한다. 내성적인 가치평가는 욕망들이 조화로운 전체에 통합될 수 있게 하기 위하여 아주 위험한 욕망들에서 에너지를 제거하고, 그것들을 억제하려고 한다. 이런 방식으로 형성되는 조화로운 상호 관계가 자아의식이다. 그리고 이렇게 양육되고, 평가 절차를 마친 한시적인 욕망들은 특성화된 지속적 의도와 동기들로 된다. 내면세계와 조화를 이루려는 새로운 욕망들은 그 자체로 모든 욕망들, 심지어 가장 기본적인 욕망들의 에너지의 중심들이 상호 작용을 통해서 정신 내적 작업으로 정신화 되고, 승화된 기본적인 욕망들이다.

정신화를 통하여 욕망들은 더 분명해진다. 사람들은 자아의식이 형성되기 전에 본능적이고, 맹목적으로 바라는 외적 대상들을 더 분명히 이해하게 되는 것이다. 정신화 과정에서 욕망들은 언제나 더 이상적으로 생각된다. 그런데 기본적인 욕망들은 내적 작업을 통하여 사고로 변환된다. 대상을 향하여 맹목적으로 추구되던 기본적 욕망들은 대상들을 향한 사고로 되는 것이다. 그래서 대상을 향한 맹목적인 정서는 분화되고, 세련된 감정으로 삶을 채우게 된다. 의식화되었고, 통제할 수 있게 된 에너지의 긴장 자체는 이제 의지(意志)로 된다. 의식화된 정신의 기능들인 사고, 감정, 의지는 정신내적 작업, 가치평가, 욕망들의 동기부여에 의해서 형성되는 것이다.

욕망과 욕망의 충족을 조정하는 가장 초기의 시도는 연속적인 망(網)으로 얽혀져 있는데, 그것은 상상력의 작용이다. 그때 의식의 특성인 비교 기능은 아직 약하다. 백일몽인 상상력은 기본적 욕망의 무의식적인 삶과 정신화된 욕망의 의식적인 삶 사이의 경계에 있다. 욕망의 상상적 사슬에는 정신화를 말해주는 지표가 들어 있다. 미래에 실현될 수 있는 것으로 투사된 현재의 실현 불가능한 욕망들이 바로 투사의 싹이다. 그러나 상상력의 투사는 너무 모호해서 아주 중요한 그 과제를 수행하기 위하여 욕망들을 조정하려면 상당한 정도의 의식이 필요하다. 투사가 유용하게 되려면 투사에는 명확한 목표가 필요하고, 더 나아가서 일시적인 장애물을 극복하기 위해서는 분명한 수단이 있어야 하는 것이다. 사람들에게 상상은 알려진다. 그러나 지성이 아무리 분명한 목표를 가지고 있으며, 수단을 선택할 능력을 가지고 있을지라도, 지성은 그것을 정신화 할 수 없다. 그리고 분명하게 표현된 목표는 치밀한 수단을 통하여 실현시킬 수 있지만, 치명적인 오류가 있고, 아직 조정되지 않은 목표는 궁극적인 목표, 즉 이상적인 것이라고 평가되는 목표 안에서 통합될 수 없다. 정신적 조화에서 벗어나기 때문이다. 지성은 여전히 분명하지 않고, 상상적인 요소들이 포함된 목표를 추구한다. 모든 목표들과 그 목표들을 실현시키려는 수단인 계획들은 이상적인 목표를 향해서 나아가려고 하는 것이다. 그래서 그것들은 궁극적인 가치와 궁극적인 만족을 얻을 수 있는지 비교되고, 평가되며, 검토되어야 한다. 이런 의무는 외적으로 주어지지 않고, 욕망에 내재해 있다. 욕구 충족에 내재해 있는 것이다. 궁극적인 만족은 욕망들의 조화로운 결합에 의해서 밖에는 이루어지지 않는다. 그런데 그 결합은 기쁨의 원천이기 때문에 삶의 의미 자체이기도 하다. 그것의 실현은 실용적인 지성에 의해서 이루어지지 않고, 지성보다 더 높이 있는 기능에 의해서 이루어진다. 모든 상상력과 편견을 꿰뚫고 들어갈 수 있고, 욕망을 완전히 객관화할 수 있으며, 그것을 완전히 명확하게 할 수 있는 기능인 정신(esprit)에 의해서 이루어진다. 삶의 의미를 투사할 수 있고, 존재할 수 있는 가장 의미 있는 계획을 의식적으로 다시 만들어낼 수 있는 것은 정신의 통찰력이다. 정신의 통찰력은 삶과 삶의 의미를 만족시킬 수 있는 것이다. 이런 삶의 의미, 다시 말해서 기본적인 욕망의 에너지적이고, 발달적인 목적주의에 의해서 이미 무의식적으로 형상화된 삶의 의미는 결국 정신적 투사의 도움으로 의식적인 목표 이상인 초의식적이고 지시적인 목표, 즉 삶의 이상으로 된다. 이런 삶의 이상을 발달시키기 위해서 실용적인 주지주의는 정신화를 향해서 결정적으로 진화해야 한다. 여러 가지 목표로 향하였던 표상이 이상적이고, 유일한 목표의 표상인 궁극적 가치 판단으로 변해야 하는 것이다. 그래서 의식적 지성은 결국 초의식적 정신에 종속되게 된다. 그것은 그 자신과 자신의 의지를 의식한 정신일 뿐만 아니라 생명과 삶의 의미와 더불어 그 의(義)를 실현시킬 수 있는 수단을 의식하고 있는 정신이다. 완전히 참된 가치를 판단하는 의식인 것이다.

한 개인은 고집을 부리면서 끝까지 내적 성찰로부터 도출된 가치 평가의 방향으로 나아가지 않을 수 있다. 그때 그의 욕망들은 충족되지 않고, 생명력이 부족해지며, 고통이 오게 된다. 여러 세대에 걸쳐서 이런 고통이 지속되면, 생명은 합리적인 방향으로 나아가지 않을 수 없고, 유일한 치료책을 사용하게 하는데, 그것이 바로 내적 성찰이다. 그 자신의 욕망을 올바르고, 결정적으로 평가하게 하는 것이다.

우리는 여러 가지 욕망들 가운데서 생명 전체에 활력을 주는 본질적 욕망(désir essentiel)을 알아내는 것이 무엇보다도 필요하다. 그것은 생명 전체를 발달하게 하고, 그 의미를 실현시키는 생명의 충동(élan vital)을 찾아내는 것이다.

욕망들을 잘못 평가하고, 상상력을 흥분시키는 것은 치명적인 오류이자 치명적인 죄(coulpe vitale)이다. 그것은 가장 중요한 욕망을 충족시키지 못하고, 삶의 본질적인 의미를 만족시키지 못하기 때문이다. 본질적 욕망의 불만족에 의해서 불러일으켜진 고통에는 중차대한 죄 때문에 생긴 처벌의 측면이 있다. 잘못된 가치 평가와 잘못된 동기부여에 의하여 이 욕망들은 뒤엉키면서 자아의식을 점점 더 파괴하고, 드디어 그 욕망들을 통제하지 못하게 한다. 그때 의식은 분열된다. 동기부여가 잘못된 욕망들, 과도하게 평가되고, 고조되었으며, 에너지를 너무 많이 가지게 된 욕망들은 의식의 통제에서 벗어나게 된다. 그리하여 그 욕망들은 초의식적으로 되고, 지속적으로 잘못된 동기들로 변환되어, 하위-의식의 밑바닥에서부터 개인을 사로잡으며, 결국 하위-의식적이고, 비논리적이며, 상징적인 언어로 나타나게 되는데, 이렇게 통제되지 못한 에너지는 증상이라는 형태로 폭발한다. 그것이 생명의 중요한 병인 정신질환이다. 정신의 병인 것이다.

*

여태까지 우리가 말한 것은 그 안에 과학적 가치가 들어있지 않은 사변에 불과한 것일까? 전혀 그렇지 않다. 이 견해는 정신에너지의 경제학에 아주 잘 들어맞고, 재생산 가능성이 풍부하기 때문에 어느 누구도 반박할 수 없는 과학적 가치를 지닌 가설이다. 이 견해는 모든 정신적 표현을 하나의 근본적인 현상으로 환원시킨다. 인간에게는 욕망이 있는데, 그것은 외부세계에 반응하려고 하고, 그 반응을 의미 있게 하려는 흥분이다. 이 근본적인 현상, 즉 욕망과 욕망의 발달, 정신에너지의 올바른 변환은 우리 삶에서 무엇보다도 필요하다: 삶의 두 측면인 내면세계와 외부세계 사이의 이상적인 연계를 발견하는 것이 매우 필요한 것이다. 이 이상적인 연계는 기초적인 욕망이 아니다. 내면세계가 외부세계를 이상적으로 품을 수 있도록 더 발달하여, 정신화된 욕망이다. 진리의 도움으로 진리 안에서 재통합된 욕망인 것이다.

*

생명 전체를 살아 있게 하는 가장 중요한 욕망(의식적인 삶뿐만 아니라 전의식적이고, 동물적인 삶을 의식적이고, 초의식적으로 되게 하는 욕망)은 신비한 힘(force mytérieuse)이다. 내면세계의 과학인 심리학뿐만 아니라 외부세계의 과학인 물리학에서도 그렇게 말한다. 우리가 앞에서도 언급하였듯이, 물리학은 외부세계를 결코 내면세계와 분리해서 생각하지 않는다. 내면세계에 의하여 추출된 외부세계의 진리인 물리학은 외면성과 내면성이 이상적으로 통일된 형태인 것이다. 그렇기 때문에 물리학을 말하려면 모든 물리적 변화와 공간적 운동의 원인이 되는 "힘"(force)이라는 형이상학적 개념의 도입이 요청된다는 사실이 강조되어야 한다. 이것은 그와 같은 힘이 내적으로 드러날 때 모든 에너지의 변환인 모든 정신적 운동, 즉 모든 정동과 감정 변환의 원인이 된다는 사실을 알게 한다. 심리학은 이 신비한 힘을 더 가까이에서 파악하기 위하여 "생명의 충동"(élan vital), 즉 "가장 중요한 욕망"이라고 불렀다. 이렇게 이해할 때, "중요한 충동"은 모호한 실재가 아니라, 물리학에서의 "힘"처럼 우리가 세운 가설의 필수불가결한 출발점으로 된다. 그러나 그 생명의 고취자인 이 가장 중요한 욕망은 어디에서 오고, 생명의 힘인 본질적 욕망이 다시 연합하려는 외부세계와 내면세계는 어디에서 오는가? 하지만 이런 질문을 제기하는 것보다 더 위험한 것은 없다. 이 질문에 대한 유일한 대답은 "신비"이기 때문이다. 과학이 아무리 발달했을지라도, 이 신비에 대하여 대답해주지 못한다. 그것을 하나의 실체로서가 아니라 피할 수 없는 질문에 대한 답변으로 여기는 한 이 신비는 분명하다. 외부세계에만 몰두하는 물리학은 이런 질문을 하지 않을 수 있다. 그러나 외부세계는 물론 내면세계에 대해서도 말하고, 생명 전체를 활성화시키는 욕망과 그것들을 재연합하려는 욕망(그것이 이 가장 중요한 욕망을 어떤 특별하고, 분명한 용어로 취급하지는 않을지라도)에 대해서 말하는 심리학은 처음부터 이 질문을 제기해야 했으며, 아주 오래 전부터 피할 수 없는 이 질문 때문에 형이상학으로 이끌려갔다. 그렇지 않으면, 심리학은 가장 중요한 욕망을 분명한 언어로 말하지 않았기 때문에 형이상학에 이끌려갔는지도 모른다. 내면세계에 대한 탐구는 그 용어와 그에 대한 분명한 정의가 없어서 심리학적이지 못했다. 그것은 사변적이었던 것이다. 신비에 대해서 말하는 신화적인 용어는 "신"이다. 그런데 모든 신화적인 용어는 상상에 의해서 만들어진다. 그것은 상징적 이미지, 다시 말해서 숨겨진 의미를 가진 이미지 l 인 것이다. 그러므로 "신"이라는 용어 뒤에 감춰진 의미는 "신비"이다. 형이상학적 사변은 "신"이라는 상징을 하나의 실재(réalité)로 다루려고 한다. 하지만 상징은 번역을 요청하고, 실재는 정의(définition)를 요청한다. 따라서 사변적 형이상학은 신을 정의하기를 바랐다. 그것은 신비에 대한 설명을 바랐던 것이다. 하지만 심리학에서 신비는 신비일 뿐이다. 심지어 심리학은 신비가 존재한다고 말하지도 않을 것이다. 그것의 존재조차 신비이기 때문이다. 심리학에서 신비는 단지 모든 설명의 한계처럼 존재하는 것이다. 이렇게 정의된 신비("사실"로서가 아니라 용어처럼 정의된 것)와 상대적으로 심리학이 제공하는 창조력(force créatrice)의 공식은 그 자체로 하나의 상징적 이미지이다. "본질적 욕망"이라는 용어는 물리학에서 "힘"이라는 용어가 그렇듯이 상징인 것이다. 그러나 "본질적 욕망"은 하나의 용어만이 아니라, 더 나아가서 직접적으로 체험되는 감정이다. "본질적 욕망"이라는 용어는 심리학을 넘어서 심리학이 사변적 오류를 피하게 하면서 그 자체로 형이상학의 영역으로 이끌어간다. 그와 반대로 본질적 욕망이라는 사실, 즉 직접적으로 느껴지고, 체험된 본질적 욕망은 심리학을 철학이라는 다른 영역으로 이끌어간다: 도덕으로 이끄는 것이다. 본질적 욕망은 체험된 사실로서 만족스럽게 실현되기를 요청하기 때문이다. 우리는 이 도덕이 독단적이지 않기를 바란다. 이 도덕이 사변적으로 정교하게 다듬어진 행동 규칙의 공식을 부과하지 않고, 논쟁하기를 즐기고, 그 다음에 규칙을 세우는 도덕이 되어야 하는 것이다. 그렇게 될 때에만 우리는 그것을 하나의 방법으로 사용할 수 있다. 다시 말해서, 그 도덕은 치료적 가치를 얻게 되는 것이다. 그것이 우리가 내면세계를 탐구하는 목적이다.

체험된 감정으로서 인간의 가장 중요한 욕망은 내면세계를 탐구하면서 그것을 분석하도록 촉구한다. 여기에서 중요한 것은 인간의 정신에 소위 "본질적 욕망"이라고 불릴 만한 어떤 작용 방식이 있는지 탐색하는 것이다. 이 질문에는 정신(초의식과 하위-의식 모두)의 의식-외적 작용에 대한 분석만이 대답할 수 있다. 그 이유는 어쩌면 심리학이 욕망의 삶이라는 근본적인 이 현상을 충분히 살펴보지 않았기 때문이다. 우리는 모든 심리학 문헌들에서 욕망의 형성과 왜곡에 관한 것은 물론 동기에 대한 것은 더욱더 찾아볼 수 없을 것이다. 이런 공백은 어쩌면 심리학이 반드시 그렇게 되어야 할 자리에 있지 못하게 한 이유가 되었을 것이다: 삶에 관한 학문으로 되지 못하게 했던 것이다. 그래서 동기부여의 심리학은 여태까지 사용하지 않았던 용어들을 사용할 수밖에 없다. 비교가 가능하다면, 동기부여의 심리학에 있는 자료들을 경제적으로 사용하려면 동기부여의 심리학은 행동주의 심리학이 사용하는 것과 다른 "조정 체계"를 필요로 한다. "본질적 욕망"에 대한 정의는 모든 정신 내적 현상을 기술하게 하는 이 조정 체계를 만드는데 필요하다. 이 서론을 쓰는 목적은 무엇보다도 이 틀(조정 체계)을 만드는 것이다. 다시 말해서, 이 새로운 용어인 "본질적 욕망"을 정의하고, 조정 체계를 만드는 것이다. 이 용어의 생산 가능성이 이 긴 서론의 존재를 정당화해 주기 바란다.

*

"예비적 가설"(실제로는 그에 따르는 비전)의 궁극적인 결과(형이상학과의 관계)를 지적할 필요가 있었다면, "본질적 욕망"이라는 용어로 불리는 이 정신적 현상의 도덕적 귀결을 미리 요약해 보는 것도 필요할 것이다. 다시 말해서 정신에너지를 여러 가지 욕망들로 분산시키는 것을 살펴볼 필요가 있는데, 그것은 욕망이라고 하는 에너지의 중심이 발달하면서 형성되는 것과 퇴화되면서 왜곡되는 정신내적 작업을 살펴보는 것으로 나타나는 것이다.

세상을 사는 것(삶)은 외부세계와 내면세계로 이루어지는데, 그것은 한편으로는 이 두 세계를 분리시키고, 다른 한편으로는 그것들을 재통합하는 것으로 특징지어 진다. 그때 분리시키는 것이 현실이라면, 재통합하는 것은 이상(理想)이다.

다시 말할 필요도 없지만, 내면세계는 몸 안에 있지 않다. 몸 안에는 몸의 기관들만 있을 뿐이다. 그런데 몸은 모든 기관들과 함께 외부세계에 속해 있다. 외부세계의 존재 방식은 내면세계의 그것과 전혀 다르다. 그 두 세계가 상호 침투적이고, 삶이 실제로 이루어질 수 있는 것은 그것들의 존재 방식이 서로 다르기 때문이며, 이 연구는 궁극적으로 그 차이에 대해서 살펴볼 것이다. 내면세계는 바깥으로 뻗어나가지 않고, 안으로 집중된다. 그것은 강하게 모아지거나 삶의 본질적 욕망인 완전한 재통일을 이루려는 욕망으로 집약된다. 내면세계가 외부세계를 완전하게 소유해서 삶의 궁극적 만족을 느끼는 지극한 기쁨을 가져오는 이 완벽한 재통일은 물질적으로는 불가능하다. 거기에 도달하는 길은 사고와 이상, 두 가지 방법인데 그것들 모두 물질의 지배로부터 벗어나는 것이다. 하나는 진리를 가지고 세상 전체를 극복하는 것, 즉 관념적으로 극복하는 방법이고, 다른 하나는 이상적으로 극복하는 것, 즉 감정적으로 극복하는 것인 사랑으로 세상 전체를 품는 것이다. 그것을 가능하게 하는 두 가지 실현 방식은 정신화와 승화이다. 그러므로 본질적 욕망에 담긴 심리학적인 문제에는 그것들을 사변적인 방식으로 해결하려고 했던 철학의 오래된 문제 두 가지가 들어 있다. 사고를 통한 재통일, 다시 말해서 형이상학에 의하여 문제를 잘못 제기하는 것과 재통일을 하나의 이상으로 제기하는 것, 즉 도덕적 문제로 제기하는 두 가지가 들어 있는 것이다.

*

그러나 사람이 사는 세상은 본질적 욕망으로만 완전히 정의되지 않는다. 외부세계는 흥분시키는 능력을 가진 대상들로 나누어지고, 내면세계는 욕망이라는 형태로 경험되는 증가된 자극들로 나누어진다. 수많은 욕망들은 이제 더 이상 궁극적 재통일을 바라지 않는다. 완전히 극복할 수 없는 것이다. 그것들은 외부세계의 세밀한 것들인 다양한 대상들만 추구하기 때문이다. 그러므로 비본질적 욕망들의 증가는 본질적 욕망의 순수한 강도를 약화시킨다. 발달적 에너지를 약화시키는 것이다. 가장 중요한 욕망이 다양한 욕망 속으로 분산될수록 형이상학적 충동과 도덕적 열정은 더욱더 시들어간다. 그리고 삶을 깊이 즐길 수 있는 능력도 더 약화된다.

본질적 욕망이 다양한 욕망들 속에서 완전히 나누어지지 않는 한, 그것은 아무리 약화되었을지라도 존속한다. 그래서 그 욕망은 다양한 욕망들을 통제하려고 하며, 그것들을 조정하려고 한다. 그때 본질적 욕망과 다양한 욕망들 사이에서는 끊임없는 에너지의 교환이 일어난다. 그래서 어떤 때는 에너지의 한 부분이 분산됨에 따라서 본질적 욕망의 긴장이 줄어들고, 또 다른 때는 다양한 욕망들에 부어졌던 에너지의 한 부분이 재흡수 되면서 긴장이 강화된다. 정신내적 작업의 원인인 정신의 본래적 정동성(émotivité)을 승화시키면서 발달적 변환으로 이끄는 본질적 원인은 바로 이 본질적 욕망의 강화와 약화이다.

그러나 본질적 욕망의 에너지는 다양한 욕망들 속으로 완전히 분산될 수 있다. 본질적 욕망이 소멸되는 것이다. 그때 삶은 의미 있고, 발달적인 방향을 잃고, 침체되며, 무의미하게 된다. 이제 정신내적 작업에는 많은 본질적 욕망의 모든 에너지들을 빼앗는 지나치게 많은 욕망들의 에너지만 공급 받는다. 그래서 정신내적 작업에서는 이제 오직 다양한 욕망들 사이의 갈등만 횡행하게 된다. 각각의 욕망들은 다른 욕망들보다 자신이 더 가치가 있다고 그 자체만 정당화시키는 것이다.

욕망들에 잘못된 동기부여가 이루어지는 것이다. 그때 개인들은 오직 물질적 대상들의 소유만 갈망하게 되고, 사람들은 외부세계와 투쟁을 시작하게 된다.

그것은 부도덕한 상태이다. 도덕은 본래 모든 사람들을 살아 있게 하는 본질적 욕망을 충족시키는 덕성이나 그 자신의 선(善)을 위해서 그를 살 수 있게 하는 덕성으로 정의된다. 따라서 도덕은 사람들의 머리 위에 매달려 있는 원리가 아니고, 자신의 이익에 반해서 행동하게 하는 원리도 아니다. 오히려 사람들에게 생기를 주는, 그 사람 안에 있는 살아 있는 원리이고, 그의 본질적 이익을 실현시키게 하는 원리이다. 도덕은 본질적인 힘, 다시 말해서 생명을 본질적으로 충족시키게 하는 내재적인 힘이며, 제일 커다란 기쁨을 체험하게 하는 능력을 준다. 결과적으로 도덕의 원리는 이기주의, 즉 각자가 그 자신의 진정한 선(善)을 추구하게 하고, 그의 더 높은 자아를 만족시키려는 이기주의이다. 그래서 도덕은 무엇보다도 매우 자연스럽고, 개인적인 것이다. 각 사람의 진정한 선이 다른 사람의 진정한 선은 물론 모든 사람의 진정한 선과 일치하기 때문에 사회적 책무(責務)로 된다.

그러나 부도덕성은 이기주의, 즉 자아-중심주의의 병적인 왜곡이다. 자아-중심적 부도덕성은 인간의 본질적 취약성인 그의 본질적 욕망의 취약성이며, 삶의 질병, 특히 정신적 질병이다.

그 취약성은 두 가지 형태로 나타나는데, 하나는 통속성이고, 다른 하나는 신경성이다.

우리는 앞으로 인간의 본질적 욕망을 파괴하는 통속화된 왜곡(욕망이 늘어남에 따라서 병적으로 증식되어 분해된 상태)의 조건을 자세하게 기술할 것이다.

그와 반대로, 신경증적인 형태의 자기-중심주의는 본질적 욕망이 완전히 분해된 것이 아니라 병적 경련으로 나타난 것이다. 사실 신경증 환자는 본질적 욕망과 다양한 욕망 사이에 떠있는 사람이다. 그는 고조된 상태에서 그 둘 모두를 바란다. 그때 그의 내면에서는 본질적 욕망과 덧붙여진 욕망들이 서로를 거스르고, 서로를 억제한다. 그러면서 그 욕망들은 신경증 환자의 고조된 상상을 통하여 끊임없이 스스로를 정당화하고, 동시에 끊임없이 정죄한다. 동기부여가 잘못된 것이다. 그 결과 잘못된 동기부여에서 비롯된 갈등들은 외부세계에서 정서적으로 고조된 반응의 형태로 폭발하거나, 그렇지 않으면 내면세계의 심연에서 억압된 정서의 형태로 폭발한다. 그것들이 병적인 무의식, 즉 하위-의식을 형성하는 것이다. 그러면서 잘못된 동기부여는 점점 더 비논리적으로 된다. 그것은 상징적으로 나타나고, 결국 증상의 형태로 폭발한다.

*

우리는 여태까지 말했던 이 모든 것들을 단지 하나의 신화라고 말할 수 있을까? 사실 그것은 하나의 신화이다. 그러나 확인해 볼 만한 가치가 있는 과학적 신화—예비적 가설—이다. 이 가설 덕분에 그 다음의 발달이 삶으로부터 구체적인 자료들을 제공함으로써 채워야 하는 일반적인 뼈대가 만들어지는데, 그것은 자기-관찰과 자기-실험을 통해서 입증할 수 있다. 우리가 여기에서 먼저 강조할 수 있는 것은 이 과학적 신화에는 고대 사회의 모든 민족들의 신화에 감춰진 의미가 압축된 형태로 들어 있다는 사실이다.[1] 고대 신화들은 삶의 의미에 대한 이 비전을 수많은 변이들을 통하여 아주 자세하게 이야기한다. 그 신화들은 그것을 "신적이고 창조적인 원리"라고 부르면서 인간의 본질적 욕망을 상징화한다. 그 욕망을 만족시키는 두 가지 형태인 '정신과 사랑'(esprit et amour)은 지배적인 신성을 상징적으로 의인화하고, 다른 신들은 그 신들의 자손들이다. 다시 말해서, 그 신으로부터 유래된 특성들인 것이다. 예를 들어서 말하자면, 그리스 신화에서 제우스

1 P. Diel, *Le symbolisme dans la mythologie grecque*, Paris: Payot, "Petite Bibliothèque Payot." 1956. 2002.

는 정신이고, 헤라는 사랑이다. 다른 한편 유대-기독교 신화에서 유일신은 사랑의 정신과 사랑의 원리로 나타나고, 욕망의 증가와 그것들을 잘못 정당화하는 것, 즉 잘못된 동기부여는 악의 원리로 된다. 잘못된 정신이며, 부정적으로 된 정신인 것이다. 기독교 신화에서 악의 원리, 말하자면 타락한 정신은 사탄이 된다. "신의 아들들인" 영웅들은 인간 속에서 사는 잘못된 동기들(악마들)로서 삶을 황폐하게 하는 괴물들과 싸워야 한다. 신들은 그들에게 무기를 "빌려주는데", 그 무기들은 정신적인 특성들, 말하자면 정신화의 힘과 승화의 힘을 상징적으로 나타내는 것들이다.

이런 주장은 충분히 놀랄 만하고, 충분히 중요하다. 그래서 다른 많은 신화들 가운데서 선택한 신화에 숨겨진 의미를 분석하여 살펴볼 필요가 있다.

예를 들어서 말하자면, 프로메테우스(Prométhée) 신화가 말하는 것은 사람들에게 욕망들이 증가하는 것과 그 욕망들이 결국 인간의 본질적 욕망 속에서 재통일되는 것이다. 프로메테우스는 그의 이름이 말하는 것처럼 앞서서 생각하는 사고를 상징적으로 나타낸다. 인류가 동물성으로부터 자신을 구별하는 것은 사고 때문인데, 의식을 가진 인간은 지성의 기능에 의해서 창조되는 것이다. 프로메테우스(미리 생각하는 자)는 인간의 창조자이다. 사고의 역사는 인류의 역사이고, 프로메테우스 신화는 인류의 운명과 발달을 상징적으로 나타낸다. 인간은 지성을 가진 동물로서, 지성화를 통하여 동물성으로부터 빠져 나왔다. 프로메테우스는 인간을 땅과 함께 창조한 것이다. 인간은 대지의 아들로 동물성으로부터 벗어난 새로운 존재이지만 대지적 욕망에 너무 사로잡혀 있다. 그는 프로메테우스의 피조물로서 오직 대지만 사랑하고, 땅 위에 편안하게 정착하기 위해서 그가 새롭게 획득한 기능인 사고를 사용할 것이다. 다시 말해서 그는 그의 대지적 욕망들을 증가시키고 아직 지성의 상태에 머물러 있는 사고는 그것들을 충족시킬 수 있는 수단들을 가르쳐 줄 것이다. 그때 그는 정신을 망각하고, 제우스와 갈등 상태에 있게 된다. 지성화(intellectualisation)는 정신화(spiritualisation)로 나아가는 첫 번째 단계이지만 그것은 단지 실용적인 정신일 뿐이다. 그래서 지성이 잘못 사용되면, 지성은 사람들을 삶의 진정한 의미로부터 돌아서게 할 수 있다. 가장 높은 정신적 의미로부터(제우스로부터) 벗어나게 하는 것이다. 그런데 상징은 인간의 참된 안내자로서 정신의 항구적인 빛나는 불꽃이다. “빛”인 것이다. 그리고 지성의 항구적인 상징은 그보다 강도가 좀 약한 불꽃인 “불”이다. 정신인 빛과 비슷한 형태로서 지성인 불은 제우스에게 속해 있다. 프로메테우스는 그의 피조물인 인간이 그의 수많은 욕망들을 실현시키게 하기 위하여 궁극적인 진리가 있는 빛의 영역으로부터 불을 가져왔다. 그러나 불은 잘못 사용되었다. 인간이 다양한 그의 욕망들을 더 많이 충족시킬수록 욕망들이 더 늘어났기 때문이다. 그래서 그는 정신으로부터 등을 돌리고, 지성만 신뢰하게 되었다. 그는 정신화를 향한 발달의 길로 나아가지 않고, 첫 단계에 불과한 지성화에만 머무르려고 한 것이다. 불인 지성이 지상의 욕망들만 충족시키려고 할 때, 그것은 언제나 욕망들만 찬양하게 된다. 그래서 지성은 몰상식으로 되고, 불은 삶의 의미와 정신의 의지를 거스르는데 사용된다. 불이 도난당하는 것이다. 불의 도난에는 정신에 대한 죄의식이 담겨 있다. 그래서 도난은 정신에 의한 처벌을 불러온다. 그런데 이 처벌은 결코 부정의가 아니다. 오히려 그것은 증가되었고, 지성화되었던 욕망들이 불러왔기 때문에 가장 완전한 정의이다. 땅에 묶인 것을 처벌하는 것이다. 프로메테우스(인류가 의인화된 모습)는 그가 바랐던 대로 되었다. 그는 땅만 바랐고, 일어설 수 없도록 땅에 묶이기를 바랐다. 미리 생각하는 것은 상승이라는 본질적인 힘을 잃어버렸다. 진화의 충동을 잃어버린 것이다. 인류로서 프로메테우스는 땅에 묶여서 정신을 망각하게 되었다. 그러나 정신은 결코 사람을 잊어버리지 않았다. 정신은 매일 인간을 찾아오고, 그에게 메시지를 전하는데, 그의 간을 파먹는 독수리가 그것이다. 여기에서 독수리는 상승의 힘을 상징적으로 나타내고, 독수리가 간을 파먹는 것은 죄의식과 후회가 물어뜯는 것을 상징적으로 나타낸다. 그런데 땅에 묶인 것은 신화에서 언제나 나타나는 전형적인 상징인 통속화의 상징이고, 죄의식에 의한 후회는 신경증의 징표이다. 정신을 망각한 데 대한 두 가지 형태의 처벌, 즉 욕망이 증가하고, 지성의 계획으로 그것들을 충족시킨 데 대한 처벌은 통속화와 신경증이다. 두 가지 형태의 병적 왜곡인 것이다. 삶에서 의미, 말하자면 앞으로 나아갈 이상을 잃는다면, 가장 중요한 욕망은 병들고 만다.

그러나 프로메테우스 신화는 인류에 대한 처벌만 보여주지 않고, 희망도 그린다. 지성화는 그것이 아무리 항거를 하고, 오용될 수 있지만 정신화의 최초의 지표로서 결국 정신화를 향해서 발달하는 것이다. 그래서 프로메테우스는 땅에 묶여 있지만 않았고, 제우스와 화해하였다. 신화에서 제우스에게 하는 외침으로 표현되었고, 정신에 대한 비난의 형태로 나타난 하위-의식의 고백되지 않은 후회는 결국 고백된 후회로 변환된다. 수많은 욕망들은 삶과 삶의 법칙을 만족시키는 가장 중요한 욕망으로 다시 통합되는 것이다. 상징적으로 말해서, 그것들은 제우스의 의지에 굴복하는 것, 다시 말해서 정신의 법칙에 굴복하는 것이다. 그것들은 생명의 의미에 굴복하면서 정신적으로 발달하는 것이다. 지성화가 정신화로 발달하는 것이다. 반항하는 지성인 티탄족으로서 프로메테우스는 드디어 순결한 정신으로 된다. 이런 측면에서 볼 때, 프로메테우스는 타락의 상태(유대교 신화의 창세기의 입장에서 볼 때)에서 이제 의식적으로 된 존재의 운명뿐만 아니라 인류의 안내자-이상을 상징적으로 나타내기도 한다. 그가 불멸의 신으로 되는 것이다.

*

과학으로서의 심리학과 공통되는 것이 신화에 하나도 없을 수 있을까? 그것은 잘못된 말이다. 신화는 고대 세계의 심오한 심리학이었기 때문이다. 이 심리학은 내적 성찰로 이루어졌다. 그것은 집단적 창작으로서 영혼의 심층에서 비롯되었는데, 그 자체로 초의식적이었다. 따라서 신화에 대해서 말하면서 동기부여의 심리학인 내적 성찰의 심리학 논문을 시작하는 것은 결코 과학 정신을 모독하는 것이 아니다.

프로메테우스 신화는 욕망의 증가와 그것들이 고조된 병의 원리를 보여주고, 치료의 궁극적 원리와 치유의 원리에 대해서 요약한다. 구원에 대해서 말하는 것이다. 그리하여 병적으로 증식되는 욕망들이 조화롭게 통합되어 본질적 욕망 속에 재중심화 되는 것을 보여준다.

모든 치료는 본래 심리학적인 것이었다. 의학은 초기에 마술적이고, 신화적이었던 것이다. 사실 마술적 의학은 미신적이었다. 그러나 그것은 정신적인 것이 몸에 영향을 주게 하는 암시를 사용할 줄 알았다. 그것이 체계적 연구를 통하여 기질적 원인에 대한 정확한 지식에 기반을 두고 진단할 수 있게 되기 전까지 존재했던 유일한 치유의 힘이었던 것이다. 그러나 신화적 지혜는 마술 의식(儀式)에서의 막연한 암시 정도로만 사용되지는 않는다. 신화적 치유에는 정신이 신체에 영향을 일으키게 하는 감춰진 의미들이 세밀하게 들어 있고, 치유하는 영향을 나쁜 영향으로부터 막아 주는 것이 들어 있다. 그래서 구원을 가져온다. 거기에 감춰진 의미들에 따르면, 신화들은 가장 본질적 욕망과 다양한 욕망들밖에 말하지 않는다. 올바른 동기부여와 잘못된 동기부여에 대해서 말하는 것이다. 신화들은 이론적이고, 형이상학적인 의미는 물론 엄청나게 실천적인 도덕적 의미까지 담고 있다. 따라서 신화들은 가장 결정적이고, 가장 치유적인 치료를 보여준다. 동기부여의 심리학과 그것의 내성적 방법이 제시하는 것도 그것이다. 그런 점에서 우리는 조화의 상징인 아폴론 신전의 정면에 "너 자신을 알라"라는 신화적 지혜를 요약한 글귀가 새겨진 것을 상기할 수 있다. 신화와 심리학이 공통된 치유적 의도를 고찰한다면, 거기에는 반드시 같은 내용이 들어 있다. 그것들은 유사한 것이다. 신화적 지혜들이 심리학적으로 해석되지 않는다면, 그것들은 당연히 오해된 상태로 남는다.

그것은 무시되는 것이다. 그러나 동기부여의 심리학은 그런 유사성을 부끄러워하지 않는다. 그것은 절망하지 않고 그 유사성이 결국에는 가장 자랑스럽고—신화는 역사적인 자료들이기 때문에—진실한 역사적 증거라는 사실을 밝히려고 한다. 그런 임무를 수행하기 위해서 신화에 담긴 정신적 특성을 가리키는 언어적 용어들은 명확하게 정의되어야 한다.

제1부
이론

제1장
정의

모든 물리적 운동의 설명할 수 없는 원인을 힘(force)이라고 하고, 모든 정신 운동의 설명할 수 없는 원인을 생명력이라고 한다.

정신 운동은 정신적으로 설계되어 있는 자신의 몸에 일어난 직접적인 감각을 지각한다는 사실에서 차이가 난다. 정신은 감동하는 것이다. 정신에는 내적 운동이 있는데, 그것은 자극에 반응하는 특성이다.

흥분성(exitabilité)은 생명력과 다른 말이 아니다. 따라서 그것 역시 설명할 수 없다. 흥분성도 생명 자체와 같은 말이고, 그것의 존재 역시 분명하며 신비하다. 사실 설명할 수 있는 것과 설명할 수 없는 것 사이를 구분하는 것은 형이상학이라고 하는 모든 사변과 반대된다. 교조적인 형이상학은 틀림없이 이 분명한 한계를 부정한다. 형이상학은 이 한계를 넘어서 설명할 수 없는 신비를 설명하려고 애쓰기 때문이다. 과학적으로 가치 있는 노력에는 생명에 대한 모든 연구의 한계를 가능한 한 명백하게 정의하고, 그에 따라서 모든 정신적 표출들을 탐구해야 하는 임무가 주어져 있다. 그래야 그 연구들은 탐구할 수 없는 영역에서 헤매지 않게 되고, 두려워하지 않으면서 그 한계까지 다가갈 수 있다.

생명의 근본적 원리인 흥분성은 일종의 한계로서 설명을 통해서 다가갈 수는 있지만 극복할 수는 없다. 그러나 그것의 설명할 수 없는 측면 이외에 현상적으로 확인할 수 있는 부분인 정의할 수 있는 부분도 가지고 있다. 그때 설명할 수 없는 것은 그것의 존재 자체이고, 설명할 수 있는 것은 그것들의 존재 방식이다. 철학자들은 아마 흥분성은 생명의 본체라고 말할지도 모른다. 여기에서 있을 수 있는 위험은 이 "본체"가 사실 설명할 수 없는 신비인 것이 분명함에도 불구하고, 그것을 "신"이라고 부르는 것이다. 그렇지 않으면 이 신비를 마치 외부세계에 존재하는 대상처럼 실제로 존재하는 것으로 취급하거나 내면세계에 있는 대상처럼 생각하면서 "영(靈)이나 사랑"이라고 부르는 잘못된 위험이 있는 것이다. 그렇게 하는 것은 그 이름들이 기껏해야 이 심오한 진리를 표현하려는 신화적 상징들이며, 신인동성론(anthropomorphisme)이라는 사실을 망각한 것이다. 생명이 드러난 모습인 흥분성과 그것의 존재 양태들은 그 자체로서는 설명할 수 없는 신비의 표현이며 표출인 것이다.

심리학은 무엇보다도 먼저 설명할 수 없는 것, 즉 흥분성을 설명하려고 해서는 안 된다. 심리학의 과제는 오직 생명의 드러난 모습인 존재의 양태들을 명확하게 보여주는 데 있다.

흥분성의 양태적 형상은 잠재적 흥분 상태로 정의된다. 그것은 모두 우연하거나 드러난 흥분 가능성의 원리이고, 그에 따라서 흥분의 모든 가능한 원리들이기도 하다. 흥분성은 내면세계와 외부세계 및 그것들이 상호 침투한 생명 자체의 원리이다. 외부세계와 내면세계는 그 자체로는 언제나 설명 불가능한 흥분성을 도입하지 않고서는 설명할 수 없다. 생명력은 그 자체로 추상적인 "물리력"과 달리 구체적인 특성을 가지고 있다. 그래서 직접적으로 경험할 수 있고, 느낄 수 있다. 정신적인 삶의 가장 근본적인 현상인 흥분성은 자극과 흥분의 형태로 드러나면서 내적 성찰로 관찰할 수 있는 현상들을 범주화하는데 필요한 기반을 구축할 수 있는 정의 체계(système définition)를 만들게 한다.

*

우연하게 일어난 모든 흥분은 달래질 것을 요구하는데, 달래는 방법은 반응이다. 모든 흥분에는 반응이 뒤따르는 것이다.

흥분에 원칙적으로 흥분성이 관계되듯이, 반응에는 원칙적으로 반응성(réactivité)이 관계된다. 생명의 원리인 흥분성은 정의상(定義上) 생명이 모두 소멸되지 않는 한 완전한 평온을 얻을 수 없다. 그래서 삶은 끊임없이 이어지는 흥분성과 반응성의 상호작용으로 이루어진다. 이 끊임없는 상호작용 때문에 흥분성은 생명 에너지의 원천이 되고, 이 에너지는 삶에 가장 중요한 작업을 하게 한다. 생명을 발달하게 하는 것이다. 왜냐하면 반응성은 흥분성을 완전히 진정시킬 수 없어서 언제나 더 흥분성을 진정시킬 수 있는 형태를 향해서, 적어도 질적으로나마 나아가기 때문이다. 이 에너지는 점점 더 투명하고, 방향성이 있으며, 의미 있는 특성을 가진 반응성으로 된다. 따라서 흥분성과 반응성의 상호작용인 발달의 성향은 필연적으로 점점 더 통제할 수 있는 반응성으로 나아간다. 삶은 언제나 더 의식적으로 되고, 반응성은 의지적인 활동성을 띠는 것이다. 삶의 평온은 운명적이고, 개인적 필연인 죽음에 의해서 얻어질 수 있으며, 발달에 의해서도 얻어질 수 있는데, 그것은 이상적이고, 일반적인 필연이다. 모든 생명의 특성인 흥분성과 반응성 사이의 상호작용, 말하자면 발달적이고, 에너지적인 작업은 죽음의 형태로가 아니라 발달의 형태로 평온에 도달하려고 하는데, 그것은 한 번도 완전하게 이루어진 적이 없다. 우리는 삶의 충동(élan de vivre)에 의해서 활성화되는 그 작용을 본질적 욕망이라고 부를 수 있다. 그것이 모든 생명에게 생기를 불어넣기 때문이다. 그 욕망도 각각의 생명에게 생기를 준다. 발달의 작업인 흥분성과 반응성 사이의 작용이 정신내적 현상이기 때문이다. 그런데 그 작업은 실제적인 삶과 그것들의 개인적인 형태를 통해서만 드러날 수 있다. 신화에서는 사람들에게 있는 본질적 욕망을 의인화시켰고, 그것을 영혼이라고 불렀다. 그리고 신비(Mystère)를 의인화시켜서 신이라고 불렀다. 세계 모든 민족들에게 공통적으로 존재하는 신화적 의인화에 따르면, 생명은 하나의 유출이며, 신의 창조이다. 그러므로 영혼이 이 세상을 살면서 길을 잃지 않으려면 신 안에서 평온을 찾으려고 동경(憧憬)해야 한다. 신화가 이렇게 의인화시켜서 말하는 것에는 매우 깊은 의미가 담겨 있다. 그러나 그 신화적 이미지가 사실로 혼동되어, 신과 영혼이 어떤 인물들로 여겨지면, 신화는 즉시 모든 의미를 잃어버리고, 미신으로 된다. 이런 미신에서는 신이 이 세상을 의도적으로 창조하였고, 사람들에게 보상하거나 처벌한다고 주장한다. 하지만 종교철학이나 세속철학은 언제나 이 신화적 이미지들을 실재(réalité)들로 보려고 하였다. 사변의 모든 오류들은 묘사할 수 없는 신비를 이미지로 묘사한 것을 논리적 묘사로 받아들이면서 논리적으로 해석하고, 토론할 수 있다고 한 이 근본적인 오류에서 생겨났다. 그때 그 사변은 여러 가지 문제들을 잘못 제기하여 해결할 수 없게 하면서 이런 해석과 논쟁으로 되는데, 그것은 수 세기 동안 이루어져왔다.

*

삶의 모든 것들을 설명하는 기반이 돼서 삶의 가장 근본적 현상이라고 알려져 있고, 그 경계를 설명할 수 없는 것과 설명할 수 있는 것 사이에 둔 흥분성은 그의 진정한 의미를 형이상학적 문제(창조자 하느님)와 도덕적 문제(보상을 주고, 처벌을 하는 하느님)로 환원시킬 수 있으며, 그 진정한 의미를 고대 사회의 사변인 제3의 문제, 즉 자유의 문제로 돌릴 수 있다.

인간의 정신은 자유로운가? 그렇지 않은가? 모든 예비적인 문제(신, 영혼, 자유)들은 자유의 문제를 통해서 심리학에 그 해결책을 돌린다. 심리학이 자유의지나 결정론의 문제에 대한 해결을 추구하지 않는 한, 심리학은 사변으로 머무를 수밖에 없었을 것이다. 그런데 의

지적 결단을 추구하려는 노력은 동기들과 그것들의 목적에 의존되어 있다.

이 모든 문제들은 목적론의 문제들 속으로 모아진다. 생명의 모든 표현들 속에서 보이는 생물학적 목적론, 말하자면 우리가 거대한 흐름 속에서, 그리고 종종 매우 놀라운 세밀한 것들 속에서 관찰할 수 있는 의미심장하고, 진화적인 방향은 인간의 의지와 비슷한 창조적 의지를 입증하는 듯하다. 목적론에 관한 이 모든 잘못된 개념은 소위 신인동성론적 신의 존재에 대한 증거들 뒤에 감춰져 있다. 그것의 존재가 일단 고백되면, 그 인격신은 인간의 모든 행동들을 개인적으로 지켜본다는 사실을 받아들이게 한다. 그리고 그의 보상과 처벌을 정당화하려면, 인간의 결단은 자유로워야 한다. 모든 신화들은 이런 방식으로 신과 영혼의 관계를 설명한다. 거기에서도 잘못이 범해질 수 있는데, 그것은 영혼과 영혼의 속성들인 자유, 불멸성, 도덕성과 부도덕성 등을 상징적 의인화로 살펴보지 않고, 이미 주어진 것으로 취급하는 것이다.

생물학적 목적론은 단지 흥분성의 진화적 경향을 나타내는 것으로서, 흥분성과 반응성 사이의 반작용에서 나온 필연적 결과이다. 그래서 의식적인 삶, 의도적인 목적론, 사고에 의하여 인도되는 인간의 의지 등은 생물학적 목적론의 특별한 경우, 즉 진화가 한 단계 앞으로 나아간 것이다. 생명은 그 자체로서는 설명 불가능한 신(神)이 드러난 모습인데, 신화는 인간의 의식적 의지를 이상적인 형태로 드러내는 신의 이미지를 통하여 신비를 상징화 하면서 심오한 진리를 표명한다. 그때 신은 생명이 가장 진화한 모습으로 나타난 상(像), 말하자면 생명이 발달한 모습으로 드러낼 수 있는 가장 구체적인 이미지이다. 이 구체적인 이미지를 하나의 묘사로 생각하는 것은 생물학적 목적론과 인간의 의도적인 목적론 사이의 관계를 오해하는 것이 된다. 생물학적 목적론을 의도적 목적론의 특별한 경우로 보는 것이다. 과학은 이 잘못된 사변과 싸워왔으나 그렇게 싸우면서 그 희생양이 되어 정반대되는 사변으로 빠져 들어갔다. 세계는 어떤 의도를 가진 의도의 창조라는 생각에 반대하면서, 과학은 인간화된 신을 부정하려고 했을 뿐만 아니라 이 이미지를 숨기고 있는 신화적 진리, 즉 신비(Mystère)까지 부정한 것이다. 그러면서 과학은 세계와 생명 전체를 인과론으로 설명하려고 한다. 과학은 세계와 생명의 진화에 의도적 목적론이 있다는 것에 대한 반감 때문에 모든 목적론까지 거부하는 것이다. 생물학적인 목적론을 인과론의 우연한 부대현상으로 환원시키려는 이론적 시도(다윈)는 진화를 적자생존(適者生存)의 결과로 설명하면서 결국 아주 유창하게 그가 본래 증명하려고 했던 것과 정반대되는 것을 증명하고 말았다. 그 이론은 목적론을 인과론으로 대체시키지 못하였고, 오히려 생명의 모든 표출을 지배하는 목적론은 그의 진화적 목적을 달성하기 위하여 인과론을 사용하였다는 사실을 증명하였던 것이다. 우승열패(優勝劣敗)가 진화의 목적론에 있는 수단인 것은 틀림없다. 그러나 그것만이 유일한 수단은 아니다. 동물에게 있는 수많은 본능적인 목적론적 반응들은 그 이론이 그것을 설명할 수 있게 하기에는 너무 복잡하기 때문이다. 인간의 반응을 조건화하는 흥분성은 겉으로 보기에는 모든 욕망의 원천인 외부세계를 향한 갈망(appétition)이다. 그러나 그것이 아직 분화되어 있지 않았기 때문에 모든 생명을 활성화시키고, 더 발달되어 있고, 더 분화되어 있으며, 더 의미 있는 반응들을 통하여 생명에게 평온을 추구하게 하는 것은 인간의 본질적 욕망(désir essentiel)이다. 그 반응들 역시 분화되어 있지 않은 흥분들이 더 잘 적응하는 반응성을 요구하면서 분화되지 않으면 분화될 수 없는데, 그것은 다시 새로운 흥분성의 원인이 된다. 본질적 욕망은 실현 불가능한 목표를 지향하지만, 거기에는 어떤 방향이 있다. 그것은 모든 생명과 진화를 드러내주는 원천이며, 다 설명할 수 없고, 다가갈 수도 없는 신비 안에서 궁극적으로 평온을 누린다. 본질적 욕망은 원칙적으로 목적론적이고, 모든 목적적 원인의 원리이다.

흥분성-갈망은 수많은 욕망들로 나타나고, 인간의 본질적 욕망의 에너지는 수많은 욕망들 안에서 나누어진다. 이 다양한 욕망들은 이제 더 이상 신비(종교와 달리 종교성)로 돌아감으로써 진정(鎭靜)을 찾으려고 하지 않는다. 오히려 외부세계를 전체적으로 구성하는 다양한 자극들로 진정되려는 성향은 어쩔 수 없이 내면세계와 보완된다.

수많은 자극들은 사람들에게 다양한 흥분들을 만들어내고, 그 흥분들은 순전히 인과론적이다. 그러나 수많은 흥분들인 욕망은 일단 일어나면 자극의 대상을 정복하거나 도망가려고 한다. 흥분은 동기를 통해서 반응을 결정하고, 이 결정은 순전히 목적적이며, 그 끝은 의미 있는 만족인 것이다.

*

목적주의에는 두 가지 종류가 있다: 하나는 궁극적인 평온을 지향하지만 이상적이고, 삶에서 언제나 실현 가능하지 않은 본질적이고, 진화론적인 욕망에 내재한 목적주의이고, 다른 하나는 다양한 자극들과 외부세계의 소유를 지향하는 다양한 욕망에 내재한 일시적 목적주의이다.

겉으로 드러난 모든 삶은 이런 특성을 가진 두 목적주의 사이의 투쟁이다. 이 투쟁을 이끌어가고, 이 투쟁의 해결책을 찾는 방식은 본질적으로 겉으로 드러난 모든 삶, 말하자면 개인적인 삶을 특징짓는다. 동물에게서 다양한 욕망들은 생명 욕구의 표현이고, 그것을 충족시키는 목적주의는 본능적이고, 모든 종(種)들에게 공통적이다. 생명의 욕구가 더 이상 충족될 수 없으면, 그 종은 죽거나 진화한다. 그 종에게 생기를 불어 넣고, 그에게 본능적 목적주의(신체 조직은 그것의 외적 표현일 뿐이다)를 만들었고, "창조했던" 본질적 욕망인 생명의 충동(élan vital)이 그것이 더 잘 적응할 수 있는 본능적 목적주의를 창조할 수 있을 정도로(형태학적으로) 충분히 강하다면, 그 종은 진화한다. 이런 진화적 변환은 우선적으로 그 종의 어떤 개체들에게 변이(變異)들을 만들면서 드러나고, 그 개체들은 소멸되는 개체들보다 더 생존하는데 효과적으로 보인다. 그러나 인간에게 진화적 변환은 종(espèce)의 본능적 목적주의로 나타나지 않는다. 그런 변환은 신체적 위험을 통해서 촉발되지 않고, 정신적인 삶과의 관계에서 일어난다. 인간에게 변환은 형태적인 것이 아니라 정신 능력의 진화로 일어나는 것이다.

동물은 오직 본성적 욕구에 의해서만 자극 받는다. 외부의 자극이 그를 움직이게 하는 욕구인 그의 본성의 본질적 욕망과 결부되지 않는 한 그것들은 그 동물을 지배하지 못한다. 동물들은 외부 자극에 의해서만 흥분하는 것이다. 그리고 동물들의 흥분은 반응을 결정하기 때문에 그들의 행동은 전적으로 그들을 자극하는 환경에 의해서 결정된다. 동물에게 본질적 욕망(식욕)과 다양한 욕망들은 아직 분화되지 않았다. 그 점에서 각 동물의 특성은 모든 종에게 공통적으로 서로 다르지 않다. 그들의 생명의 욕구가 아직 분화되어 있지 않았기 때문에 우리는 그들의 본능적 확실성이 일종의 자유의 한 형태라고 말할 수 있다. 그들은 본능적이고, 무의식적으로 자유로운 것이다. 신화는 그것을 가리켜서 동물의 마음은 순진하다고 말한다. 그런데 환경에서 오는 자극이 생존하게 하는 본질적 욕망과 반대되면, 가장 중요한 목적론은 강한 힘을 발휘하게 된다. 그래서 그 종은 제약을 무찌르고, 진화하게 된다. 생물의 진화는 우연적으로, 그리고 인과론적으로 제약에 의해서 결정된다. 그러나 이런 외적 결정은 그것이 본질적 원인을 촉발하지 않으면, 다시 말해서 종을 진화하게 하는 생존의 궁극적 욕망을 자극하지 않으면 작동하지 않을 것이다. 그러므로 이 내적 결정, 즉 그 종 자체의 본성의 완전한 표현이기 때문에 본질적이고, 목적론적이며, 자유로운 내적 결정이 없으면, 환경적 제약으로 나타난 인과적 결정은 종의 진화를 낳을 수 없고, 단지 종의 소멸인 파괴만 낳을 뿐이다. 어느 정도 신화적인 공식이 허용된다면, 우리는 다음과 같이 말할 수 있을 것이다: "환경적 제약이 그 종들의 신체적 구조에 의해서 극복될 수 있는 한, 그들의 본질적 욕망에서 나온 에너지는 그 욕망들을 충족시키는데 알맞은 다양하고, 필수적인 욕구의 형태로 드러날 것이다. 하지만 그 제약들이 극복할 수 없는 것이라면, 필수적인 욕구에 대한 욕망으로 배분된 에너지는 그들의 본질적 욕망 속에 다시 모아지고, 에너지의 이런 집중은 그들의 본질적 욕망에게 가장 강력한 만족을 찾게 하는데, 그것이 진화이다." 우리가 생물의 이 본질적 욕망을 의인화시켜서 말한다면, 그리고 그 욕망에 인간적 의지(예를 들어서 말하자면, 생물들이나 생물들에서 볼 수 있는 목적주의를 의도적으로 만든 창조자)를 부여한다면, 이런 설명은 완전히 신화적인 것으로 될 것이다. 다른 모든 신화적 공식에서도 마찬가지이지만, 여기에서도 중요한 것은 "본질적 욕망"이나 "목적론"이나 "흥분성" 같은 표현들은 단지 하나의 의미, 즉 "신비"(Mystère)를 가리킨다는 사실을 잊지 말아야 한다. 그런데 그 표현들은 신비를 정의하는 말들이 아니고, 다만 그것이 생명 현상으로 드러나는 것을 묘사하는 말일 뿐이다. 하지만 그것은 고대의 신화적 표현보다는 훨씬 덜 수수께끼 같고, 생물학이나 심리학의 용어의 도움을 받는다면 관찰한 모든 것들을 담을 수 있는 일반적인 틀(cadre)을 따라가면서, 그것들을 범주화하고, 정리할 수도 있을 것이다. 그런 방식으로 그 틀은 그 자신의 경제학에 의해서 결국 생명 현상의 진정한 의미를 정당화하게 될 것이다. 따라서 그것은 반응성을 일반적으로 지배하는 법칙들을 만들게 하고, 더 특별하게는 인간의 행위들에 각각의 형태를 부여하게 할 것이다.

*

우리가 여태까지 언급한 것으로서 동물의 반응에서 보이는 인과론과 동기부여에 의한 목적론은 인간의 의식적 반응과 행동에서도 유효하다. 단지 인간에게 인과론과 목적론 사이의 관계는 의식에 선택이 따르기 때문에 좀 복잡할 뿐이다. 인간의 자유를 자유의지(libre arbitre)라고 불리는 설명하기 어려운(다른 생물학적 현상으로 환원할 수 없는) 자발성으로 잘못 이해하게 하는 것은 바로 이 선택의 가능성이다. 그러므로 우리는 무엇보다도 먼저 자유의지는 없다는—적어도 설명 불가능한 자발성으로 이해되는 한—사실을 강조해야 한다. 선택 자체는 이미 동기부여되었고, 결정되었으며, 결국 자유의 원인으로 되는 것은 완전히 이 결정론—그래서 결코 자발성이 아니다—이다. 그 어떤 결정적인 것도 없는 자발성은 사람을 자유롭고, 책임적인 존재로 되게 하지 못하고, 우연과 변덕의 놀림감으로 되게 한다. 자발적인 자유의 겉으로 드러난 모습은 사람으로 하여금 서로 다른 반응들 사이에서 망설이게 하는 것이다. 이렇게 망설이게 되는 것은 사람이 그의 필수적인 욕구를 벗어나는 욕망을 더 많이 가지기 때문이다. 그래서 그 욕망들은 병적으로 되기 쉽고, 방향을 상실한 망설임을 낳는다. 이 사실 자체는 이미 자유가 결코 망설임에 기반을 둘 수 없다는 것을 입증하는데, 그것은 매우 복잡하고, 분석하기 어려운 현상이다. 어쩌면 우리는 결국 동기부여 심리학의 모든 것은 어떤 의미에서 다른 것이 아니라 망설임(초의식적, 의식적, 하위-의식적 금지)을 분석하는 것이라고 말할 수 있다. 여기에서 우리가 미리 말할 수 있는 것은 망설임의 문제는 동기부여의 심리학의 다른 근본적 문제인 고조(exaltation)의 문제와 연계되어 있다는 사실이다. 너무 많고, 방향이 없는, 고조된 욕망들, 다시 말해서 의식으로 잘 통제되지 않는 욕망들은 하위-의식의 결정 아래 놓여 있어서, 그 어떤 결정도 하지 못하는 것이 아니라 너무 심하게 결정되어 있는 것이다. 강박적인 것이라고 할 수 있다. 망설임의 심리학은 오히려 그 어떤 자유도 없는 증거, 즉 그 자체로 하위-의식에서 너무 결정된 채 불안한 금지 때문에 경색된 강박적인 초-결정의 증거인 것이다. 그런데 욕망들의 과도한 증가에서 비롯된 이 병적인 망설임을 벗어나서 건강한 망설임(이성의 제지, 초의식의 정신적 금지에 의한)도 있는데, 그것은 결코 자유의지에 의한 것이 아니다. 오히려 그것은 자유의 진정한 본성을 이해하게 해준다.

사람의 경우, 자극에 의해서 생긴 욕망인 흥분은 그것들 역시 목적을 향해서 나아가는 반응을 만든다. 그런데 인간의 의식적인 정신 안에서 흥분들은 목적을 향해서 나아가는 반응으로 되기 전에 변환될 수 있다. 어느 정도 의식적인 인간의 흥분들은 정서적으로 느껴질 뿐만 아니라 생각될 수도 있는 것이다. 흥분은 사고(思考)로 되고, 사고로 된 흥분(사람이 생각에 가지고 있으며, 욕망들로부터 끄집어 낸 기능)은 모든 흥분들이 그렇듯이 인과적으로 결정된다. 그러나 진정한 사고에서 생긴 반응적 목적주의는 완전히 결정된 채 존재하면서 사람이 완전히 바라는 목적주의, 즉 자유롭게 동의하는 자유로 된다. 동물에게는 본능적 반응성, 사람에게는 의식적이고, 의도적인 행동으로 되는 것이다. 그러나 이 행동이 자유로우려면, 사고는 진실하고, 정당해야 한다. 인간은 자유롭지 못하다. 그러나 인간은 결정되어 있으면서도 자유로울 수 있다. 이렇게 결정된 자유, 말하자면 인간에게 있는 자기-자유인 자유로운 결정은 우리가 앞으로 살펴볼 테지만 욕망들의 정신화, 욕망들의 승화의 결과이다. 사람은 의식적 통제라는 정신내적 작업과 흥분에 대한 의지적 지배에 의해서 수많은 욕망들의 결정론으로부터 자유로워지고, 본질적 욕망의 목적주의를 실현하게 되는 것이다. 그래서 다양한 욕망들에 분산되었던 에너지는 본질적 욕망 안에 다시 모이게 되고, 그 결과 사람들은 그것이 생명의 진화론적 의미에 부합되기 때문에 이제는 차분하고, 확실하게 된 행동을 통해서 흥분성을 진정시키면서 본질적 욕망을 충족시키게 된다. 사람들은 욕망들이 고조된 의식적인 삶의 위험에서 벗어나면서 삶의 의미 안에서 휴식을 되찾는데, 그것은 동물에게서 본능의 확실성(실낙원을 상기하라)에서 나온 것이다. 자유로워진 인간은 진정(鎭靜), 훌륭한 휴식, 본질적인 만족, 삶의 깊은 즐거움, 더 고차원적인 발달 계획을 되찾는다. 본능적이고, 무의식적이었던 확실성이 진리의 확신 안에서 초의식적이고, 정신적인 확실성으로 되는 것이다. 그러나 인간은 초의식의 인도, 즉 생명의 충동인 본질적 욕망이 그의 내면에 확고하게 내재해 있고, 의식적인 삶의 모든 위험을 지배할 수 있는 한에서만 진화의 목표에 다가갈 수 있다.

수많은 욕망들을 통제할 수 있어야 하는 것이다. 언어의 지혜는 그것과 관계되는 사실을 보여준다. 동물들에게 외부의 대상은 그것이 그의 본능적 목적과 부합되어야만 취해지지만(prise), 인간은 그 대상들을 취하려는 것(emprise)이 통제되어야 한다. 그것이 이해되어야(com-prise) 하는 것이다. 취하는 것(prehension)은 이해(com-prehension)한 다음에 이루어져야 하는 것이다. 어떤 대상을 적극적으로 취하려는 데서 이루어지는 공동의 결정에는 여러 가지 동기들의 목적성이 담겨 있는 것이다.

*

흥분에는 두 가지 원인이 있다: 하나는 우발적 원인인 자극이고, 다른 하나는 본질적 원인으로서 순수한 목적론인 흥분성이다. 모든 흥분이 자극에 의해서 인과론적으로 결정되지만, 거기에서 비롯된 반응은 본질적 욕망의 목적론에 참여한다. 그러나 반응이 항상 즉각적으로 이루어지지는 않는다. 그것은 종종 유보되기도 한다. 이렇게 유보되면서 그 다음의 행동을 결정하는 반응이 동기부여(motivation)이다. 그때는 즉각적이고, 외부적인 반응 대신 참고, 기다리는 내적 반응이 나타나는데, 그것은 완전히 진화론적이고, 본질적 욕망에 내재해 있는 목적성이다. 이렇게 대기하는 목적은 참지 못하고, 감정적이며, 부조화 속에서 밀려드는 흥분들을 의미 있게 변환시키려는 데 있다. 외부의 대상들은 그것들이 욕망이나 제약과 부합될 경우에만, 다시 말해서 정신 안에서 동기들이 배열될 경우에만 자극들로 된다. 그러므로 갈등 상태에 있는 흥분이 밀려드는 것을 통제하기 위해서 사려 깊은 주의를 기울여야 하는 것은 내면에서 만족스럽거나 불만족스럽게 느껴진 이 배열(constellation)이다. 사실 그런 주의는 그 내용들이 앞으로 이루어질 행동의 동기들로 변환된 유보된 욕망들, 말하자면 내면의 심사숙고 형태로 기울여진다. 심사숙고의 본질적 목표는 밀려든 흥분의 갈등 대신 해방이다. 정신 내면의 부조화인 그 자신과의 부조화가 죄책감의 형태로 느껴지기 때문에 이 궁극적인 목표, 말하자면 본질적 욕망은 조화로운 해방을 향해서 나아간다. 죄의식의 불안은 본질적 욕망이 이제는 하나의 동기로 변환된 내향화된 흥분들과 조화를 이루지 못할 때 나타난다. 반성적이고, 동기부여를 하는 흥분들로 변환되었음에도 불구하고, 환경에서 오는 자극에 의한 결정은 여전히 존속된다. 그러나 본질적 욕망의 목적성은 외부의 우연적이고, 인과론적 결정주의를 지배할 수 있다. 외적인 자극은 동기를 부여하는 힘이 정신의 역기능의 지표인 자기-정죄로 악화되지 않도록 즉각적으로 정서적 반응을 불러일으키지 않을 수 있고, 본질적 욕망이 명확해지고(정신화), 욕망충족의 약속과 조화를 이룰 수 있다(승화). 그와 반대로 욕망들의 조화는 사실 수많은 욕망들의 부조화와 분산을 물리칠 수 있는 다양하게 동기가 부여된 힘들의 묶음이다. 자화(磁化)된 쇠붙이 안에서 분자의 균일한 방향에 의하여 자기력이 생기듯이, 인간의 본질적 욕망에 의하여 자화된 통일성을 갖춘 정신의 내면에서 그 전에는 생각하지도 못했던 힘들이 생겨난다. 인간의 본질적 욕망의 자화에는 생명 에너지가 가장 높은 정도로 집중되어 있는 것이다. 그것은 외적으로 부과되는 의무가 아니다. 그것이 인간의 본성에 반대되기 때문이다. 오히려 그것이 인간과 인간의 동기가 부여된 행동을 참되고, 진실하며, 자유로운 생명력의 전개로 이끌어 가기 때문에 인간의 본성에 들어맞는 내재적 윤리이다. 인간의 삶 전체가 신비의 표현이고, 본질적 욕망이 감춰져 있는 삶의 신비한 의미와 하나가 되려는 동경을 가지고 있기 때문에 신비의 가장 투명한 표현은 인간의 본질적이고, 진화론적인 욕망에 부합된다. 인간의 내적 작업은 본질적인 목적주의의 인도를 받을 때 점점 더 신비를 명료하게 드러낸다. 다시 말해서 생명의 의미를 실현하는 것이다. 그래서 생명의 감춰져 있던 의미는 진화 과정에서 언제나 더 분명하게 드러난다. 생명의 본질적이고, 진화를 향한 욕망은 본래의 살아있는 종(種)들의 전의식적 구성자로부터 초의식적 정신, 즉 자기-조화의 윤리적 이상으로 된다.

인간은 잘못 선택하는 데서도 자유롭다. 그의 내적인 심사숙고는 "자유의지"라고 알려진 영원한 선택이다. 그러나 이 거짓된 자유는 개인 각자의 그 나름대로의 마음과 잘못된 가치평가와 잘못된 동기부여에 의하여 결정될 수도 있다. 그때 그 자유는 삶을 병적으로 왜곡시킨다. 그런데 본질적 욕망의 충족은 모든 사람들에게 해당되는 이상이다. 그러나 이상은 결코 완전히 실현되지 않는다는 데 특성이 있다. 가장 어려운 이 이상을 실현하기 위하여 선택 앞에 있는 인간은 수많은 욕망들의 우발적인 목적주의와 본질적 욕망의 목적주의 사이에서 있을 수 있는 망설임을 조심스럽게 뛰어넘어야 한다. 정신의 질병인 잘못된 동기부여와 잘못된 자기-결정은 본질적 욕망 대신 수많은 욕망들이 고조되는 데서 생긴다. 그때 가능한 유일한 치료책은 내적 성찰을 통해서 자기-통제를 하는 것밖에 없다. 인간은 그 자신의 평가적 정신을 가지고 자기-결정을 할 수 있는 것이다. 인간을 건강하고, 자유롭게 해주는 자기-결정은 인간이 유일하게 다가갈 수 있는 자유이다. 그것은 마음의 자유, 편견으로부터의 자유이다. 그 자신의 가장 깊은 내면에서 행동하기 전에 숙고하기를 거부할 수 있는 사람이 어디 있겠는가? 인간의 정신 기능은 건강하거나 병적인 형태로 숙고하는 것이다.

이상적인 지침은 분명하고 논쟁의 여지가 없다. 그것의 가장 단순한 정의는 흥분을 제어하라는 것이다. 그것이 자유의 다른 이름이다.

제2장
전-의식적 정신의 형성

인간의 생명력이 아무리 신비할지라도, 인간의 정신에 의하여 분명하고, 명료하게 펼쳐지기 때문에 우리는 그것에 대해서 정의(définition)를 내릴 수 있다. 그러나 우리가 그 신비한 대상이 다른 모든 확인 가능한 대상들과 구별되기 때문에 다른 모든 정의와 같을 수 없다는 사실을 망각한다면 이 정의는 즉시 잘못된 것으로 되고 만다(철학적 사변에서는 흔히 그렇게들 한다). 그러므로 이 정의는 결정적인 것이 아니라 임시적이고, 발달적인 것이다. 그것은 신비(神祕)를 기술하거나 설명하지 않고, 인간의 정신이 나타내 보이는 도덕성이 얼마만큼 "펼쳐졌는가"를 보여줄 뿐이다. 그것은 신비가 가장 진화된 모습으로 나타난 것을 반영한다. 다시 말해서, 인간의 마음에 지각된 이미지, 비전, 자신의 기원이나 운명에 대한 인간의 초의식에서 나온 꿈 등을 반영하는 것이다. 또한 그것은 자신의 삶의 신비에 대해서 가지고 있는 생각이기도 하다. 그 자체가 진화 과정 속에서 아무리 다른 모습으로 나타날지라도 거기에는 언제나 같은 부분이 있다.

그러므로 신비 자체는 신비에 대한 개념과 구별되어야 한다.[2] 이런

---

2 여기에서 디엘은 신을 신비(Mystère)라고 하는데. 신 자체(Godhead)와 사람이 신(God)은 어떤 존재라고 생각하는 것은 다를 수밖에 없다는 것을 상기해야 한다(역자 주).

구별을 망각한다면 그 개념은 의심스러워진다. 따라서 신비와 그것에 대한 인간의 정의를 구별하려는 노력은 신비에 대한 사변과 혼동될 수 없다. 그 사변은 신비가 무엇인지 묘사하고, 설명하려고 하기 때문에 신비에 대한 정의와 혼동될 것이 틀림없다. 그리고 그 둘 사이의 구별을 지워버리고, 무의미한 설명들 때문에 신비의 확실성까지 파괴할 것이다. 설명할 수 없는 신비를 묘사하고, 설명하는 것보다 더 모순된 일이 없기 때문이다. 그와 달리 신비에 대한 인간의 생각은 정의될 수 있다. 그것은 가능할 뿐만 아니라 필요하기까지 하다. 그런 생각은 사람들이 그 자신의 기원(생명의 기원이기도 하다)과 삶의 상황들에 대해서 곰곰이 생각하고, 그의 내면세계의 깊이, 즉 정신에 대해서 숙고할 때 머리 속에서 반드시 생겨난다. 다시 말해서, 정신적인 삶에 대한 관찰 가능한 표현들은 사전의 이런 정의가 없으면 그 전체가 모두 설명할 수 없기 때문에 신비에 대한 개념이 필요한 것이다. 그러나 이 원인이 외부세계에서 관찰할 수 있는 모든 현상들을 설명하고, 올바르게 정리하는데 도움을 주기 때문에 물리학이 힘을 모든 운동의 원인이라고 미리 정의할 필요가 있다는 사실을 입증해야 하는 것처럼 심리학은 이 원인이 내면세계, 말하자면 삶에서 관찰 가능한 모든 현상들을 설명하고, 올바르게 정리하는데 도움을 주기 때문에 모든 정동적 변환의 원인으로서의 생명력에 대한 사전 정의가 필요하다는 사실을 입증해야 한다. 그래서 우리는 이제 우리가 의식적 정신의 건강하거나 건강하지 못한 반응들을 하게 하는 동기들을 분석하기 위하여 어떤 점에서 우리가 앞에서 했던 정의들과 함께 전의식적(pré-conscient) 정신의 반응들로 천천히 내려가는 것이 가능하다는 것이 무엇보다도 중요하다.

*

관찰 가능한 전의식적 삶의 가장 원시적인 표출은 반사 반응(réaction réflexe)이다. 그런데 그것은 반응이면서 동시에 흥분이다. 흥분과 반응이 아직 분리되지 않은 것이다. 반응은 즉시 흥분의 뒤를 이어서 따라 오는 것이다.

반사 반응은 매우 많은 것을 보여준다. 인간의 정신적 반응을 삶의 가장 초기작용인 이런 표현들을 설명하면서 시작하는 것은 결코 뒤돌아서 가는(détour) 것이 아니다. 그렇기는커녕 그것은 삶의 모든 양태, 특히 인간의 삶을 가장 자세하게 이해할 수 있는 지름길이 된다.

반사 반응이 삶의 제일 초기의 표현으로 간주된다면 그것을 하나의 도식, 즉 그 내용들이 아직 채워지지 않은 도식으로 생각하는 것은 매우 중요하다. 그때 생명력은 아직 흥분성(excitabilité)과 반응성(réactivité)이라는 두 개의 변증법적 대극으로 나누어지지 않는다. 이 두 대극의 상호작용은 삶의 역동적인 내용들을 결정하면서 아직 실현되지 않는 것이다. 흥분성은 반응성과 하나이고, 흥분성-반응성은 아직 수많은 흥분들인 지속적 욕망으로 나누어지지 않는다. 그에게 아직 내면적인 삶, 말하자면 내적인 운동과 정동이 존재하지 않는 것이다.

본질적 욕망은 그 자신의 정신내적이고, 진화적인 작업을 위한 발판을 아직 찾지 못해서 그것의 에너지는 초창기 존재의 생명의 먹고, 번식하는 것으로 이루어진 욕구들에게 완전히 흡수되어 있다. 반사 반응이 즉각적인 충족을 방해하는 장애물로 막히지 않는 한 그 어떤 에너지의 긴장도 조성되지 않으며, 그에 따라서 그 어떤 진화의 욕구 역시 생기지 않는다. 우리가 앞에서 정의한 바에 의하면, 모든 생명(따라서 가장 초기의 삶)에 생기를 불어 넣는 본질적이고, 진화론적인 욕망은 아직 드러나지 않았지만, 적어도 잠재적인 형태로 존재하고 있는 것은 틀림없다. 정의에 의하면 그것은 흥분성-반응성 이외에 다른 것이 아니기 때문이다. 사실 삶의 본질적 욕망은 삶에 장애물이 개입되기만 하면, 반응이 흥분의 뒤를 이어서 즉시 일어나지 않으면, 또한 생명의 이 초창기의 형태가 모든 흥분들을 충분히 제어하지 못하기만 하면 곧 드러나게 된다.

장애물은 삶의 가장 근본적인 현상이다. 그것은 외부세계와 내면세계가 분리되지 않은 채 이루어질 때, 다시 말해서 외부세계가 내면세계는 물론 내면세계의 중요한 욕구들과 독립되어 있지 않아서 그것들이 외부세계로부터 기대하는 충족이 이루어지지 않도록 위협을 받을 때 생긴다. 이것이 삶에 내재해 있는 불충분성이고, 고통의 첫 번째 징표이지만, 진화의 수단이기도 하다. 본질적이고, 진화론적인 욕망은 이런 장애물과 고통이 없으면 드러나지도 않을 것이다. 그것은 다름없이 모든 고통의 가장 근본적 원인을 극복하려는 욕망, 즉 장애물에 의해서 갈라진 외부세계와 내면세계 사이의 재통합을 진화의 더 높은 차원에서 되찾으려는 욕망이기 때문이다.

반사 반응에 의해서 모든 필수적인 욕구를 즉시 충족시킬 수 있으며, 외부세계와 내면세계 사이의 완벽한 일치 속에서 살며, 그런 일치가 적어도 언제나 새롭게 즉시 회복되면서 사는 절대적으로 원시적인 존재에게 그런 실존은 단지 하나의 틀, 다시 말해서 모든 실제적인 내용이 없는 삶은 하나의 도식에 불과할 뿐이다. 그러므로 그런 삶이 있다면, 그것은 초창기의 허구에 불과하다.

장애물은 즉각적인 충족을 방해하면서 순수한 흥분성-반응성 자체인 반사 반응을 갈라 놓는다. 그것은 반응성과 분리된 흥분성을 언제나 더 많아지고, 다양해지는 흥분들로 분열시키고, 반응성을 언제나 더 많아지고, 다양해지는 반응들로 분열시키는 것이다. 형이상학적이고, 신화적으로 말하면, 즉시 충족되지 않는 수많은 흥분들은 불만족과 결핍과 고통을 만들면서 악의 원리가 된다. 하지만 진화의 가능성은 선의 원리로 작용한다. 장애물에 의해서 생긴 수많은 흥분들이 진화를 가능하게 하는 변이(變異)의 도구이기 때문에 우리는 악(Mal)을 선을 실현시킬 수 있는 도구라고 말할 수 있다. 악 자체가 선의 한 형태인 것이다. 우리가 앞으로 살펴볼 테지만, 흥분의 증가는 진화의 측면에서 볼 때 진화의 가변성에 반대될 수 있고, 그 증가가 더 커져서 자연적인 욕구와 반대되면서 치명적 왜곡을 일으켜서 삶의 병으로 될 수 있다. 악 자체로 되는 것이다.

장애물은 반사 반응을 분열시키면서 충분하지 못하다는 느낌과 함께 심각한 불안을 낳음으로써 발전적으로 그것을 뛰어넘으려는 욕구를 불러일으킨다. 장애물에는 순수한 흥분성-반응성의 틀 안에 현실적이고, 구체적인 삶이 채워지는 것이다. 반사 반응에 의해서 즉시 충족되는 흥분 대신 정신적 삶의 씨앗인 두 개의 대기 운동으로 이루어진 분할이 이루어지는 것이다. 그때 흥분은 지속되지만 반응은 중단된다. 또한 자극은 정신으로 들어와서 흥분은 일단 보류되고 지속적으로 하나의 흔적을 남기는데, 그것은 한편으로는 외적이고, 변환된 자극, 다른 한편으로는 정신의 "운동"인 정동(émotion) 속에서 장애물을 제거하려는 목적을 가진 정신내적 작업을 촉발하는 흥분으로 구분된다. 장래의 만족스러운 반응을 위하여 분투하는 것이다. 공간적인 외부세계와 시간적인 내면세계는 이제 구별되고, 서로 침투하며, 같이 창조적이고, 풍요하게 된다. 계속해서 남아 있는 조급한 기대인 흥분은 아직 모호한, 지나가는 시간에 대한 최초의 통각(aperception)을 조건화하고, 아직 모호한 공간에 대한 최초의 지각(perception)인 외부의 자극과 인상을 동시에 조건화한다. 기억의 흔적으로 되면서 남은 흥분은 미래의 만족을 위하여 에너지의 긴장을 조건화하여, 장애물을 제거하고, 자극을 붙잡거나 도망가도록 반응하게 하는 것이다. 그 안에 담긴 에너지는 욕망과 거기 내재된 목적주의의 최초의 지표인데, 그것은 처음부터 모호하게 지각돼서 여전히 모호하게 시-공(時-空) 안에서 행동하려고 한다. 결함이 있는 반응의 원인, 말하자면 적응을 더 잘 하고, 발달을 위하여 분명해져야 할 것은 이 모호함이다. 무의식적인 반응들은 언제나 더 의식화되려고 시도하는 것이다. 외부세계와 내면세계는 언제나 더 분명하게 통합되고, 언제나 더 잘 구별될 수 있도록 나누어지는 것이다. 그래서 자극들의 세계인 외부세계는 언제나 눈으로 구분할 수 있는 대상들로 가득 찬 공간으로 되려고 더욱더 객관화되지만 그 대상들은 사유(思惟)와 사유의 인과론적 추구에 의해서 통합되어 있다. 그러나 자극을 받은 세계로서 내면세계인 정신은 기나긴 진화의 시간들을 통해서 긴장을 분명하게 하고, 자발적으로 기대하면서 외부세계의 대상을 향해서 주의를 뚜렷하게 한다. 진화의 첫 번째 단계인 의도하지 않았던 흥분의 보류는 이제 의지적이고, 참을성 있는 보류로 발전할 것이다. 그것은 이제 분명하게 인식된 대상을 향하여 나아가려는 행동의 선택을 위해서 유리한 순간을 기다릴 수 있는 동기가 부여된 의도로 될 것이다. 반사(réflexe)는 반드시 반성(réflexion)으로 되어야 하는 것이다. 이것은 결코 말장난이 아니다. 그것은 삶 자체에서 나온 것으로서 삶을 언어적으로 형상화한 언어의 지혜를 강조하는데, 여기에는 신화와 마찬가지로 삶의 모든 비밀과 삶의 창조적 진화가 담겨 있다.

*

흥분성-반응성이 다양한 흥분들과 다양한 반응들로 더욱더 분화될수록 정동성(émotivité)과 정동성의 변환은 더욱더 예리해진다. 그때 정신내적 작업은 복잡해지고, 빨라진다. 구체적인 흥분들이 늘어날수록 에너지가 정체되면서 새롭게 긴장이 조성되고, 장애물들이 더욱더 많이 생기는 것이다. 강력한 에너지 자체인 흥분성이 더욱더 구체적인 에너지로 되고, 그 안에 담긴 흥분들을 만족시키기 위하여 앞으로의 새로운 반응으로 변환되려는 긴장이 축적되는 것이다. 축적되어 있던 긴장이 정신내적 작업에 완전히 집중되는 것은 종의 생명이 위협 당했지만 거기에 대한 반응들이 불충분한 것으로 드러나서 결정적인 장애물이 출현했을 때이다. 그때에야 비로소 내면의 이 작업은 본질적이고, 진화론적인 욕망을 충족시킬 수 있는 힘을 얻는데, 그 힘은 그 나름대로 더 진화된 신체 조직으로서의 수단인 새로운 반응 형태를 만드는 힘이다. 신체 조직은 단지 진화의 외적 징표일 뿐이다. 본질적인 조건은 그 안에 보류되어 있는 욕망이고, 그것은 언제나 더 효과적이지만,

덜 모호한 반응들을 찾기 때문이다. 진화의 가장 중요한 조건은 내면의 운동, 다시 말해서 정신내적 작업에 의한 진화론적 변환과 흥분성이다. 장애물이 공간적 우회를 통하여 극복될 수 없고, 그 "문제"가 더 이상 외부 세계에서 이루어지는 외적 운동에 의해서 해결되지 못하면, 그것은 정신의 진화라는 우회로를 통한 내면의 운동을 요청한다. 그것은 외부의 장애물 앞에서 신중한 태도를 요청하는데, 흥분을 가두고, 반응을 유보하는 것이다. 무의식적으로 신중한 이런 태도는 동물들에게 점점 더 본능적인 반응으로 되었다. 동물들은 흔히 만날 수 있는 장애물들에 완전히 적응할 수 있도록 놀랍도록 확실하게 목적론적 행동을 하는 것이다. 그러나 그 행동들은 아직도 환경에서 있을 수 있는 모든 복잡다단한 것들을 만족시키기에는 여전히 너무 경직되어 있다. 그래서 그들의 예지(prévoyance)는 본능적으로 개인적이고, 유연한 목적주의로 진화한다. 장애물들과 그것들을 극복할 수 있는 방편을 의식적이고, 지적으로 파악하려는 예지로 발달하는 것이다. 진화를 거듭하다가 지적인 예지로 된 무의식적 신중함은 다가올 수 있는 모든 장애물들의 특성과 규칙성을 깨달으면서 결국 영적 통찰을 향해서 나아간다. 외부세계에 있는 우연한 장애물(수많은 욕망들이 만드는 장애물)들뿐만 아니라 정신 자체에 의한 내면세계에 있는 근본적인 장애물(본질적 욕망이 만드는 장애물)의 특성과 규칙성을 깨닫는 것이다. 그래서 정신의 내적 작업과 발달은 처음에는 흥분을 품고 있다가 마침내 결정적인 장애물들을 극복할 수 있는 가장 발달된 반응을 만들어낸다. 외부세계와 내면세계의 적법성(適法性)을 발견하는 것이다. 정신 안에서 이루어지는 정신적이고, 본질적인 진화는 점점 더 외부의 생물학적이고, 신체적인 진화와 함께 나타나는데, 그것은 인간의 몸의 조직에 신경계의 발달과 두뇌의 발달로 요약되는 목적성이 있다는 사실을 보여준다.

사람들은 이렇게 외적인 것들만 눈에 띄기 때문에 그것들만을 진화의 본질적인 특성들로 생각하려는 유혹을 받는다. 그렇게 되면, 진화는 출발점을 내면에 유보시킨 흥분들에 두지 못하고, 완전히 설명할 수 없고, 우연의 장난에 불과한 형태적 변이에 두게 된다. 진화의 출발점을 설명할 수 있는 본질적인 것에 두지 않고, 설명할 수 없는 우연에 두는 것은 모든 과학적 설명에 위배된다. 그것은 관찰에 의하여 축적된 자료들이 아무리 귀중하며, 그것들을 분류하는 이론적 방법론이 아무리 독창적이고, 진실할지라도 마찬가지이다. 진화는 생존을 위한 싸움이기 때문이다. 진화에 대한 모든 생물학적인 설명들은 그것들이 출발점을 허구(fiction)에 둔다는 점에서 잘못이다. 그들은 허구를 실재(réalité)로 취급하는 것이다. 이런 허구는 외부세계라는 자극이 내면세계인 흥분성보다 먼저 존재한다는 견해를 받아들이는 것에 있다. 하지만 원시인들이 그의 초기의 흥분성을 따라서 외부세계를 지각한다는 사실은 명백하다. 사람들이 지각하는 외부세계는(여기에는 사람들이 지각하는 세계에서 사는 원시적 존재들도 포함되는데) 그 다음에 생긴 발달의 결과이다. 그들이 그들의 흥분을 분화시킨 다음에야 지각할 수 있는 것이다. 삶과 삶에서 파생되는 이미지인 세상이 나타나기 "전"에는 우리 삶을 이끌어가는 신비한 규칙성이 진화 과정의 단계들 속에서 시간과 공간은 물론 그 안에 채워진 모든 내용들을 만드는 것을 제외하고서는 아무것도 "존재하지 않았던" 것이다. 이런 규칙성은 분명히 창조의 원리로 나타나는 신비이다. 그러나 생명이 탄생하기 전에 규칙성이 존재했을 것이라고 말하는 것만도 이미 신비를 시-공의 범주로 설명하려는 시도이다. 따라서 우리는 생명에는 어떤 시작이나 시간적 종말이 있다거나 세계에는 공간적 한계가 있다고 하는 철학적인 문제 제기가 얼마나 잘못된 것인지 알 수 있다. 우리는 신비에 대해서 신화적으로밖에는 말할 수 없다. 그리고 우리가 알 수 있는 것은 그 이미지들이 그렇게 수수께끼 같지 않고, 분명하다는 것이다. 고대 신화의 이미지들은 더 분명한 언어로 해석되어야 하지만 매우 심오하고, 그 어떤 것도 거기에 깊이를 더할 수 없다. 신화는 창조의 원리, 다시 말해서 창조 과정에서 세상과 생명을 창조한 신으로 의인화된 신비에 관해서 이야기한다. 고대의 상징주의에 의하면 창조는 7일 동안 이루어졌다. 7이라는 숫자는 하늘과 땅을 상징적으로 포함한 거룩한 숫자이기 때문이다: 거기에는 신비를 나타내는 숫자 3과 그것의 발현을 나타내는 숫자 4가 포함되어 있다. 하느님은 세상이 있으라고 했고, 세상이 생겼다. 이것이 하느님의 말씀이고, 창조의 영(esprit)인 신비의 영적 출현이다. 그리고 생명을 언제나 계속되는 창조 속에서 더 분명하게 육화시키는 목적주의이다. 신화의 심연은 결코 마르지 않는다. 그러나 그것을 파헤쳐야 한다. 신화가 겉으로 말하는 것, 즉 그 이미지들이 말하는 이야기를 하나의 실재로 받아들일 때 신화는 말도 안 되는 것을 말하는 것 같다. 그리고 그것은 어쩌면 어떤 것을 순전히 기계적인 것이기는 하지만 생물학적으로 설명하는 것 같기도 하다.

*

진화의 목적론적 특징은 그것이 언제나 더 예견할 수 있고, 분명해서 더 의식할 수 있다는 데 있다. 그런데 의식의 조건은 흥분과 반응을 이어주는 기억이다.

반사작용에서 시간에 대한 지각은 존재하지 않는다. 반응은 흥분에 즉각적으로 연계되는 것이다. 흥분이 지속될 때 감각은 시간적으로 지속되지만, 그것은 어디까지나 순전히 정동적이고, 주관적인 형태로서 그렇다. 그때 흥분과 반응 사이의 연계는 끊어진다. 흥분이 더 지속될수록 반응은 정동적으로 되고, 통제할 수 없도록 위험이 커진다. 이런 위험을 방비하는 유일한 방편은 기억을 동원하여 흥분과 반응을 연계시키면서 정동적이고, 주관적인 흥분을 더 의식화하고, 객관화시키는 것밖에 없다. 그때 기억은 등록되고, 서로서로를 불러일으키며, 비교함으로써 결국 그것들을 평가하고, 가치 부여할 것이기 때문이다.

진화의 첫 번째 발걸음인 지속된 흥분에는 이미 기억의 씨앗이 들어 있다. 스스로를 표현하려는 정신적 인상에는 결국 물질적인 것, 즉 몸을 변환시키려는 힘이 들어 있는 것이다. 가장 원시적인 존재인 단세포생물은 반으로 나누어지면서 번식하기 때문에 새롭게 생긴 세포들에는 어미-세포에 대한 기억의 인상이 들어 있다. 번식 과정은 진화한다. 그래서 유전이라는 형태에 내장되는 기억은 각각의 세포들이 유전자에 있는 해당되는 신체 조직을 자손들에게 전달하는 성(性) 세포들에 중점적으로 모인다.

따라서 신체 조직의 진화를 통해서 바깥으로 드러나는 정신 조직의 진화는 정신적으로 강렬한 인상을 받은 것들이 기억의 형태로 고정된 것이라고 요약할 수 있다.

정신의 진화 단계를 이해하려면 기억의 서로 다른 형태들을 구별해야 한다. 기억의 가장 기본적인 형태는 최초의 순전히 정동적이고, 맹목적인 정신적 기억이다. 그때 흥분이 지속된 상태에서 에너지는 반응하려고 긴장되어 있다. 끊임없이 만들어지고, 다시 만들어지는 정신의 내적 운동은 정신 내면의 작업 자체인데, 그것이 삶의 모습이다. 그래서 정신 내면의 작업이 통상적인 반응을 통하여 흥분들을 진정시키지 못할 때 과거의 반응들에 대한 기억을 간직한 새로운 반응들이 나타난다. 그것들은 진화된 형태들이다. 그러므로 기억에는 보수적인 형태와 진화적인 형태 모두가 들어 있다고 할 수 있다. 기억은 절대적으로 필요한 경우 밖에서는 통상적인 반응을 포기하지 않는다. 정신적인 생명은 신체의 조직, 다시 말해서 신체 기관들의 분화가 이루어지면서 바깥으로 펼쳐진다. 그래서 정신적 기억에는 유기적 기억의 측면이 덧붙여진다. 이 두 측면인 정신적 측면과 유기적 측면은 기억이라는 제3의 측면을 결정짓는데, 그것이 유전이다. 유기체의 분화는 특별한 세포들(난자와 정자)을 만들고, 그 안에서 정신적 기억과 유기적(organique) 기억이 모이며, 그 세포들은 세대를 통하여 그 종(種) 고유의 신체 조직과 정신 조직을 생산하는 배아(胚芽)들이 된다. 그러므로 그 종이 간직한 기억은 세대를 통하여 유전되면서 보존하는 기능을 수행한다. 그러나 정신적인 것이 신체에 미치는 변환의 힘 때문에 정신적 기억과 유기적 기억이 모여 있는 생식 세포들은 지나간 세대들의 통상적 반응들뿐만 아니라 계속해서 새로 오는 세대들이 했던 진화의 노력들도 간직하고 있다. 유전적 기억의 보수적인 작용에 진화적 기능이 덧붙여지는 것이다. 이것이 유전인데, 여기에는 각 세대에 걸친 진화의 노력들이 축적되어 있고, 생명은 다양한 종들 안에서 언제나 더 고차원적으로 조직되면서 전개된다.

흥분 상태의 유지는 자극이 정신에 종종 정동적으로 계속해서 인상을 주는 것을 말한다. 그래서 정신이 분화될수록, 지속적인 인상은 분화된 자극의 분명한 이미지로 변한다. 그 대상에 대한 이미지로 되는 것이다. 말하자면, 정동적 기억이 의식적 기억으로 되는 것이다. 본질적인 관점에서 보았을 때 진화는 언제나 신비의 더 분명한 드러남이기 때문에 정동적 기억의 정신화에는 매우 중요한 의미가 똑같이 담겨 있다. 신화적으로 말해서, 진화적 기억은 모든 생명체가 자신의 신비한 기원에 대해서 기억하는 것, 다시 말해서 시간 속에서 이 기억이 펼쳐지는 것이고, 모든 생명체가 자신의 기원인 신비를 되찾고, 진화를 통해서 그 신비를 표현하려는 본질적 욕망이다. 이렇게 신화는 신비가 생명을 불어넣는 측면인 영혼에 대해서 말한다. 그러므로 영혼(âme)은 정신(psyché)와 구별되어야 한다. 정신은 흥분과 반응에 의해서 정의되고, 하나의 현실인 반면, 영혼은 생기(animation)의 신비를 나타내면서 나누어질 수 없는 신비가 각각의 생명에 완전히 들어 있다는 사실을 드러내는 신화적 상징이다.

인간의 삶의 특징은 동물의 유기적이고, 정동적인 기억에 개인적이고, 의식적인 기억이 덧붙여 있다는 사실에 있다. 그러나 인간의 의식적 기억은 형성 중에 있다. 기억은 아직 취약하고, 많은 부분이 정동에 머물러 있는 것이다. 의식적 기억의 가능한 오류, 즉 흥분이 지속되면서 어떤 반응에 의한 행동의 동기로 되려고 잘못 연계되거나 상상력을 통해서 수도 없이 복잡하게 상상하는 것은 정동성을 더 크게 고조시킬 수 있다. 그때 사람들은 원시적인 기억에 빠질 위험이 있다. 자아의식으로 나타나는 정신적 기억의 취약성은 유기체의 기억의 본능적 확실성과 신체적 작업의 확실성을 방해할 수 있는 것이다. 그때 정신적 교란은 신체적 고장, 말하자면 신체적 증상으로 나타날 수 있다.

형성 과정에 있는 의식적 기억의 결과로서 진화하는 생명체에 교란이 나타날 수 있는 것은 인간의 삶의 특징적인 사실이다. 정신과 신체 사이의 관계의 병적인 부조화에서 생긴 병리적 증상은 무엇보다도 먼저 생리학적 설명을 요청하고, 그런 설명을 찾으려는 노력은 중요한 것임에 틀림없다. 그러나 병리적 증상은 생리적 교란일 뿐만 아니라 생명의 신비한 심층에 뿌리박은 본질적 교란이기도 하다. 그래서 우리가 그것의 형성과 의미를 생리학적인 심층에서만 찾으려고 하는 것은 잘못일 것이다. 의식적 정신의 근본적인 현상인 수많은 욕망들은 본질적 욕망이–신화적으로 형성되어–펼쳐지면서 지속된 흥분의 진화된 모습들이기 때문에 정신발생적 고찰도 필수불가결하다. 따라서 의식적 정신이 기억의 형태로 나타나는 것은 반사적 반응의 진화된 모습이다. 이런 주장은 욕망들과 욕망에 대한 반응은 물론 그것들이 진화하면서 변환된 것들인 생각과 의도적인 행동을 설명하는데 유효하다. 인간의 욕망들과 생각 및 충동적 반응들과 동기에 의한 행동은 규칙적이고, 인과적으로 연결되어 있는데, 이런 규칙적 연계와 내적인 인과율(因果律)이 바로 동기부여이다. 그것은 계속되는 흥분을 의식적 정신에 담아 두어서 생긴 결과이다. 욕망들을 의도적으로 담고, 반응하려는 에너지를 내면에 쌓아둔 결과인 것이다. 동기에 의한 의도성은 내면화된 반응에서 나오는 것이다. 외적 반응을 잠시 보류해서 생긴 정신 내적 작업인 것이다. 정신 내면의 작업은 보류된 욕망들을 내려놓는 효과적인 가능성을 찾으려고 한다. 그런 가능성은 그 욕망들을 수정(修正)하지 않으면 찾을 수 없다. 충족의 약속을 변경시키지 않으면 찾을 수 없는 것이다. 이런 내성적이고, 의식적인 수정은 활동을 통일시키면서 수많은, 다양한 욕망들을 지속적인 동기들로 변환시키는 가치 분류를 통해서 이루어진다. 따라서 의식적 정신의 내면적 작업인 내적 반응을 이해하려면 내적 성찰을 통해서 동기부여를 살펴보아야 한다. 이것을 찾아내기는 의식적 기억의 취약성으로 내면의 인과율이 종종 의식에서 벗어나기 때문에 쉽지 않다. 욕망들에 대한 평가는 여전히 정동적이고, 무의식적이다. 더 나아가서, 정동적인 평가는 종종 잘못 돼서 사람들은 그들이 가치 평가를 잘못하고 있다는 사실을 깨달으려고 하지 않고, 잘못된 동기부여는 거기에서 생긴다. 사람들은 의도적으로 그것을 감추고, 억압하는 것이다. 의도적으로 왜곡된 무의식은 의식으로부터 경련을 일으키면서 분리돼서 병적인 무의식을 만드는데, 그것이 하위-의식이다. 사람은 자신의 내면적 결정을 인정하지 않을 수는 있지만, 그가 결정했다는 사실을 부정할 수는 없다. 그래서 그 결정은 하위-의식의 반응들을 만들어내면서 계속해서 드러난다. 그것이 정신병리 증상들이다. 증상은 정신의 신비한 심층에서 나오는 상징적 표현인 신화적 표상이다.

인간의 정신, 다시 말해서 의식적 정신이 완전히 진화에 의하여 결정적으로 형성되면서 다른 모든 진화 현상들처럼 신화적 측면인 생명의 신비와의 관계를 가지고 있는 것처럼(생명과 생명의 진화적 의미의 분명한 출현인 것처럼) 정신적 왜곡에도 신비적 측면을 찾아볼 수 있다. 거기에도 신비에 뿌리를 내린 측면이 있는 것이다. 억압에 의한 정신병리 증상은 의식적인 삶의 장애와 기억의 장애를 증언한다. 그것은 정신적인 삶이 신비한 심층에 이르기까지 분열되어 있으며, 증상들이 꿈을 통해서 상징적으로 나타나는 것을 내적으로 살펴보고, 심리학적 의미를 독해하려는 것보다 깊이를 더 잘 살펴볼 수 있는 방법은 없다. 이런 추구는 억압이 기억의 관련들을 모두 찢어놓으면서 기억을 지우지 않기 때문에 가능하다. 증상의 출현은 의식적 기억으로 도치된 꿈과 하위-의식적인 기억을 증언한다. 증상의 동기를 부여하는 의미를 해독하면 의식적인 기억에 그와 관련된 것을 회복시키게 된다. 사람들은 그런 회복을 통해서 하위-의식의 강박으로부터 풀려나고, 그 결정은 지속된다. 그러나 사람들은 내적 성찰을 통하여, 다시 말해서

의식적으로 그의 흥분들을 수정하였고, 그것들의 정당한 가치를 따라서, 그가 본질적으로 욕망하는 것과 관련된 가치를 따라서 그것들의 가치를 평가하게 된다. 이제 그의 행동들은 그의 내적이고, 본질적인 성공 때문에 더 이상 그가 막연하게 욕망하는 것을 표현하지 않고, 그가 분명하게 원하는 것을 표현하게 된다. 그것들은 그의 의지를 자유롭게 표현하는 것이다. 사람이 무엇을 하거나, 어떻게 결정하든지 간에, 그는 상위-의식적으로나 하위-의식적으로, 아니면 자유롭게나 강박적으로 그가 하고, 바라고, 생각하고, 감추는 것 없이는 그 어떤 것도 할 수 없고, 그 어떤 것도 바라거나, 생각하거나, 감출 수도 없다. 그것이 그의 본질적인 자아 실현 정도의 표현이거나, 그의 책임감의 표현이다.

진화 중에 있는 생명의 형이상학적 측면, 즉 도덕적 측면에 매우 중요한 책임이 추가된다. 의식적인 삶에 진화하려는 노력이 해결해야 하는 과제, 말하자면 실현해야 하는 이상으로 되는 것이다. 이런 과제와 이상은 사람들에게 외부에 주어지지 않는다. 그것들은 그가 자신의 진정한 선을 실현하기를 바라고, 그의 본질적 욕망을 실현하기 위해서는 그 자신을 깊이 사랑하는 것 이외에 아무것도 부과하지 않기 때문이다.

형이상학이 결코 합리적으로나 사변적으로 해결되어야 하는 문제가 아니라 신화적 깊이를 가진 비전(vision)인 것처럼, 도덕 역시 합리적으로나 사변적으로 해결되어야 하는 문제가 아니라 신화적 깊이를 가진 심오한 비전이다. 이런 비전이 실제의 삶에서 모든 세세한 부분들까지 확인되지 않는다면, 그것은 진실이 아닐 것이다. 그 비전이 논리적으로나 심리학적으로 깊이 이해되어 인간의 본질적 욕망에 부합되는 행동과 생각을 통해서 드러난다면 사람들은 그 보상으로 기쁨을 맛볼 수 있을 것이다. 그러나 그의 행동과 생각이 본질적 욕망을 거슬러서 다양한 욕망들을 불러일으킨다면, 사람들은 그에 대한 삶의 처벌로 심한 병리적인 고통을 받을 것이다. 여기에서 사람들이 "보상이나 처벌을 받는다"는 표현은 매우 상징적이고, 도덕적 표현인 것이 틀림없다. 창조의 신화적인 관점에서 볼 때, 신비가 계속적인 창조라는 진화를 조절하기 위하여 개입하는 "기계적인 신의 출현"이 아닌 것처럼 도덕법이라는 관점에서 볼 때 신비는 사람들을 도덕화하기 위하여 그렇게 즉각적으로 개입하지도 않는다. 내재적인 측면에서 볼 때 도덕성의 비밀은 기억에 인상 받은 것을 표현하는 다양한 측면들에 내포되어 있다. 그러나 도덕성이 형태적으로 완성되는 것을 세심하게 이해하려면 사람들은 삶에서 고통이 심할 때 하위-의식의 신화적 심층에서 어떤 일이 생기는지 살펴보아야 하고, 의식적인 삶이 스스로를 기쁨 속에서 승화시키는 상위-의식의 정상에 다시 올라가야 한다.

제3장
의식적 정신의 형성

신화적인 관점에서 볼 때, 다양한 욕망들은 본질적 욕망인 생명력이 분산된 결과 생긴다.

또한 정신적 진화의 관점에서 볼 때, 다양한 욕망들은 의식적인 정신에서 지속된 흥분이다. 욕망들은 완전히 의식적인 정신이 한꺼번에 표출된 것이 아니다. 거기에는 처음부터 있었던 흥분의 커다란 모호한 정동(émotion)들이 아직도 남아 있다. 그러나 그것들이 특정한 대상을 향할 때 욕망들은 의식적 특성을 얻는다. 대상은 그것이 비록 실제로 존재하지 않는다고 할지라도, 정신적으로 나타난다. 자극이 초기의 정신에 남긴 인상인 순전한 정동은 의식적 정신에 정신이 정동적으로 뻗어나가는 대상의 이미지를 만드는 것이다. 그 인상에는 표상된 이미지와 정감이 들어 있다. 그래서 욕망인 정서적 긴장은 의식적 정신의 가장 초기의 에너지의 형태이다.

욕망은 무의식적인 삶과 의식적인 삶 사이를 나누는 경계로 작용하는 정신 기능이다. 그래서 욕망이 형성되면서 의식적 삶은 시작된다. 자극 대상이 정신에 남긴 회화적 표현인 대상의 이미지는 의식적 기억의 최초의 지표이다.

*

욕망에는 표상과 정감이라는 두 가지 구성 요소가 있다. 욕망은 물리력과 똑같은 힘이며, 그 힘에는 방향과 강도가 있다. 욕망은 처음 흥분에 담겨 있던 흥분처럼 맹목적인 힘이 아니라, 통제할 수 있는 힘이다. 욕망의 충족은 이제 더 이상 본능적 특성이 아니라 개인적으로 동기가 부여된 결단의 산물(產物)이다. 충족의 추구는 의도적이고, 의지적으로 되는 것이다. 그래서 의식적 기억의 최초의 출현인 욕망과 함께 의지가 나타난다. 모든 의지에는 선택이 포함되어 있는 것이다. 정신에너지의 의식적 의지이며, 긴장인 의도(intention)는 이것이나 저것을 실현시키기 위하여 수많은 욕망들 가운데서 선택할 수 있으며, 실현 방법에 대해서 살펴볼 수 있다. 이렇게 의도적이고, 반성적인 선택은 진화에 있어서 매우 중요한 발걸음이다. 그것은 개인들을 다양한 환경들에 적응하게 하고, 이런 적응은 분화가 이루어진 자극의 다면성(multi-formité), 다시 말해서 의식화된 정신에 걸맞은 외부세계에 의해서 요청된다. 그러나 자극과 세계와 흥분과 욕망들과 그런 다면성에 적응하게 하는 선택에는 커다란 위험이 내포되어 있다. 오류의 가능성이 들어 있는 것이다.

의식적 존재인 인간의 상황은 의식적 욕망으로 된 흥분의 발달 정도에 의해서 결정된다. 오류의 가능성이 심각한 위험을 초래하지 않으려면, 선택은 점점 더 투명한 동기에 의해서 이루어져야 한다. 더 의식화된 삶으로의 발달이 지속되어야 하는 것이다. 개인은 오류에 빠질 수 있다. 그는 과거 세대가 했던 옳고, 그른 결정들에 의해서 이루어진 환경 속에서 살기 때문에 신체적으로는 멸망하지 않을 것이다. 그 환경은 대체로 개인에게 심각한 오류에도 불구하고 그의 삶의 지속성을 보장하기 위해서 충분히 조직화 되어 있기 때문이다. 그러나 그는 정신적으로는 망할 수 있다. 그의 정신이 왜곡될 수 있는 것이다. 인간이라는 종은 진화 과정을 나아가면서 계속해서 오류, 즉 아직 충분히 의식화되지 못한 삶의 위험과 싸우게 될 것이다.

욕망은 아직 행동화 되지 않은 것, 다시 말해서 행동으로 나아가려는 에너지의 긴장이다. 드러난 행동이 정감적으로 미결 상태에 있는 한, 선택이 효과적인 행동에 대해서 충분히 확신을 가지지 못하는 한, 그것은 망설인다. 그리고 대상을 향한 정감적 긴장이 지속되며, 그것이 지속되는 것에 따라서 욕망을 구성하는 정감적 요소들은 불만으로 가득 찰 것이다. 욕망은 결정적으로 불만족 상태에 이르는 것이다.

*

올바른 선택은 분명한 표상에 의해서 인도된다. 장기간의 정체(停滯)에 의한 불만을 피하기 위하여 욕망의 한 구성 요소인 정감은 그 표상이 분명해지기 전에 행동으로 발산될 수 있다. 그러나 그런 발산은 단지 불충분한 행동인 동요일 뿐이다. 불만은 완전히 극복되지 않는다. 그것은 불충분한 행동으로 발산되는 외부세계에 대한 적대감 때문에 더 늘어날 수 있다. 욕망에 대한 불만을 정말 극복할 수 있는 유일한 방법은 그 표상에 대한 내적 성찰을 통한 해석이다. 그것만이 올바른 선택을 보장해 준다. 그러나 그 표상은 과도한 정감이 불충분하거나 미숙한 발산이 이루어지지 않도록 충분히 줄어들지 않는 한 분명하게 해석되지 않는다.

그러므로 의식적 정신의 발달, 말하자면 내적 성찰을 할 수 있는 정신은 그 표상에 대한 해석(정신화)인 정감의 정화(승화)에 있다.

*

그 표상이 해석됨에 따라서 거기에는 결국 욕망의 대상에 대한 정감적 이미지뿐만 아니라 (그것은 시간적이거나 공간적인 장애 때문에 잠시 알 수 없었다) 전체 상황에 대한 분명한 표상까지 담겨 있다. 그런데 그 표상은 장애물에 대한 분명한 모습과 그 장애물을 극복할 수 있는 의도적 행동에 대한 표상이다. 더 나아가서 대상의 이미지는 같은 특성을 가지고 있으며, 똑같은 만족을 줄 수 있는 모든 대상들의 표상들로 대체될 수도 있다. 그 대상들은 결국 공통의 특성들과 다양성을 따라서 연결되고, 분류된다. 대상에 대한 개념과 그것들의 특수성에 대한 구분이 이루어지는 것이다. 이것이 관념이 형성되고, 그에 따라서 언어가 만들어지는 방식이다. 새로운 정신 기능인 사고는 이론적으로나 실제적으로 이렇게 만들어진다. 그러나 감정적으로 대상을 향한 기초적 욕망들이 충분히 긴 시간 동안 정신 내적 작업에 머물러 있지 않았고, 행동에 대한 선택이 충분히 미결인 채로 남아 있지 않았다면, 정신 내면에서 이루어지는 발달 작업은 사고를 형성하는 데까지 이르지 못했을 것이다. 그 대신 아무렇게나 반응(전의식에서 이루어진 흥분 때문에 본능적 반응으로 그치고 마는 반응)하려는 일반적이고, 맹목적인 정감이 개인화되고, 분화되는 것이다. 따라서 과도한 정감은 깨어져야 한다. 그 정감은 다양화되고, 강화되어야 하는 것이다. 그런데 정감은 양이 많아지는 대신 짙어진다. 거칠고 본능적인 반응은 개인적 특성을 가진 행동으로 대체된다. 그 사람 나름의 행동 형태와 행동 방식이 본능적인 반응을 압도하게 되고, 어떤 행동들은 다른 행동들보다 더 선호(選好)되는 것이다. 그래서 정감은 여러 가지 감정들로 분화되며, 감정을 나누는 삶이 나타난다. 이렇게 맹목적으로 과도한 정감이 감소되면서 외부의 장애물 때문에 강제로 이루어진 흥분의 보존은 정신 자체의 의지적(意志的) 보존으로 바뀐다. 강제로 이루어진 흥분의 보존에 의해서 촉발된 발달은 의식적 욕망의 의지적 보존에 의해서 더 가속화된 형태를 발견하게 되는 것이다. 그 결과 장애물은 이제 더 이상 의식적 정신에 외부적인 사건으로 되지 않고, 정신의 원리로 될 수 있다. 본질적이고, 진화적인 욕망의 직접적 표현으로 되는 것이다. 그것은 영적 금지, 말하자면 이성에 의한 저지이며, 자기 스스로 하는 의지적 통제이다. 그에 따라서 처음에는 오류의 가능성을 내포한 선택의 가능성에 불과했던 의지적 의지는 진화 과정을 통해서 점점 더 해방을 촉진하는 상위-의식의 의지, 다시 말해서 의식적인 삶에 있을 수 있는 위험을 물리치는 의지로 된다. 그것은 이제 점점 더 정신적인 의지, 본질적 욕망의 가장 분명한 현시인 정신의 의지가 된다. 신비의 출현으로 되는 것이다.

의식적 정신의 기본적 능력인 사고, 의지, 감정생활은 욕망이 정신의 내면에서 변환된 발달의 산물이다. 의식적 삶의 가장 초기의 현시(manifestation)인 것이다. 이 기본적인 능력들은 의식적 삶이 발달하는 과정에서 필연적으로 나타난다. 의식적 삶이 욕망의 승화와 정신화를 생각하면서 본질적 만족을 정신 내적 작업인 내적 성찰을 통한 노력을 통해서만 찾을 수 있기 때문이다. 따라서 인간의 삶의 이상은 이 기본적 능력의 도움으로 이루어진다. 그것이 진화를 주관하는 것이다. 이 기본적 능력들의 발달은 생명(生命)이 인간에게 부과한 과제이다. 이 가장 자연스러운 이상에는 세 가지 측면이 있다: 사고의 이상은 명료성이고, 의지의 이상은 자유이며, 감정의 이상은 강렬함이다. 그러나 이 세 가지 측면들은 이론적으로나 구분된다. 삶 자체에서는 그것들을 분리할 수 없고, 하나의 이상으로 존재할 뿐이다. 본질적 욕망을 충족시키려는 진화적 노력으로 되는 것이다. 이 세상에는 그 안에 생명 에너지를 가득 품지 않으면서, 열정으로 변한 생명의 충동인 가장 강렬한 감정을 동반하지 않은 명료한 사고와 자유로운 결정은 있을 수 없기 때문이다. 그때 진정한 기쁨이 가능해진다.

정신의 힘인 욕망은 추상적인 힘이 아니라 구체적으로 체험되는, 동기를 부여하는 에너지이다. 그 욕망에 진화를 향한 올바른 방향이 상실되지 않는 한, 또한 거기에 본질적 욕망이 드러나 있는 한 그것은 생명력의 표현이다. 그것은 힘이며 동시에 생명인 것이다. 정신의 힘은 살아 있는 힘이며, 그 고유한 생명은 동기를 부여하는 힘으로 나타난다. 욕망은 그 고유한 법칙을 따라서 전개되는 창조의 싹이다. 욕망에 담긴 내재적인 힘은 여러 가지 복잡한 정신적인 삶을 구성하거나,

그것들을 무질서하게 만든다.

욕망은 기대(期待)가 강화된 것이다. 따라서 욕망에는 기대는 물론 기대의 반대인 조바심도 담겨 있다. 동기를 부여하는 에너지인 욕망의 창조적인 삶을 만드는 것은 서로 반대되면서 서로를 자극하는 두 개의 반대되는 충동들이다. 더구나 그것들은 다른 것이 아니라 욕망을 구성하는 두 가지 요소인 표상과 정감이다.

욕망의 정감(affect)인 조바심이 커지면, 같은 정도로 표상은 희미해진다. 욕망들이 방향을 잃고, 의식적인 삶이 붕괴되며, 정신은 혼란에 빠지고, 왜곡된다.

정감의 조바심이 줄어들수록, 그 정도에 따라서 표상은 뚜렷해진다. 욕망의 힘에서 조바심을 줄이기 위해서는 두 가지 올바른 방법이 사용될 수 있다.

첫째, 욕망의 진정한 실현을 통하여 욕망에 의한 정신 에너지의 긴장의 일부를 방출하는 것이다. 이때 부분적으로 완화된 긴장 상태는 다시 새로운 흥분을 요청한다. 하지만 직접적 실현을 통해서 정신에서 긴장이 더 방출되면 정신은 새로운 흥분을 더 갈망하게 된다.

둘째, 그러나 정신의 힘은 인내를 증진시키려고 똑같이 사용될 수 있는데, 그것은 수용(acceptation)으로 나타난다. 수용은 올바른 실현을 통한 방출보다 더 진화된 반응이다. 그것은 더 높은 수준의 의지적 보존이다. 그래서 수용은 의식적 정신의 가장 발달된 표현이다. 그것은 가장 커다란 집중력을 요구하는 행동이며, 정신력의 소모를 막으려면 올바른 실현이 불가능할 때 수용이 이루어져야 한다. 정신은 수용을 통해서 실현할 수 없는 긴장을 느낀다. 인내심을 가지고 간직한 욕망의 숫자가 많아질수록 건강하게 동기가 부여된 긴장은 더 커진다. 수용이 에너지가 담긴 긴장을 의도적이고, 의식적이며, 의지적으로 보존하기 때문에 수용의 정도에 따라서 이 긴장은 더욱더 커진다. 에너지는 축적되고, 축적된 에너지는 의식적인 의도와 의지의 처분에 맡겨진다.

합리적으로 이루어지는 이 두 가지 경우 속에서 정감의 맹목적 에너지는 이 표상을 더 명확하게 하고, 통찰력을 강화하는데 사용된다.

합리적인 실현이 빨리 이루어지려면, 장애물이 분명히 표상되고, 이해되어야 한다. 그래야 욕망은 알아볼 수 있는 형태인 목표의 표상으로 변환된다. 그러나 이지화(理智化)는 단지 실현의 수단, 즉 장애물을 극복하는 수단일 뿐이다. 그것은 삶에서 장애물을 극복하고, 목표를 실현하는데 정말 적당한지 아닌지를 판단할 뿐이다. 대상은 주관적으로만 판단된다. 그래서 그 가치는 분명하게 드러나지 않고, 단지 상상 속에서만 나타난다. 이지화는 여전히 부분적으로만 영향을 미치는 것이다.

정신이 맹목적 흥분의 유혹인 "대상"에 대한 "사랑"을 결정적으로 극복할 수 있게 제동을 걸 수 있을 정도로 통찰력이 증가하려면 쾌락의 약속은 그것의 진정한 가치를 따라서 판정이 가능하도록 분명하게 표현되어야 한다. 거기에서 윤리적 동기가 나온다: 기대를 일시적으로 받아들이는 결단을 의지적으로 하거나, 아니면 실현이 정말 불가능하거나 무의미한 것으로 드러나면 결정적으로 포기하는 것이다.

따라서 욕망의 살아 있고, 내재적인 힘에서 나온 정신 내적 작업의 결과는 참을성 없고, 맹목적인 정감의 점진적인 해소이다. 욕망의 정신화와 승화가 이루어지는 것이다. 그것의 첫 번째 단계가 이지화이다.

맹목적인 정감의 이상적인 해소, 즉 그것이 분명한 표상과 승화된 정감으로 변환되며, 욕망의 정신화-승화는 조건이면서 동시에 결과이다. 정신 내적 작업의 결과는 결코 결정적이지 않기 때문이다. 각각의 결과는 다시 삶의 의미 있는 방향으로 나아가는 새로운 방향, 즉 이상적인 방향의 출발점인 조건으로 되는 것이다. 그것은 단지 욕망에 내재한 진화하는 힘의 표현이다.

*

의식적 정신의 정신 내적 작업은 욕망들을 만족의 상대적인 가치에 따라서 평가하는 것에 달려 있다. 그런데 만족의 특성은 강도와 지속성에 있다. 만족은 실현 가능성에 달려 있기 때문에 비교는 한편으로는 자극들과 장애물들, 따라서 외적 대상들인 욕망의 환경적 원인들로까지 넓혀져야 한다. 다른 한편, 비교는 장애물을 제거하고, 자극을 포착하려고 하거나 도망치려는 반응의 결과로까지 확장되어야 한다. 그런데 그것은 외부세계인 환경, 즉 대상의 세계를 변화시키려는 것이다. 정신 내적 작업이 목표에 도달하려면, 그것은 정신의 정감이 만들어내는 상상계적 주관성으로부터 대상의 실재가 알려주는 객관성을 향해서 나아가는 발달을 이루어야 한다. 다른 말로 해서, 정감의 과잉이 표현의 명징(明澄)으로 변환되어야 하는 것이다.

*

상상력은 비교의 내적 작업의 가장 주관적이고, 가장 원초적인 형태이다. 가치 평가의 노력으로부터 언제나 더 객관적인 사고가 나오기 때문에 상상력에는 사고의 싹이 들어 있다. 그것은 아직도 지각과 인지 사이에 있는 가장 원시적인 형태이다. 실제의 대상에서 나온 이미지들은 아직 관념화되지 않았고, 정신적으로 되지도 않았다. 그것들은 순전히 감각적 인상(印象)이다. 의식의 성질이 여전히 매우 취약한 것이다. 그러나 상상력에서 정신적 기능은 더 발달되어 있다. 상상력은 그것이 비록 어느 정도 모호한 몽상이기는 하지만 욕망들을 엮을 뿐만 아니라 그것들을 통제하기 시작한다. 상상력은 그 만족의 가치를 무시해도 될 듯한 욕망을 없애는 것이다. 또한 그것은 생각과 정감을 분리시키고, 생각들과 정감들을 다시 합성하면서 목적이 더 알맞아 보이는 새로운 욕망들로 만든다. 그것이 지성의 기능이며, 목적의 더 분명한 표상이다. 실현 가능성의 최초의 지표인 것이다. 상상력은 문제를 아주 정감적으로 해결한다. 실현 가능한 미래에 묶이면서 투사되었던 흥분의 원인들과 결과들은 상상력에 의하여 순전히 연상적인 방식으로 연결되고, 비교된다. 그런데 그 비교는 객관적인 현실에 충분히 기반을 두지 않은 상상적 유사성 위에 서 있다.

그 반면에 지성은 점진적인 객관화에 이르기 위하여 진화의 결과 만들어진 무엇보다도 필요한 산물이다. 지성이 탄생했다는 첫 번째 표시는 계획을 만들게 하면서 명확하게 보이는 목표를 창안하는 것으로 드러난다. 실현 가능한 미래에 욕망을 실현하려고 하는 것이다. 실천적 지성은 계획을 세울 줄 알고, 그것을 실현시키는 작업에 집중할 줄 안다. 말하자면, 그것은 실현 불가능한 욕망들을 제거하고, 욕망의 숫자를 줄일 수 있다. 몽상의 자료가 줄어들면, 몽상 자체도 줄어드는 것이다. 따라서 몽상들은 실현하려는 노력으로 대체된다. 그러나 그 노력이 효과적이려면, 욕망의 내면적 비교가 객관적이어야 할 뿐만 아니라 그들이 욕망했던 대상들에 대한 비교여야 한다. 대상들에 대한 비교는 상상력에 의한 유사성에 기반을 두지 말고, 실제에 기반을 두어야 한다. 상상력에 의한 대상들이 분명하게 표현되어야 하는 것이다. 그 이미지들이 객관적인 비교, 대상들의 공정한 비교를 허용하면서 관념들로 되기 때문이다. 관념의 형성 방식은 관찰과 추상화이다. 관념들에 대한 공정한 비교는 논리적이다. 그래서 실천적 지성에는 이론적 지성이 덧붙여진다. 그러나 이론적 지성은 관념들을 오직 외적으로 관찰할 수 있는 유사성을 따라서만 형성하고, 더 나아가서 그 계획들을 결정적으로 평가하지 않으면서 이론적 지성의 계획들을 실현하려고 한다. 그것들은 외적 실재의 지나가는 상황의 대응으로만 느껴질 수 있는 것이다. 그러나 그것들은 삶의 의미라는 내적 실재에 응답하지 않으면서 더 깊은 의미에 의해서 지각되지 않을 수도 있다.

정신(esprit)은 삶의 의미에 적응하려고 한다. 실천적 정신인 이성(raison)은 특정한 현실과의 갈등 때문에 그들의 가치 판단에 의하여 목표의 표현들과 지성의 계획들을 제지하고, 통제하려고 하며, 결정적인 만족을 방해하는 계획들을 폐기한다. 이성의 제한하는 힘은 상대적으로 합리적인 계획들을 이상을 향해서 나아가는 결정적으로 의미 있는 계획들로 변환시키려고 한다. 그것은 계획들을 고상하게 하려고 하는 것이다. 승화의 기능은 인간의 정신에 완전히 갖추어지지 않았다. 그것은 아직 발달 과정에 있는 것이다.

실천적 정신의 상대방은 이론적 정신인 추론(推論)이다. 이성의 실천에 내포된 것은 추론에 의해서 드러난다. 이성처럼 모든 것들은 본질적이고, 합법적인 실재(réalité)에 대한 비전을 향해서 나아가려고 한다. 이론적 정신은 즉시 실천하려는 목표를 고려하지 않는다. 그것은 여러 가지 욕망을 만족시키려고 하지 않는데, 본질적 욕망의 만족의 한 형태이다. 그것은 진리의 비전인 인식의 기쁨, 다시 말해서 외부의 대상들과 그것들의 관계들을 지배하는 법칙들인 규칙적인 연결들을 관찰하는 기쁨을 추구하는 것이다. 그러나 이론적 정신은 법칙들을 제시하면서 실천적 지성과 그것을 실현하는 기술에 가장 확실한 인도가 된다. 그리고 이론적 정신이 내면세계를 지배하는 법칙들을 발견할 때, 그것은 형성 과정에 있는 이성의 가장 확실한 인도가 된다. 정신은 실용적 지성과 반대로 논리적이지 않다. 그것은 유비적(analogique)이고, 직관적이다. 그것은 대상들의 겉으로 드러난 유사성을 비교하지 않고, 그것들의 본질적 일치성을 말한다. 그리고 그것은 추상적 관념을 만들지 않고, 살아 있는 생각들을 만든다. 그러나 사고(思考)의 생명과 그것의 유비적 연관성이 인위적이고, 아무짝에도 쓸모없는 체계화의 도움으로 잘못된 정신에 의하여 모방될 수 있기 때문에 정신이 아무리 지성보다 우위에 있음에도 불구하고, 그 결과들을 관찰과 지적 실험 앞에 내놓고, 검증 받아야 한다. 그리고 그것들을 두려워해서도 안 된다. 정신적 직관의 진정한 결과들은 지적 관찰에서 나온 진정한 결과들과 반대될 수가 없기 때문이다. 지성은 정신에 논리적이고, 실험적인 작업에서 나온 명확한 관념들을 제공하지 않았다. 직관적 비전을 만들 자료들을 가지지 못했던 것이다. 마찬가지로 지성도 정신이 유비적인 연관성, 직관적인 비전들, 과학적인 가설들을 제공하지 않았다면 실험할 자료들을 가지지 못했을 것이다. 모든 진리들 사이의 유비적 연관성에 대한 정신적이고 직관적인 비전은 그 자신의 진실성에 대한 기준이 된다. 그때 정신에는 완벽하고, 조화로운 연관성으로부터 기쁨이 느껴지는데, 그것은 다른 정감이 아니라 고상한 "사랑", 본질적 욕망에서 나온 "사랑"이다. 그것은 외부세계는 물론 내면세계에 있는 생명과 생명의 모든 표현들의 정합적(整合的) 의미에 대한 관조에 집중되어 있다. 그러나 이 개인적이고, 비합리적인 기준과 관계되는 신앙은 주관적이고, 변태적인 확신에 의하여 모방될 수 있는데, 그것이 경련적이고, 광신적으로 될 위기에 봉착하면 더욱더 위험하다. 그러므로 영적인 기준은 사고와 실재를 일치시키는 진리의 지적 기준에 의한 통제의 도움을 받아야 한다. 비전(vision)과 체험(experience)이라는 이 두 가지 기준은 삶의 가장 근본적인 사실이다. 정신적 비전을 통하여 직관적으로 감지할 수 있는 본질적 진리는 우리 눈에 보이는 이 두 가지 실재의 진리인 것이다. 우리는 외부의 실재를 감각을 통하여 지각하고, 내면의 실재는 정감으로 체험한다. 영적인 진리와 지성적인 진리는 필연적으로 서로 보완된다. 인간의 감각에 의해서 알게 된 세계와 그것의 정신적인 비전은 삶의 규칙적인 표현을 발달적으로 보완하는 두 가지 단계이기 때문이다. 그러나 삶이 규칙적인 표현이라는 사실, 다시 말해서 삶의 모든 형태적 표현들이 우리가 신비라고 말할 필요도 없이 진화(進化)를 드러낸다는 사실은 삶의 가장 설명할 수 없는 신비임에 틀림없다.

*

그렇기는 하지만, 사람들은 중요한 결핍을 극복하기 위하여 정반대되는 왜곡된 시도를 하기도 한다. 의식적인 정신에 남아 있던 흥분인 욕망은 상상력에 의해서 고조되는 것이다. 그때 의식적 정신의 에너지는 파괴적으로 될 수 있다.

앞에서도 살펴보았듯이, 이상적으로 발달하려면 장애물을 받아들이고, 내적으로 수용해야 하며, 적어도 그 장애물이 만든 상황을 규명하는데 필요한 시간 동안 임시적으로라도 수용해야 한다. 그 표상이 "대상을 소개하는 것"으로 불리는 것처럼, 정감은 "반응을 소개하는 것"이라고 할 수 있다. 그것은 대상으로 나아가는 공간적 운동이다. 그것이 멈췄을 때 그것은 정신적 운동으로 되고, 정감은 대상으로 나아간다. 장애물은 안으로 들어오고, 받아들여지며, 정신적 금지인 발달을 위한 자발적 보류로 된다. 말하자면, 장애물의 도입은 결국 상황을 살펴본 다음 그것을 정신적으로 살펴보고, 실제로 극복하는 정신 활동을 통해서 넘어가는 것이다. 결국 그것을 극복하는 것은 실제의 대상을 포착하기 위하여 내면의 운동인 정감을 고상하게 하거나 대상의 표상을 밝히는 데 있다. 이와 달리, 욕망의 불만족인 중요한 불충분성과 싸우는 잘못된 시도는 장애물을 자발적으로 받아들이지 않고, 상상력을 동원하여 없애려는 데 있다.

장애물에 의해서 만들어진 상황이 언제나 노력을 필요로 하는 것은 아니다. 우리는 종종 장애물이 어느 정도 시간이 지나면 저절로 사라지는 것을 안다. 또한 내적 노력은 그 장애물이 언제인가 극복될 것이라는 희망과 약속과 확신을 준다는 사실도 안다. 장래의 만족에 대한 확실성은 욕망을 충족시키지 못한 불쾌의 일부분을 상상적으로 충족시키는 원천으로 되는 것이다. 상상력이 장래의 쾌락과 만족을 예기하는 것이다. 상상력은 앞에서도 살펴보았듯이, 이런 예견(豫見)의 형태 아래서 욕망의 자연스러운 기능과 결과로 작용한다. 말하자면, 상상력은 정신에서 일종의 흥분의 주름, 즉 욕망과 흥분의 연쇄인 것이다. 이런 게임은 흥분을 증가시키고, 동시에 흥분을 진정시킬 욕구를 증가시키면서 정신 내적 작업을 준비한다.

그러나 상상력은 의식적인 삶과 무의식적인 삶의 경계로서 그 자체 안에 긴급한 위험을 담고 있는데, 위험은 그것이 일로 변환되지 않고, 상상력이 고조되는 것에 있다. 상상력이 고조되면, 상상력은 욕망을 발달시켜서 의식의 통제로 이끌어 가는 대신 무의식적인 삶으로 퇴행하게 하는 것이다. 이제 무의식적으로 욕망의 실현이 불가능한 것을 본능적으로 알고, 정신적 실현의 가능성을 아직 찾지 못하게 되자, 욕망들은 모든 가능성을 잃게 되면서 끊임없이 증가하고, 병적 무의식인 하위-의식을 형성하게 된다. 건강하지 못한 상상력은—상상력이 언제나 그렇듯이—욕망이 장래 실제로 확실히 실현될 것이라고 기대하지 못하거나 현실적인 희망을 가지지 못하면서 점점 더 고조되어 희망을 파괴하고, 더 고약하게는 장래에는 틀림없이 실현될 것이라는 환상적인 희망을 품게 한다. 그것 자체가 상상력에 의한 기대인데, 실제로는 점점 더 존재하지 않는 기대일 뿐이다. 건강하지 못한 상상력은 욕망들을 계속해서 상상할 뿐만 아니라 그것들의 실현에 대한 희망을 부추기고, 약속하며, 확실성을 부여하면서 상상한다. 그 실현이 불가능해지면 불가능해질수록 건강하지 못한 상상력은 기대를 더욱더 고조시키고, 기대가 확실한 것처럼 집착하는 것이다. 이런 상상력의 오류는 상상된 쾌락이 실현 불가능한 약속이라는 점에서 욕망들의 진정한 성격들과 비교되면서 불쾌감이 참을 수 없을 만큼 강화되어 다시 나타나기 때문에 더욱더 위험하다. 그러나 상상력을 고조시켜서 도움을 받으려는 유혹은 아무리 위험할지라도 욕망에 내재한 불쾌감과 그 불쾌감을 언제든지 상상력을 통하여 바꿀 수 있다는 이유 때문에 커진다. 중요한 불만인 욕망의 불쾌감을 상상력을 통해서 교정하려는 이 유혹은 불쾌감 못지않게 욕망에 자연스럽게 내재해 있으며, 불쾌감을 정신 내적 작업을 통하여 없애려는 자연스러운 성향이다. 서로 정반대되는 성향인 정신화 작업과 허망한 상상력의 고조는 욕망이 의식화되는 과정에 있는 두 가지 가능한 내용들인 것이다. 그것들은 모두 인간 정신의 흥분의 결과이다. 정신화가 정신을 의식화하고, 예견할 수 있게 하는 조건이라면, 상상력의 고조는 그것을 왜곡하는 조건이다.

*

인간의 욕망에는 그 기원이 서로 다른 욕망들이 있다. 그것들을 자연스럽게 분류할 수 있는 틀을 찾는 것이 매우 중요하다.

우리가 체험하는 세계인 외부세계와 내면세계는 우리가 사는 현실에 상호 침투한다. 외부세계는 내면세계에 침투하고, 외부세계는 감각의 도움으로 지각되는 것이다. 외적 대상들은 객관적 감각을 활성화시킬 뿐만 아니라, 우리에게 "영향을 준다." 그러나 그렇게 지각된 외적 대상들은 우리 자신에 의해서 활기를 찾은 존재들이다. 그렇게 활기를 찾은 존재들 사이의 관계는 단지 감각들과 원시적이고, 충동적인 정동들로만 구성되어 있지 않다. 더 분화되고, 더 발달한 정감인 애정들(affections)과 여러 결의 감정들은 물론 심지어 원망들로도 구성되어 있는 것이다. 그러나 살아 있는 몸들과 살아 있지 않은 몸들은 이해와 사고에 의해서 파악될 수 있다.

이 세상에는 세 가지 형태의 실재(réalité)가 있다: 우리가 사는 물질적 실재, 감정적인 삶으로 된 실재(영혼), 이해에 의해서 파악할 수 있는 관념적 실재가 그것이다. "영혼"이라는 용어는 보통 매우 다양하게 어느 정도 겹치는 의미로 사용된다. 그것은 본질적으로 각각 영혼(생명력의 신비), 정신(사고와 감정과 의지 전체), 또는 감정적인 삶을 의미할 수 있다. "감정적인 삶"을 줄여서 말하는 다른 용어가 없기 때문에 그렇게 정의된 다음에 "영혼"이라는 용어는 혼동되지 않을까 하는 두려움 없이 사용된다.

우리의 욕망을 이끄는 것은 실재의 이 세 가지 형태들을 향해서이다.

욕망은 실재의 이 세 가지 형태 가운데 하나에 대한 욕구가 나올 때 느껴진다: 신체(身體)나 영혼(靈魂)이나 영(靈)에 대한 자연스러운 욕구에 의해서 느껴지는 것이다. 느껴진 욕망의 충족은 자연스러운 쾌락을 가져다준다. 우리는 신체적 욕구뿐만 아니라 영혼과 영의 욕구까지 충족시킨 자연스러운 쾌락을 승화된 쾌락이라고 부를 수 있다.

자연스러운 쾌락은 우리의 신체적, 영혼적, 영적 힘들이 건강하게 작용한다는 지표이다. 쾌락은 기능들이 제대로 작용했을 때 오는 향유(jouissance)이다: 건강한 쾌락은 우리의 힘들이 제대로 작용했을 때 느껴지는 감정인 것이다. 조절하고, 인도하는 그 자신의 힘에 대한 느낌이 안정적이고, 쾌락이 종종 별로 의미가 없는 욕망들의 우연한 충족에서 기인한 것이 아닌 한, 쾌락은 안정적인 것이고, 삶의 기쁨으로 펼쳐진다. 따라서 자연스럽고, 승화된 쾌락, 말하자면 농축된 쾌락인 기쁨이 가능해지려면 욕망에 내재한 힘들이 집중되고, 별로 중요하지 않은 욕망들의 숫자가 줄어들며, 상상력에 의해서 만들어진 비현실적이고, 무의미하며, 기생적인 욕망들이 제거되어야 한다. 그래서 지배적이고, 가치 있는 욕망이 만들어져서 그것이 행동의 일관된 동기, 즉 의미 있는 동기로 되어야 한다. 이런 집중은 힘을 강화시키고, 능력들을 발달시킨다.

정신의 능력은 의미 있는 방식으로 인도된 강한 욕망의 실질적 표현이다. 다른 말로 해서, 욕망이 의미 있는 방식으로 강하게 이끌리면, 욕망들은 능력들 안에서 펼쳐지는 것이다. 능력을 의미 있게 사용하게 하는 것과 욕망의 정감적 내용들 위에 있는 욕망의 강도는 또 다른 요소인, 명확하게 된 표상이다. 한 사람의 능력은 다른 것이 아니라 가치 있는 욕망의 힘이다. 다시 말해서 금방이라도 일을 할 수 있는, 강력한 동기들의 안정성인 것이다. 욕망들의 모든 올바른 가치인 욕망의 정신화와 승화 및 사람들에게 많은 능력들을 가지게 하는 것은 생명의 충동에 있는 힘의 기능이고, 본질적 욕망의 기능이며, 사람들에게 활력을 주고, 사람들을 발달시키는 원리이다. 그것은 사람들이 본래 가지고 있는 능력이고, 인간의 가치의 진정한 기준이다. 생명의 충동이 퇴락하지 않고, 수많은 무의미한 욕망들로 분산되지 않는 한, 그것은 의식적 자아의 능력 안에서 전개된다. 명료한 사고와 불굴의 의지와 깊은 감정들 안에서 전개되는 것이다. 그것들은 매우 중요하고, 살아 있다는 지표이며 성격이 건강하다는 지표이다. 그밖에 다른 능력들은 모두 중요성에서 이차적인 것밖에 되지 않는다. 모든 사람들에게는 그것보다 덜 발달한 이차적인 능력들이 있는데, 그것들은 가장 중요한 능력에 덧붙여진다. 그것들이 직업적인 능력(직업, 기술 등)이다. 그 능력들은 그의 근본적인 능력과 성격의 성실성에 의하여 뒷받침되지 않는 한 풍부하게 될 수 없다.

고조된 상상력의 장난에 의해서 만들어진 무의미한 욕망들은 그 어떤 자연스러운 쾌락도 주지 않는다. 상상력이 고조되면서 모든 장애물들을 없앤다고 주장하며 모든 욕망의 충족을 약속할 때, 그것은 실제로 그 어떤 욕망도 충족시킬 수 없다. 실제적인 장애물이 존속하기 때문이다. 상상력에 의하여 고조된 무의미한 욕망의 실현은 조만간 실제로 장애물들에 부딪히고, 실망으로 이끌린다. 장애물을 제거한다고 하면서 말하는 상상력에 의한 쾌락은 일시적일 뿐이다. 그 자체로 무의미하고, 왜곡되어 있기 때문이다. 상상력에 의한 욕망 충족의 용이성은 일시적이고, 왜곡된 쾌락을 증가시키면서 욕망들을 더 많이 만들어내고, 실망을 더 많이 하게 한다. 오히려 그것은 모든 지속적인 쾌락과 삶의 기쁨을 삶의 절망으로 가져갈 위험이 있는 지속적인 고통으로 이끈다. 그러나 절망의 불안은 결국 그 자신에 대한 실망이다. 상상력의 고조와 무의미한 욕망의 증가는 본질적 욕망과 반대되면서 힘을 분산시키고, 본질적 욕망의 특성을 파괴하기 때문이다.

모든 상상적이고, 잘못된 쾌락은 조만간 실제적인 불쾌감으로 변환된다. 잘못된 쾌락으로 이어지는 이 불쾌감은 외부세계에서 자라는 저항(예를 들어서 말하자면, 자신의 희생에 의하여 충족되는 무의미한 욕망에 대해서 방어하는 다른 사람의 저항)이나 내면세계에서 자라는 저항(예를 들어서 말하자면, 후회, 금지, 죄책감 등)에서 기인된다.

충족될 수 없었던 무의미한 욕망들은 정신에 축적되고, 점점 더 커지는 불쾌감을 가지고 정신에 들어온다. 무의미하고, 실현 불가능한 욕망들로 가득 한 정신은 과도한 흥분 상태와 지속적인 노기(怒氣) 상태에 있다.

정신에서 욕망들을 치워버리지 못하고 쌓기만 하면, 그것들은 상상력에 의하여 끊임없이 그룹 지어지고, 다시 그룹 지어진다. 그러나 이렇게 다시 그룹 지어진 것, 즉 고조된 상상력의 유희는 그 어떤 결과도 만들지 못한다. 무한하게 증식되지만, 실제로 출구가 없는 다산성의 욕망들이 끊임없이 이어지는 것이다. 그의 모든 주의는 욕망들의 혼돈과 무질서에서 태어난 허망한 노력인 이 무의미한 작업에 사로잡혀 있는데, 그 욕망들은 조정되지 않았고, 등급화 될 수도 없다. 실현될 수 없고, 상상력에 의해서 고조된 욕망들은 결국 억압되고, 거기에서 풀려날 수 없는 비정상이며, 절망적인 시도들에 불과하다. 상상력의 유희는 광적으로 되고, 끈질기며, 독특한 근심으로 되면서 위협한다. 그 숫자에 있어서나 정감에 있어서 언제나 더 고조된 욕망들의 창출을 거부하는 현실은 위험하고, 적대적인 듯이 보인다. 현실이 점점 더 불안하게 되는 것이다. 병적인 불안은 실현하려는 허망한 노력 안에서 스스로 마비된 무의미한 욕망이다. 그것은 실제로 충족되리라는 희망을 상실한 욕망, 말하자면 고통스럽게 경련을 일으키고, 부정적으로 된 욕망이다.

우리가 앞에서 구분한 모든 것들로부터 정신 건강과 병에 대한 정의를 내릴 수 있다: 정신 질환은 욕망과 현실 사이의 균형을 회복할 수 없는 불가능성이고, 정신의 건강은 욕망과 현실 사이의 균형을 언제나 새롭게 회복할 수 있는 가능성이다. 또한 우리는 정신의 건강은 외부 세계와 내면세계 사이의 일치와 조화라고 말할 수 있다.

이런 조화는 결코 완전히 이루어질 수 없다. 그것은 이상에 머물러 있다. 그러나 그것은 고조된 이상이 아니라 가장 자연스럽고, 삶에 내재한 이상이다. 정신의 건강 역시 마찬가지다.

*

고통의 지나친 모든 원인은 삶에서의 부족이다. 삶을 통제하지 못한 것이다(흥분들). 치명적인 부족은 의미 있는 욕망들을 만들고, 실현시키지 못하는 데 있거나 실현 가능한 욕망들을 정신화하지 못해서 생기는 것이다. 따라서 고통의 원인은 결국 정신 내적 작업의 취약성인 그 자신을 통제하지 못하는 것이다. 다른 말로 해서, 고통의 원인은 현실과 욕망들(그리고 그들의 연쇄)이 서로 어긋나서 발생한다. 이것은 다시 현실과 상상력 사이의 반대를 의미한다.

이런 대조는 변하지 않는 실제의 사실들에서 비롯될 수도 있는데, 이것으로부터 자연스러운 고통이 생긴다. 대조는 그것들이 너무 고조되어서 실현할 수 없게 된 욕망들에서 비롯되기도 한다. 거기에서 고조되고, 병적인 고통이 생긴다.

실제의 사실에서 비롯된 대조는 단지 일시적으로만 변화 불가능할 수도 있다. 여기에서 치료책은 노력하며 인내하는 것, 즉 외적인 장애물을 극복하는 것이다. 그것은 지성의 도움으로 외적 현실을 변화시켜야 한다.

그러나 외적 사실들에서 비롯된 대조는 결코 변화되지 않을 수도 있다. 그때 치료책은 그 사실을 받아들이고, 욕망을 정신화 하는 데 있다. 그 욕망이 완강할 경우, 그것은 변태적으로 되고, 그 요청은 실현 불가능하며, 그에 따라서 무의미하게 된다. 그때 치료책은 내적 작업으로 된다. 현실의 변화 불가능성을 이해하고, 욕망을 해소하는 것이다. 다시 말해서 현실을 받아들여야 하는 것이다. 그 치료책은 내적 현실을 변화시키는 데 있다. 고조된 욕망들을 해소시켜야 하는 것이다.

수용(acceptation)은 축적된 힘이고, 중요한 활력으로 다시 모아진다. 그것은 마침내 승화된 반응으로 변환된 고상한 흥분인 것이다. 정신에너지가 가장 집중된 표현인 선(bonté)이고, 고상한 함유(含有)이며, 인내이다. 정신화된 힘이 생각으로 되는 것처럼, 수용하는 선은 드디어 실현하게 되는 본질적 욕망의 힘이다. 수용은 모든 약함과 달리 본질적인 힘인 것이다. 그것을 체념(résignation)과 혼동해서는 안 된다. 체념이 병적이고, 잘못된 포기인 것과 달리 수용은 승화된 체념이기 때문이다. 체념은 결코 욕망을 포기하지 않는다. 그때 욕망은 부정적인 형태로 정신 안에 억압된다. 그래서 불안한 후회로 변한다. 그러나 수용은 욕망을 사라지게 하고, 해소한다. 욕망은 이제 더 이상 정신에서 떠돌아다니지 않고, 욕망에서 벗어나는 것이다. 욕망 대신에 변화될 수 없는 상황과 그 원인들에 대한 이해가 생기기 때문이다. 따라서 이해는 풍요하게 할 수 있고, 비슷한 상황에 있는 다른 사람을 도울 수 있게 된다. 욕망은 이제 풍요하고, 창조적인 형태인 본질적 욕망의 특성으로 변하는 것이다.

그러므로 자연스러운 고통은 언제나 자연스러운 치료책이다. 우리가 생각을 정신적 치료책이라고 부를 수 있는 것처럼, 우리는 수용을 고상한 치료책이라고 부를 수 있다. 의미 있는 행동이라는 자연스러운 치료책에는 내적 작업을 통해서 시행한 욕망의 지성화인 현실의 변화라는 외적 작업이 포함되는데, 그것은 욕망을 지성의 계획으로 변환시키는 것이다. 그러나 정신적이고, 승화된 치료책은 내적 작업을 통해서 가능하다. 따라서 그것은 내적 작업을 할 수 있는 더 커다란 능력과 더 커다란 본질적인 힘, 더 커다란 개인적 가치의 지표이다. 내적 작업은 본성적으로 내성적이다. 그것이 정신화와 승화에 이를 때 내적 작업은 잘못된 상상력을 없애버릴 뿐만 아니라 자연스러운 상상력을 진정한 가치를 창출하는 창조적 상상력으로 발달시킨다. 영적이고, 승화된 치료제는 이제 더 이상 지성적 치료제처럼 어느 정도 개인적인 것이 아니다. 오히려 그것은 일반적인 가치, 다시 말해서 생물학적으로 인류라는 종(種)의 진화를 향해서 나아간다.

욕망과 현실(고통)의 대조를 소멸시키면서 내적 작업과 외적 작업을 완수하는데 필요한 노력은 어느 정도 커질 수 있고, 시간도 어느 정도 많이 걸릴 수 있다. 건강에 대한 정의에서 볼 때 정신적으로 건강한 개인에게 이 노력은 언제나 가능하다. 이 자연스러운 노력을 완수할 수 있는 능력은 정신적 건강을 위한 정확한 척도이다. 이런 노력을 하지 못하는 삶은 본질적으로 병들어 있고, 병리적으로 왜곡되어 있다. 본질적인 관점에서 볼 때, 이렇게 쇠약한 상태가 아무리 일반적인 현상이라고 할지라도 건강하지 못한 상태로 진단되어야 한다.

사람들이 그들의 삶의 의미를 실현시키지 못하기 때문에 여러 세대에 걸쳐서 중요한 노력들이 행해지고 있으며, 그것은 진화의 의미를 나타낸다. 사람들이 사회를 통해서 삶을 펼치는 매 순간, 각 시대가 맛보았던 기쁨과 고통은 그 시대를 살았던 사람들이 수행했던 고상하거나 변태적인 반응들의 정확한 총합이다. 그런데 변태적 고통이 더욱더 커질수록, 그것을 근본적으로 치유하려는 욕망 역시 더욱더 커진다. 병적인 고통의 싹인 타락과 악은 결국 진화의 매체로 전환돼서 본질적 욕망과 생명에 활기를 주는 원천으로 되는 것이다. 본질적인 관점에서 볼 때, 삶의 의미와 본질적 욕망 및 그것들의 명백하고, 진화를 향한 전개 이외에는 아무것도 존재하지 않는다. 생물발생적 관점에서 볼 때, 고조된 고통은 근본적으로 비현실적인 변태적 상상일 뿐이다. 그것은 단지 순수한 환상일 뿐인 변태적 상상력이 환경에서 도발적 반응들을 연쇄적으로 일으키면서 사람들에게 체험되기 때문이다. 그 결과 병적이고, 고조된 고통은 우발적이고, 외상적인 현실로 되면서 세상과 삶에 확장된다.

*

이런 사회적 결과들은 위와 같은 사실들 때문이다.

각 사람은 그가 태어나서 사는 시대와 사회 환경과 문화 속에서 그 자신의 고상하거나 변태적인 반응에 정확하게 대응하여 기쁨이나 고통을 맛본다. 그가 사는 시대의 환경적 미비(未備)는 그의 본질적 욕망이 정복해야 하는 중요한 장애물이기 때문이다. 그가 본질적인 작업을 완수함에 따라서 그는 더욱더 자주 쾌감을 맛보고, 그 쾌감은 계속된다. 상상력에 의해서 분산되거나 변태적 상상력에서 나온 것이 아니라 힘의 진정한 집중에서 나온 쾌락은 점점 더 영속화되고, 강해지며, 고상해지는 것이다. 그것으로부터 그에게는 외부세계가 제기할 수 있는 장애물과 관계없이 자신의 삶을 통제할 수 있다는 자신감이 생긴다.

이런 삶의 과제는 쉬운 것이 아니다. 그 어떤 사람도 그것을 완전히 실현시키지 못한다. 그러나 어느 누구도 그의 본질적 욕망을 충족시키려는 과제를 거부할 수 없다. 그런데 본질적 욕망은 상상력 때문에 맹목적으로 되고, 생명의 충동은 분산될 수 있다.

사람들에게는 분별하려는 노력이 있어서 그와 비슷한 사람들의 분별력은 물론 지나간 세대 사람들의 분별력까지 통합한다. 그때 그는 진화의 과정에서 연결 고리가 된다. 그는 이제 더 이상 현실을 그 자신에게만 의미 있는 욕망을 따라서 변화시키지 않고, 모든 사람들에게 의미 있는 욕망, 다시 말해서 인류라는 종에게 의미 있는 욕망을 따르면서 변화시킨다. 이제 생산적으로 된 사람은 다른 사람들이 현실과 욕망을 일치시키도록 돕는다. 서로 도우려면 공동의 조직과 기술이 필요하며, 문명은 그렇게 하면서 태어난다. 그러나 공동체의 조직 위에 설립된 문명은 전통들과 제도들 속에서 경직된다.

문명은 외부세계를 지성을 통해서 사람이 살 수 있고, 조직된 세계로 변환시켜 놓은 것이다. 그리고 그 본래적인 의미에서 볼 때, 문화라는 용어의 임무는 내면세계를 조직하는 일차적이고, 보완적인 과제를 수행하는 것이다. 문화는 내성적인 자기-통제의 노력을 끊임없이 새롭게 하기를 요청하는 것이다. 그래서 문명이 제대로 조직되고, 발달하려면 자연법칙을 제대로 이해하고, 올바르게 활용해야 한다. 그것이 진화의 조건이다. 그런데 사람들은 그들의 정신적 욕망과 그 욕망들을 정신화하면서 "이상적인" 실재(實在)를 생각하였다. 이 세상에 있는 모든 관계들이 자연과 생명에 내재한 법칙을 따라서 조절되는 실재에 대해서 생각했던 것이다. 거기에서부터 과학이 태어났다.

그러나 이런 이상적 실재는 현존하는 실재와 대조된다. 그래서 사람들은 그들의 모든 정신적 욕망들은 물론 생각들과 실제의 현실들 사이에서 일치되는 것을 찾기를 바란다. 사람들은 관념적 실재를 실현시키려고 하는 것이다. 그때 생각은 명령적으로 되고, 높은 목표로 되며, 이상으로 된다. 사람들은 정신적 노력과 과학에 의해서 우발적 원인에 의한 삶의 비극을 정복할 수 있는 것이다. 그러나 삶의 근본적 기반에서 비롯된, 삶에 내재한 비극은 정복할 수 없는데, 가장 정복할 수 없는 것이 죽음이다. 그것은 받아들여야 한다. 그래서 사람들은 창조적 상상력을 동원하여 삶의 비극적 찬란함이라는 승화된 유희나 비극적 현실에 대한 반항을 통하여 그것을 받아들이려고 한다. 이 승화된 상상력의 작업은 사람들이 영혼의 힘으로 비극적 고통을 극복하는 것을 보여준다. 그렇지 않으면 그에게 영혼의 힘이 부족하여 굴복하고 만다. 예술은 여기에서 태어난다.

사람들이 이 고상한 작업에 의하여 위로 받는 대신 그들의 수많은 우연적인 욕망들을 삶의 결정적 의미, 즉 절대적 원리에 일임하면서 삶의 비극을 더 실제적으로 받아들이고, 그리하여 모든 생명의 신비에 다가간다면, 종교성이 태어난다.

과학, 예술, 종교성, 즉 진리, 아름다움, 선의 조화는 문화의 표현이다.

제4장
의식적 정신의 왜곡

생명 에너지에 대한 예비적 정의와 그것으로부터 이끌어낸 결론은 전-의식적 정신과 의식적 정신의 형성을 간략하게 설명하였다. 또한 그것들은 정신적 왜곡의 원인에 대해서도 정의하였다. 이제 우리는 앞에서 채택한 절차에 맞추어 왜곡의 원인이 우선 일반적 정의들에 의해서 공식화 되는지 살펴보고, 정신을 가능한 한 직접적으로 관찰하는 내적 성찰과 그것에 대한 임상적 관찰이 그렇게 세워진 공식을 정당화하는지 살펴보려고 한다. 그것만이 다음의 발달을 가능하게 하기 때문이다. 심리학이-병리 심리학과 그것의 가장 높은 단계인 정신의학도 마찬가지로-순전히 기술적이고, 분류적인 과학인 한 심리학은 공식(formule)을 두려워한다. 심리학은 관찰된 외부 자료들을 수집하고, 그것들의 다양성에 깊은 인상을 받으며, 순전히 우연적인 것들이 외부에서 동시에 일어나는 것들을 종종 무리 지으려고 한다. 그래서 심리학은 신중함을 덕목으로 삼는다. 하지만 분류의 필요성은 그 자체로 내적이고, 자연적인 조정의 원리를 추구하는 경향이 있다. 이런 원리가 일단 발견되면, 과학은 설명적으로 된다. 다시 말해서 관찰의 결과는 자연히 새로운 관찰과 새로운 설명의 출발점인 공식에 집중되고,

그렇게 요약되는 것이다. 입증된 공식들은 결국 과학을 체계적으로 요약하는 경제적이고, 설명적인 체계로 되고, 과학은 그 공식들에 의해서 설명된다. 이 공식들의 체계가 관찰에 의하여 완전히 입증되지 못하여 일반적으로 받아들여지지 않는 한 그것들이 가설로 여겨지는 것은 당연하다. 그러나 그 체계가—충분히 일관성이 있을 경우—입증 가능한 기반으로 받아들여지는 것 역시 당연하다. 심리학은 정량적 측정(mesure quantitative)에 의한 공식을 통하여 입증하지 않는다. 오히려 심리학은 주체-대상의 관계에 알맞은 살아 있는 체험으로 이끌어 가는 방법인 정성적 측정(mesure qualitative)으로 접근하려고 한다. 진화하는 발전의 특성을 측정하려는 것이다. 심리학이 정말 스스로를 객관화할 때 정신의 특성은 밝혀지고, 균형이 생기며, 기쁨은 커진다.

1. 교만의 죄

정신질환은 삶의 의미와 대비시켜야만 이해될 수 있다. 그것은 모든 면에서 생명의 의미와 반대된다. 정신질환은 생명의 의미와 거꾸로 가는 것이다.

신화적으로 말해서 생명의 의미는 본질적 욕망의 실현으로 요약된다. 심리학적인 의미에서 삶의 의미는 정신 내적 작업의 도움으로 흥분들을 통제하여 그것들을 정신화하고, 승화시키는 데 있다. 말하자면, 의식적 정신의 기본적 특성들인 사고, 의지, 감정들을 건강하게 전개시키는 데 있는 것이다. 다른 말로 해서 의미는 자아의식의 형성과 그것의 상관 요소인 현실을 통해서 실현되는 것이다. 삶의 의미에 관한 두 가지 정의인 신화적 정의와 심리학적 정의는 결국 하나이다. 의식적 정신의 기본적 특성들은 본질적 욕망이 실현되는 것에 따라서 건강하게 전개되기 때문이다. 더 분명하게 말해서, 본질적 욕망의 실현과 충족은 오직 인간의 근본적 특성을 발전적으로 전개하는 데 있는 것이다.

하지만 신화적으로 말해서, 삶의 반대적 의미인 정신적 왜곡은 본질적 욕망을 점진적으로 파괴하는 데 있다. 심리학적으로 말하자면, 정신적 왜곡은 자아의식과 자아의식의 근본적 특성들을 파괴하는 데 있는 것이다.

왜곡의 원인에 대한 이 두 가지 정의는 같은 의미를 가지고 있는데, 그것은 "정신적 왜곡의 원인은 상상력의 고조다"라는 말로 요약될 수 있다. 고조된 상상력은 정신화와 승화의 정반대되는 정신 내적 반응이고, 흥분의 통제와 정반대되기 때문이다. 고조된 상상력은 정신적 흥분을 과도하게 불러일으킨다. 그리하여 그것은 사고의 명료성, 의지적 결단, 감정의 심오함을 파괴한다. 더 나아가서 고조된 상상력은 본질적 욕망을 파괴한다. 그것은 본질적 욕망을 고조시키고, 무의미하게 하며, 기생적인 욕망들로 분산시키는 것이다. 상상력에 의하여 고조된 욕망들은 한편으로는 다양해지고, 수적으로 증가하며, 다른 한편으로는 정감적으로 고조된다. 그리하여 강박적으로 될 때까지 격화된다. 정감적 고조는 다른 구성요소들과 표상들이 정신화되는 것을 방해하는 원인이다. 그것들이 일반화되거나 객관화되지 못하게 하는 것이다. 그것들은 이미지로 머무르고, 정감적으로 과부하(過負荷)된 이 감각적 이미지들은 감각적인 환각(幻覺)으로 될 수 있다.

고조된 상상력이 정신에너지와 생명의 충동을 수많은 무의미한 욕망들로 분산시켜서 본질적 욕망을 파괴하기 때문에 그것은 모든 본질적 실현과 숭고하고, 깊은 기쁨도 파괴한다. 그리고 욕망의 증가는 불충분성과 고통을 고조시킨다. 다양해져서, 상당히 무의미해진 욕망들의 요청 때문에 고통 받는 인간은 이런 욕망들이나 저런 욕망들의 일시적 충족만 추구하게 되는 것이다. 일시적 향유(享有)의 추구만 있을 뿐이다. 그런 일시적 충족은 충족되지 못한 다른 모든 욕망들의 다양성에 의해서 압도당한다. 그러나 진정한 기쁨(joie)은 일시적이고, 우연한 향유와 정반대된다. 그것이 영혼의 상태이기 때문이다. 진정한 기쁨은 변하지 않는 신뢰이며, 그에 따라서 조용하고, 흥분들을 제어함으로써 만들어진다. 그것은 사람들을 삶에서 일어나는 사고들로부터 독립적으로 되게 하고, 우연한 역경이나 향유로부터도 독립적으로 되게 한다. 또한 그것은 병적인 과잉 흥분과도 정반대이다. 고대 신화에서는 고조된 상상력을 상징적으로 의인화시켜서 악의 왕자인 사탄이라고 불렀고, 정신질환의 원리라고 하였다. 고조된 상상력은 사람들에게 다양한 욕망들을 고조시키게 하고, 그것이 성취될 것이라고 약속하며, 그것들에 유혹적인 색깔들을 칠하였다. 그리고 그것은 희생자를 고조된 고통의 상징적 장소인 지옥에 빠지게 하였다. 그러나 상징을 실재로 받아들이는 것보다 더 미신적인 것은 없으며, 정신적 왜곡의 근본적 원인인 상상력의 고조를 이렇게 상징적으로 설명하는 것보다 더 진실한 것도 없다.

본질적 욕망은 욕망의 다양성과 상상력의 고조에 맞선다. 그것은 여러 가지 욕망들이 고조되는 것과 실현되는 것을 막으려고 한다. 그것은 정신적 금지이고, 영적 방어이며, 이성의 제어이다. 그것은 자아의식의 통일성에서 나온 영롱한 중심이다. 따라서 본질적 욕망은 자아의식을 도덕적 측면인 양심 안에서 통일시키려는 충동을 가지게 한다. (우리는 여기에서 본질적 의식을 사회생활을 통해서 형성된 인습적이고, 역사적인 의식과 구분해야 하는데, 거기에 대해서는 다음에 언급할 것이다). 본질적 의식에는 의미와의 관계에서 생명에 내재된 전-인식(préconnaissance)이 포함되어 있다. 그러나 그 인식은 이론적이고, 의식적이지 않으며, 의식을-넘어-가는 것, 즉 상위-의식적이다. 그것은 체험적 비전이고, 즉각적으로 느껴지며, 내적 성찰을 통한 비전이다. 또한 그것은 정감적으로 눈이 멀지 않는 한, 그리고 본질적 욕망이 그것을 활성화시키는 한 정신에 내재해 있다. 그러므로 양심은 본질적 욕망의 표현이고, 본질적 욕망의 내적 성찰을 통한 힘이다.

사람들이 그들의 본질적 욕망에 재갈을 물리고, 그들의 상상력을 고조시키며, 그들의 욕망을 지나치게 다양하게 하려고 하고, 자아의식의 통일성을 파괴하려고 하며, 그들의 정신을 왜곡시키려고 하면,

본질적 욕망은 치명적인 위험으로 변질된다. 사람들은 내적 성찰을 통하여 죄책감을 느끼지 못하면서 치명적인 위험에 처할 수밖에 없는 것이다.

본질적인 불안을 느끼는 사람들에게 치명적인 죄는 진화하려는 욕망으로 변환될 수 있다. 그것이 기쁨을 잃어버린 것에 대해서 한탄하게 하기 때문이다. 그것은 마치 물리적 통증이 신체적 위험을 경고하는 것과 같은 셈이다.

사람들이 그 경고를 들으려고 하지 않으면서, 양심을 침묵시키기 위하여 자아의식의 통일성을 깨뜨리려고 하지 않는 한 정신적 왜곡은 발생하지 않는다. 의식적 통일성의 이런 파열은 내적 성찰을 통한 명료성과 정반대되는 억압인 것이다.

치명적인 죄에 의한 억압은 정신적 왜곡의 즉각적인 원인이 된다.

억압은 상상력이 고조된 표현이다. 그것은 상상력에 의한 자기-정당화, 즉 자기-통제와 반대되는 정감적으로 눈이 먼 상태이다.

사람들에게 치명적인 죄는 억압에 의하여 통제할 수 없게 되며, 과도하게 된다. 본질적인 불안이 고조되고, 강박적으로 되는 것이다. 그때 그 경고에 대한 반응으로 나온 자연스러운 죄의식으로서 일시적이고, 유익할 수도 있는 후회(regret)는 무익하고, 지속적인 회한(remord)으로 전락(轉落)된다. 죄의식에 의한 끊임없는 가책인 회한은 영적이고, 구원적인 금지가 변태적으로 고조된 금지로 전락했다는 표시이다. 죄가 억압되면 통제할 수 없고, 과중하게 되며, 강박적으로 돼서 결국 의식적이고, 논리적으로 표현되지 못하고, 무의식적이고, 비논리적으로 표현될 위험에 처하게 된다.

*

인간의 정신은 살아 있고, 의식적이며, 그 안에 중대한 과실과 양심의 위협적 왜곡에 대한 의식과 건강한 자기-만족의 상실을 경고하는 감정이 들어 있다.

인간의 본성은 불안과 고통이라는 근본적인 감정을 통하여, 그리고 삶에서의 고통을 그 자신에 대한 고통인 치명적인 죄로의 전환(轉換)을 통하여 사람들이 회복되고, 건강한 정신을 형성하는 길로 다시 나아가게 한다. 그러나 사람들이 이 마지막 경고에 귀를 기울이지 않고, 그의 오성(悟性)이 귀가 먹었으며, 양심의 소리가 말하도록 하지 않으면, 그리고 의식에 있는 죄를 무의식에 억압해버리면, 자아의식과 그의 관계는 무너지고 만다. 그때 병적 무의식인 하위-의식이 만들어진다.

본질적 불안인 죄책감을 부인하고, 그것을 억압하는 것은 그가 본질적 욕망을 충족시켰고, 삶의 의미를 완수하였다고 상상하는 것밖에 되지 않는다. 그의 모든 능력들을 발달시켰고, 그것들이 모두 그의 자질로 되었다고 주장하는 것이다. 그러나 그가 실제로 가지지 못한 특성들을 가지고 있다고 상상하는 것은 허영심(vanité) 이외에 그 어느 것도 아니다.[3]

허영심은 억압의 원리이다. 허영심에 의하여 억압된 것은 그 자신에 대한 중요한 진리와 그 자신의 심각한 약점이다. 그의 심각한 죄인 것이다. 허영심과 억압된 과오는 분리시킬 수 없다. 허영심은 과오를 억압하는 수단인 것이다. 허영심의 크기는 그에게 죄의 억압이 얼마나 큰 지를 보여주는 정확한 지표이다.

죄가 깊이 억압되어 있을수록 허영심은 더 크다. 심각한 죄는 억압에 의하여 교만의 죄(coulpe vaniteuse)로 변환된다. 이것은 억압이 인간 본성의 특성이라는 사실에서 비롯된다.

허영심은 고조된 상상력의 가장 위험한 형태이다. 그 자신에 대해서 과도하게 상상하는 것이다. 그것은 본질적 욕망을 이미 실현시켰다고 상상하는 것, 즉 이상을 실현시켰다는 것이다. 상상력에 의한 고조(高調)의 치명적인 이 형태는 가장 받아들일 수 없을 정도로 모든 신경

3 여기에서 우리는 허영심이라는 용어를 가장 강하게 사용한다. vanitas는 헛된 것, (의미가) 비어 있는 것이다. 그 자체로 무의미한 것이다.

증적인 정신에 억압되어 있다. 그것은 상상력과 현실 사이의 가장 커다란 대조이다. 신경증의 본질적 고통인 것이다. 신경과민(nervosité)은 충분함을 가장한(허영심) 중요한 부족(과오)의 결과이다.

삶의 의미를 이상적으로 실현시키지 못하는 무능력인 치명적인 죄는 생물학적이고, 자연적인 현상이다. 생명의 충동의 한계인 것이다. 그런데 모든 다양한 정신질환에는 교만의 죄가 들어있다.

*

이런 주장은 놀라운 것이다. 그것은 발달이 진행되는데 따라서 더 광범위한 검증을 필요로 한다.

우리가 여기에서 말할 수 있는 것은 거기에서 제기되는 듯한 반론, 즉 임상적 관찰로는 허영심을 증명할 수 없다는 사실은 심리학이 동기에 대한 연구에 기반을 두고 있기 때문에 별로 중요하지 않다는 것이다.

교만의 죄는 임상적 관찰이 하위-의식에 대한 분석에 의해서 인도되지 않는 한, 임상적 관찰에 의해서 확인되지 않는 것이다. 정신분석이 죄에 대해서 살펴보기는 하지만, 정신분석은 죄를 성적으로 해석한다. 우리는 이 근본적인 차이에 대해서 다시 살펴볼 기회가 있을 것이다.

교만의 죄가 하위-의식적인 삶의 기반이라면, 모든 하위-의식의 표현들 역시 제일 깊이 억압되어 있다는 것도 사실이다. 그러나 환자들은 그 사실을 알지 못한다. 거기에 대해서 질문을 받으면, 환자는 외적 원인에 대해서만 그 탓을 돌린다. 그가 처한 상황과 환경 탓만 하는 것이다. 그의 연상들도 그가 외상을 입었다고 비난하는 사건들만 들춰내고는 한다.

치료적 관찰이 일단 행해지면, 그것은 어렵지 않게 자만심과 자만심의 모든 부산물을 구분하여 신경과민의 수없이 많은 비논리적 표현들과 증상의 비논리성에 이르기까지 모두 가려낼 것이다. 환자는 그 자신에 대해서 말하는 것을 듣기를 좋아한다. 그는 관심의 대상이 되는 것을 기뻐하고, 더 나아가서 그가 치료를 받아서 그의 잘못된 반응들과 사회적 실패의 원인들을 벗어버리고 그의 귀중한 허영심—그가 모든 사람들 가운데서 가장 능력이 있거나 가장 재능이 있다는 고정된 생각—이 실현될 수 있기를 바란다. 그 반면에, 다른 사람이 그의 귀중한 허영심을 건드리거나 그가 아무리 능력을 발휘할지라도 그가 이상적인 존재가 아니고, 이 세상에는 언제나 그보다 능력이 출중한 사람들이 많다는 사실을 알게 될 때 그의 저항은 극복할 수 없게 된다. 다른 사람을 능가하려는 생각이 자만심에 의한 경련으로 되지 않는 것은 단 한 가지 형태밖에 없는데, 그것은 다른 사람들을 자만심에 의한 경련과 싸우는 전투에서 성실성을 가지고 이기려고 하는 것이다. 모든 사람들은 어느 정도 잘못된 동기부여의 먹이가 된다. 그것의 먹이가 되지 않고, 가능한 한 그것으로부터 벗어나며, 대부분의 사람들이 그렇게 하는 것보다 가능한 한 스스로를 속이지 않는 것이 삶의 진정한 이상이다. 정말 그 자신으로 되는 이상인 것이다. 그러나 이 이상(理想)이 정말 제대로 실현되려면, 다른 사람들과 쓸데없이 비교하려고 애쓰지 말고(이것은 쉽사리 그 자신에 대한 찬양으로 변질될 수 있다), 실현시킬 수 없지만 오직 앞으로 나아가려는 이상과 비교하여 노력과 현실 사이의 거리가 상상 속에서만 없어지지 않으며, 모든 면에서 최대한 실제로 받아들이도록 해야 한다. 그렇게 할 때, 완벽성을 추구하는 것이 아니라 완전을 향해서 나아가려는 중요한 싸움이 자극 받을 수 있다. 실현되지 않은 이상과 비교하는 것은 모든 사람들이 자기 자신을 극복하려는 진정한 충동의 면에서 상대적으로 취약하다는 점에서 연대하고 있기 때문에 사람들을 겸손과 화해로 초대한다. 그러므로 정말 이상적인 이 싸움의 유일한 조건은 다른 사람들을 능가하려고 하는 것이 아니라 진화(évolution)의 길에서 스스로를 이기는 것에 있다. 사람들이 그의 능력의 한계 안에서 삶의 가장 본질적인 싸움을 가능한 한 잘 수행하는 것은 그 노력에 대한 보상으로 그가 영화롭게 되는 것이 아니라 다른 사람들과 연대하고, 익명의 성실한 노력에 의해서 주어진다는 것을 알면서 싸우는데 있다. 그 보상은 내적인 성공, 그 자신의 본질적 실현, 그 자신의 삶과 모든 생명의 의미에 대한 실현에 주어진다.

교만의 죄는 너무 근본적이라서 정신적으로 병든 사람에게만 있지 않고, 모든 사람들에게 어느 정도 실현된 가능성의 형태로 존재한다. 거기에서 완전히 벗어난 사람은 완벽한 이상형을 나타낼 것이다. 그러나 신경증적인 사람이 아니라면, 누가 감히 스스로 그렇다고 상상할 것인가? 모든 사람들은 그 이상을 실현하기를 바라도록 스스로 지켜야 한다. 자기가 그것을 실현하였다고 생각하는 것 자체가 이미 허영심이기 때문이다. 우리가 다만 할 수 있는 것은 우리를 그 이상으로부터 떼어 놓는 거리를 알고, 그 거리를 좁히려고 하는 것뿐이다. 그 거리에 대한 인식에는 그 이상에 대한 분명한 비전이 필요하다. 그런데 이 비전의 성격은 그것이 정감의 맹목성 때문에 본질적 욕망의 충동을 잃어버리지 않은 영혼의 타고난 순수성에서 나온 것인 한 고상할 것이다. 그 영혼은 신화적 비전을 창조할 수 있을 만큼 순수할 것이라는 말이다. 그러나 이 비전이 이론적 이해라는 형태를 가지고 있어서 정신적 성격을 가지기도 할 것이다. 이 비전의 이론, 즉 본질적 욕망과 진화의 충동에 대한 분명한 정의는 그 안에 틀림없이 치료적 가치를 담고 있을 것이다.

신화는 교만의 죄를 인간의 본성에 있는 "원죄"(péché originel)라고 부른다. 인간이라는 존재는 아무리 동물성에서 벗어났고, 의식화되었지만, 낙원(동물적 순수성)에서 산다. 그러나 아담으로 상징되고, 의식화된 인류라는 종(種)은 정신으로의 부름과 지상적 욕망의 흥분 사이에서 선택해야 한다. 그는 허영심을 의인화한 사탄이라는 악한 영(esprit du mal)의 유혹을 받도록 방치되었기 때문이다. 그는 금지된 열매인 사과를 먹었는데, 그것은 땅의 상징이고, 본질적 욕망이 분산된 것의 상징이며, 수많은 욕망들의 흥분의 상징이다. 죄의 상징인 것이다. 가장 커다란 허영심은 사탄의 다음과 같은 말에서 상징적으로 드러난다. "이 열매를 먹어라. 그러면 너는 신처럼 될 것이다." 이것이 허영심이다. 그것은 본질적 욕망이 다양한 욕망들로 분산되어 있음에도 불구하고, 그 자신이 완벽하게 이상적으로 되었다고 믿는 것이다. 그 다음에 창세기 신화는 그것을 더 자세하게 설명할 것이다.

우리는 결정적으로 중요한 이 사실의 발견을 요약하고, 확충하면서 교만의 죄는 인간이 개별적인 존재로 되는 과정에서 인간의 본성에 내재된 유혹의 표출이라고 말할 수 있다. 각자는 그가 살아 있다는 사실을 개별적 존재로서만 느끼는 것이다. 그에 따라서 그의 삶은 그에게 고유한 중요성을 지니고, 모든 생명의 척도가 된다. 그는 쉽사리 자신의 수준이 가장 높다고 생각하기 쉽다. 이런 성향은 병리학적일 정도로 사람들의 지평을 좁힐 수 있다.

신경증적인 사람은 그가 이상적인 상태에 도달하여, 그 자신의 삶을 더 발달시키려고 노력할 필요가 없다고 생각하면서 그 유혹에 굴복한다. 그 결과 그의 삶은 정체에 빠져서, 그의 내면에서 분해된다. 그는 오직 상상 속에서만 그 자신을 극복하고, 자신의 실수를 그 자신에게도 감추려고 몸을 부들부들 떨면서 애쓴다. 이상적인 것 앞에서 자기 자신을 정당화하려는 그의 노력은 삶 전체를 가득 채우게 되고, 그가 경련을 일으키며 흥분하는 거짓된-이상주의자 같은 반응을 하게 한다. 이상적인 것 앞에서의 이런 지속적인 경련과 만성적이지만 무력한 집착 때문에 신경증적인 사람은 다른 모든 사람들보다 그가 더 바람직한 사람이라고 상상한다. 그가 제일 바람직한 사람인 것이다.

이런 의미에서 신경증적인 사람은 모두 그의 힘을 삶에서 실현불가능하고, 궁극적인 이상에 쏟아 부으면서 과도한 긴장 때문에 고통 받는다. 그 자신을 완벽하게 만들고, 그가 이상적인 것들을 창출하려고 하는데, 그것들은 오직 이상적으로 거대한 능력이 있고, 삶에서 있을 수 있는 모든 흥분을 제대로 제어해야만 실현 가능하다. 따라서 이상적인 능력 자체는 실제로 한계가 있고, 한정적이다. 흥분을 제어할 수 있는 더 큰 능력이 만일 존재한다고 할지라도, 그것은 드러날 수 없다.

흥분은 완전히 제어되지 않고, 어느 정도 제어되어 있는가에 따라서 그 능력을 알 수 있기 때문이다.

*

교만의 죄는 이상적인 것을 향하여 지나치게 과도하게 긴장하면서 나아가기 때문에 신경증적인 사람은 종종 승화를 넘어선다. 그러나 승화는 암시적인 것이 아니고, 정당한 동기를 주지도 않는다. 그것은 헛되게 과대평가 된다. 그러나 허영심은 궁극적으로 고통스럽고, 견딜 수 없는 승화를 향한 과도한 긴장 때문에 간헐적으로 거기에서 벗어나려는 필요성을 일깨우면서 지나친 승화에 의하여 과도하게 억압된 기본적인 욕망들을 고조시킨다.

신경증적인 사람의 정신적 상황은 승화로 나아가기 위하여 물질적 욕망이 너무 고조되는 것을 억제하는데 주어진다. 승화의 영역으로 나아가려고 물질적 영역을 억제하는 것이다. 하지만 승화의 영역으로 나아가려는 지나친 허영심은 너무 과도하게 방어하기 때문에 결국 물질적 욕망을 비뚤어지게 금지하는 치명적인 원인이 된다. 그때 허영심의 핵심은 물질적 욕망을 인정하지 않고, 그것들을 억압하는 데까지 금지하게 된다. 그러나 죄의식으로 가득 찬 물질적 욕망은 하위-의식에서 승화의 영역으로 나아가려는 고조된 욕망들과 뒤섞여서, 경련적으로 된다. 그래서 승화된 욕망들과 물질적 욕망들은 하위-의식 안에 압축돼서, 신경증적인 사람은 그 사실을 알지도 못하면서 결국 그의 허영심을 부추겨서 문화적 욕망을 물질적이거나 성적 이득을 통하여 취하게 한다. 그의 승화된 욕망들과 물질적 욕망들은 동기부여가 잘못 돼서 거짓되게 정당화되는 것이다. 그 결과 비뚤어진 것은 고상하게 여겨지고, 승화된 것은 비뚤어지게 여겨진다.

죄의식이 헛되게 고양되면 억제를 고조시키고, 영적 억제를 고조된 억제로 변하게 해서, 결국 비뚤어지고 만다.

억제가 너무 고조되어 비뚤어지면, 욕망의 실현을 방해하면서 그 자체로 억제되어 충족에 도달하기 위하여 노력을 반복하게 한다. 고조되고, 억압된 욕망들은 반복 강박의 특성을 가지게 되는 것이다. 여기에서부터 수많은 다양한 종류의 결코 만족할 줄 모르는 요청이라는 강박들이 생긴다.

고조되었지만 동시에 억제하는 승화된 욕망들과 물질적인 욕망들 사이의 갈등은 신경증적인 사람의 모든 에너지를 사로잡으며, 고조된 방식으로 내향화된다. 그런 갈등은 상상적인 갈등일 수밖에 없다. 그 내용이 상상력의 고조에서 나왔기 때문이다. 그래서 그 갈등은 해결할 수 없다.

물질적 욕망과 승화된 욕망은 그 둘이 한꺼번에 표출될 수 없다. 어떤 때는 이 욕망, 다른 때는 저 욕망이 금지를 꿰뚫고 나오면서 과도하게 평가된다. 병적으로 고조된 잘못된 평가인 고조된 욕망의 평가와 평가절하는 진영을 바꾸어 나타나면서 흔들리고, 우유부단하게 된다. 신경증적인 사람의 가치 평가에는 분별하는 정신적 능력이 결여되어 있을 뿐만 아니라 의지의 능력인 결단도 결여되어 있기 때문이다. 그의 모든 감정들은 부정확성의 영향 때문에 뒤섞이고, 융합된다. 승화된 감정들이 저열한 감정들과 분별할 수 없을 정도로 뒤섞여서 비참해지는 것이다. 그래서 내용들이 모두 비게 된 감정들은 이제 연극적인 것밖에 되지 않는다. 그것들은 환상적인 동기일 뿐이다. 따라서 고조되고, 억제된 승화는 언제나 더욱더 허구적인 열망으로 된다. 그 환상적인 동기들은 생각의 면에서 실현 불가능하고, 정신적 비전의 면에서도 실현 불가능하며, 의지적인 면에서도 실현 불가능하다. 거기에서는 그 어떤 자유로운 행동도 나올 수 없고, 기껏해야 지나친 반작용만 이루어진다. 감정적인 면에서도 실현 불가능하여, 그것들은 감정적으로 실제로 느껴지거나 체험될 수도 없다. 승화는 신경증적인 사람들이 고조돼서 억제할수록 더욱더 실현되지 않는다. 그러므로 신경증적인 사람의 근본적인 능력들은 점점 더 약해진다. 그는 그 병적인 상상력이 아무리 그에게 깊이 감추어져 있을지라도 그가 유일한 실현자임에 틀림없다고 상상해서 이제 더 이상 실제로 삶의 이상을 보지 못하고, 행동하지 못하며, 느끼지 못하기 때문이다. 교만의 죄에 깊이 빠져 있는 것이다.

하위-의식은 상위-의식의 정반대편에 있으면서 삶의 의미를 향하여 헛되게 맹목적으로 나아간다.

그러나 신경증적인 사람은 삶의 이상과 진화의 의미는 물론 삶 전체를 거부한다. 그가 과도되게 사랑하는 것은 그 자신이 아니라 그 자신에 대한 허영으로 가득 찬 상상이다. 그러나 자신에 대한 진정한 사랑은 고상한 이기주의인 본질적 욕망의 충족으로 나타난다. 자신을 헛되게 사랑하는 신경증적인 사람은 스스로에게 하나의 유령으로 된다. 그는 그 자신에게 점점 더 강박적인 우상으로 되면서 그의 진정한 자아를 희생시킬 수밖에 없게 된다. 그는 그의 실재인 그의 실제적 존재를 미워하고, 하위-의식에서 그에게 죄가 있다고 느끼며, 증오하는 것이다. 그는 그가 어떤 존재인지, 자신의 진정한 자아에 대해서 결코 알려고 하지 않는다. 그가 그 자신에게 죄가 있다고 느끼는 것은 그 자신에게 만족하지 못한다는 것이다. 따라서 그것은 그가 그 자신이 아닌 다른 사람이 되고 싶다는 의미이다. 그 자신을 거부하는 것이다. 그것은 정신질환에 걸린 자신을 개인적으로 파괴하게 하는 첫 번째 단계이다. 신경증적인 사람은 스스로 유령으로 존재하면서 다른 사람들도 유령으로 지각한다. 상상 속에서 귀신으로 보는 것이다. 그의 고조된 상상력, 경련적인 정감, 불안은 다른 사람들을 해석적으로 왜곡시킨다. 사람들이 정신적 왜곡 안에서 사는 한 그는 실재와 의미가 결여된 세상에서 산다. 유령 같이 무시무시한 세계, 악몽 같은 세상에서 사는 것이다.

*

신경증 상태에서 물질적 욕망들이 과도하게 흥분된 상태에 있다는 사실은 모든 신경증적인 사람은 어느 정도 통속화(banalisation)되어 있다는 것을 입증한다. 우리는 정신적 왜곡(déformation psychique)을 그것이 보완하는 측면인 통속화를 살펴보지 않는 한 이해할 수 없다.

통속화(通俗化)는 물질적 욕망이 예외적으로 고조되어 있는 것을 말한다. 여기에서 "물질적 욕망"이라는 말은 일반적인 의미로 사용된다. 거기에는 모든 육체적 향유, 따라서 성적 욕망도 포함된다. 소위 말하는 물질적 욕망과 성적 욕망 사이의 구별은 나중에 특별히 다루어질 것이다.

순전한 통속화 안에서 물질적 욕망은 금지되지 않는다. 통속화 안에서 물질적 욕망은 승화 때문에 저지되지 않는 것이다. 승화의 모든 영역이 황폐화되고, 파괴되어 있기 때문이다. 따라서 통속화는 변태적인 탈-억제(désinhibition)이다. 신경증적 억제에서 변태적으로 억제로부터 벗어난 방탕(放蕩)은 감춰진 잘못된 안내자-이상(idéal-guide)으로 작용한다. 그와 달리 진정하고, 건강한 해방은 정신적 억제를 그 자신의 의지의 표현으로 삼는다. 건강한 해방은 정신적 억제의 결과 에너지가 본질적 욕망 안에서 집중되면서 실현되는 것이다. 그래서 건강한 해방은 본질적 욕망이 죄의식에 의한 금지의 형태로 표출되지 않고, 충족되게 한다. 건강한 해방은 그것이 해소되고, 승화되게 하며, 고조된 욕망이 정신화 되도록 한다. 그 결과 그것들은 긴장에서 벗어나고, 유혹이 되지 않게 된다. 그 반면에, 변태적 해방인 통속화는 신경증적인 사람의 거짓된 이상으로서 다른 거짓된 이상인 과도한 승화와 같다. 신경증적인 사람은 이 두 가지 거짓된 이상 사이에서 결정하지 못한다. 그는 분열되어 있고, 경련적인 것이다. 이렇게 혼란 속에 있는 우유부단은 반응의 면에서는 물론 가치 평가의 면에서도 일어난다. 신경증적인 사람은 통속적인 탈-억제를 동경하지만, 그것에 대해서 두려움을 느끼고, 그의 허영심은 끊임없이 조장(助長)되며, 특히 통속적인 수많은 사람들과의 헛된 비교를 통해서 더욱더 그렇게 된다. 그는 그가 승화를 향해서 나아가기 때문에 다른 사람들보다 낫다고 믿으며, 그가 비록 여러 가지 억제들 때문에 열등하다고 할지라도, 그는 어떤 사람도 그 자신만큼 삶과 승화의 가능성을 사랑하지 않는다고 하면서 스스로를 설득한다. 그는 그 자신이 발달의 가능성이 없는 수많은 사람들 가운데서 그래도 발달할 수 있는 유일한 사람이라고 여긴다. 그는 그의 통속적 의도들과 통속화로 나아가려는 동기들에 관심을 기울이지 않는다. 그 이유는 그 동기들이 억제되면서 기껏해야 급속하게 실패하고 말 유령-욕망에 머물러 있기 때문인 것이 분명하다.

신경증적인 사람이 경련적으로 승화의 영역으로 나아가려고 하기 때문에 그에게 생명의 충동이 상실되었다면, 통속화된 사람은 승화의 영역이 파괴되어서 그것을 상실하였다. 그 두 사람에게는 본질적 욕망과 억제하는 정신적 힘이 완전히 해체되었고, 다양한 욕망들로 분산되어 있다. 그에게 생명은 그 의미와 깊은 기쁨과 함께 진화의 의미를 완전히 잃어버렸다. 그에 따라서 생명의 의미는 완전히 외면화되어 다양한 욕망들을 충족시키려는 강박적 작업과 향유의 추구에 머물게 된다. 이 욕망들은 그에게 금지되지 않아서 거기에서 나오는 기쁨이 죄의식으로 대체되지도 않는다. 오히려 그것들은 공허하고, 도취적 충족인 통속적 허영심으로 대체되는데, 그것은 신경증적 허영심만큼 세상을 측정하는 척도가 된다. 통속적 야망에는 갈망의 제동기도 없고, 제한도 없다. 고조된 욕망들은 쉬지 않고 그 앞에 새로운 장애물들이 버티고 있는 새로운 목표들로 이끈다. 이제 정신적이고, 진화적인 의미로부터 돌아선 지성은 고조된 상상력을 만족시키려고 노예가 되는 지점까지 퇴화된다. 그것은 그 자체가 교활하고, 음험한 고조된 상상력으로 되고, 실현의 방법 앞에서는 그것이 비록 폭력적일지라도 뒤로 물러서지 않는다. 사람들은 사람들에게 서로 맞서고, 고통을 일반화한다. 그들은 그 원인이 사실 내적 규제가 풀어져서 그렇게 되었지만, 그것을 외부의 사회적 상황의 탓으로 돌린다. 그렇게 될 때 우리는 그 원인을 더 이상 본질적 혼란인 잘못된 동기부여에서 찾을 수 없다. 오히려 그 원인이 환경의 혼란, 즉 세상이 통속화된 지성에게 나타내는 장애물의 탓으로 돌려진다. 그래서 통속화된 지성인은 헛되게 그것을 극복하려고 하지만 그것은 불가능하다. 세상을 혼란스럽게 만들고, 극복할 수 없는 장애물을 만든 것은 그 자신이기 때문이다.

*

신경과민(nervosité)의 다양한 형태들에 대해서 자세하게 살펴보기 전에 신경증에서부터 정신증에 이르기까지 신경과민의 왜곡된 보완인 통속적인 정신적 왜곡에 대해서 간단하게 설명할 필요가 있다. 신경과민은 통속화하려는 유혹에 맞서려는 방어적인 반응인데, 그것은 이런 저런 개인은 물론 사회 전체를 위협하는 통속적인 탐욕을 철저하게 살펴보지 않는 한 철저하게 이해할 수 없다. 그것의 생각하지도 못했던 중요성은 나중에 한 장에 걸쳐서 설명할 정도이다. 하지만 여기에서는 그 두 그룹의 왜곡과 그것들이 잘못된 동기 부여의 공통된 뿌리를 가지고 있다는 특별한 성격들만 강조하는 것으로 충분하다.

신경과민에서 본질적 욕망은 한 개인의 생명력의 한계까지 넘어갈 정도로 고조되고, 경련적이다. 본질적 욕망은 그 자체로 상상적인 욕망으로 되는 것이다. 그래서 정신적으로 억제하는 힘은 변태적인 금지로 바뀐다.

통속화에서 본질적 욕망의 파괴는 훨씬 더 완전하다. 본질적 욕망은 경련적이지 않고, 없어지는 것이다. 그래서 고조된 상상력은 지나치게 다양해진 욕망들을 정당화시킬 수 있다. 그것들이 억제되지 않고, 실현되기 때문이다. 교만의 죄는 억압되지 않고, 전개된다. 신화는 신경증적인 사람을 부르고, "악마들"이라는 악한 영에 의하여 사로잡히게 한다. 그래서 통속화의 상징은 "영혼의 죽음"이다.

정신적 왜곡의 두 가지 측면에는 공통된 원인만 있지 않고, 잘못된 동기부여도 있다. 그것들이 극단적인 정도로까지 발달하면, 우리가 앞으로 살펴보듯이 이 왜곡이나 저 왜곡의 어떤 표출들이 끝까지 드러날 것이다. 정신적 왜곡의 모든 중간 상태는 신경과민과 통속화의 증상들이 뒤엉킨 것을 보여준다. 증상들의 두 그룹들이 교대로 나타나거나 그것들이 서로 침투해 들어가는 것이다.

여기에 하나의 정신적 왜곡이 다른 왜곡으로 반전되거나 적어도 반전되려는 시도를 보여주는 상호침투의 사례가 있다. 승화와 통속화 사이의 신경증적 갈등에서 고통을 피하려고 통속화의 경향이 우세하게 될 수도 있는 것이다. 그때부터 승화된 영역으로의 고조는 완전히 억압된다. 그것은 그의 행동을 살펴볼 때, 전혀 찾을 수 없게 되는 것이다. 그때 모든 금지에서 스스로를 해방시키려는 경향과 통속적 연결이 자리 잡는다. 그래서 그것은 냉소적으로 정당화되면서 상징의 대체가 된다. 그때 감춰진 의미는 고조된 교만으로 있게 된다. 통속화된 신경증적인 사람은 그것의 구속에서 벗어난 태도로 다른 사람들을 능가하려고 한다. 그는 그의 통속성 속에서 교만하게 머무르려는 것이다. 그러나 그가 허영 속에서 신경증적으로 있기 때문에 통속화는 그 자체가 고조된 상상력이며, 실현 불가능한 경련이지만 공공연한 전개로 남을 위험이 있다. 냉소라는 가면 아래 숨은 교만의 죄는 모든 승화된 노력들을 비웃는다. 그런데 그것이 정말 비웃는 것은 그 자신의 노력의 무력함이다. 찌푸린 얼굴과 냉소주의는 승화된 영역으로 헛된 고조의 위조(僞造)인 것이다. 모든 신경과민 속에는 여러 가지 다양한 모습들 속에서 적어도 이런 양가성의 첨단을 보여주는 것들이 드러나고, 통속화의 도움으로 펼쳐지는 허영심의 가장 행렬이 보이며, 승화시키지 못한 것에 대한 진부한 부끄러움이 들어있다.

정신적 왜곡은 삶의 모든 분야에 걸쳐서 신경과민과 통속화 사이의 중간 형태 아래 넓게 펼쳐진다. 그것은 일련의 행동들로서 때로는 순전히 신경과민으로 나아가기도 하고, 다른 때는 순전히 통속화의 형태로 전개되기도 한다.

그렇다면 정상적인 사람은 어디 있을까? 그것은 정의에 따라서 다르다. 우리가 정상적인 사람을 그 어떤 신경과민이나 통속화에서도 벗어난 사람으로 기준을 잡는다면, 이 세상 어디에서도 찾을 수 없다. 이렇게 놀라운 기준을 제시하는 사람이 있다면, 그 사람은 교만의 죄가 있는 사람이다. 모든 사람들에게는 어느 정도 정신적 왜곡이 있으며, 자신의 삶의 기준과 가능성을 관습에서 취하려는 경향이 있기 때문이다. 그러나 우리가 정상의 기준을 자신의 삶에서 스스로를 지킬 수 있는 사람으로 잡는다면, 어디에서나 찾아볼 수 있다. 그러나 이런 일반적인 정의는 과도한 신경과민만 배제시킬 뿐이다. 그것은 정상성 속에 통속성까지 포함시키는 오류가 있는 것이다. 그것이 실제의 삶에서는 일리가 있을 수는 있다. 그러나 그것은 본질적으로 오류이다. 더 올바른 정의는 생명의 충동과 그것의 건강의 정도 위에 기초를 둘 수 있다. 거기에 따르면, 정상적인 사람은 삶에서 가능한 흥분들을 충분히 제어할 줄 아는 사람, 의미 있는 욕망들을 지나치지 않게 실현시키는 사람, 이 세상에서 변화될 수 없는 것을 받아들일 줄 아는 사람들이다. 그런 사람은 능력이 충분히 발달해서—개인적으로 생명의 충동의 강도와 건강을 살펴볼 때—삶을 충족시키고, 삶에서 만족을 누릴 줄 아는 사람, 기쁨을 맛볼 줄 아는 사람이다.

*

한 사람의 특성은 외부세계와 내면세계에 대한 그의 태도에 따라서 다르다. 어떤 사람들의 관심은 주로 바깥으로 향하고, 다른 사람들에게서 그것은 주로 안을 향한다.

성격론은 성격의 이런 근본적인 특성을 고려하였다. 그것은 분류체계의 다른 특성들 위에 기초해 있는 것이다. 우리는 어떤 사람을 외향형이거나 내향형이라고 말할 수 있다(C. G. 융). 이 성격의 특성은 어느 정도 구별되어 나타나기도 하지만 어떤 점에서 몸의 표시로 규칙적으로 나타나기도 한다. 그래서 우리는 피크닉 형(type pycnique, 땅딸막한 체격으로 조울증이 많은 유형—역자 주)과 분열형(type schizothyme, 근육질이나 비만형으로 정신분열증이 많은 유형—역자

주)에 대해서도 말할 수 있다(E. 크레취머).

구별은 유용하다. 그러나 그것으로부터 사람들 가운데 본질적으로 다른 두 가지 유형이 있고, 삶을 이해하고, 충족시키는데도 두 가지 다른 방식이 있으며, 삶에도 두 가지 다른 의미가 있다고 추론하는 것은 잘못 될 수 있다.

정신구조는 모든 사람들에게 똑같고, 정신적인 삶에 작용하는 법칙들도 마찬가지로 모든 사람들에게 똑같다. 그러나 이런 공통적인 조직의 틀 속에 두 가지 서로 다른 의미 있는 반응이 있어서, 세상이 적대적이면 그 위험을 극복하려는 두 가지 가능한 반응이 생긴다. 자신의 욕망을 따라서 외부세계를 변화시키려고 하거나 그것을 받아들이려고 하는 것이다. 다시 말해서, 세상의 변화되지 않는 요청들에 따라서 욕망을 변화시키려고 하는 것이다. 이 두 가지 의미 있는 반응은 지성화(intellectualisation)와 정신화(spiritualisation)이다. 지성은 외부세계를 향해서 나아가서 유용성을 추구하고, 정신은 내면세계로 들어와서 의미를 찾는 것이다. 지성은 이론적이고, 논리적 반성인 내향화하는 형태와 실천적 형태(상식)를 가지고 있다. 마찬가지로 정신에도 이론적 형태(과학)와 실천적 형태(고대의 지혜에 의거하여 이치를 따지는 능력인데, 그것은 받아들이는 능력이다)가 있다. 그러나 그 작용들은 왜곡될 수 있다. 정신의 내향성을 왜곡시킨 것은 신경과민으로 나타나는데, 그것은 내향성을 병적으로 고조시키면서 금지를 동반한 상상력을 극대화시킨다. 다른 한편 지성의 외향성을 왜곡시킨 것은 통속화로 나타나는데, 그것은 외향성을 건강하지 않게 고조시키면서 통제되지 않은 실현의 경향과 함께 상상력을 극대화시킨다. 각 사람의 정신 구조 속에 이 모든 기능들과 반응의 가능성–건강한 형태나 병적인 형태 아래–이 포함되어 있지만, 지배적인 배열(외적인 사태에 반응하려고 정신 요소들이 배치되는 양상–역자 주)은 서로 다르다. 이런 가능성들 사이를 조합하면 어느 정도 자의적으로 신체적 외모에 기초해서가 아니라 정신 기능에 따라서 자연스럽게 성격론을 분류할 수도 있을 것이다. 그리고 그것은 본질적으로 모든 사람들에게 해당되는 규칙성을 고려하는 것이 된다. 그래서 겉으로 드러난 차이점을 보고, 어떤 유형의 사람은 신경과민의 위험에 봉착하지만, 다른 유형의 사람은 통속화의 유형에 봉착할 것이라고 최대한 공식화할 수 있다.

이런 위험에 빠지는 것을 방지하기 위해서, 또한 적어도 신경과민과 승화 영역으로 고조되는 것을 방지하기 위해서는 두 가지 해결책밖에 없는 것 같다. 승화를 실현하거나, 그것을 포기하는 것이다. 그러나 그 두 가지 해결책만으로는 충분하지 않다. 신경증적인 사람은 그 두 가지 과장되고, 잘못된 해결책 가운데서 출구를 발견하지 못하고 운명적으로 어떤 때는 이것, 다른 때는 저것을 시도하려고 한다. 우리는 신경증적인 사람이 그의 고조된 승화를 실현시키도록 부추기면서, 그를 더욱더 경련을 일으키게 할 수 있다. 그렇지 않으면, 그가 그것을 포기하게 하면서 그를 통속화시킬 수도 있다. 그러므로 그 사람이 사용할 수 있는 힘의 한계 안에서 승화의 수준을 낮추고, 경련적인 에너지를 풀어내면서 그가 사용할 수 있는 힘을 증가시키도록 해야 한다. 이 두 가지 해결책은 단 하나의 공식으로 압축될 수 있다: 교만의 죄에서 벗어나는 것이다. 그러나 교만의 죄는 그것이 외향화 되려고 꾸밀 수밖에 없었던 수많은 가면들 가운데서 그것을 깨닫는 것 이외의 방법으로는 결코 벗어날 수 없다. 그것은 이미 잘못된 동기부여들로 이루어져 있기 때문이다.

오직 잘못된 동기부여에 대한 분석밖에는 신경과민과 통속화의 성격적 특성을 자세하게 기술할 수 없다. 이 두 가지 상태를 가장 분명하게 구별하려면, 순수한 형태의 신경과민과 순수한 형태의 통속화에 대해서 간략하게 기술해야 한다. 그러므로 이 두 가지 상태는 실제로 언제나 어느 정도 결합되어 있고, 각각의 구체적인 경우에서 교만의 죄의 신경증적 경련은 어느 정도까지는 관습적으로 용인된 통속적 전개를 통해서 풀어진다는 사실을 잊어서는 안 된다. 우리는 전형적으로 순수하게 신경과민만 있는 사람이나 순수하게 통속화되기만 한 사람보다는 어떤 것이 더 많이 왜곡되어 있느냐 하는 것에 따라서 통속화된 신경과민적인 사람이나 신경증적인 통속화된 사람을 만날 것이다. 가장 덜 전형적이고, 가장 흔히 볼 수 있는 사람은 일반적인 사람이다. 그런 사람들은 통속화된 사람과 구별되어야 한다. 이 사람에게는 생명의 충동과 그에 따른 경련이 너무 약해서 그의 허영심 있는 목표는 관습적인 가면들 아래로 완전히 사라진다. 잘못된 동기부여에 대한 분석은 그것을 보여줄 것이다.

2. 신경과민

신경과민은 우리가 변덕, 언짢은 기분, 나태 등 그것의 초기 단계부터의 발달을 살펴보면서, 그 전체를 고려하지 않으면 이해될 수 없다. 모든 사람들은 어느 정도 신경과민에 노출되어 있고, 신경과민이 가장 발전된 형태는 환각적이고, 망상적인 상태이다.

모든 사람들에게 교만의 죄가 있지만, 신경과민은 허영심이 정신적인 삶의 모든 표현들을 지배하는 도덕적으로 과장된 과제들에 농축되어 있다. 그리고 그의 정신내적인 모든 작업들은 왜곡된 핵을 중심으로 구성되어 있지 않는 한 표출되지 않는다. 그에게 완벽하게 이상적으로 되려는 욕망이 일단 고정된 생각으로 되면, 그것을 어렴풋하게 증명하는 것만으로는 충분하지 않다. 그는 그것을 끊임없이 그 자신과 다른 사람들에게 입증해야 한다. 그에게는 어떤 실패도 용납되지 않는다. 모든 실패들은 변명되어야 하고, 정당화 되어야 한다. 그 실패가 명백할수록 더욱더 열심히 변명되어야 한다. 그에게 긴장을 요구하는 과제가 크면 클수록 실패는 더 분명해지고, 자주 일어난다. 우월성에 대한 실제적이고, 논리적인 증명이 불가능하기 때문에 비실제적이고, 비논리적인 증명이 주어져야 하는데, 그것이 내재적으로 불충분하기 때문에 언제나 실제적이지 않고, 비논리적인 새로운 증명들에 의해서 지탱되어야 한다. 스스로를 정당화시키려는 근심은 모든 에너지를 독점

하고, 정말 풍요한 모든 정신내적 작업을 대체하면서 지속적 집착으로 될 위험이 있다. 그런데 거짓된 정당화는 행동들에 동기를 잘못 부여한다. 변태적인 행동을 승화된 행동인 것처럼 넘기려고 하는 것이다.

이 거짓된 정당화, 말하자면 하나의 원리처럼 된 거짓된 동기부여는 교만의 죄에 덧붙여지는 어떤 것이 아니다. 그것은 거기에서 나온 눈에 보이는 표상이다. 거기에는 완벽해야 한다는 고정된 생각이 고백할 수 없을 만큼 감추어져 있고, 부끄러움으로 가득 차 있다. 그래서 강박적으로 정당화 하려는 것은 이 부끄러움인 것이 틀림없다. 교만의 죄가 본질적 원인인 것이다. 정당화 하려는 잘못된 동기부여는 이 본질적 원인이 여러 가지 형태로 나타난 것 가운데 하나이다. 잘못된 동기부여는 겉으로 드러난 모습의 본질적 원인인 것이다. 그러므로 잘못된 동기부여는 교만의 죄의 분해의 산물이며, 분해는 죄의식과 허영심이라는 수많은 감정들에 의해서 드러난다. 우리는 그것을 하위-의식의 늪에서 솟아오르는 거품들과 비교할 수 있을 것이다. 다시 말해서 해체 중에 있는 의식과 무의식으로 생각할 수 있는 것이다. 완벽해야겠다는 생각인 교만의 죄가 모든 사람들에게 어느 정도 있기 때문에 그것이 신비화하는 잘못된 동기로 분해되는 것 역시 모든 사람들에게 들어 있다. 그것은 그가 성실하게 내적 성찰, 다시 말해서 객관화의 능력을 통하여 매일 관찰할 수 있는 현상인 것이다. 병든 정신에서 잘못된 동기부여는 더 깊이 발달해 있다. 따라서 허영심이 커져서 내적 성찰을 통한 관찰의 능력을 왜곡시키지 않고, 효율성과 성실성을 감소시키지 않으면 더 쉽게 간파할 수 있다. 내적 성찰의 모든 어려움은 거기에 있다. 그 어려움은 내적 성찰이 어느 정도 정상적인 사람의 정신에 있는 아주 약한 정도의 잘못된 동기부여까지 포착할 수 있는 충분히 분명한 도구가 되도록 입증되지 않는 한 극복될 수 없다.

a. 잘못된 동기부여

고조된 상상력은 정신적 왜곡의 원인으로서 고조된 욕망들과 그것들의 거짓된 정당화로 구성되어 있다. 고조된 상상력과 내용은 이 두 측면으로 완전히 정의되는 것이다. 그것의 정신내적 작업은 한편으로는 물질적, 성적, 유사-정신적으로 고조된 욕망들은 물론 상상적 유희에서 비롯된 현실로부터의 도피라는 파괴적 형태로 구성되고, 다른 한편으로는 상상계적인 비현실성으로의 도피, 즉 잘못된 정당화로 구성된다. 허영심은 자기-정당화 못지않게 자기로부터의 도피의 원리인 것이다.

잘못된 동기부여에는 흥분된 상상력의 두 측면들이 내포되어 있다. 더 나아가서 잘못된 동기부여는 잘못된 가치 평가의 한 형태이고, 사고의 한 형태이기도 하다. 무엇보다도 먼저 그것이 어떻게 서로 완전히 배척적인 듯이 보이는 두 가지 기능(정감적인 기능과 반성적인 기능)에 속할 수 있는지에 대해서는 연구할 필요가 있다.

상상력은 욕망과 함께 도피하려는 놀이로서 눈을 뜨고 꿈꾸는 몽상(夢想)이다. 이런 형태의 상상력은 제일 흔한 정신 상태이다. 그것은 매일의 삶에서 거의 끊이지 않고 이루어진다. 정신의 우월한 기능으로서 지성과 지성의 계획은 분명한 해결책을 요청하는 긴급한 상황에 직면하지 않고는 나타나지 않는다. 정신이 왜곡되는 만큼, 지성의 계획들도 정감적으로 고조된다. 그 계획들이나 그에 연관된 두려움들과 약속들은 고조된 방식으로 기대된다. 사람은 그의 계획들에 관심을 집중할 때나 반성을 시작할 때에도 상상하는 상태에 머무른다. 그때 그의 사고는 정감적으로 된다.

모든 정신적 기능이 정감적으로 고조될 때, 그것들은 열등한 기능 쪽으로 퇴행한다. 상상력이 의식적인 삶과 하위-의식적인 삶 사이의 중간지점이기 때문에 몽상 자체인 원시적 상상력의 고조는 무의식적인 삶으로의 병적인 퇴행이다. 한편 정감적 사고(pensée affective)는 명석한 사고와 상상력 사이의 일종의 전환이다.

정감적 사고는 무엇인가를 이루려는 노력이 평가하는 정신이 가진 더 높은 작용의 영향을 받지 않고 실천하는 지식이다. 그리고 정당화하려는 상상은 거짓된 자기-평가이다. 그것은 정신이 고조된 상상력에 의하여 독점된 정신으로서, 도피적인 몽상에 봉사한다.

거짓된 정당화에는 사고의 형태와 상상력의 내용이 들어 있다. 그것은 도피적인 몽상처럼 이미지들의 연쇄가 아니다. 그것은 가치 평가와 결론들의 도움에 의하여 작용하지만 거기에는 모든 일관성들이 결여되어 있다. 그것은 나중에 판단하지 않고, 먼저 판단한다. 그것은 객관적으로 논의하지 않고, 거짓되게 정당화 하는 궤변들을 늘어놓는다. 사람은 정감적 사고 덕분에 그가 바라는 모든 것을 입증할 수 있다. 이해하고, 평가하는 기능의 이 거친 측면은 사고의 가장 흔하고, 일상적인 형태이다. 대부분의 사람에게 사고의 높은 형태들인 논리적 지성과 평가적 정신은 거의 발달해 있지 않다. 사람들은 정감적으로만 사고하는 것이다. 그래서 군중들에게 논리적으로 말하는 것은 소용없는 일이다. 그들은 정감적 사고로만 이해하기 때문이다. 그래서 정감적 사고는 매일의 삶에서 아주 중요하다. 삶은 거기에 감염되어 있다. 공중(公衆)의 견해들은 입증되었거나 논란이 많은 선입견들, 편견들, 미신들, 도그마들, 이념들이다. 그것들은 각 사람의 정감적 성향에 따라서 받아들여지거나 거부된다. 그것들에 대한 토론은 정감들을 벗기거나 고조시키려는 구실들일 뿐이다. 그것들이 정감에 뿌리를 내리고 있기 때문에 그것들의 모순은 해결책을 찾지 못한다. 그것들은 고조된 상상력일 뿐이다. 그것들은 논의로 가장하고, 환상으로까지 고양되며, 삶을 황폐하게 하는 끊임없는 토론 자료들을 만든다. 고조된 상상력은 정감적 사고 아래서 개인적인 삶은 물론 사회적인 삶까지 파괴하는 원인이 된다. 정감적 사고를 지배하는 정감은 교만의 죄이다. 더 나아가서 우리는 오직 원시적 상상력과 욕망의 연쇄 위에서만 작용하는 약속들과 위협들의 도움으로 사람들이 죄를 억압하고, 허영심을 정당화하여 그들이 스스로를 이상주의자라고 믿을 수 있게 하는 논거를 제공하면서 그들이 바라는 모든 것을 얻게 할 수 있다. 거짓되고, 선동적인 심리학은 죄의식을 진정시키고, 허영심을 부추기면서 사람들을 다룰 줄 아는 것이다.

잘못된 동기부여는 정감적 사고의 가치 평가의 한 형태이다. 따라서 잘못된 동기부여는 정당화 하는 수많은 궤변의 형태로 나타난다.

통속화된 사람에게 잘못된 동기부여와 그 궤변들은 교만의 죄를 정당화하려고 하는데, 그것은 물리지 않는 야망의 형태로 전개된다. 통속화된 사람은 다른 사람들의 고조된 야망이 그에게 그것을 허용하는 한 그의 고조된 야망들을 실현시킬 줄 안다. 고조된 야망들 사이의 변태적인 이 싸움에서 실현 방법은 더욱더 교활해지고, 난폭해질 수밖에 없다. 그런데 정감적 사고는 그 어떤 방법도 다 정당화한다. 그래서 사람들을 연결하는 감정들은 죽는다. 통속화된 사람들 사이의 싸움, 말하자면 세상을 황폐화시키는 외부세계의 싸움의 특징은 양심의 가책이 없다는 점에 있다.

승화된 영역으로 나아가려고 광분하는 신경증적인 사람은 정감적 사고에서 나온 궤변들인 양심의 가책 때문에 몹시 피곤해 한다. 그러나 이 궤변들의 의도는 전복(顚覆)된다. 궤변들은 부도덕하고, 통속적인 거짓 정당화로부터 거짓된 도덕적 고발로 되는 것이다. 이것은 어떤 의미에서는 "플러스"이고, 본질적인 의미에서도 "플러스"이다. 승화된 영역을 향한 이 경련은 더 의미 있는 삶에 대한 사랑을 가리키기 때문이다. 그러나 이 사랑이 순수하다면, 그것은 세상을 황폐하게 하는 본질적 원인에 대한 싸움의 형태로 나타난다. 그것은 욕망의 다양화와 고조 및 정감적 사고의 도움으로 이루어진 거짓된 정당화-협의에 대한 싸움으로 나타나는 것이다. 신경증적인 사람은 그 병의 원인을 그의 내면에 품고 있지만, 그것에 대해서는 아무것도 알려고 하지 않는다. 그는 그의 내면에 죄가 있다는 것을 부정하고, 삶의 의미에 대한 그의 사랑은 헛되고, 허영에 의한 것으로 된다. 초기에 있던 그의 "플러스"는 "마이너스"로 된다. 삶의 의미에 대한 허망한 사랑은 그의 수많은 욕망들을 억제하고, 양심의 가책을 고조시킨다. 신경증적인 사람의 고조된 양심의 가책과 이 세상의 양심의 가책 결여 사이의 대조는 신경증적인 사람에게 중대한 위험으로 된다. 그를 둘러싸고 있다고 그가 실제로 느끼는 이 위험은 그에게 불확실감을 주고, 수줍게 하며, 외상을 가져다준다. 통속적으로 비뚤어진 사회 환경은 신경과민의 외적 원인이 되고, 악몽과 외상(外傷)의 원인도 된다. 이 외적 원인은 신경증적인 사람의 중대한 불충분성을 드러내는 수많은 실패의 형태로 나타나고, 더 나아가서 상처받은 허영심 때문에 중요성이 과도하게 커진다. 신경증적인 사람은 그의 열등감과 우월감 때문에 결국 이 세상에서 제대로 살지 못한다. 그에게 일어나는 사고들은 그에게 그의 불충분성을 입증하고, 그가 고쳐져야 한다고 말한다. 모든 사고의 주위에서 상상력이 고조되고, 정감적인 사고는 정당화하는 궤변의 형태 아래 빠르게 증식되며, 상처 주위로 몰려드는 백혈구처럼 정신적 화염인 허망한 팽창을 더 크게 불러일으킨다. 정감적 사고가 잘못 복구하려는 작업은 동기를 잘못 부여하게하고, 세상의 죄와 신경증적인 사람의 이상적이고, 완벽한 순수성에 대한 믿음을 강화시킨다. 새롭게 일어나는 각각의 사고들은 외상적으로 될 위험이 있고, 병적인 상태를 심화시킨다. 또한 그것들은 잘못된 동기부여 때문에 교만의 죄에 대한 억압을 강화하게 된다.

*

신경증적인 사람의 치명적인 불충분성은 그가 삶에서 제대로 서지 못하는 무능의 요인으로 되고, 그가 세상에서 살더라도 아주 고통을 받게 한다.

그의 이 불충분성과 고통의 원인은 적어도 신경증적인 사람이 허망하게 상상하는 것처럼 그를 둘러싼 세상의 통속성이 풀려나서 그런 것이 아니고, 그가 승화를 좋아하거나 정신적 억제 때문도 아니다. 그와 반대로, 그것이 고조되지 않았다면 그것은 그에게 상황이 변화될 수 있었으면 상황을 변화시키고, 상황이 변화 불가능한 것이었다면 상황을 받아들이게 했을 것이다. 그의 불충분성의 원인은 그의 고조된 욕망 때문인데, 그는 통속적인 것에서도 만족하지 못하고, 승화도 이루지 못하기 때문이다. 그것들은 정신에 의하여 제대로 억제되지 못하는 것이다. 억제된 것은 단지 그것들의 실현일 뿐이고, 은밀한 상상적 갈망은 아니다.

그러나 신경증적인 사람은 흔히 평균을 뛰어넘는 자질을 가지고 있다. 그에게 부족한 것은 그가 아직 발달하지 않았다는 점이다. 그는 그의 불충분성을 억압하기 위하여 기준을 그가 발달한 정도에 맞추어 내리면서 그의 충분성을 강조한다. 그러나 억압의 이 첫 번째 표시는 그를 출구가 없는 악순환으로 이끌고 간다. 제한된 능력을 점진적으로 발달시키는 자연스러운 과제는 그에게 이제 더 이상 충분하지 않다. 그것은 그에게 그가 다른 사람들에게 맡긴 사소한 과제처럼 보이기 때문이다. 그것은 그에게 너무 하찮은 것이다. 그는 그의 자연스러운 과제를 실현시킬 줄 모르고, 그가 관념적이거나 이상적인 실재를 창조하거나 실현시키는 등 훨씬 더 어려운 과제를 수행할 수 있다고 상상한다. 교만의 죄는 고조된, 상상에 의한 과제를 낳는데, 그는 그것에 의해서 다른 모든 사람들을 추월하는 생각을 곰곰이 한다. 그때 그의 목표는 자연스럽고, 본질적인 과제–그의 성격과 인격을 형성하는 것–에서 벗어나 지나친 목표를 향해서 나아간다. 그러므로 모든 신경과민의 뿌리에는 과장된 과제와 지나친 목표가 있다. 목표는 흔히 문화적 주장(유사-과학, 유사-예술, 유사-종교성)과 관계가 있다. 그러나 이 문화적 주장이 자주 나타나는 규칙이라면, 그것은 모든 신경과민의 경우의 특징인 필연성이 될 수 없다. 문화적 주장은 종종 통속화된 신경증적인 사람이나, 아니면 신경증적으로 통속화된 사람에게 가장 겸손한 외관으로 그 모습을 보이는 과제로 대체된다. 그런데 그것은 모든 사람들 가운데서 가장 겸손하고, 가장 불행하며, 모든 것을 희생시킬 준비가 되어 있고, 운명적으로 가장 버림 받았으며, 더 나아가서 제일 아프고, 제일 신경증적이며, 제일 예민해야 하는 것이다. 여기에서 공통된 특성은 그 어떤 분야에서든지 다른 모든 사람들을 능가하려는 허영심이 어리석은 형태로 나타날 수 있다는 점이다. 신체적으로 제일 강하고, 얼굴도 제일 예뻐야 하는 것이다. 그러나 이것은 신경증적인 허영심을 통속적인 허영심과 구별하는 비논리적이고, 강박적인 특성이다. 그는 자신의 직업에서 일인자가 되고, 가장 능숙하며, 가장 성실한 사람이 되려고 하는 것이다. 최고의 살림꾼이 되거나, 역설적으로 최악의 살림꾼이 될 수도 있다. 하느님에게 가장 사랑받고 가장 덕을 갖추거나, 아니면 가장 타락한 사람이 되는 것도 마찬가지다.

모든 신경과민의 밑바닥에는 고조되고, 상상적이며, 지나쳐서 궤도에서 벗어난 목표가 있다. 그것들 이외에는 자연스러운 과제들의 실패가 정당화될 수 없기 때문이다. 흥분을 제어하고, 매일의 상황을 제어하는 것은 사고의 명료성과 굳건한 의지와 차분한 감정 등과 같은 기본적인 능력의 발달을 통한 성격의 형성이 이루어지지 않는 한 불가능하다. 이런 능력들은 그 자신에 대한 진리의 억압으로 파괴되지 않을 수 없는데, 그것이 허영심이다. 따라서 그 능력들은 그 자신에 대한 진리가 뒷받침 되어야만 발달할 수 있다. 상상력에서 비롯된 쓸데없는 과제는 정감적인 사고가 거짓된 정당화를 하게 한다. 신경증적인 사람은 실패할 때마다 그것은 그가 자신을 다른 사람들과 다르게 하려는 과제에 관심을 기울였기 때문이라고 하고, 그는 일상생활에 필요한 것들보다 더 높은 것들을 추구하며, 그것만이 오직 중요한 것이라고 주장할 수 있기 때문이다. 이렇게 정감적인 사고와 거기에서 나온 궤변들은 과장된 과제로부터 잘못된 동기부여를 하게 하는데, 그것들은 점점 더 세분화 되면서 모든 종류의 원망으로 펼쳐진다. 허영심은 모습을 바꾸어서 여러 가지 태도들과 성격적 특성들로 농축된 정당화의 수많은 변명들로 변환된다. 의기양양하거나 분노에 가득 찬 허영심은 모두 거짓된 동기부여의 범주 가운데 하나를 만든다. 원망의 다른 형태들 하나하나에 허영심에서 나온 태도들의 범주가 해당되는 것이다. 그것들 역시 그렇게 하면서 스스로 배열되고, 범주 전체를 분류한다. 거짓된 동기부여의 범주들은 그것들이 교만의 죄의 점진적 해체의 결과들이기 때문에 양가성의 법칙으로 연결되어 있다.

그러므로 허영심이 잘못된 동기부여의 범주로 해체되는 과정에 대해서 살펴보는 것은 대단히 중요한 일이다.

*

과장된 과제에서 비롯된 수많은 정당화의 변명은 이제 신경증적인 사람 자신에게 돌아간다. 허영심은 죄와 분리될 수 없고, 죄(coulpe) 자체인 것이다. 본질적인 허영심이 수많은 변명들로 해체됨으로써 죄 역시 수많은 죄의식의 감정으로 해체되는 것이다. 과장된 과제는 정당화의 근거가 되기 위하여 노력이 그 과제에 집중되기를 요청한다. 그러나 신경증적인 사람은 이 과제에 집중하지 못한다. 그 과제가 반드시 필요하지 않기 때문이 아니다. 그래서 죄의식은 양면적인데, 그의 상상력이 이 과제는 물론 물질적 욕망에도 집중되어 있기 때문이다. 이 허망한 과제에서 나온 부정적인 결과로 신경증적인 사람은 각각의 사실과 각각의 행동, 삶의 세세한 것들을 과장된 과제에 견줘서 따져 보기 시작하면서 너무 양심적이고, 과장된 죄의식으로 가득 차게 된다. 그리하여 그는 그의 상상적인 과제에 경련적으로 집중하려고 하며, 그의 자연스러운 쾌락에 대해서도 방어적인 태도를 취한다. 삶 전체가 극복할 수 없고, 위협적인 장애물로 될 위험에 처하는 것이다. 삶은 이제 단순하고, 자연스러운 과제를 감당할 수 없게 된 사람에게 맞선다. 삶이 그에 대항해서 방어하는 것이다. 그래서 모든 종류의 욕망들은 그것들이 실현 불가능하기 때문에 쓸데없이 도덕화 하는 죄의식의 증식으로 바뀐다. 그것은 그의 금지들을 더 강화시키고, 과장된 자기-비난을 야기하는데, 그것들이 상상 속에서 어디까지 갈 것인지는 아무도 알 수 없다. 교만의 죄가 해체된 결과 생긴 부산물인 도덕화 하는 죄의식은 범주적으로 두 번째 잘못된 동기부여 경향을 낳는 것이다.

정감적인 사고는 실제적인 실패를 정당화 하려고 죄의식을 사용할 수 있다. 신경증적인 사람은 그에게 삶의 잔인하지만 필수적인 것으로부터 스스로를 지키지 못하게 하는 너무 세심하고, 예외적인 감수성이 있다고 믿는다. 상상력에서 나온 죄의식이 교만의 죄의 해체이기 때문에 신경증적인 사람은 결국 그의 고통, 고난, 무능, 변태적 금지, 수많은 죄의식들에 대해서도 비현실적으로 된다.

상상력에서 나왔고, 헛되게 고조된 두 번째 죄의식은 두 가지 형태로 나타난다. 그것은 한편으로는 신경증적인 사람이 했던 일은 물론 해서는 안 될 일과 관계되고, 다른 한편으로는 그가 하지 않았던 일은 물론 그가 했어야 했던 일과 관계된다. 그가 했어야 했지만, 하지 않았던 일은 무엇보다도 먼저 본질적이고, 매우 중요한 과제의 실현이다. 그러므로 그것은 행해지지 않았던 매우 중요한 과제와 연계된 치명적인 죄이다. 그것은 상상력을 통해서 실제의 사실과 벗어나는 죄책감을 과중시키면서 지극히 사소한 결함과 관계된 불안에서 나온 부정적인 에너지를 제공하기 때문이다. 지극히 작은 과실, 예를 들어서 말하자면 그가 아직 편지를 쓰려고 마음먹지 못했고, 그것을 부치지 못한 일 등은 신경증적인 사람에게 고통이 될 수 있으며, 거기 감춰진 의미는 현실적이고, 우연한 사실보다 훨씬 더 많을 것이다. 신경증적인 사람이 자기에게 죄가 있다고 느끼는 것은 그가 스스로에게 경련적으로 부과하는 완벽성의 지나친 과제 때문에 숫자에 있어서나 정감의 정도에 있어서 과장된다. 더구나 그는 그것에 대해서 끊임없이 실패했다고 느낀다. 그러나 그는 물질의 영역을 향해서 고조된 수많은 욕망들과 반대되는 요청 때문에 실제로는 그것을 실현시키려고 하지 않는다. 그를 짓누르는 과장된 과제의 무게는 그를 아주 게으르게 만들어서 그는 결국 삶을 겨우 영위하는데 필요한 가장 일상적인 행동들만 하게 된다. 그러므로 그가 실패하는 것도 실제의 사실보다 훨씬 더 깊은 의미를 가지고 있다. 신경증적인 사람은 지극히 사소한 일에 매달리거나 아무 의미도 없는 것에까지 신경을 쓰고, 엄격한 원리를 고집하면서 자신을 태만으로부터 지키려고 하거나 상상적이고, 과장된 죄의식으로부터 지키려고 할 수 있다. 그러나 지나친 죄의식 자체는 어느 정도 하위-의식적이거나 억압된 것일 수 있다. 신경증적인 사람은 종종 그에게 죄가 있다고 생각하지 않는다. 그의 죄의식은 지속적이고, 막연한 불편한 감정의 형태로밖에는 드러나지 않는 것이다. 그래서 그의 정신은 끊임없이 죄를 졌다는 불쾌감으로 얼룩져 있다.

우리는 진정한 과제와 연계된 진정한 죄의식과 상상력에 의한 과제와 연계된 상상력에서 나온 죄의식을 구분해야 한다. 진정한 죄의식에서 나온 감정들은 교만의 죄와 그것의 거짓된 정당화인 잘못된 동기부여와 반대된다. 그 감정들은 고조된 욕망들을 올바르게 가치 평가하려고 한다. 그것들을 거짓되게 정당화 하려고 하지 않고, 심사숙고하면서 실제적으로 정죄하려고 하는 것이다. 잘못된 동기부여와 상상에 의한 헛된 죄의식이 생기는 것은 오직 양심의 부름이 귀에 들리지 않고, 상상력이 교만의 죄의 둘레에서 고조될 때뿐이다. 그때 사람들은 고조된 수준에서 그에게 죄가 있다고 느낀다. 그의 과장된 죄의식의 다양한 감정들은 이제 언제나 더 정교해진 동기들로 된다. 그것들은 행동들 뒤에 숨고, 모든 행동들을 부정적으로 변하게 하고, 금지로 변환시킨다.

본성의 중요한 과제를 완수하지 않은 우선적이고, 실제적인 죄를 "치명적인 죄"(coulpe vitale)라고 불렀다. 이 본질적인 죄를 억압하면 그 결과 과장된 과제로 구체화되는 교만의 죄가 나온다. 도덕화 하는 죄의식과 허영의 다양한 형태들은 잘못된 동기부여의 두 가지 범주적인 범주들을 낳는다.

*

그러나 상상력에서 나온 과제에서 비롯된 다양한 허영심들과 거기에서 나온 상상적인 죄의식은 교만의 죄의 해체의 산물만은 아니다. 잘못된 동기부여에는 그 밖의 다른 경향들도 있다.

쓸데없는 일들을 하면서 교만의 죄를 억압하는 것은 죄의식에서 나온 감정을 다양하게 하는데, 그 폐해가 너무 해로워서 허영심이 아무리 다양한 죄의식으로부터 변명거리를 찾아낼 수 있을지라도 삶을 참을 수 없게 만들 것이다. 죄에 의한 고뇌를 이렇게 헛된 유사-만족으로 변환시키는 것은 억압을 연장시키려는 첫 번째 시도이다. 그러나 이것이 일단 이루어지면 멈추게 할 수 없다.

억압의 목표는 죄를 수많은 죄의식에서 나온 감정들로 분할하는 것이 아니다. 그와 반대로 그 목표는 그 자신은 결백하다는 증거를 제공하는데 있다. 따라서 그 자체로서 실현 불가능하기 때문에 헛된 과제가 그 자신이 결백하다는 증거를 제시하지 못하고, 그렇게 하는 대신 죄의식만 고조시킨다면, 그때부터 그는 고조된 죄의식으로부터 벗어나려고 한다. 그의 죄를 다른 사람들에게 투사하려고 하는 것이다. 그래서 신경증적인 사람이 상상력에서 나온 그의 과제를 실현하지 못하면, 잘못한 것은 절대로 그 자신이 아니다. 그 잘못은 언제나 다른 사람에게 전가된다.

그 자신은 다른 사람들과 같지 않다고 믿는 그 사람은 상상력에서 나온 헛된 과제에 의하여 거기에서 그 자신을 분리시키고, 다른 사람들의 반대편에 놓는 것이다. 신경증적인 사람은 그런 대립을 통해서 지칠 줄 모르고 그 자신을 다른 사람들과 비교하고, 스스로가 다른 사람들보다 우월하거나 열등하다고 느낀다. 그래서 신경증적인 사람은 열등감으로부터 방어하기 위하여 그의 우월감을 헛되게 고양시키고, 다른 사람들을 깎아내린다. 그 자신에 대한 잘못된 가치 평가는 다른 사람들에 대한 잘못된 가치 평가와 다른 사람들에 대한 비판적 평가의 원인이 된다. 그러나 신경증적인 사람은 다른 사람이 그가 그렇게 바랐지만, 거의 언제나 실패하였던 허영심의 산물에 대한 대가를 치르게 하리라는 생각이 들면 즉시 감상적인 과대평가를 통해서 반대되는 태도를 취한다.

그러므로 신경증적인 사람의 정신은 오직 허영심-죄의식이라는 쌍으로만 특징지어지지 않는다. 교만의 죄의 해체와 그 억압으로 인한 해체는 또 다른 왜곡의 쌍들을 낳으며, 그것들은 죄 많은 허영심과 분리할 수 없게 연계된다. 그것의 또 다른 범주적 쌍은 감상(感傷)-비난(非難)이다.

신경증적인 사람은 그 자신 앞에만 서지 않고, 다른 사람들 앞에도 선다. 그는 다른 사람들을 설득하려고 하는데, 다른 사람은 그 자신이기도 하다.

욕망의 잘못된 모든 평가는 내려지고, 하나의 태도라는 측면을 가진다. 그것은 확실히 잘못된 것이기 때문에 그 자신에게도 의심스럽다. 잘못된 모든 동기부여는 그 자체로 모순인 것이다. 그것은 양가적이다. 그 사람은 거기에 결코 도달하지 못하면서도 그것을 믿으려고 한다. 잘못된 동기부여에는 거짓된 가치라는 입장은 물론 그것에 대한 부정이 동시에 들어 있다. 그러나 부정 자체는 의심스럽다. 그것이 새로운 자리와 그 다음의 것을 요구하기 때문이다. 거기에서부터 신경증적인 사람에게는 모든 가치들과 모든 동기들에 대한 불확실감이 커지며 의심은 결국 의지와 모든 감정들로까지 확장된다. 여기에서 의심은 덧붙여진 것이 아니라 헛된 고조의 욕구 속에 이미 들어 있던 것이다. 그래서 우월성에 대한 욕망은 열등성에 대한 불안으로 바뀐다. 죄의식이 우월한 존재가 되려는 허영기가 있는 욕망이기 때문에 그 안에 이미 하나의 내용, 즉 다른 사람들과의 비교가 들어 있는 것이다. 범죄적인 허영심은 신경증적인 사람이 다른 사람들의 견해에 의존하게 한다. 그래서 그는 끊임없이 그가 잘못 되어 있다고 생각한다. 다시 말해서 그의 견해는 그의 허영심이 바라는 만큼 그 자신에게도 탐탁하지 않은 것이다. 그가 다른 사람들의 견해를 더 많이 고려하고, 거기에 영향을 더 많이 받을수록 그가 그것을 객관적으로 파악하기는 더 어려워진다. 또한 그는 사회관계도 제대로 해석하지 못한다. 다른 사람에 대한 병적인 해석은 그 자신에 대한 거짓된 해석, 즉 범죄적으로 된 허영심에서 나온 잘못된 동기부여에 덧붙여지는데, 그것 역시 개인들 사이의 관계와 사회

관계를 시끄럽게 하고, 금지하는 변질된 동기들을 불러일으키면서 결정적인 것으로 된다. 다른 사람들에 대한 잘못된 해석은(그들의 견해, 의도, 행동들) 잘못된 동기부여의 새로운 경향으로 되고, 그것은 범죄적인 허영심에 넛붙여신다. 그것은 범죄적인 허영심이지만, 다른 사람들을 향한다. 잘못된 동기부여의 이 새로운 범주적 경향 역시 범죄적 허영심에 유비적으로 연계되면서 양가적이며, 그 자신과 모순된다. 그의 양가성은 그것을 다른 사람들에게도 부과하려는 헛된 욕망과 그 허영심이 바라는 만큼 인상을 주지 못할까 하는 잘못된 불안에 존재한다.

이런 양가성은 신경증적인 사람의 본질적 상황인 그의 교만의 죄와 욕망의 다양성에서 나온다. 신경증적인 사람은 그의 고조된 상상력 속에서 끊임없이 가장 모순적인 욕망들, 즉 가장 고상하고 가장 변태적인 욕망들을 곱씹는다. 그는 사람들 가운데서 제일 높게 되기를 바라고, 제일 낮은 차원의 욕망을 충족시키기를 몹시 바라는 것이다. 아직 승화되고, 정신화 되지 못한 그의 생명력은 정감적인 상태에 머물러 있으며, 해체되어서 무의미하고, 수치스러운 욕망들로 가득 차 있다. 신경증적인 사람은 그의 변태적인 욕망들을 실현시키려고 하지만, 감히 그렇게 하지 못하고, 거기에 대해서 부끄러워한다. 내면에 있는 무질서를 다른 사람들로부터 감추려는 고조된 욕구, 말하자면 부끄러움에 의한 억제가 거기에 덧붙여진 것은 욕망들이 영적으로 억제되어 있지 않거나, 정신화 되어 있지 않고, 해체돼서 그러는 것이 아니다. 오히려 그것들이 변태적으로 억제되어 있고, 상상력에 의해서 고조되었기 때문이다. 바로 그 때문이다. 그런 욕구는 다른 사람들보다 더 우월하려는 욕구인 허영심이 커지면서 더 고조된다. 그때 부끄러움은 언제나 죄의식으로 되지만, 거기에는 새로운 측면이 있다. 그것은 이제 더 이상 그 자신을 향한 죄의식이 아니라 다른 사람들을 향한 것, 즉 사회화 된 죄의식인 것이다. 외부화 된 이 죄의식의 상대 짝(contreforme)은 외부화 된 허영심, 즉 젠 체하는 태도일 것이다. 신경증적인 사람은 스스로 무가치하고, 다른 사람들보다 열등하다고 느낀다. 그리고 젠 체하는 자세

뒤에 숨은 이런 무가치감은 그의 허영심과 우월하다는 상상을 살펴볼 수 있는 정확한 척도이다. 다른 사람들의 견해에 의존하는 신경증적인 사람은 젠 체하는 태도로 그들의 좋은 견해를 구한다. 그러나 그것은 그가 다른 사람들의 견해 앞에서 보이는 불안의 표현일 것이다.

이런 불안은 신경증적인 사람의 고통을 심각하게 악화시킨다. 죄의식, 자기-경멸, 그 자신에 대한 불만(삶의 사소한 사건들의 경우에 솟아오르기에는 너무 깊이 억압되어 있는 것) 때문에 훨씬 더 초조하고, 짜증나는 불안이 덧붙여지는 것이다. 그 불안은 차마 고백할 수 없는 그의 욕망들과 동기들이 그의 젠 체하는 태도에도 불구하고 드러나지 않을까 하는 불안이고, 억압하고 있음에도 불구하고 그의 죄의식이 모든 사람들의 눈에 드러날 수 있다는 불안이며, 세상 사람들 앞에서 그의 가면이 벗겨지고, 조롱꺼리리가 되지 않을까 하는 불안이다. 범죄적인 허영심의 이 우스꽝스러운 측면은 그 자신에 대한 억압은 치명적인 죄를 감추게 하는 데 충분하지 않다는 사실에서 기인한다. 그것은 죄로 모습을 바꾼 생명의 에너지이기 때문이다. 그것은 계속해서 드러난다. 사실 억압은 기껏해야 그 자신의 눈을 가릴 수 있을 뿐이다. 사람은 다른 사람들과 떨어져서 살지 않는다. 사람은 그를 판단할 수 있는 다른 사람들에 둘러싸여서 살고, 그들은 억압의 정도에 따라서 위협적인 재판관들이 된다.

신경증적인 사람은 그가 치명적인 죄의 억압으로 그를 삶에서 충분히 정당화 하지 못했기 때문에 그의 정신의 구석구석이 마치 삶에 내재된 정의인 것처럼 다른 사람들의 눈초리에 노출되어 있는 듯이 느낀다. 그는 그가 그칠 줄 모르고 다른 사람들에게 관찰되고, 판단되며, 정죄 받는 것으로 느끼는 것이다. 그의 억압되어 있고, 가려져 있으며, 가장되어 있는 치명적인 죄는 하위-의식에서 중대한 범죄이며, 그 처벌은 삶에 내재된 정의에 의하여 허영심이 많은 사람에게 가할 수 있는 가장 끔찍한 것이다: 그의 죄책감이 드러나고, 그의 발가벗은 모습이 그대로 드러나는 데 대한 불안과 그가 세상에서 조롱꺼리가 되는 것이다. 그 수치스러운 측면 아래, 신경증적인 사람의 죄의식은 억압이 더 깊어질수록 더 강박적으로 된다. 정말 죄가 있는, 신경증적인 사람의 가장 극적인 고뇌는 이렇게 상상을 끊임없이 바꿔가면서 잘못되게 해석하는 것이다. 신경증적인 사람은 참을 수 없는 이 고뇌를 없애기 위하여 그의 허영심이 제시하는 방법을 사용한다. 그는 그의 죄를 다른 사람들에게 투사하는 것이다. 그는 그가 다른 사람들에게 더 관찰 당하고, 판단되며, 정죄된다고 느낄수록, 다른 사람들을 더 관찰하고, 판단하며, 정죄한다. 그러면서 그는 그 자신에 대한 분노와 죄의식을 다른 사람들에 대한 분노로 변환시킨다. 그는 상상에서 나온 그들의 판결을 평가절하 하기 위하여 그의 분노 때문에 상상 속에서 나온 그의 재판관들을 평가절하 하는 것이다. 죄가 있는 것은 그 사람들이고, 세상이 죄인이며, 그에게는 죄가 없다.

신경증적인 사람은 최고의 재판관이 되며, 세상 전체의 고소인이다.

그러나 다른 사람들에 대한 이런 평가절하, 세상에 대한 고소, 투사된 죄의식은 모두 억압된 죄의식처럼 양가적이고, 헛되게 대조적으로 된다. 신경증적인 사람은 그의 부정의와 세상에 대한 과도한 증오를 고백하지 않을 것이기 때문이다. 그 자신에 대한 과도한 증오와 죄의식이 그 자신에 대한 헛된 사랑과 대조되듯이 세상에 대한 그의 과장된 증오도 세상에 대한 그의 과장된 사랑과 대조될 것이다. 그러나 그것은 아직 영혼의 힘과 진정한 사랑의 따뜻함이 아니다. 그것은 헛되게 고조된, 추상적인 사랑이기 때문이다. 거기에는 아직도 살아 있는 구체적인 사람에 대한 비난이 남아 있다. 다른 사람들에 대한 그의 감정은 고조된 상상력에서 나온 것이고, 도덕화 하는 감상성(sentimentalité)인 것이다.

*

이제 이 새로운 범주적 쌍인 감상성-비난의 양가적 대조들과의 유비적 관계는 물론 허영심-죄의식의 쌍과 함께 양가적 관계에 대해서 분명하게 살펴보는 것이 중요하다.

정신의 근본적 분열인 허영심 있는 자아와 죄 있는 자아의 분열은 이중성(duplicité)의 원인이다. 그 결과 각각의 행동에는 이중적이고, 양가적인 동기부여가 발견되고, 신경증적인 사람은 다른 사람들은 거기에 속지 않을 것이라고 두려워하면서 거기에 속는다. 한편으로, 그의 허영심은 그의 행동들은 사람들이 상상할 수 있는 것보다 훨씬 더 순수하고, 고상한 동기에 의해서 결정된다고 그 자신과 다른 사람들을 설득하려고 하지만, 다른 한편으로, 그 자신과 다른 사람들은 그 행동들에는 그 자신과 다른 사람들이 분명하게 알 수 없는 혼란한 동기들인 하위-의식적 동기들이 감춰져 있다고 느낀다.

그러나 이 내적 분열에 의하여 하위-의식은 신경증적인 사람이 끊임없이 만지고, 자극하고, 오염시키는 상처처럼 열리고, 그것은 그의 병적인 내적 성찰을 결정짓는다. 그는 그 통찰력의 순간 그에게 어떤 일이 일어나는지 본다. 그가 계속해서 내면의 시각을 가리는 것은 불가능하다. 그가 그에게 감춰진 동기들을 분명히 고려할 줄 아는 용기를 가지고 있다면, 또한 그가 그 자신을 객관적으로 살펴볼 줄 안다면, 그는 올바르게 반응할 수 있는 길, 즉 그를 병에서 낫게 하는 길을 발견할 수 있을 것이다. 오직 그 통찰력에 의해서만 그는 그 길에 이미 들어섰는지도 모른다. 그러나 그는 시선을 돌리고, 허영심 속으로 피신한다.

신경증적인 사람에게는 일시적이기는 하지만 정확한 자기-해석인 상대적 통찰력이 어느 정도 발달되어 있지만, 언제나 허영심이 죄의식을 억압하는 것으로 보아서 그것은 너무 빨리 흐려지고, 충분하지 않다는 사실을 입증한다. 신경증적인 사람은 그 자신에 대한 통찰력을 발달시키는 대신 그 자신에 대해서 눈을 감는 다른 방법의 도움을 청하는 것이다.

그래서 그는 그의 통찰력을 다른 사람들을 향해서 돌린다. 그는 이 세상을 살 때 그에게 죄책감을 불러일으키게 하고, 그 자신에 대해서 종종 의심하게 하는 그의 모든 하위-의식적이고, 순수하지 못한 동기들을 다른 사람들에게 보면서 의심하는 것이다. 그러나 그는 그 자신을 객관적으로 관찰하는 힘을 가지고 있지 않다. 그래서 그는 다른 사람들도 객관적으로 보지 못한다. 그는 그것들을 그의 내면에서 혼란스럽게 지각할 수 있었고, 그가 바깥에 투사했던 하위-의식적인 잘못된 동기부여의 파편들일 뿐이라고 생각한다. 그는 병적으로 해석하는 것이다.

병적인 해석은 죄의식의 투사의 결과 가운데 하나이다. 이 투사의 결과는 그의 안에만 있을 뿐인데, 신경증적인 사람은 그의 허영심에서 나온 가장 높은 동기들만 본다. 그리고 다른 사람들에게는 그의 죄의식에서 투사된 순수하지 못한 동기들만 본다. 그가 그의 죄의식을 이 세상에 투사시켰고, 그의 허영심을 강화시켰기 때문이다. 그에게는 아무 잘못이 없고, 그는 모든 사람들 가운데서 가장 낫다. 다른 모든 사람들은 고약하고, 이 세상도 고약하다.

다른 사람들은 그의 죄의식에서 나온 유령, 무시무시한 유령들이다. 세상 전체는 뛰어넘을 수 없는 장애물로 되고, 삶은 악몽이 된다.

이렇게 비난하는 투사는 단지 양심의 모습으로 드러나는 말없는 상상으로만 나타나지 않는다. 정감(affect)이 쌓이면 폭발하고, 말로 표현되면서 다른 사람들에 대한 평가절하가 비방으로 된다. 그러다가 투사는 폭발하여 분노의 형태로 외향화 된다. 그리하여 언쟁에 대한 강박이 터져서 상대방들은 죄의식을 서로에게 투사하고, 또 투사하면서 끊임없이 비난을 퍼붓는다. 억압되어 있는 죄의식은 경멸, 증오, 자기에 대한 절망이다. 죄의식의 투사는 경멸로 이끌고, 다른 사람들에 대한 증오로부터 다른 모든 사람들에 대한 증오, 그 자신에 대한 절망으로부터 이 세상에 대한 절망으로 이끄는 것이다.

상상적이고, 고조된 죄의식은 너무 깊고, 참을 수 없으며, 중대해서 허영심과 비난만으로는 결코 다 억압할 수 없다. 심지어 에너지의 가장 깊은 방출인 언쟁적이고, 분노에 찬 폭발도 임시적인 완화만 가져올 뿐이다. 그렇게 에너지를 방출할지라도 다시 후회가 생기는데, 그것은 그에게 통찰력이 완전히 사라지지 않았고, 정신의 소리가 완전히 막혀버린 것도 아니며, 죄가 의식에 다시 솟아오른다는 위협의 징표라는 것을 보여준다.

그것을 더 깊이 담아두려고 새로운 계책이 주어진다. 다른 사람의 반격밖에 불러일으키지 않는 공격적 비난은 이 세상을 언제나 더욱더 적대적이고, 악몽처럼 만들면서 초라해지고, 그 자신에 대한 감상적인 연민의 형태로 된다. 그것이 감상성으로 되는 것이다. 허영심이 죄의식의 양가적 축(軸)인 것처럼 감상성은 비난의 양가적 축이기 때문에 감상성은 비뚤어진 투사의 매커니즘에 속해 있다.

신경증적인 사람은 그의 죄의식을 감추기 위하여 싫고, 절망적이며, 그에게 적대적인 이 세상을 사랑한다고 주장한다. 선을 극도로 높이는 것은 허영심을 새롭게 강화시키는 것이 된다. 하지만 극도로 싫은 세상을 이렇게 사랑한다고 하는 것은 그 자신에 대한 비뚤어진 연민을 투사시키는 것일 뿐이다. 다른 사람에 대한 비뚤어진 연민 뒤에는 그 자신에 대한 연민인 고조된 이기주의가 숨어 있다. 과장된 이타주의인 이 제단(祭壇)에 대한 거짓된 사랑은 다른 사람에 대한 진정한 감정과 진정한 동의와 완전히 반대가 되는 자아의 헛된 전환이다. 신경증적인 사람은 다른 사람들과 공감하고, 동정하며, 관계를 맺고, 그를 다른 사람들에게 내어주지 못하기 때문에 경련적인 고조 속에서 이 세상을 그 자신보다 더 사랑한다고 스스로를 달래는 경향이 있다. 그러나 그는 실제로는 이 세상에 대한 그 자신의 유령 같은 비전에 열중할 뿐이다. 신경증적인 사람이 설사 우정이나 이성에 대한 사랑으로 다른 살아 있는 실제의 대상과 관계를 맺을지라도 그는 그 상대방을 명목적으로 사랑하는 대상, 즉 그의 상상에 의한 우상으로 만들고 만다. 그는 단지 그 사람에 대한 상상만 사랑하고, 그 자신을 다른 사람 안에 집어넣는 것이다. 그는 다른 사람을 통하여 그 자신을 사랑하는 것이다. 그는 실제의 존재가 그의 고조된 상상력인 그의 우상과 맞지 않을 때마다 그를 비난하고, 싫어한다. 그는 끊임없이 실망하고, 그가 사랑한다는 명목은 계속해서 비난으로 변환되는 경향이 있는 것이다. 그의 사랑은 추상적인 것이다. 그가 실제의 존재를 추상화시키기 때문이다. 신경증적인 사람은 오히려 살아 있는 인간의 추상적인 집단인 인류를 더 사랑한다. 그에게는 그가 미워하는 세상을 단숨에 변화시키고, 그가 과상되게 사랑하는 인류를 개량하려는 감상적이고, 감동적인 계획들로 가득하다. 이런 형태의 개량하려는 경향의 감상주의는 신경증적인 사람을 소외시키고, 세상 전체와 대척하게 하는 헛된 상상력 안에 머물 수 있다. 그런데 그것은 그의 상상력에 전체적으로 스며들어서 결국 비논리적이고, 망상적인 형태로 드러날 위험이 있다. 게다가 상상력이 폭발하여 소란하게 되는 경우도 매우 많다. 신경증적인 사람은 종종 인류를 구원하려는 기관에 들어가기도 한다. 그래서 그는 흔히 과장되거나 양심적인 종교성을 가지거나, 아니면 광적인 정당의 투사(鬪士)가 되기도 한다. 그가 바라는 것은 인간의 영혼과 그의 실제적 욕구를 더욱더 정확하게 이해한 바탕에 근거하여 여러 세대에 걸쳐서 진화하는 작업이 아니라 대중의 상상력과 지배적인 견해에 바탕을 둔 즉각적 해결책이다. 그의 노력은 어떤 결과를 기다리는 온건한 인내의 방식이 아니라 성급하고, 경련적인 것이다. 거기에서 나온 결과는 그에게 그의 주관적인 노력과 그의 역할을 반성하는 수단이 될 수도 있다. 그러나 감정은 에토스를 능가한다. 그래서 그것은 하나의 구실이 될 수도 있고, 그것의 진정한 목표는 그의 주관적인 노력을 미화할 위험이 있다. 인류에 대한 과장된 사랑인 지나치게 감상적인 사랑, 말하자면 삶의 진정한 이상을 대체하는 과도한 이상주의는 그 자신의 과장된 사랑인 허영심을 조장하는 구실일 뿐이다. 감상주의는 허영심의 수많은 얼굴 가운데 하나이다. 감상적인 비난은 범죄적인 허영심의 투사인 것이다.

*

신경증적인 사람은 허영에 의하여 그의 모든 능력들이 이미 발달하였고, 그 자신이 나아졌다고 상상한다. 그리고 감상성은 그가 세상 전체를 개량할 수 있다고 상상하게 한다.

그래서 범죄적인 허영심과 비난하는 감상성에 의하여 신경증적인 사람은 실제로는 그가 결코 이룰 수 없는 중대한 과제의 두 가지 측면을 상상력의 도움으로 성취한다.

그의 상상 속에서 그가 할 수 있었던 모든 것들을 그가 했다는 논박할 수 없는 증거가 주어진다. 그의 감상적인 계획들이 실현되지 않았고, 헛되게 고조된 그의 모든 능력들이 생산적이지 않다면, 그 잘못은 그것을 방해한 세상에 있게 된다. 그러면서 그는 그의 비난이 정당하다고 스스로를 설득한다. 그는 아무 잘못이 없고, 아무 죄도 없으며, 이해 받지 못하는 사람인 것이다.

이렇게 잘못된 동기부여의 악순환이 닫히는데, 신경증적인 사람은 그 마법의 원 안에 갇히고, 상상력의 원은 그를 현실로부터 분리시킨다.

억압에 의하여 삶의 의미가 결여된 치명적인 죄는 헛된 죄의식과 비난하는 감상성으로 나누어지는데, 그것들은 잘못 정당화되는 수천 개의 매일 매일의 태도들로 드러난다. 그에게 어떤 일이 일어나고, 그가 무엇을 할지라도 신경증적인 사람에게는 잘못이 없다. 잘못은 언제나 다른 사람들, 그의 이웃들, 상황들과 세상에 있다. 신경증적인 사람이 더욱더 그 자신을 잘못 해석할수록, 다시 말해서 그가 헛된 것에 눈이 멀수록 그는 더욱더 다른 사람들을 비난하면서 해석하기 때문에 허황되게 다른 사람들을 추측하고, 인식한다. 마침내 그는 그가 세세하게 꿰뚫고 들어가는데서 비롯된 불안한 해석, 비난, 비방으로 허망하게 가득 차게 된다.

다른 사람들도 어느 정도 신경증적인 것은 틀림없다. 그러므로 그와 비슷한 다른 사람들에 대한 신경증적인 사람들의 잘못된 해석은 어느 정도 정당하다. 그들 자신도 어느 정도 신경증적인 사람이 그들에게 투사하는 잘못된 동기들에 의해서 움직여지는 것이다. 환경과 상황들은 어느 정도 불리할 수 있다. 그러나 신경증적인 사람의 치명적인 과오는 그가 삶과 삶의 부족들을 통제할 줄 모르고, 사회적 환경에서 오는 건강하지 못한 자극들에 저항하지 못하며, 그것들에 너무 과장된 방식으로 고통 받는다는 점에 있다. 그는 그에게 정신적으로 저항하는 힘을 모두 빼앗아가는 정감적 경련 때문에 너무 깊이 고통 받는다. 그는 삶에서 쉽사리 상처 받으며, 죄를 억압해서 생긴 치명적인 상처를 가지고 있기 때문에 모든 흥분들은 곧 그가 감당할 수 없는 과도한 흥분으로 될 위험이 있다. 또한 억압의 수단인 허영심은 그를 취약하게 만든다. 의기양양한 허영심은 끊임없이 짜증이 나고, 굴욕적인 허영심으로 변환되는 것이다. 그러나 신경증적인 사람은 그의 허영심 때문에 그에게 다가오는 과도한 고통과 삶에 대처할 수 없는 무능력을 그에게 활력을 촉구하는 표시로 생각한다. 그는 다른 모든 것들보다 더 생명을 짙게 느낀다고 믿는 것이다. 그러면서 그는 미묘하고, 독특한 감수성을 자랑한다. 결국 그는 그의 병(病)도 자랑하게 된다.

*

그러나 신경증적인 사람에게 잘못된 동기나 경련적인 성격의 특성들만 보는 것은 옳지 않다. 그는 건강한 동기, 심지어 정말 고상한 동기들을 가지고 결정하기도 한다. 왜곡이 그의 모든 기능들과 성격들에 이르는 것은 오히려 거의 없다. 신경증적인 사람의 성격의 밑바닥에는 삶의 가치에 대한 동경과 깊은 사랑이 들어 있다. 단지 그 동경들이 경련적으로 되고, 사랑이 과장될 따름이다. 그의 특성들은 발전하기보다 약화된다. 승화는 결코 암시적인 것이 아니다. 그가 부분적으로 이루었거나 때때로 뚜렷하게 승화시킨 것들도 잘못된 동기부여들의 영향을 받는다. 신경증적인 사람이 이룬 가장 적은 성취도 그의 우월성을 보여주는 증거로 여겨지는데, 그것은 다시 그를 불모의 상태로 빠트릴 위험이 있다. 다른 사람들이 그가 승화시킨 것을 그가 만족할 수 있을 만큼 대단하게 평가해 주지 않거나 그 자신이 스스로 크게 자부심을 느끼지 않으면, 그의 비난은 커지고, 그는 모든 노력들이 쓸데없다고 여길 수 있다. 그러나 성격의 모든 특성이 신경과민에 의해서 양가적으로 되기 때문에 그는 그가 애썼던 것들에 대해서 더욱더 경련적으로 될 수 있다. 그를 너무 칭찬하고, 그의 허영심이 바라는 만큼 그를 치켜세우는 것은 아마 덜 위험할지도 모른다. 그의 허영심이 거기에서 도취감을 느끼고, 그것을 더 강조할 것이기 때문이다. 여기에서 말한 모든 특성들은—아마 여기에 비슷한 것들을 덧붙일 수도 있겠지만—그에게 정신력이 고갈되면, 삶의 투쟁에서 견디지 못하게 할 것들이다. 신경증적인 사람은 문화적으로 생산적일 수도 있다. 예를 들어서 말하자면, 그는 우리가 아는 많은 예술가들처럼 예술가일 수 있고, 예술가가 되려면 신경증적이어야 한다는 오해도 널리 퍼져 있다. 신경증적인 사람들에게 허영심은 매우 많이 퍼져 있고, 스스로 예술적이라고 하는 사람들 가운데는 그들이 신경증적이라는 사실만 가지고 그들이 부름을 받았다고 하는 사람들이 많다. 그러나 정말 예술가를 특징짓는 것은 결코 성격의 왜곡이 아니라 특별한 표현의 재능과 함께 하는 생명력이다. 예술적 재능을 타고난 사람은 그가 신경증적일 때도 귀중한 작품들을 창작할 수 있다. 평범한 수준을 뛰어넘는 그의 생명력은 부분적으로 경련적인 것에서 기인한 손실에도 불구하고 창조적이고, 표현적으로 될 수 있을 만큼 대단한 것이다. 그러나 이 경우 그 작품은 성격적 왜곡에 의해서 질적으로 조금 떨어지게 된다. 그 작품은 삶의 영광을 축하하는 대신 왜곡하는 것이다. 그것은 허망한 죄의식이나 감상적인 비난의 외침이 될 수 있다. 그리고 그것은 그 작품에서 그들 자신의 고뇌와 갈망을 발견한 수많은 신경증적인 사람들에 의해서 더욱더 찬탄을 받을 수 있다. 그럼에도 불구하고, 그 작품은 그것이 왜곡된 영혼과 영혼의 고뇌를 정말 드러내는 한 가치 있고, 위대한 것일 수 있다. 그에 대한 예로는 바이런의 시와 도스토예프스키의 소설들을 들 수 있다. 그러나 어떤 작품들은 그 예술가들이 정신적 왜곡에서 벗어나거나 적어도 심한 왜곡에서 벗어나서 삶과 세계에 대한 더 진실하고, 객관적인 비전을 보고, 창조할 수 있었다면 그렇게 높은 평가를 받지 못했을지도 모른다(세익스피어, 괴테, 졸라 등만 언급하도록 하자).

성격의 경련적 왜곡인 신경과민에는 언제나 생명력과 생명력의 표현이 점차적 감소되는 것이 보인다. 잘못된 동기부여의 기본적인 범주들(허영심, 죄의식, 비난과 감상성)이 수많은 부산물들을 만드는데, 그것들을 통하여 매일 매일 일어나는 사건들과 중대한 죄를 상기시키는 실수들이 일깨워지고, 억압된 것들이 떠오르기 때문이다. 예술적 재간은 생명 에너지가 거짓되게 정당화 하는 분노로 해체되어 생산적으로 작용하기보다 순전한 손실이 되기도 한다. 분노의 감정들이 겉으로 그렇게 다양하게 보이는 것들은 사실 감정적인 삶이 획일적으로 빈곤하다는 반증이다. 그렇게 다양하게 나타나는 듯한 모든 분노가 거짓된 동기부여의 네 가지 범주의 산물이기 때문이다. (우리는 이 책의 제2부에서 수많은 부산물로 해체된 이 범주들에 대해서 자세하게 살펴볼 것이다).

이 범주들에서 파생된 잘못된 동기들은 습관적으로 된 평가적 사고의 전형적인 유형들이며, 동기를 부여하는 사고의 잘못된 진부성은 잘못된 습관적 반응을 불러일으킨다. 그리고 그것은 다시 신경증적 성격의 여러 가지 다양한 측면들을 결정한다. 그것들은 모두 경련적이다. 다시 말해서 양가적인 것이다. 한편으로는 언제나 모든 사람들의 관심의 중심에 있으려는 욕구와 세상에서 떨어져서 혼자 있으려는 욕구가 공존하는 것이다. 또한 다른 사람들의 견해에 대해서 불안해하는 태도와 안하무인적인 태도, 다른 사람들에게 끊임없이 판단 받는다는 감정과 다른 사람들을 끊임없이 판단하려는 욕구, 수줍음과 오만, 불신과 신뢰에 대한 강박, 연극적으로 동정심을 보이는 것과 냉담, 세심함, 태만이 ... 공존한다. 이것들을 모두 열거하려면 한이 없을 것이다. 어떤 특성들은 다른 사람들보다 더 습관적인 것일 수 있지만, 신경증적인 모든 사람들에게는 잠재적인 가능성이 발견된다. 잘못된 동기부여의 모든 가능성들과 거기에서 파생된 모든 성격적 특성들은 잠재적인 형태이기는 하지만 모든 신경증적인 사람에게 들어 있다. 그것들은 모두 신경과민, 즉 모든 신경증적인 것의 특징인 잘못된 동기부여의 기본적인 네 가지 경향의 부산물들이기 때문이다. 습관처럼 된 특성들은 절대적으로 지속적이지 않다. 그것들은 삶의 어떤 순간 사라질 수 있고, 다른 특성들이 현저해질 수 있다. 제일 자주 일어나는 것은 서로 정반대되는 특성들이 나타나는 것이다. 신경증적인 사람은 아무리 그의 결점을 없애고 싶어도 그것을 승화시키는 경우가 거의 없기 때문에 그의 양가적인 잘못 사이에서 흔들거리는 것 이외에는 그 어떤 다른 것을 할 수가 없다. 그는 하나의 극단이나 다른 극단에 빠질 수밖에 없는 것이다. 그가 아무리 변화되려고 노력해도, 그는 경련을 일으킬 수밖에 없는 것이다. 그 결과 그는 하나의 경련적인 형태에서 다른 형태의 경련으로 넘어간다. 그러나 그가 어떤 경련적인 것과 정반대되는 경련적인 형태를 선택함으로써 그가 없애려고 했던 경련적인 것을 결정적으로 없애는데 성공했다고 믿는 것도 놀라운 일은 아니다. 그에게서는 흔히 그 상황들이나 그가 만나는 사람들에 따라서 정반대되는 형태들이 교대로 나타나고는 한다. 그에 따라서 신경증적인 사람이 다른 상황이나 다른 사람을 만났을 때는 완전히 정반대되는 인상을 주고, 어떤 종류의 상황에서는 수줍거나 겁이 많거나 억제적인 인상을 줄 수도 있다. 그를 비난하는 사람들에게 그 점은 그를 위선자로 보이게 한다. 근본적으로 경련적인 것은 때로는 마비된 형태, 때로는 고양되고, 동요된 형태로 나타날 수 있다. 신경증적인 사람에게는 고정되고, 개인적인 성격이 없는 것이다. 그는 잘못된 동기부여의 네 가지 경향의 양가적 파동(波動)에 따라서 다면적(多面的)인 것이다. 이것만이 모든 신경증적인 사람의 유일한 특성이다. 하지만 어떤 신경증적인 사람은 고착되어 있고, 극도로 두드러진 성격을 가진 것 같은 인상을 주기도 한다. 그것은 엄격한 원리의 도움으로 잘못된 동기부여에서 나오는 흔들림에 대항하여 스스로를 지키려는 경향이 널리 퍼져 있기 때문이다.

그러나 그것은 그 사람 자체에서 나온 것이 아니라 그가 잘못된 동기부여의 유형 가운데 제일 좋아하는 특징을 선택했기 때문이다. 신경증적인 모든 경향들이 양가적이라서 신경증적인 사람은 그에게 그 어떤 성격도 없어서 그가 허세를 부리고, 종잡을 수 없을 정도로 변덕스러워서 그의 행동조차 유동적이기 때문에 스스로 재미있는 사람이라고 믿는 경우도 드물지 않게 볼 수 있다.

신경증적인 왜곡, 즉 개인적 성격의 해체와 병적인 성격의 경련은 잘못된 동기부여의 네 가지 경향들과 거기에서 파생되는 수많은 잘못된 동기들 사이의 양가적 흔들림에 의해서 결정된다. 그리고 신경증적인 성격의 진정한 고정은 흔히 일어나는 일도 아니고, 그것을 하나의 원리로 높게 평가할 수도 없다. 이 모든 것들은 쉽게 해소되고, 그것이 강박적으로 되지 않은 경우 양가적으로 변환된다. 그런데 강박관념은 잘못된 동기부여에서 나온 하위-의식적 고착이다. 어떤 잘못된 동기부여에서 나와서 의식적 통제로부터 완전히 벗어난 고착인 것이다. 그것들은 저항할 수 없고, 하위-의식의 언어로 스스로를 표현되는 것이다. 다시 말해서 상상적으로만이 아니라 비논리적인 방식으로도 표현된다. 그것들은 정신기능은 물론 심지어 신체기능에까지 마술적으로 스며들고, 상호 침투한다. 행동의 진정한 주동자이지만, 주체가 결코 알고 싶어 하지 않는 억압된 잘못된 동기들, 그리고 그가 거짓되게 부정하고, 왜곡시키는 잘못된 동기들은 정신병리적 증상의 형태로 폭발된다. 증상에는 억압의 성격과 폭발의 성격이 들어 있는 것이다. 거짓된 동기들은 증상을 통해서 감추면서, 동시에 드러낸다. 그것들은 상징적인 방식으로 표현하는 것이다. 거짓된 동기부여의 상징적이고, 강박적인 고정에 의해서 신경증적 왜곡은 더 악화되고, 병으로 드러난다. 신경증이 그것이다.

b. 신경증

드러난 병인 신경증은 잘못된 동기부여가 치명적인 죄를 더 이상 억압하지 못할 때 터져 나온다. 여기에서 신경증과 정신증에 대해서 완벽하게 기술할 수는 없다. 우리는 단지 위에서 말했던 원리들로부터 출발하여 단순한 신경과민, 신경증, 기능적인 정신병 사이의 관계에 대해서 대략적으로 살펴보려고 한다. 그것은 우리가 나중에 이 대략적인 고찰을 보충하는 더 진전된 고찰의 기초를 마련하기 위해서이다.

잘못된 동기부여의 네 가지 경향들인 죄의식, 허영심, 비난, 감상성에 의해서 악순환은 고리가 만들어진다. 그리고 이 순환은 끊임없이 만들어지고, 다시 만들어지며, 다시 만들어진다.

이런 강화는 경련적인 정신에 점점 더 외상적인 영향을 미치는 일상생활에서의 바람직하지 못한 사건들에 의해서 이루어진다. 더 나아가서 이 바람직하지 못한 사건들은 대부분의 경우 회피의 상상–거짓된 영적, 성적, 물질적 상상–과 그 결과 생기는 결함 있는 행동(고조시키거나 금지하는 행동)에 의해서 일어난다.

환자들에게 있는 어느 정도의 적개심, 더구나 그에게 적대적일 것이라고 여겨지는 사람에게서 종종 불러일으켜지는 적개심은 그에게 비난과 그 자신에 대한 연민, 그리고 그가 공격자보다 낫다고 하는 허영심을 증가시킨다. 증가된 허영심은 죄의식, 즉 삶의 흥분들에 대한 반응을 제대로 하지 못했다는 죄의식을 더 깊게 한다.

이어지는 이런 억압에 의하여 경련은 더 커지고, 그것과 함께 삶의 과제에 맞서는 무능력이 커진다. 신경증적인 사람에게 억압을 가하면, 그의 억압의 원인, 즉 그의 치명적인 무능력은 더 커진다. 따라서 억압은 언제나 새롭고, 다시 새로워지는 억압을 요청한다. 그 자신에게서 닫힌 악순환은 움직이지 않은 채 있지 않는다. 그것은 그 자신을 따라가고, 다시 따라간다. 그것은 나선형으로 돌고, 언제나 하위-의식적 반응 속으로 더 깊게 파고든다. 그러나 신경증적인 사람의 힘이 더 경련을 일으키게 되고, 그가 정신적으로 약해지면, 그의 허영심은 더 비논리적으로 되고, 그의 실제의 모습과 그가 상상하는 모습 사이의 대조는 더 뚜렷하게 나타난다. 그의 허영심은 그의 취약성과 끊임없이 반대돼서 다른 사람들에게는 물론 그 자신에게도 명확하게 될 위험이 있다. 다시 말해서, 잘못된 동기부여의 악순환은 언제나 커지는 죄를 억압하지 못하는 것이다. 그래서 그것은 폭발하고 만다. 그러나 그것의 출현은 동시에 그것을 감추려는 새로운 방법인지도 모른다. 그것은 드러나면서 감추기 때문이다. 그것은 하위-의식에 너무 깊이 억압되어 있기 때문에 하위-의식의 언어로밖에는 스스로를 표현하지 못한다. 꿈의 상징 언어로밖에는 표현되지 못하는 것이다. 잘못된 동기부여는 신경증적 증상의 비합리적인 형태로 폭발하는 것이다.

잘못된 동기부여인 정신적 경련은 몸의 경련(팔다리의 동요나 마비, 장기들의 기능 항진이나 마비)이나 감정의 상징적 경련(공포증, 강박관념), 또는 사고의 상징적 경련(망상으로까지 나아가는 병적인 해석)에 의해서 상징적으로 표현된다.

신경증은 두 가지 중요한 사실에 의해서 단순한 신경과민과 구별된다. 첫째로, 정감적 사고는 점차 그의 거의 지적인 구조를 상실한다. 정감은 이제 더 이상 사고가 아니다. 그것은 꿈이다. 도피하려는 상상력의 몽상은 하위-의식의 꿈으로 되는 것이다. 그리고 잘못된 동기부여인 거짓된 정당화는 유사-논리성으로밖에 표현되지 않는다. 잘못된 동기부여의 불완전한 비논리성은 꿈과 신화의 언어로 표현되면서 증상이라는 완전한 비논리성으로 된다. 둘째로, 증상은 이제 더 이상 단지 정신적 표현으로만 나타나지 않고, 신체적 불구나 신체적 징후로 나타날 수 있다. 증상 속에서 말을 하지 못하는 잘못된 동기부여는 몸의 기능적 교란으로 스스로를 표현할 수 있는 것이다. 운동 장애나 유기적 기능 장애로 나타나는 것이다.

*

이 병발증을 이해하는 데는 정신 에너지의 가장 원시적인 형태로 되돌아가는 것이 좋다. 의식적 정신에 보존된 흥분(exitation retenue)

인 욕망을 살펴보면 좋은 것이다.

보존된 흥분은 정신적인 느낌만이 아니라 신체적이고, 유기적인 감각이기도 하다.

흥분은 반응과 분리할 수 없을 만큼 연결되어 있고, 반응은 신체적인 신경계와 분리할 수 없을 만큼 연결되어 있다. 이런 연계는 가장 초기의 조직 안에서 가장 분명하게 드러난다. 거기에서는 사람들이 흥분할 때, 신체의 신경계는 반사(réflexe)라는 형태로 반응하는 것이다.

가장 초기적 반응인 반사가 흥분을 통제하는데 더 이상 충분하지 않는 한, 따라서 반응이 원하지 않는 대기(待期)와 참을 수 없는 인내의 형태(욕망의 전-의식적 싹)로 보존되어 있는 한, 같은 정도로 보존된 에너지는 모든 보존된 흥분의 두 가지 전형적인 특성을 얻게 되는데, 그것은 욕망의 특성이기도 하다. 이런 특성은 정신적인 것과 신체적인 것 사이의 상응을 나타내기도 한다. 그 특성 가운데 하나는 순전히 정신적인 성격을 지니고 있고, 정신내적 작업에서 보존하고 있는 에너지의 방출의 가능성을 찾으려고 한다. 다른 특성은 신체적 성격을 가진 신경계에서 이루어진다. 유입된 자극은 먼저 신경계에 동요를 일으켰지만 능동적 방출의 도움으로 그것을 다시 붙잡으려고 하거나 거기에서 도망가려고 하고, 자극을 향한 운동을 다시 하려고 한다. 에너지의 방출이 효과적으로 이루어지지 않는 한, 유입된 자극들은 몸속에서 얼어붙어서 몸에 경련을 일으킨다. 가장 원시적인 동물들에서도 심리적 흥분을 동반한 유기체의 경련에는 생물학적으로 진화적 의미가 담겨 있다. 유기체의 경련은 반응의 가능성을 암중모색하려는 운동을 낳는 것이다. 이 원시적이고, 전-감각적 수준에서 이미 (예를 들어서 말하자면, 지렁이에서) 방향을 찾으려는 정신적 더듬기(시행착오의 방법)는 몸의 경련적인 더듬기에 해당하는 것이다. 모든 진화는 흥분이 유보되어 조바심 내는 것을 의지적 인내로 변환시키는 것(승화)이며, 반사적인 더듬기를 반성의 암중모색으로 전환시키는 것이다. 이 가설에서 경험적으로 정신화(spiritualisation)라는 결론을 내릴 수 있다.

그러므로 의식적 정신에 흥분이 보존되면 두 가지 성격적 특성이 생긴다. 욕망은 정신을 소모시키고, 몸에도 신경의 배치가 일어나게 하는 것이다. 그래서 신경증적인 사람에게 무의미한 욕망이 고조되면 그 자체로 고조되고, 무의미한 신경의 배치가 일어나는데, 그것은 초기의 무의식적으로 의미 있는 경련을 향한 하위-의식적 퇴행이다. 그러나 인간에게 이런 퇴행은 퇴영적이고, 무의미하며, 병적이다. 사고와 감정의 의미 있는 경련이 정신적 경련뿐만 아니라 똑같이 의미가 있는 신체적 경련(마비나 동요)으로 나타나는 병리적 증상들은 이런 퇴행을 제일 잘 보여준다. 그러나 신경과민은 그 가장 단순한 형태로 이미 과도한 신경의 배치, 즉 아주 작은 흥분에서 폭발이 일어난 것을 특징적으로 보여준다. 의식에서 느껴지지도 않은 막연한 감각들에서 생겼고, 통제도 되지 않는 소스라침과 함께 경련성 체질에는 자극들이 축적되어 양가적인 방식으로 끊임없이 떨림이 일어나고, 마비시키는 피로가 생긴다. 우리가 이런 신체적인 과도한 흥분에 주의를 기울이지 않으면 신경과민과 그 병발증에 대해서 충분히 이해할 수 없다. 그것은 정신의 과도한 흥분의 다른 측면이기 때문이다.

생명체의 이런 과도한 흥분에 대해서 더 잘 이해하려면, 정신적 반응이 아직 분화되지 않은 단계에서의 인간의 행동을 살펴보는 것이 좋다. 어린아이는 욕망이 충족되지 않았을 때 소리 지르거나 눈물을 흘리거나 하는 등 그가 화가 났다는 것을 드러내는 신체적 경련까지 일으키면서 신경의 배치를 경련적으로 한다. 또한 어린이에게 주어지는 신체적 돌봄이 변덕스럽거나 불규칙적으로 이루어지면, 다시 말해서 어린이가 방치되거나 규칙적으로 이루어지지 않으면 그 아이는 변덕스럽거나 심술궂게 된다.

신경과민의 역사는 어린 시절까지 추적된다. 모든 신경과민은 신체적 경련 때문에 시작되는 것이다. 모든 신경증적인 사람들은 평생 동안 버릇이 없거나 반항적인 어린 시절에 머물러 있다. 말하자면, 그는 신체적으로 경련을 일으킨 아이로 머물러 있고, 잘못된 동기부여는 신체적 경련이 정신적이고, 의미 있는 쪽으로 옮겨진 것에 불과한 것이다. 그것이 어린아이의 고함과 눈물을 하위-의식적으로 설명해 준다. 다시 말해서 어린아이에게 충족되지 않은 욕망이 많으면서 불만이 많게 되거나 그들의 욕구 충족이 너무 쉽게 되면 그 아이들에게는 욕망이 고조되는 경향이 생긴다.

신경증적인 모든 사람들은 신체적 동요에 의해서 시달린다. 그들은 아주 작은 속박에도 소리 지르거나 우는 것이다. 그가 참으면 참을수록 내면의 고조는 더 심해진다. 그래서 잘못된 동기부여, 병적인 해석, 적대적인 세상에 대한 감상적 비난은 더 커진다. 그런데 세상은 신경증적인 사람이 스스로 생각하기에 너무 중요한 그 자신을 방해하려는 것 이외에는 다른 아무 관심도 없는 것처럼 보인다. 그러나 그것도 사실은 그가 아주 작은 방해를 당할지라도 상상력에 의해서 키워 놓은 방해일 뿐이다. 떨림과 잘못된 동기부여는 같은 것이다. 이것이 저것을 대체할 수 있는 것이다. 그러나 모든 정신-신체적 현상들처럼 그것들은 상호작용을 하고, 하나가 다른 하나를 강화시킨다.

결국, 그것은 그를 둘러싸고 있으며, 그가 만나는 사람들만 그런 것이 아니다. 심지어 생명이 없는 대상들도 신경증적인 사람에게 억측을 불러일으키고, 신체적인 경련, 즉 참을 수 없는 경련이 터져 나오게 한다. 계속해서 이어지는 이 경련은 상상에 의한 것(잘못된 동기부여)만이 아니다. 삶 앞에서의 무능력에 대한 완벽한 표현, 치명적인 죄에 대한 표현이다. 이 경련은 정신화와 승화라는 의미 있는 작업에 필요한 흥분을 유지시킬 수 있는 생명력과 반대된다. 또한 그것은 승화에서 나온 인내, 수용과도 반대된다. 그것들에 의해서 사람들은 삶 전체에서 비롯되는 흥분을 제어할 수 있고, 세상이나 흥분과의 싸움을 승리와 기쁨에 찬 고상한 게임으로 변환시킬 수 있다. 그리고 그것은 모든 문화적 노력과 직관(모든 과학적 작업들의 첨단)뿐만 아니라 예술적 비전과 참된 종교적 신앙의 목표이다. 삶과 신경증적 갈등상태에 있는 사람은 삶의 이상과 승리는 성취하기가 너무 어려운 과제이며, 힘이 너무 많이 드는 과제라고 믿는다. 한 번의 성공은 종종 그 다음의 성공을 불러오는데, 성공하는 힘, 즉 모든 불쾌한 흥분도 미리 받아들이게 하는 힘은 싸움을 고상한 게임으로 변환시키는 데서 얻어진다. 그리고 고상한 웃음인 유머는 그 사람이 삶과 화해하였다는 표시이다. 그러나 신경증적 경련, 다시 말해서 고함이나 눈물이나 그에 해당되는 증상들에 의해서 끊임없이 표현되는 신경증적 고뇌는 완전히 반대된다.

신경증적인 사람을 괴롭히고, 그의 계속적인 경련의 원인과 결과가 되는 사건들과 심지어 대상들의 마술적 음모는 그의 상상력이 고조돼서 나온 것이다. 그는 언제나 정신의 부재(absence d'esprit)가 점점 더 커지는 상태인 그의 반추(反芻)에 빠져서 지금 여기에서 완전히 살지 못하고, 대상들을 학대하게 된다. 그래서 대상들은 그에게서 떨어져 나가지만, 그는 그것들을 찾지 못한다. 그리고 그것들은 그에게 가장 좋지 않은 순간, 즉 그가 제일 참을 수 없는 순간 그에게 아무 도움도 주지 못한다. 그는 결심을 미루고, 갑자기 그의 앞에서 그가 더 이상 물러나지도 못하는 산더미 같은 의무들을 발견하게 된다. 그래서 그는 어리둥절하게 된다. 종종 터무니없이 작은 장애물이 과도하게 중요하게 느껴지는 경우가 있다. 신경증적인 사람이 그 장애물만 떠올리면서 거기에 중요성을 너무 퍼붓기 때문이다. 그는 그의 기억을 일반화하는 것이다. 그 장애물들은 그에게만 일어나고, 그것들은 그에게 언제나 일어난다. 그의 삶은, 적어도 그의 과장된 상상력에 있어서는 장애물들의 연속이고, 새롭게 나타난 모든 장애물들은 그의 삶에서 있었던 쓰라린 아픔을 상기시키고, 그에게 분노의 치를 떨게 한다. 몸에 밴 잘못된 동기부여인 치를 떠는 분노는 그의 표정과 몸짓들의 경련으로 나타난다.

과장된 상상력은 반응들을 고조시키거나 억제하지만 않고, 몸에 스며들고, 활력의 반응들도 고조시키거나 억제한다. 그것은 활력에도 경련을 일으키게 하는 것이다. 우리가 거기에 관심을 기울이고 관찰하면, 신경증적인 사람의 활력에 경련이 일으켜진 것을 아주 쉽게 확인할 수 있다. 그의 표정, 몸짓, 잘못된 억양이 그것을 나타내는데, 그것들은 사실 그의 죄의식, 허영심, 비난, 감상성을 나타내는 것들이다. 과장된 상상력의 이런 표현들과 신체적인 신경 배치들은 비논리적이다. 그것들은 실제적인 흥분과 논리적으로 아무 관계도 없다. 그것들은 과도하거나 억제된 반응이고, 과도하거나 억제된 에너지는 하위-의식에 축적돼서 과도하게 불안한 억압된 에너지에서 비롯된 것들이다. 그것이 실제의 흥분에 경련적인 에너지를 덧붙인다.

그러나 몸에 밴 잘못된 동기부여인 치를 떠는 분노는 활력에만 경련을 일으키지 않고, 장기들에까지 경련을 일으킨다. 그것은 기관적인 징후들인 호흡장애, 맥박의 빠른 박동, 가슴의 답답함, 담즙의 분비에도 영향을 미친다. 신경증적인 사람이 더 많이 참을수록—그것은 아주 작은 사건에 의해서 비롯된 폭발의 매우 우스꽝스러운 일에서도 명백하게 드러나는데—분노의 폭풍은 신경계의 식물 체계를 강타한다. 지칠 줄 모르고 반복되는 떨림이 파괴력을 축적하는 것이다. 더 나아가서 그 떨림에는 강화되는 경향이 있다. 신경증적인 사람은 결국 불안하게 장애물들을 예상하고, 그의 무력한 분노는 미신으로 되는 것이다. 그 대상들은 마술처럼 작용하여, 사람들에게도 그대로 작용하는 것이다. 예를 들어서 말하자면, 기차가 늦게 올 수 있는데, 그것은 순전히 그가 그렇게 기대했기 때문이다. 그 기차의 연착은 사실 예견되었던 것이다. 그러나 그에게는 그 기차에 고약한 의도가 있었다는 표징으로 된다. 그러므로 그의 분노는 정당하고, 그런 마술적 정당화는 그 기차와 그것을 이해하지 못하는 사람들에 대한 분노를 더 크게 만든다. 그러나 그는 그것을 참아야 한다. 이렇게 정신의 부재를 야기하는 잘못된 동기부여의 폭풍의 포로가 되었고, 그것이 몸에 밴 신경증적인 사람은 그 어떤 분별 있는 반응도 하지 못하게 된다. 그는 사람들이 침착함을 잃으리라고는 상상할 수도 없는 아주 작은 사건들 앞에서도 무장해제 당하고, 그런 혼란은 그 어떤 사람도 견딜 수 없을 만한 사고를 당하면 그의 모든 저항력은 붕괴되고 만다. 그것은 순전히 그가 받아들일 줄 아는 힘을 그 전에 사용하지 않았기 때문이고, 그의 분노의 헛된 동요와 경련과 체념과 피로의 마비상태로 넘어가면서 완전히 파괴되었기 때문이다. 그의 에너지가 모두 탕진된 결과이다. 그러므로 실제의 심각한 사고들이 외상적인 사건으로 되고, 몸에 밴 습관처럼 된 잘못된 동기부여가 정신-신체적 증상들을 만들면서 신경과민이 신경증으로 변환되는 것은 놀랄 만한 일이 아니다.

단순한 신경과민에서 이미 살펴보았던 떨림(trépidation)이 악화되면 신경증 증상들을 만든다. 그 증상들은 팔다리의 경련인 마비와 안절부절하지 못하는 태도, 내적 장기의 경련, 거기에서 비롯되는 기능적 장애, 활력의 경련인 여러 가지 틱 장애 등과 이런 신체적 장애 이외에도 순전한 정신적 장애들을 만든다. 그것들이 공포증과 강박증이다.

떨림을 가지고 순전히 정신적인 증상들을 모두 설명할 수는 없다. 따라서 문제는 그 증상들이 어떻게 동기부여 되며, 그것들의 동기부여가 어떤 방식으로 떨림으로 생각되는 신체적 증상과 공통된 뿌리를 가질 수 있느냐 하는 것을 밝혀야 한다.

떨림이 신경증의 증상들을 만들 때, 그 떨림은 지속적으로 된 고조된 불안의 표현이다. 불안이 고조되지 않고, 자연스러운 것일 때, 그리고 그것이 실제로 우연한 위험에서 비롯되었을 때, 불안은 숨을 못 쉬게 하고, 심장이 두근거리게 하는 등 몸에 불편을 가져오지만, 그것은 우발적인 것이고, 곧 지나간다. 그와 달리, 고조된 불안은 정신에너지가 나쁘게 작용돼서 생긴다. 그 불안은 초기의 에너지인 욕망의 상상적 고조 결과 생긴 것이다. 욕망이 고조되는 한 욕망은 실현의 능력을 상실하고, 고조된 불안은 그것이 상실되었다는 느낌 이외에 다른 것이 아니다. 초기의 에너지인 욕망을 일으킬 수 있는 가장 결정적인 에너지인 것이다.

상상적으로 고조된 불안은 정신-신체적 조직을 두 가지 서로 다른 방식으로 변화시킨다. 그것은 신체적 조직을 변화시키는데, 이 변화가 떨림이다. 그것은 정신적 조직을 변화시켜서 정신의 부재를 가져오기도 한다. 정신에 최면의 능력을 시행하는 것이다. 게다가 상상된 불안은 언제든지 일깨워질 수 있다.

자연스럽고, 우발적인 불안은 이미 신체적 징후뿐만 아니라 일시적인 정신의 부재를 가져온다. 그것은 무의식적 반응을 자동적으로 하게 하는 것이다. 무의식이 병적으로 왜곡되는 한, 고조된 불안은 하위-의식적인 반응들을 촉발시킨다.

이제 고조되고, 도피적인 몽상(성적, 물질적, 유사-영적)과 잘못된 동기부여(고조된 정당화와 비난)로 해체된 상상력은 하위-의식적 반응으로 향하는 첫 번째 발자국이다. 고조된 욕망, 즉 고조되었고, 고조하는 상상력과 몽상에 의하여 형상화된 욕망들은 이미 불안으로 변환되는 과정에 있다. 그렇지 않으면, 그것들은 잘못된 동기부여로 정당화될 필요가 없을 것이다. 잘못된 동기부여는 고조된 욕망들의 지표이고, 불안이 집중되는 곳은 그 속이다. 잘못된 동기부여의 네 가지 경향들은 고조된 불안이 그 옷을 입기 쉬운 네 가지 형태들이다. 고조된 불안의 형태들은 죄의식(범죄적인 허영심)과 부끄러움(비난하는 감상성)으로 요약된다. 주체가 그의 고조된 욕망들을 잘못된 동기부여를 통하여 더 많이 정당화시킬수록, 고조된 불안을 더 많이 등에 지게 된다. 죄의식과 부끄러움이 더 많아지는 것이다. 이 고조된 불안은 상상력의 산물이다. 그것은 순전히 상상적인 것이고, 주체는 그것을 그 자신에게 제안한다(이것은 '그는 스스로 그것을 상상한다'라는 말과 같은 말이다). 그런데 각각의 감정은 영향력을 행사하고, 이런 관점에서 실제의 사실과 관계되는 감정의 힘은 환상에서 나온 분노의 힘보다 더 크지 않다는 사실이 정신적인 삶에서 더 이상 논박할 수 없는 법칙이다. 그 이유는 환상은 언제나 자기-암시의 결과이고, 분노의 암시력은 고조의 정도에 따라서 커지기 때문이다. 이것이 정신의 법칙이다. 암시에 의해서 비뚤어진 분노가 아무리 실제적인 흥분과 일치하지 않을지라도 그것은 본질적인 사실, 즉 모든 정신적 규칙의 원인에서 나왔기 때문이다. 그것은 본질적 욕망이고, 고조된 상상이 그에게 맡기는 제약이다. 잘못된 동기부여의 고조된 불안에는 거의 항거할 수 없는 암시의 힘이 들어 있다. 잘못된 동기부여의 이 힘은 베일을 벗기가 아주 어렵나. 그러나 자기-암시의 힘이 양가적인 방식으로 방해 받지 않으면, 잘못된 동기부여에 의하여 시행되는 지옥 같고, 마술적인 포위는 사실이 그런 것만큼 그렇게 위험하지 않다. 잘못된 동기부여, 즉 비뚤어진 자기-암시의 산물은 불안을 고조시키고, 그것이 불확실성의 원리이기 때문에 그 자체 안에 암시력의 양가적 반대인 의심이 들어 있다. 그래서 잘못된 동기부여에 내재해 있는 불안에 새로운 형태의 불안인 의심의 불안이 덧붙여진다. 신경증적인 사람은 그의 거짓된 자기-정당화의 가치를 의심한다. 그리고 그의 의심스러운 정당화의 목표가 죄책에 의한 불안의 진정이기 때문에 정당화의 효과에 대한 의심이 억압으로부터 견딜 수 없는 죄책감을 불러일으키리라는 위험은 분명하다. 신경증적인 사람에게 끊임없이 거짓된 정당화를 하게 하는 것은 의심 앞에 있는 고조된 이 불안이다. 또한 잘못된 동기부여에 의한 포위가 완수되지 않게 하고, 악순환이 끊임없이 돌게 하며, 하위-의식 속에서 더 깊이 강화되게 하는 것 역시 이 불안이다. 고조된 상상력의 암시력은 거기에 사로잡힌 사람이 그의 추론이나 의지와 반대로 그의 의심에도 불구하고 그의 감정을 표현하고, 행동하도록 강요한다.

상상력이 고조될수록, 신경증적인 사람은 현실, 의식적인 삶, 논리적 표현으로부터 멀어진다. 자기-암시는 불안이 커지면서 몽롱한 비몽사몽 상태로 변환되고, 반쯤만 의식 상태였던 몽상은 하위-의식적인 꿈으로 변환된다. 잘못된 동기부여 역시 상징의 옷을 입은 꿈의 언어로밖에 스스로를 표현을 하지 못하기 때문이다. 잘못된 동기부여의 이런 상징적 표현은 순전히 정신에 기원을 둔 신경증의 증상이다. 강박관념과 공포증인 것이다. 그러므로 이 증상들은 떨림에 의해서 만들어진 증상들과 똑같은 뿌리와 의미를 가지고 있다.

*

신경증 상태에서 자기-최면은 지속적이지 않고, 어느 정도 일시적이다. 그것은 불과 몇 초밖에 지속되지 않는다. 강박적이거나 공포증적인 행동, 틱, 활력에서나 기관에서의 경련 등 잘못된 동기부여의 표현인 증상들이 생기는 것은 외부의 불리한 사건들에 의하여 (또는 억압된 욕망의 하위-의식적인 꿈을 고조시키는 유혹적인 사건들에 의하여) 그 자신에 대한 의심에서 불안이 고조될 때 생긴다. 그리고 그때 그는 몽롱한 상태에 빠지고, 잘못된 동기부여를 통하여 상징적 표현들이 만들어진다. 밤에 꾸는 꿈과 전혀 다른 몽롱한 상태의 꿈이 그에게 어떤 행동을 하게 하는 것도 그때이다. 그 자신에 대한 자료들이 모두 비워진 꿈을 꾸는 사람은 마치 깨어 있는 상태에 있는 것 같다. 꿈의 모든 형태들에 공통적인 상징적 표현은 하위-의식적인 삶의 특징이다. 그것은 일상적인 삶에서 어느 정도 일시적인 방식으로 솟아오를 수 있는 것이다.

신경증의 상징주의가 이렇게 신경증적인 비논리성과 과장된 상상력이 증폭된 상태, 몽상, 하위-의식적인 꿈들이 얽혀 있는 상태이기 때문에, 그리고 신경증적인 비논리주의가 잘못된 동기부여 자체이기 때문에 신경증의 상징주의에 이런 의미들이 감추어져 있다는 사실은 명백하다. 신경증의 모든 증상들은 죄의식, 허영심, 비난, 감상성 등 잘못된 동기부여의 네 가지 경향을 나타내는 것이다. 억압된 죄를 드러내거나 부정하는 이 네 가지 경향들로서 모든 신경증 증상들을 분석해 보면 결국 치명적인 죄가 드러난다.

환자를 침대에 눕지 않을 수 없도록 한 히스테리성 다리 마비 증상은 다음과 같은 것들을 드러낸다.

1) 죄의식: 그 증상은 일종의 자기-처벌이다. 이것은 자랑스러운 과제를 제대로 완수하지 못한 것에 대한 변명을 준비한다.

2) 비난: 다른 사람들이 그에게 지속적인 돌봄을 제공할 것을 강요하면서 처벌한다.

3) 감상성: 유혹으로부터 도망가려는 경련적인 욕망.
4) 허영심: 다른 사람들과 같이 어울리기에는 너무 선해서 고립을 택한다.

잘못된 동기부여의 각각의 경향은 몇 가지 동기들을 제공하는데, 그 이유들은 어느 정도 다양하다. 그러나 모든 증상들에서 일반적인 의미는 똑같다.

헤매는 것

1) 그 자신과 그의 자랑스러운 과제로부터 도피하려는 비논리적인 시도이다.
2) 다른 사람에 대한 분노에 찬 비난; 다른 사람으로부터 도피한다.
3) 더 나은 환경에서 새로운 삶을 다시 시작한다.
4) 다른 사람들과 같이 살기에는 너무 우수하다.

거식증

1) 영양실조를 통해서 모든 실패에 대한 변명을 준비한다. 금지된 욕망들의 원인인 몸에 대한 처벌.
2) 환자와 정감적으로 연결된 사람들을 애도한다.
3) 동정을 받으려고 비쩍 마른 몸을 새긴다.
4) 신체적 욕구에 관심을 기울이기에는 너무 영적이고, 너무 우수하다.

사람의 동기(motif)를 증상으로 얼어붙게 하는 하위-의식의 정감은 증상에 의해서 완전히 소모되거나 흡수되지 않는다. 그것은 증상들과 증상의 상징적 표현들을 뛰어넘는다. 동기들은 환자가 접하는 지극히 작은 순간과 제약 상황에서도 과장된 상상력으로 차고 넘친다. 환자들은 상상력을 통해서 그것들을 반추하면서 일시적인 증상의 출현(예를 들어서 말하자면, 헤매는 것)을 준비하거나, 그것이 지속적인 증상으로 유지되게(예를 들어서 말하자면, 히스테리성 마비) 한다.

물론 이렇게 모든 증상들에서 유비적으로 공통적이라서 규칙적인 이런 의미 이외에도 증상은, 우리가 다음에 살펴볼 테지만 유아기의 외상과 개인적으로 연결되어 있는 것들이 있다.

*

신경증의 세 가지 커다란 형태들은 히스테리, 정신쇠약, 강박증 등이다.

동기들은 그것들이 발달하는 것에 따라서 신경증의 이 세 가지 형태들의 공통된 원인과 서로 다른 특징들을 드러낸다.

신경증의 공통된 원인을 간략하게 요약하면 다음과 같다: 모든 신경과민과 신경과민의 합병증인 신경증들의 원인은 본질적 욕망이 경련을 일으키는 바람에 허망한 죄를 지어서 생긴 본질적인 불안이다. 이 죄는 욕망들이 무의미하도록 다양하게 하고(통속적이고, 비도덕적으로 도피하려는 상상), 욕망이 그렇게 많음에도 불구하고 스스로를 삶의 의미를 완벽하게 실현시킨 모범으로 헛되게 여기는 데서 (도덕화 하는 정당화의 상상) 나온다. 이미지로 표현하자면, 신경증적 불안은 욕망을 실현시키지 못했다는 죄와 그것을 실현시키려는 헛된 동경 사이에서 점점 더 깊어지는 심연(深淵)의 불안인 것이다. 또한 심리학적으로 말하자면, 신경증적 불안은 수많은 욕망들과 고통스러운 경련의 원인이 되는 모순, 즉 과장된 과제 사이의 견딜 수 없는 갈등이 커지면서 생긴다. 정신은 그 자신에 대한 진실을 억압하고, 허망한 죄를 억압하는 수단인 잘못된 동기부여의 도움을 통해서 모순을 제거하려고 하는 것이다. 그러나 죄에 대한 그런 잘못되고, 헛된 정당화는 작동하지 않는다. 수많은 욕망들은 없어지지 않고 억제될 뿐이다. 그래서 그 욕망들은 에너지를 방출하려는 정력적인 목표에서 벗어나서 결국 스스로의 충족을 맹렬하고, 강박적으로 요구한다. 그 욕망들은 이렇게 병적인 갈등을 고조시키는데, 거기에는 어떤 정당화, 즉 잘못된 동기부여의 허위가 폭발할 정도까지 가는 정당화가 필요하다. 이런 상황에서는 언제나 더욱더 참기 어려운 모순을 해결하려는 단 한 가지 방법이 존재한다. 그것은 과장된 이상적 목표를 포기하는 것이다. 그러나 허영심은 그것을 포기할 수 없다. 기껏해야 그러는 척할 뿐이다. 그래서 모순은 커지지만, 그것은 더욱더 의식되지 않는다. 그 본질적인 갈등은 이제 하위-의식적으로만 꿈속에서 드러난다. 그때 신경과민은 신경증으로 된다. 이상적인 목표의 하위-의식적이고 허망한 고조, 즉 그 갈등의 본질적 원인을 감추는 서로 다른 방법들이 신경증인데, 신경증은 서로 다른 특징들을 가지고 있다. 신경증들은 서로 다른 방식들로 나타나는 것이다.

그 다른 특징들은 다음과 같다. 첫째, 이상적인 목표(과장된 과제)를 그것보다 덜 이상적이고, 다양하며, 수많은 목표들로 분산시킨다. 둘째, 과장된 목표를 겉으로 보기에 덜 과장된 하나의 지배적인 과제로 돌린다. 셋째, 과장된 과제가 상상적인 목표로는 계속해서 남아 있지만 단지 하위-의식적으로만 나타날 수 있도록 상징화한다.

모든 신경증에는 본질적 갈등을 감추려는 이 세 가지 방법들이 결합되어 있다. 그러나 신경증의 세 가지 형태인 히스테리, 정신쇠약, 강박증은 서로 다른 특징들 가운데 어느 하나가 우세한 특징이 있다.

히스테리(hystérie)는 어른들에게 나타나는 유아성 신경증이라고 할 수 있다. 히스테리의 본질적 특징은 어린이의 신경증의 특징과 똑같은 것이다. 이상적인 목표가 헛되고, 가변적인 목표와 허약하고, 좁은 목표로 분산되는 것이다. 수많은 허영심이 여기저기 옮겨 다니다가 어떤 때는 이런 특성, 다른 때는 저런 특성에 고정되기도 한다. 히스테리에는 모방성이 있는데, 그것은 경우에 따라서 대상과 고정되기도 한다.

어린아이에게 정신화와 승화의 기능은 아직 발달되어 있지 않다. 어린아이는 승화의 영역으로의 고양을 아직 모르는 것이다. 승화의 시도는 교육의 전통적인 방어에 의해서 시행될 것이다. 정신적으로 병든 어린이의 중요한 허영심은 아직 하나의 고정된 생각에 집중되지 않는다. 그것은 그 자신이 유일하게 매우 중요하다는 막연한 감정인 자기애인데, 제대로 되지 않은 교육에 의하여 상처 받아서 그가 더 사랑받고, 더 특별하게 취급되기를 바라는 고조된 욕구로 나타난다. 히스테리는 사랑에 대한 자연스러운 욕구의 고조로 나타나는 것이다. 그래서 어린아이의 신경증적인 태도와 증상의 원천이 될 수 있는 것은 정신적으로 병든 어린이의 이 감상적이고, 과도하게 예민하며, 상처 받기 쉬운 허영심이다. 학교에서는 어린아이에게 훈육을 통해서 그것을 받아들이도록 그의 기초적인 욕망들의 승화를 가르쳐야 하고, 어린아이는 그 대신 애정을 요청할 수 있다. 그러나 어린아이가 그의 포기의 대가로 애정을 받지 못하거나 그것의 포기가 요구되지 않았는데도 애정을 받는다면(버릇없는 아이로 된다), 신경증적 상황이 발생한다. 기초적인 욕망뿐만 아니라 애정에 대한 욕구가 고조되고, 실현불가능하게 되면 상상적 만족을 추구하는 것이다. 어린아이는 승화의 첫 단계인 복종하기를 좋아한다. 그리고 애정을 많이 받고, 칭찬을 받으려고 헛되게 또래 아이들을 능가하려고 한다. 그렇지 않으면, 더 많은 경우이기는 하지만 어린아이는 반항하는데, 그렇게 말을 듣지 않고 반항하는 것은 그의 교만한 허영심과 감상적 비난의 표현이다. 교육이 부실하고, 그 아이에게 흠이 많으며, 그 아이가 세속적이고, 미숙한 유형이라면 그의 반항은 감히 어른들의 세상에 대한 공공연한 형태로 표현되고, 그의 기본적인 욕망은 냉소주의로까지 나아간다. 도덕적으로 건강하지 않은 것이다.

본질적인 허영심은 이차적으로 어른들에게도 여러 가지 형태로 분산될 수 있는데, 거기에서 유아성(幼兒性)은 히스테리의 지배적인 특징이 된다. 히스테리 증후군이 다른 정신병리적 증후군들과 뒤섞이지 않고, 더욱더 순수한 상태로 나타날수록 거기에서 승화의 모습은 거의 찾아볼 수 없다. 오히려 그것은 인습적으로 유아성에 머물러 있는 애정에 대한 욕구의 형태 아래 자기애가 지극히 고조된 모습으로 나타난다. 그렇지 않으면 거짓된 독창성을 주장하며 인습에 반항한다고 하면서 인습적으로 반항한다. 그것은 더 이상 유아적인 것이 아니라 애정에 대한 욕구를 특히 성적 상상으로 충족시키려고 하는 것이다. 환자는 그가 그렇다고 믿는 이상화된 대상을 감상적으로 추구하고, 새로운 만남을 가질 때마다 감상적으로 그 이상적인 대상을 발견했다고 꿈꾼다. 이런 히스테리 증후군은 그녀들의 성(性)은 물론 어머니와 아내의 역할을 봉사와 예속이라고 생각하면서 그 역할들에 반항하는 수많은 유아적인 여성들에게 광범위하게 퍼져 있다. 그녀들은 그녀들이 상상하기에 열등하다고 생각되는 성을 실제로 우월한 것으로 변환시키려는 비밀스러운 계획을 가지고 있는 것이다. 남성들이 사랑 받을 만하다고 인정받으려면, 그들은 그녀들의 변덕에 반드시 복종해야 하며, 그렇지 않으면 복종이라고 여겨지는 성적 행위는 거부된다. 그리고 그것은 여성들에게 불감증으로 된다. 여성의 불감증이라는 유기적 현상의 밑바닥에는 사랑-미움이라는 양가적 감정의 분열에서 비롯된 감정의 불감증이 분노의 모든 결(gamme)들과 함께 쌓여 있는 것이다. 사랑이 감상적으로 고조되어 증오에 찬 비난으로 전락하고, 여자로 태어났다는 것을 복수하려는 허영심은 승리했다는 허영심으로 변환되면서 파트너를 끊임없이 비난하는 것이다. 히스테리 여성의 성적 유아성의 뿌리는 흔히 성의 차이에 초점을 맞춘 하위-의식적이며, 강박적인 질투를 일깨우면서 부모가 딸보다 아들을 더 예뻐했던 초기 유아기까지 내려간다.

히스테리 증상에는 여러 가지 모습이 있는데, 그것은 두 가지 극단으로 갈라진다. 하나는 순결이라는 과제를 지나치게 불러일으키면서 성적인 관계를 완벽하게 평가 절하하는 것이고, 다른 하나는 그와 정반대로 여성에게도 성적 모험을 추구할 권리가 남성과 똑같이 있다고 하면서 성적으로 타락하는 것이다. 여성들은 그렇게 함으로써 더욱더 사회적 관습에 의하여 방탕의 권리를 얻었다고 믿는 헛된 남성들의 먹이가 된다.

히스테리의 특징은 쉽게 정신적 경련(허영심이라는 죄)과 기질적 경련(죄의식이 너무 많아서 성적 모험을 하지 못하게 하는 다리의 마비)로 표현될 수 있다.

히스테리의 우선적인 원인은 성을 억제하거나 고양시키는 것이 아니라, 오히려 성에 대한 잘못된 가치 평가에 있으며, 성을 고양시키는 것은 숫기(virilité)의 표시로 여겨진다. 그런데 숫기는 성별의 차이와 아무 관계도 없다. 그것은 남성은 물론 여성도 다가갈 수 있는 것이다. 그것은 관습적으로 잘못된 가치평가에 맞설 수 있는 평가적인 정신의 진정한 힘에 달려 있다.

히스테리가 상상적으로만 과제를 고조시키는 것은 분명하다. "고조된 과제"는 실현의 모든 가능성들보다 위에 있는 것을 의미하기 때문이다. 예를 들어서 말하자면, 성을 바꾸는 것은 고조되고, 실현 불가능하며, 이치에 맞지 않는 욕망이다. 그 욕망이 지속되는 한 그것은 치명적인 불만의 영원한 동기로 된다.

*

정신쇠약(psychasthénie)의 특징은 그것이 표현되는 분야가 정신성을 고양시키는데 있는 실현 불가능한 과제 때문에 생명 에너지가 상실된 것이다.

환자는 그 자신을 조화로운 존재로 형성하는 그의 본질적 욕망을 포기하고, 잘못되게 과대평가되어 이상적인 안내자로 된 이차적 목표로 방향을 바꾼다. 그리고 그 목표는 상상 속에서 삶의 유일한 의미로 높여진다. 본질적인 목표들로 과대평가된 이 이차적 목표들은 실제로 존재하는 그의 능력, 적성, 재능에 따라서 개인적으로 선택되지만, 거기에 힘은 부어지지 않는다. 그에 따라서 실현되는 힘이 약화되는데, 그것이 정신쇠약의 여러 가지 증상들이다.

정신쇠약증 환자는 자신의 내면을 건강하고, 조화롭게 발달시켜서 외적으로 생산적이고, 풍요한 결실을 맺도록 노력하지 않는다. 그는 자기도 모르게 외적인 성공을 위하여 헛된 만족을 얻으려고 그것들을 고집스럽게 사용한다. 정신쇠약증 환자는 그의 재능과 적성을 발달시키는 대신 세련되게 하려고만 하는 것이다. 그것으로부터 진정한 승화 대신 거짓된 승화만 나타난다. 그는 생각, 감정, 의지를 병적으로 세련되게 하면서, 그것을 헛되고 야심적인 만족의 도구로 삼는 것이다. 그러나 그런 세련은 자아의식을 형성하기보다는 붕괴시키는 상상력의 고조를 의미할 뿐이다. 이런 적성들 가운데서 허영심이 어느 정도 상상력을 발휘해서 특히 노력을 집중하는 것은 예술적인 분야이다. 그래서 그런 형태의 신경증의 밑바닥에는 흔히 예술적인 과제에 관심을 더 기울이는 경우가 많다. 예술은 가끔 체계적인 훈련 없이도 시행될 수 있고, 허영심을 궁극적으로 만족시킬 수 있으며, 명예와 부에 대한 야심을 약속해주기 때문이다. 또한 예술은 실패해서 상처 받았던 허영심을 예술 시장에서의 열광으로 인정받지 못했던 것들을 한꺼번에 너무 쉽게 정당화시켜 주기도 한다.

그 과장된 과제들의 성격이 어떤 것이든지 간에, 거짓된 승화의 뒤에는 죄의식의 아직 고백되지 않았고, 과부하된 원초적 욕망이 가득하게 감춰져 있다. 정신쇠약에 걸리기 쉬운 사람은 고조되면서 동시에 억압되는 그의 성향 때문에 이상적인 것을 향한 그의 열망을 믿지 않는데, 문화적 기능을 향해서 나아가는 고조된 욕망은 억제하는 불안에 의해서 침투 당한다. 그리고 중요성이 너무 과중하게 부여되었고, 헛되게 흥분된 이상주의적 기능은 끊임없이 감시당한다. 불안한 관심으로 지켜보는 모든 기능들은 이제 흔들리기 시작한다. 아직 인정받지 못한 성향을 부추기고, 어느 정도 하위-의식적으로 그들 사이에서만 작용하는 고조된 상상력은 이상적이라고 하는 기능 주위에서 불신을 가득 담고서 선회한다. 그것은 정신을 자극하려고 애쓰면서 정신을 피곤하게 하는 것이다. 고조된 상상력은 반쯤 하위-의식적인 상태인 조는 상태와 같은 몽상적인 상태에 있으면서 자아의식을 분해하고, 그 기능들을 시들게 한다. 그래서 자아의 지속성을 나타내는 기억은 불완전해지고, 주의력이 나아가는 집중력은 점점 더 힘들어진다. 그 결과 사고에 명확성이 없어지고, 힘이 없어진다. 환자는 그가 지은 죄 때문에 벌을 받는 것이다. 고조된 이상과 인정받지 못한 욕구 사이의 고뇌 때문에 의지는 분명한 결심으로 드러나는 능력을 잃어버려서 무기력해지고, 과도하게 긴장되며, 기진맥진하게 되는 충격에서만 촉발된다. 결국 대부분의 중요하지 않은 행동들과 선택에는 우유부단함이 확장된다. 그는 감정을 두려워하게 되고, 변덕과 극도로 예민함이 지배적으로 된다. 이제 감정들은 먼지처럼 떨어지고, 헛되게 펼쳐진 감정의 부스러기들이 무엇보다도 귀중하게 여겨지는데, 그것은 감상(感傷)의 모습일 뿐이고 모든 깊고, 강한, 진정한 감정은 이제 가능하지 않다는 표시이다.

모든 반응들의 점점 더 커지는 허약성은 정신 기능의 둘레를 선회하는 불안한 주의력을 강박증적 집착, 병적인 상상, 불안하고, 건강 염려증으로 채운 내적 성찰로 퇴화시킨다. 이제 경련을 일으키고, 파리해졌으며, 언제나 새롭게 달라붙으면서 괴롭히던 기능들은 결국 그 어떤 수확도 가져오지 않는다. 상상력에서의 중노동은 모든 에너지를 고갈시켜서, 심지어 억압도 하지 못하게 한다. 억압된 욕구는 더 이상 상상적인 충족으로도 만족하지 않는 것이다. 그래서 그것들은 폭발한다. 이상주의적인 경련이 종종 붕괴되는 것이다. 그 경련은 변태적이고, 통속적인 분출에 다가갈 자리를 마련하는데, 그것 자체는 비록 점차적인 고갈의 신호이지만 풍부하고, 유일한 활력의 신호로 헛되게 받아들여진다. 변태적인 탈억제와 결부된 허영심은 곧 죄의식으로 바뀌고, 그 순서대로 헛되게 고조되며, 경련적으로 억제하고, 다시 고조된 욕구들을 억압한다. 이렇게 상승과 추락을 교대로 하는 형태가 아무리 다양할지라도, 그리고 외향화 하는 대신 교대로 그렇게 하는 것이 후회의 형태로 오직 고조된 상상력 속에서만 나타날지라도 그것들은 이 병적인 상태의 특징이다. 그런데 그것은 어떤 때는 강박적인 욕구를 향해서, 또 다른 때는 충분하지 못한 승화를 향해서 돌아다닌다. 헛된 상승의 기간 동안에는 그 자신에 대한 희망과 만족은 더 크고, 고조되며, 추락과 죄의식의 기간 동안에는 그 자신에 대한 실망이 더 쉽게 드러날 것이다. 고조된 모든 상승에는 추락을 향한 죄의식의 경향의 싹이 들어 있고, 모든 추락에는 상승을 향한 헛된 동경의 씨앗이 들어 있다. 정신이 상승 비슷한 상태에 있든지, 아니면 정말 추락 상태에 있든지 간에 정신에는 죄 많은 허영심이 가득하고, 정반대 방향으로 나아가는 고조된 상상력에 의한 갈등은 모든 정신에너지들을 소모시키고, 신경 체계를 피곤하게 한다.

정신쇠약증에서는 무기력증에 신체적 피로와 장기의 기능 장애가 덧붙여진다. 편두통, 변비, 소화 장애, 장염, 심장의 두근거림, 신경통 등 신체적 증상들이 생기는데, 그것들은 교만의 죄와 치명적인 불안의 상징적 표현이다. 추락의 시기에는 활력의 증거로 성적 모험이 우선적으로 추구되기 때문에 상상 속에서 그렇게 고조된 성욕에는 죄의식이 과도하게 담겨져 있다. 그런 사람은 성 기능을 불안한 눈으로 경계하고, 자연스럽고, 본능적인 확실성은 상실된다. 그것은 이제 변덕스럽게 되고, 문화적 능력의 상실에 대한 불안에 더해서 숫기의 상실에 대한 불안이 덧붙여진다. 그 어디에나 불안이 있는 것이다. 모든 노력, 모든 생각, 모든 의지, 모든 감정들이 불안 속에 빠져 있는데, 거기에서 정신쇠약의 징후들이 나온다: 불확실감, 비겁함, 허약성, 탈진 등이 그것이다. 방향을 바꾼 이상을 향한 모든 노력들은 결국 포기되고, 무력감이 완벽해지며, 허영심 역시 그 어떤 성공도 기대하지 않는다. 그것은 이제 구슬퍼지며, 불리해진 상황과 열악하고, 적대적인 환경 때문에 실현 불가능하다고 여겨지지만 그래도 숭고하고, 유일하게 상상되는 그의 크지만 무력한 열망으로 위안을 삼는다. 재난적인 붕괴 속에서도 살아남고, 존속한 것은 재난의 원인인 교만(驕慢)의 죄이다. 사람들은 정신쇠약을 습관적으로 정신적 과로라는 것을 잊어버리고,

신체적 과로의 탓으로 돌린다. 신체적 피로는 정신적으로 약한 사람에게 쉽사리 균형의 동요를 가져오고, 동기부여를 잘못되게 하는 상태인 것은 분명하다. 자신의 노력을 과장하고, 그에게 주어진 상황을 비난하며, 자신에 대해서 연민을 가지고, 자신의 실패에 과도한 죄의식을 가지게 하는 것이다. 따라서 신체적 피로는 거기에 잘못된 동기부여가 덧붙여지지 않는다면, 결코 정신쇠약의 원인이 될 수 없을 것이다.

*

강박증(공포증)은 이상적인 목표의 상징화와 목표에 대한 노력의 상징화에서 비롯된다.

여기에 다른 모든 신경과민에서처럼 상승과 추락 사이의 갈등을 설명할 수 있는 중심적인 핵(核)이 있다. 그 갈등은 허영심과 죄의식 사이의 근본적인 경련의 구체화인 것이다. 그것은 교만의 죄의 병적인 표출인 모든 정신적 왜곡의 본질적인 원인이다.

강박증의 특징은 경련의 완화나 우회(迂廻)로 인한 약화가 아니라 경련의 경직으로 인한 약화이다. 따라서 강박증은 더 큰 허망한 경련을 의미하는데, 그것은 꼭 필요하지 않은 강한 생명의 충동의 표시일 수 있다. 그런 까닭에 실패한 것에 대한 심각한 불안은 여기에서 종종 강압적일 수 있다. 그래서 강박증은 그 전의 다른 신경증들보다 더 중대한 장애로 드러날 수 있다. 과장된 이차적 계열에 있는 과제로의 우회가 여기에 뒤섞일 수 있지만, 강박증은 더욱더 분명히 본질적 과제를 향하고, 자신의 완벽한 형성을 완고하게 요구하면서 고조된다.

강박증 증후군의 성격적 특징은 모든 죄를 완벽하게 씻으려는 열망과 모든 죄와 추락을 피하려는 공포증적이고 경련적인 노력이다.

여기에서 과도한 상승은 현기증과 같은 형태의 일탈을 가져온다. 그 자신의 능력을 넘어서 더 높이 올라가려는 욕망 자체에는 이미 추락과 더 커지는 일탈과 정신적 현기증이 내포되어 있는 것이다. 정신적 현기증은 상징적으로 표현되지 않더라도, 모든 너무 어려운 과제들에 의해서 일깨워질 수 있다. 가장 커다란 현기증은 가장 커다랗고, 중요한 과제가 무모하게 시도될 때 생길 수 있다. 그리고 선한 의도가 너무 지나치게 포장되고, 실패가 너무 지나치게 감춰지는 것은 바로 제일 중요하고, 어려운 과제의 허영심에 의한 무모한 시도이다. 강박증 증후군의 특징적인 상징화인 것이다.

이것이 상징적 포장 뒤에 감춰진 의미를 이해하게하는 모든 유비적 요소들이 내포된 현기증의 잘 알려진 현상이다. 현기증에서 정상이 더 높고, 그에 따라서 골짜기가 더 깊을수록 그 만큼 더 불안할 것은 분명한 사실이다. 그러나 깊은 구렁은 그것과 어깨를 같이 하는 심연에 지나친 만족이라는 선물이 덧붙여진다면 그렇게 두려운 것이 아닐 수도 있다. 그때 심연은 그가 상상 속에서 그를 위협한다고 믿는 생명을 구한다. 그 심연은 실제의 심연이 아니다. 오히려 그것은 현기증에 대한 불안의 원인이 되는 위험의 중요성을 구성하거나 과장하는 상상력이다. 삶의 중대한 과제 앞에서 두려움과 현기증을 가져올 위험이 있는 심각한 불안의 경우 모든 것은 상상 속에서 진행된다. 심연 자체는 가장 높이 올라가려는 고조된 욕망에서 나온 상상력에 불과한 것이다. 그의 능력을 뛰어넘는 중요한 과제의 성취에 삶의 의미라는 지나친 선물을 걸게 하는 것은 지극히 작은 정신적 동요에 의해서 위협받는다고 상상하는 정신의 허영심이다. 허영심은 지극히 작은 걸음을 내딛을 수 있는 가능성 앞에서도 두려움에 떠는 것이다. 그것은 그의 힘과 용기가 방향을 잃게 하고, 마비시키면서 불안을 공포로 변환시킨다. 그런 정신적 상황에서 지극히 작은 실제적 장애물도 결국 의심 받고, 추락의 원인으로 되는 것은 분명하다. 심지어 과장된 상상력은 어디에서나 환상적 위험과 상상적인 과제 성취에 대한 장애물을 예상한다. 허망한 경련은 가장 높은 목표에 다가가려고 하면서 그 안에 그 자신을 놓아버리려고 하며, 자신에 대한 불신은 그의 시도 앞에 나타난 지극히 작은 장애물에서도 추락하지 않을까 하는 두려움을 느끼게 한다. 모든 움직임, 심지어 모든 정신적 움직임인 생각, 감정, 의지에도 위험이 가득 차 있는 것 같다. 그래서 그에게는 모든 자발적 움직임이 불가능하다. 모든 행동, 사고, 의지, 감정들은 사전에 세심하고, 조심스러운 예방 의식을 거치지 않으면 이루어질 수 없다. 그러나 이런 예방책은 다른 사람들에게 말할 수 없다. 이 예방책들은 자신의 나약함 앞에 있는 심각한 불안이기 때문이다. 불안은 그가 높이 올라가려는 것을 과장하고, 타락의 깊이를 심화시킨다. 그 모든 것들은 교만이라는 죄에서 나온다. 이런 예방책을 고백하는 것은 중대한 형태로 행해지는 죄 많은 허영심을 고백하는 것이다. 그의 치명적인 죄, 삶의 의미에 반해서 이루어지는 과오, 쓸데없는 힘이 과도하게 긴장된 것을 고백하는 것이다. 교만의 죄와 결부된 예방책은 죄 자체처럼 억압된다. 양심의 가책은 상징적으로 우회하여 하위-의식적인 방식으로 밖에는 표현될 수 없는 것이다. 그래서 주체는 타락의 유혹에 직면하여 예를 들어서 손을 씻을 텐데, 그것은 정화를 원하는 욕망의 상징적 표현이다. 다른 사람은 더러운 것을 만지지 않는데, 그것 역시 완벽한 청결에 대한 욕망의 상징이다. 또 다른 사람은 그런 유혹을 느끼면서—하위-의식적 연상의 관점에서 볼 때, 이 세상에 유혹의 의미를 지니지 않은 것은 아무것도 없다—겉으로 보기에 더 놀라운 예방책을 쓰도록 강요받기도 한다. 예를 들어서 말하자면, 어떤 사람은 앞으로 세 걸음을 나가고, 뒤로 세 걸음을 나갈 수도 있는데, 그것은 유혹에 대한 끌림과 저항을 상징적으로 나타낼 수 있다. 또 다른 사람은 공적인 장소를 지나갈 때 현기증을 느끼기도 하는데, 그것은 상징적으로 그가 공공의 위험에 노출되는 것에서 뒤로 물러선다는 것을 의미한다. 다시 말해서 공공의 위험 자체—그것은 새로운 상징적 합병증인데—는 모든 사람들에게 다가오는 중대한 위험으로 유혹적인 것이라는 말이다. 그는 그의 우월감에 고정돼서 공적인 장소로 상징화 되는 타락의 유혹을 세심하고, 불안하게 회피하려고 애쓰는 것이다.

*

강박증의 증후군으로까지 악화되어 진행된 신경증의 정도는 환자 개인에게만 해당되는 단계가 아니다. 신경증의 여러 가지 다른 형태들은 그것들이 아무리 인간의 본질적 욕망인 생명의 충동의 왜곡일지라도 현상학적으로 분리되어 있다. 생명의 충동력이 각 개인에게 서로 다르게 제한되어 있기 때문에 각 사람들에게는 당황스러운 일이 전개될 때 어느 정도 뛰어넘을 수 없는 한계가 나타난다. 그러면서 이런 유형의 신경증이나 저런 유형의 신경증에 걸린다. 고약한 허영심으로 퇴화된 중요한 에너지가 거기에 해당되는 신경증으로 나타났다면, 또 다른 신경증은 그에게 나타나지 않을 것이다. 적어도 경련에 의해서 약화된 정신이 너무 난폭하게 느껴지는 동요에 노출되지 않으면, 그것은 정체된 불균형을 파괴할 수 있었을 것이다. 그러나 예외적으로 커다란 충격은 심지어 히스테리적인 사람이나 정신이 쇠약한 사람에게 과도한 경련, 심각한 억압, 강박증의 폭발을 불러일으킬 수 있다. 하지만 여기에서 강박증 증상들은 그것들을 일시적으로 불러일으킨 충격이 상대적인 소강상태에 들어가자마자 사라지는 경향이 있다. 절대적으로 확실한 사실은 정신적 왜곡이 가장 많이 진전된 상태인 정신증(psychose)은 어느 정도 긴 시간 동안의 회임기를 거치지 않고, 그 전에 신경증적 증상들을 보이지 않고는 드러나지 않았을 것이라는 점이다. 또한 정신증 진전의 위험은 그에 앞서서 나타났던 증상들이 강박증 증후군에 속해 있는 한 더 심해지는 듯하다.

신경증 상태의 하위-의식적이고, 상징적인 표현은 강박증을 넘어서 더 심한 것 같다. 타락에 대한 불안은 몹시 두렵고, 실성할 정도이다. 정신적 현기증도 방향감각을 완전히 상실하고, 착란적으로 되기도 한다. 있을 수 있는 타락에 대한 예상은 환각적이고, 망상적인 확실성으로 되는 것이다. 환자는 그가 특히 꼭대기 위에서 걷는다고 상상하기 때문에 심연에 던져졌다고 두려워하게 하는 과장된 의심을 가지고 있으며, 그에게 죄가 있다는 의심은 망상적인 확신으로 변한다. 헛된 죄의식을 가진 사람은 이제 더 이상 그가 아주 높이 올라갔다거나 아니면 아주 깊은 나락에 떨어졌다고 하면서 강박적으로 다른 사람들보다 그의 사정이 더 하다고 생각하지 않는다. 이제 망상으로 된 상상력은 고조된 과제와 그것의 완벽한 실현을 절대적 확신으로 만든다. 그래서 환자는 이제 더 이상 그가 다른 모든 사람을 능가하도록 부름 받았다고 상상하지 않고, 환각적으로 그가 이상의 가장 완벽하고, 유일한 실현자라고 설득 당한다. 여태까지 신경증적 상징화의 도움으로 위장되어 있던 치명적인 허영심은 마침내 마스크를 뚫고, 과대망상적 상징화를 통해서 공개적으로 드러난다. 그러나 허영심은 죄의식의 대응 짝이기 때문에, 정신증 가운데는 정반대로 나타나는 것들도 있다. 거기에서 두려움은 죄의식을 이 세상에서 제일 비천한 형태의 환각에 이르도록 드러낸다. 최상급에 달하는 죄의식은 그 밑에 망상적 허영심이 숨어 있다는 사실을 증언하는 것이다.

c. 정신증

정신의학에서는 "정신증"이라는 용어를 가지고 두 가지 서로 다른 원인에서 유래하는 두 집단의 정신질환인 기질적 정신증과 기능적 정신증으로 분류한다.

정신증의 이 두 집단의 공통된 특징은 환각 상태와 망상 상태이다. 이 두 집단은 몽롱한 상태, 자아의식의 해체, 의식적인 삶과 연관된 어느 정도 완전한 현실감의 상실 등의 특징이 있다.

정신의 해체 과정에서 동반되는 생리적 원인은 의식적인 삶의 기반이 되는 두뇌 피질 영역의 기능의 배제와 관계가 된다. 여기에서 피질하(皮質下) 자동증의 분출, 즉 인간과 동물이 공통으로 가지고 있는 원시적이고, 본능적인 반응의 분출이 생긴다. 이 원시적인 반응들은 반성의 통제에서 벗어나고, 반사 작용으로 이루어진다. 정신적 퇴행은 이제 더 이상 무의식적 본능의 확실성으로 특징화되지 않고, 하위-의식의 강박적 경련에 의해서 특징화된다. 여기에서 자동적인 분출은 무질서이다. 신경의 떨림은 가장 널리 퍼진 증상이다. 앞에서도 지적했던 것처럼 신경의 일시적 떨림은 정신의 일시적 부재에 동반되는 현상이다. 그러나 신경증에서 두뇌의 피질(cortex)과 그것의 의식적 기능 배제는 신경증에서처럼 일시적인 것이 아니다. 떨림과 정신의 부재, 몽롱함은 영구적이다. 자동적으로 떨리는 것은 환각적이고, 망상적으로 된다. 다시 말해서 왜곡의 생리적 원인과 정신적 원인은 완전히 합쳐지는 것이다. 환각적이고, 자동적으로 된 풀어진 상상력이 두뇌 피질의 의식적 기능(관념의 도움을 받은 반성)을 대체하고, 인간이라는 종(種)의 특징인 이 기능은 조상들에게 물려받은 틀밖에 남지 않는다. 관념화된 모든 명확한 내용들은 비어 있는 것이다. 환자는 이제 조상들에게 물려받은 정신 기능의 틀 속에 그의 망상적 사고들과 환각들을 합치려고 한다. 그는 생각하는 것 같고, 논리적으로 사고한다는 주장을 포기하지 않는다. 어떤 정신증 환자에게 조상들에게 물려받은 틀 자체는 결국 파괴된다. 망상적 상태가 착란으로 변환되는 것이다.

기질적 정신증에서 고장의 생리적 원인이나 피질 기능의 배제는 확인 가능하다. 그것은 피질의 훼손이나 중독(피질의 부전 마비나 마비를 유발)에 있다. 중독은 외인성(예를 들면, 약물에 의한 것)이나 내인성(예를 들면, 열에 의한 것)일 수 있다. 따라서 우리는 원인은 생리적인 것이고, 결과는 정신적인 것이라고 말할 수 있다. 이런 설명 원리는 매우 만족스럽다.

정신의학이 기질적 정신증의 설명에 효과적이었던 설명 원리를 기능적 정신증에까지 확장시켜서 설명하려고 하는 것은 놀랄 만한 일이 아니다. 그러나 사실을 말하자면, 소위 기능적 정신증에서 생리적 원인은 확인할 수 없다. 부검을 통해서도 피질 영역의 훼손이라고 생각되는 것은 발견할 수 없다. 정신의학의 커다란 문제는 정신증의 생리적 원인을 발견하는 것과 같은 꼼꼼한 연구를 통하지 않고도 모든 정신증의 특징인 환각적이거나 망상적 상태가 어떤 정신증들에서 생길 수 있는가를 이해하는 것이다.

잘못된 동기부여의 불안에서 비롯된 자기-최면이라는 사실이 해결책을 발견하게 하지 않을까? 최면 상태는 밤에 자는 것과 비슷한 졸린 상태이다. 그런데 밤의 수면에는 환각적이고, 망상적 상태인 꿈이 동반된다. 잠과 꿈은 틀림없이 두뇌 피질의 훼손의 결과가 아니라, 두뇌 피질을 주기적으로 마비시키는 자기-중독, 체액의 충격적 결과이다. 두뇌 피질의 마비(paralysie)와 부전 마비(parésie)는 의식적 기능의 배제와 환각적이거나 망상적 떨림과 같은 두뇌 피질의 훼손과 똑같은 효과를 만들 수 있는 유일한 원인인 듯하다. 밤에 꾸는 꿈에서 운동성이 배제되었다고 해서 떨림이 일어나는 것은 아니다. 그리고 거기에는 환각과 망상만 있을 뿐이고, 그것들은 자연스럽게 주기적으로 나타나기 때문에 병리적인 것도 아니다. 기능적 정신증에서도 두뇌 피질의 부전 마비는 유사-지각에 의한 환각으로 된 상상적 몽상의 결과인 영구적이고, 불안한 자기-최면으로 된 상상적 자기-암시의 결과가 아닐까? 병적인 상상력의 악화는 밤에 꾸는 꿈에서처럼 두뇌 피질 영역을 마비시키면서 체액의 충격을 가져오고, 기질적 정신증에서 두뇌 피질의 훼손이나 중독을 대체하지 않을까? 생리적 원인과 정신적 결과 사이의 관계는 뒤바뀔 수도 있다. 정신적 원인(정신을 몽롱하게 하는 불안)이 먼저 일어나고, 그 다음에 생리적 결과가 생길 수도 있는 것이다. 아무리 이렇게 정반대되는 것이 생길지라도 기질적 정신증과 기능적 정신증에는 공통되는 생리적 원인이 있는데, 그것은 두뇌 피질 영역의 배제이다.

그럼에도 불구하고, 정신증의 두 집단 사이에는 중요한 차이점이 존재한다. 확인 가능한 두뇌 피질의 훼손과 우발적인 중독에서 비롯된 기질적 정신증의 경우, 자동적으로 풀려나온 자동적인 환각적 상상력들은 단순한 불안과 욕망만 표현할 뿐 잘못된 동기에서 비롯된 고조된 불안과 욕망을 표현하지 않는 것이다. 정신 기능의 틀에 들어온 상상력은 결코 잘못된 동기부여에 의해서 도를 벗어난 고조된 상상력이 아니라는 말이다. 그러나 모든 사람들에게 잘못된 동기부여가 존재하기 때문에 기질적 정신증의 망상에서도 죄 많은 허영심과 감상적인 비난들이 표현될 수 있다. 그러나 여기에서 잘못된 동기는 보조적일 뿐이다. 그것들이 그 상태의 결정적인 원인은 아닌 것이다. 그와 달리 기능적인 정신증의 망상은 결정적 원인으로 극도에 도달한 교만의 죄의 과잉이 있는데, 그것은 상징적으로 잘못된 동기부여로 해체된다. 기능적 정신증의 망상만이 숨겨진 의미를 말해준다.

망상의 의미 있는 형태들은 잘못된 동기부여의 네 가지 경향 가운데 하나를 우선적으로 나타내는 특징이 있다: 그것들은 피해망상(죄의식), 호소망상(비난), 회복망상(감상성), 과대망상(허영) 등이다.

*

"정신증"이라는 용어는 제한된 의미로 사용되며, 기능적 정신증만을 말한다.

정신증은 중대한 불안의 과잉에서 비롯된다. 교만의 죄가 너무 지나친 것이다. 불안은 두 가지 방식으로 정신-신체적인 기관들에 영향을 미친다. 그것은 몽롱(의식 기능의 혼미)과 떨림으로 드러난다. 중대한 불안의 과잉으로 인한 정신증에서 몽롱한 상태는 지속적으로 되고, 떨림은 강직적으로 된다.

정신증에서는 지속적인 자기-최면 때문에 가장 명석한 기능인 사고 자체가 손상된다. 잘못된 해석인 잘못된 동기부여와 해석 기능의 악용 때문에 해석이 제대로 되지 않고, 삶에서 길을 잃으며, 환자는 더 이상 의식적인 삶을 살지 못하고, 꿈을 꾼다. 꿈은 의식적인 삶을 대체하고, 그것과 상관관계에 있는 현실을 대체한다. 마침내 고조된 상상력은 현실의 자리를 차지하고, 현실로 된다. 그러나 그 현실은 순전히 그 환자를 위해서만 존재하는 주관적인 것이다. 그래서 상징적 비논리성은 이제 환각적인 논리가 된다. 이제 기질적이고, 감각적인 환각에 감정과 사고의 환각인 망상이 덧붙여진다. 정신증은 잘못된 동기부여가 감정적인 삶만 왜곡시키는 것이 아니라 욕망을 평가하는 지적이고, 정신적인 기능도 똑같이 왜곡시킨다는 점에서 신경증과 구별된다. 신경증에서도 이 기능은 이미 점점 더 비논리적으로 되었고, 잘못 되었다. 그것은 잘못 평가하고, 잘못 판단했던 것이다. 그러나 그것은 단지 정감적인 삶, 감정적인 삶과 관계된 부분만이다. 추상화의 능력과 이론적 사고는 논리적이고, 상관이 없다. 그러나 정신증에서는 삶 전체가 왜곡으로 공격 받는다. 정감만이 아니라 사고 자체도 증상으로 되고, 상징적으로 표현되며, 망상적인 방식으로 표현된다. 그러나 기능적 정신증인 편집증도 있다. 거기에서는 망상이 고조된 과제가 그 밑에 있는 그의 약점을 건드릴 때만 나타난다.

한편 떨림에 관해서는, 그것은 다른 모든 하위-의식적 반응들처럼 과도한 정도로까지 될 수 있으며, 두 가지의 양가적으로 반대되는 형태로 나타난다. 하나는 강직증적 경련이고, 다른 하나는 마비된 무기력이다. 두 경우에서 모두 마비가 된 떨림은 상상에 의한 과로와 거기에서 비롯된 피로의 증상이다. 그것의 정신적 의미는 내면의 폭풍, 다시 말해서 내면의 무기력한 격노(激怒)나 떨림의 형태로 표시되는 반항과 정반대이다. 포기로 된 체념인 것이다. 이것은 예를 들어서 말하자면, 조현증적 강직에 감춰진 의미 속에 비난하는 반항과 감상적 체념이 농축되어 있다는 사실을 막지 못한다는 것을 보여준다. 환자들이 나타내는 피로 역시 그의 반항이 적극적으로 표명된 것이 아니라 가장 완전한 수동적 표현 방법을 선택했다는 사실에서 드러난다.

정신증이 악화되어 있는 기간 동안, 주체는 몽롱한 상태나 환각적이고 망상적인 떨림의 상태에서 깨어 있지 않다. 그러나 그 떨림이 그에게 휴식을 주지 않는다는 것은 분명하기 때문에 떨림은 신체적이고, 정신적인 과로에 의한 경련적 휴식으로 전환될 수 있다. 다시 말해서, 심한 떨림은 종종 정신적이고, 신체적인 통증에 대한 무감각에까지 이를 수 있는 모든 흥분에 대한 무관심으로 대체되는 것이다. 따라서 기능적 정신증의 특징은 고조의 극단과 무관심의 극단 사이의 양가성에 있다.

*

주요한 기능적 정신증에는 조현병(schizophrénie)이 있다. 조현병의 특징은 의미 있는 증상들이 매우 많고, 변화무쌍하다는 점이다. 그 증상들은 두 집단으로 나뉘는데, 강직적 떨림과 편집증적 망상(감각과 감정과 생각의 환각)이 그것이다. 두 집단의 증상들은 과도한 동요와 완벽한 무관심에 이르기까지 다양하다.

그러나 이와 반대로 증상이 어떤 의미에서 단조롭고, 그래서 의미가 좀 더 일반적인 특징을 가진 또 다른 중요한 정신증이 있는데, 그것은 양극성 장애(psychose circulaire)이다. 양극성 장애 또는 조울증은 떨림이 극도로 심한 상태와 망상적인 상태로 구성되어 있다. 조증과 극도의 우울한 상태가 교대로 나타나는 것이다. 여기에서도 교만의 죄가 그 병들의 공통적인 원인과 의미인데, 그것들은 조현병의 다양한 증상들이나 조울증의 단조로운 증상들 뒤에 감춰져 있다. 사고의 현기증인 망상은 추락 앞에서 느끼는 불안과 허영심을 감추려는 궁극적인 수단일 것이다. 그러나 죄를 지은 경련적인 과도한 긴장을 감추려는 궁극적인 수단(결국 이성을 잃게 하는 비논리적이고, 불합리한 고통의 원인)은 동시에 그것을 드러내려는 수단이기도 하다. 허영심과 죄의식이 지나치게 되어서 더 이상 감출 수 없게 되는 것이다. 말하자면, 그것들은 흘러넘치고, 펼쳐지는 것이다. 그리하여 허영심은 망상적인 의기양양, 죄의식은 망상적인 절망으로 된다.

간질이 기질적 정신증과 기능적 정신증의 혼합형일 수 있는 것이 불가능한 일은 아니다. 대부분의 경우 여기에 기질적 원인을 제시할 수 있지만, 어떤 경우 순전히 기능적 원인인 듯한 것도 있을 수 있다. 그 증상들은 우리에게 심리학적인 설명을 하도록 촉구한다. 그 정신증들에서는 발작이 일어나기 전에 먼저 독특한 분위기가 있고, 그 다음에 혼란이 오며, 기억상실과 부재는 몽롱한 상태를 연상시킨다. 공격적 충동들과 피해망상이 빈번하게 일어나는 것은 잘못된 동기부여의 과잉을 생각하게 한다. 이와 비슷한 증상들은 기질적 정신증에서도 있을 수 있으며, 간질의 경우에서 그 증상들은 마비의 중심일 수 있는 두뇌의 상처에서 비롯된 것일 수 있다. 그럼에도 불구하고, 간질은 기질적 정신증의 일반적인 측면과 충분히 구별된다. 왜냐하면 우리는 교만의 죄로 인하여 기질적 기반 위에 호르몬의 충격과 자기-최면에서 비롯된 정신적 결핍에 의한 고조된 불안이 덧붙여진다고 믿으려고 하기 때문이다. 경련 발작은 실제의 사건들 때문에 분노가 올라올 때마다 그 밑에 억압되어 있던 것들이 주기적으로 폭발하는 감상적 비난의 증상으로서 정신적 발작과 무력감에 대한 분노의 하위-의식적이고, 상징적인 표현일 수 있다. 발작의 과도한 동요는 정신을 쇠약의 상태로 몰고 가는데, 그것은 겉으로 보기에는 평안한 상태로 보일 수 있지만, 그때 생각이 점점 더 모호해지고, 의지와 감정이 나약해진다. 흔히 볼 수 있는 편협함은 정신이 쇠약해져서 좌절된 형태로밖에 나타날 수 없는 과장된 승화의 경향을 나타낼 수 있다. 그러나 그 유비들은 어떤 하나의 입장을 강조하기에는 너무 모호하다는 사실을 고백해야 한다.

*

특별히 조현병에 관해서 말하자면, 조현병의 모든 증상들은 환각, 망상, 강직증, 치명적인 죄를 억압하려는 절망적인 노력에서 기인하는 극도의 정신적 경련 등이다. 교만의 죄가 의식되지 못하도록 의식이 파괴되는 것이다.

신경과민이 희망이나 절망에 상상적으로 관여한다면(욕망이나 불안), 조현병은 그 확실성을 환각적으로 표현한다. 환자는 그런 자질들을 이제 그렇게 놀랍도록 물려받으려고 하지 않는다. 그는 그런 존재이다. 그는 이제 더 이상 그가 이해할 수 없고, 그에게 적대적인 세상을 더 낫게 하려고 하지도 않는다. 그는 이 세상이 "살 수 없다고" 감상적으로 비난하지 않으며, 그가 이상적인 존재가 되기에는 완전히 불충분하다고 생각하지도 않는다. 그는 세상을 개선했으며, 구원자가 되었다. 그렇지 않으면, 그는 세상을 구원하는 중이다. 예를 들어서 말하자면, 환자는 그가 하위-의식적이고, 강박적으로 긴장증적인 태도를 취함으로써 망상 가운데서 보았던 가장 끔찍한 재난으로부터 세상을 구원하고, 이 세상에 악령의 영향이 지속되는 한 세상을 위험으로부터 지키기 위하여 그것이 지탱되어야 한다. 자기 최면의 결과 긴장증은 강직증으로 된다. 그는 이제 아주 작은 동작도 할 수 없다. 그가 움직이면, 세상은 망하고, 그가 움직이지 않기 때문에 세상은 구원 받는다. 구세주가 되려는 허영심은 세상의 구원을 위하여 스스로를 희생하려는 선(善)의 극대화를 통하여 두 배가 된다. 긴장한 태도로 상징되는 "희생"은 음식물의 거부와 또 다른 의미를 가진 침묵 때문에 더 복잡해진다: 과도하게 웅크리는 것, 모든 것을 거부하는 것, 무력한 격노 등은 자신을 희생할 만큼 사랑하는 세상에 대한 감상적 비난 등의 의미를 담고 있다. 그러나 극도의 허영심에 의한 환각적 확실성은 그럼에도 불구하고 의심과 환각적 죄의식에 의하여 양가적으로 대조되는 상태로 남아 있다. 세상에 위험하다고 느껴지는 악령은 사실 환자 자신을 몹시 위협하는 악령이기 때문이다. 그는 그 자신이 무엇보다도 우주적으로 중요한 존재라고 믿으면서 이 세상과 그 자신을 허황되게 혼동한다. 이 세상에서 그 자신보다 더 중요한 것은 아무것도 없다. 그가 이 세상이다. 환자가 알 수 없는 공포심을 가지고 해체되는 것을 지켜보았던 그의 모든 능력의 붕괴는 억압과 투사를 통하여 다가올 세상의 파멸에 대한 예측으로 된다. 그의 망상은 그의 내밀한 공포와 그 원인을 외부세계에 투사하면서 스스로를 극도의 불안으로부터 구원하려는 노력의 표현이기 때문에 세상의 붕괴를 예견하는 것이다. 신화적으로 말해서 그 자신을 병을 전파하는 악령으로부터 구하려는 그의 노력, 그리고 심리학적으로 말해서 정신의 병적인 왜곡인 교만의 죄로부터 구원하려는 노력은 궁극적인 노력인데, 그것은 마비된 전율과 궤도를 이탈한 환각에 지나지 않는다. 그리하여 그의 노력을 상징적으로 보여주는 긴장은 스스로를 구원하려는 환자의 무력한 욕구를 나타내면서 실제로는 그의 상태가 병적으로 심각하다는 것을 말해준다. 그것은 환자가 그 심연에 대해서 느끼는 현기증 나는 매력을 나타내며, 상징적으로는 붕괴를 향해서 결정적이고, 종말적인 걸음을 딛는 것을 보여준다.

허영심, 감상성, 비난, 죄의식은 조현병의 다른 모든 증상들처럼 환자의 긴장한 태도에서도 나타난다. 그의 긴장한 태도는 종종 잘못된 동기부여의 경향 가운데 하나를 직접적이고, 생생한 방식으로 표현하는 것이다. 우리는 어떤 환자가 몇 시간 동안 머리를 숙이고, 면목 없는 표정을 한 모습에서 죄의식을 살펴볼 수 있다. 그러나 다른 것으로 얼어붙은 듯한 모습에서 완전히 다른 것을 본다. 우리는 허영심을 고개를 빳빳이 세우고, 확신에 찬 눈길에서 더 이상 분명하게 볼 수 없는 것이다.

조현병의 망상 증상에는 긴장증 증상과 똑같은 의미가 들어 있다. 예를 들어서 말하자면, 환자는 다른 사람들이 그가 아프다고 생각하기를 바라지 않는 것이다. 그의 비난과 자기-연민은 그 사실을 확실히 보여준다. 어떤 환자는 다른 사람들이 그를 “중독”시키려고 한다고 걱정한다. 그래서 환자들은 어떤 용어들을 문자 그대로 믿기도 하고, 망상은 다른 사람들이 실제로 그에게 독을 삼키게 하거나 역겨운 가스로 중독시키려고 한다고 믿게 한다. 그의 망상적 비난이나 감상적이고, 망상적인 사랑은 특히 그의 불행의 특별한 원인으로 의심 받는 사람이나 유일하게 그것을 초래했으리라고 여겨지는 사람에게 모아진다. 그의 망상적 상상력은 지칠 줄 모르고 이 의심이나 저 희망에 집중되는 것이다. 그는 이제 다른 것은 생각하지 못하고, 그의 근심의 내적 원인을 그에게 투사한다. 그는 이 사람이 그의 생각을 지배하고, 그의 생각에 영향을 미치며, 그에게 생각들을 보내서 그가 다른 생각을 하지 못하게 한다는 인상을 받는다. 또한 환자는 그의 허영심 때문에 그가 멀리서도 메시지를 받을 수 있고, 미래에 일어날 사건을 미리 볼 수 있는 사람으로 여길 수도 있다. 그를 공격한다고 비난 받는 사람이 그를 상대로 해서 음모를 꾸미는 하나의 집단으로 대체될 수도 있는 것이다. 그리고 환자는 유사-논리적인 설명을 동원하여 그에게 어떤 영향을 미치도록 하는 기계 장치, 예를 들어서 말하자면 전자통신 체계를 상상하기도 한다. 또 다른 사람은 이제 더 이상 그에게 죄가 있다고 두려워하지 않는다. 그는 영원히 이 세상에서 가장 비열하고, 가장 저주 받은 사람이기 때문이다.

*

조현병에서 빈번하게 나타나는 또 다른 특징은 죄의식에 대한 허망한 고백이다. 그러나 그 고백은 그의 치명적인 죄에 대해서는 행해지지 않고, 상상에 의한 죄, 다시 말해서 그가 완수하지 못한 과장된 과제와 관계되는 이차적인 죄를 고백한다. 거기에서 그 고백은 치명적인 죄를 억압하려는 새로운 수단밖에 되지 않는다.

과장되고, 상상적인 죄의식은 흔히 전율과 망상에 의해서 상징적으로 표현될 뿐만 아니라 말로도 표현될 수 있다. 환자는 그가 가장 끔찍한 죄, 예를 들어서 말하자면 부모를 살해했다고 스스로를 비난할 수 있는 것이다. 그때 그는 그들을 죽였다. 그러나 그것은 순전히 과장된 상상력에서 나온 것이다. 그의 증오로 가득 찬 기소(起訴)는 그들을 죽이려는 욕망인 것이다. 그러나 죄책감에 시달리는 불안은 그의 욕망에 접목된다. 하지만 그는 그것을 고백하지 못하고 억압한다. 그래서 그는 그 욕망을 감추고, 기껏해야 그가 할 수 있는 유일한 사랑의 자세로밖에 감출 수 없다. 그 자세는 고통스럽고, 경련적으로 유지되다가 마침내 더 참을 수 없게 되어 고백되지 않은 욕망을 고조시키면서 억압을 통해서도 통제할 수 없게 된다. 그러나 과장된 사랑은 욕망과의 관계에서 느끼는 죄의식을 고조시키며, 죄의식은 억압에도 불구하고 주기적으로 일깨워지고, 그것의 괴물적인 특성은 사랑의 자세와 비교해 볼 때 더 두드러진다. 그래서 환자는 마침내 그가 그런 생각을 했다는 것만으로도 실제로 그런 비열한 죄를 저질렀을 때만큼 용서받을 수 없는 것처럼 보인다. 망상적 상상은 결국 욕망과 실현을 혼동하는 것이다. 억압된 욕망은 다시 나타나고, 망상에 의해서 충족되며, 상상력에 의한 확실성과 부모를 실제로 죽였다는 환각적인 생각에 의해서 충족되는 것이다. 그러나 죽을 만큼 미워했던 부모로부터 해방되었다는 망상적 만족감은 망상 속에서 다시 나타난 불안에 과도하게 담겨져 있다. 환자는 사람들 가운데서 그가 제일 죄가 중하다고 자책하고, 그가 실제로 그런 것처럼 고통 받는다. 죄의식과 범죄에 대한 상상은 망상적 확실성과 망상적 현실로 되는 것이다. 환자는 모든 존재 가운데서 가장 비참한 존재이다. 그의 친부살해는 독특한 중요성을 갖는다. 그는 모든 사람들과 구별되고, 그의 범죄 때문에 모든 사람을 뛰어넘는다. 그리고 그가 공개적으로 그의 죄를 비난하고, 그의 말을 들으려는 사람에게 그의 죄를 헛되게 드러내는 데는 많은 것이 필요하지 않다. 그의 부모에 대한 감상적인 비난은 죄에 대한 허망한 환각에 의해서 그 자신에 대한 공개적인 비난으로 변환되는 것이다. 그러나 이 모든 것들은 단지 상상력의 장난이고, 환각적이며, 망상적으로 된 잘못된 동기부여의 끔찍한 신기루에 불과하다. 치명적인 죄, 즉 진정한 죄는 이 허망한 놀이들 아래 몸을 숨기고 있다. 그것은 더 깊이 억압되어 있을 뿐이다.

죄의식을 어느 정도 망상적인 방식으로 고백하려는 강박증은 조현병에서 매우 흔하다. 이 망상적인 강박증은 정신적 변형의 모든 정도에 따라서, 심지어 가장 단순한 형태의 신경과민에서도 어느 정도 두드러진 방식으로 수반되는 고백의 욕구 가운데서 가장 고조된 정도로 나타난 것일 뿐이다. 심지어 환자는 그의 삶에는 아무 의미가 없다고 말할 수도 있다. 그러나 그것은 치명적인 죄, 말하자면 삶 앞에서의 허약성에 대한 진지한 고백은 아니다. 그것은 순전히 말로만 하는 고백,

허풍일 뿐이다. 참을 수 없고, 고백할 수 없는 정감과 결핍된 삶에 대한 절망, 그 자신에 대한 경멸은 하위-의식의 깊은 곳에 감춰져 있다.

치명적인 죄를 공개적으로 표현하는 유일한 정신적 왜곡이 있는데, 그것은 심한 우울증(mélancolie)이다. 아무리 망상으로 위장하고 있을지라도 그 고백이 환자에게 얼마나 치명적으로 참을 수 없는 것인지를 보여주는 것은 거기에서이다. 이 상태에는 언제나 자살의 경향이 따라다닌다. 심한 우울증 환자의 고백에서 보이는 또 다른 참을 수 없는 성격의 표징은 자책하려는 성향이 주기적으로 광적인 행복감에 의해서 제거된다는 점이다. 그때 행복감은 다시 솟아오른 의기양양한 허영심의 망상적인 표현이다.

심한 우울증과 반대로 조현병은 핵심적인 죄의 진실한 표현이 아니라, 그와 달리 죄의 가장 깊은 억압이다. 그래서 망상적으로 죄를 고백하는 것은 헛되게 얼굴을 찌푸리는 것밖에 되지 않는다. 모든 증상들을 볼 때 조현병은 특히 망상적으로 얼굴을 찌푸리는 것이다. 모든 조현병은 어떤 위장(僞裝)의 측면을 가지고 있으며, 어느 정도 설득력이 있는 모든 위장은 그 자체가 조현병의 증상이다. 거짓된 동기부여의 모든 단계에서 의식화되려는 경향은 억압하려는 경향에 의해서 압도당한다. 그럼에도 불구하고, 잘못된 동기부여는 그것이 만드는 동요를 통하여 고백하려는 어떤 경향을 간직하고 있으며, 그 희미한 고백의 빛은 망상 상태에서도 존속할 수 있다. 나는 어떤 조현병 환자의 얼굴을 찌푸리는 표정을 어쩌다가 보았는데, 그것이 조현병의 특징을 설명해 줄 수도 있을 것 같다. 그것은 그의 상승하려는 움직임을 닮은 긴장증의 동요인데, 아마 상승의 욕망을 상징적으로 나타낼 것이다. 그 환자는 그가 원했던 순간 그런 모습을 만들어냈고, 인상을 강하게 하기 위하여 그것들을 눈에 띄게 과장하였다. 그의 중요성을 잠시나마, 가련하게 보여주어서 이익을 얻으려는 헛된 욕망은 그의 경련적인 웃음에서 드러났다. 그것은 부분적으로 의도적인 과장이며, 하위-의식에서 나온 것이다. 그는 그것보다 덜 두드러지지만 그와 비슷한 것들을 규칙적으로 보여주었다.

*

조현병은 증상을 통하여 상상에 의한 죄의식과 이차적인 허영심을 나타내는데, 그것들은 잘못된 동기화에 둘러싸여 있는 것들이다. 조현병은 조울증에서 조증과 울증 등 서로 다른 병적 특징으로 나타나는 양가적인 상태를 하나의 경련 속에 통합한다. 하지만 조현병의 형태 가운데는 허황된 행복감과 죄의식으로 인한 우울증이 주기적으로 교대해서 나타나는 특징이 있다. 가장 높은 과제를 성취하였고, 이 세상을 구하였거나, 유일하게 구원 받았거나, 유일하게 선택 받았다는 환각적인 확실성으로 된 허영심이 너무 완벽해져서 그를 망상적이고, 경련적인 행복감으로 끌고 가는 것이다. 그러나 그 상태는 덜 경련적이고, 덜 망상적인 방식으로 죄의식과 그로 인한 절망을 나타내는 기간으로 대체된다. 주체는 그 우울한 기간 동안 그의 무력한 의지도 거부하고, 무시무시한 모욕처럼 느껴지는 성적 쾌락을 그에게 가져다주는 악마들(유혹의 상징들)—마녀나 악마—에게 노출된 것을 볼 수 있다.

이 신비한 망상들은 비록 미신적으로 왜곡되기는 했지만 본질적인 문제 주위를 지칠 줄 모르고 맴도는 조현병 환자의 내적 관심의 의미를 분명하게 나타낸다. 그것은 삶의 의미와 과제에 관한 것이다. 어느 정도 분명하게 확인할 수 있지만, 허영심의 망상적 표현과 죄의식의 표현 사이의 양가성은 모든 기능적 정신증을 특징적으로 나타내면서 망상으로 변화된 현기증이라고 할 수 있다. 그것은 상승과 추락 사이의 갈등의 망상적 표현, 즉 그 갈등이 신경증적 왜곡의 결정적 원인이 덜 심각한 형태로 나타날 수 있었던 것이다.

상징적으로 의미 있는 것과 관련된—신화적 망상—가장 두드러진 상태는 완전한 상승을 나타내는 무시무시한 풍자이다. 그것은 완전한 승화인 성화(聖化)를 흉내낸다. 진정한 승화를 나타내는 엑스타시는 조현병적 엑스타시와 정신적으로 정반대되는 상태이다. 승화의 형태는 모든 환각적이고 긴장증적인 망상적 증상이 완벽하게 부재하고, 죄의식이 교대로 나타나지 않는다는 특징이 있다. 하늘, 열반, 도(道)라고 부르는 충만(plénitude)의 신화적이고, 상징적인 표현과 신화적 광기인 미신적이고, 환각적인 표현을 혼동하지 않는 것이 대단히 중요하다. 그것들은 신화가 상징적으로 말해주는 속성들로 치장된 하늘나라를 보았다거나 그들과 비슷한 사람들이 득실거리는 지옥을 보았다고 한다. 전승에서만 실제적인 것이기 때문이다.

조현병은 전체적으로 모든 증상들을 통해서 잘못된 동기를 부여하는 교만의 죄를 찌푸린 표정으로 나타내고, 파괴를 향해서 나아가는 최종적인 상태에서도 찌푸린 얼굴(비틀린 정감)로 머물러 있다. 조현병에는 심한 우울증에서 나타나는 신체적이고, 특정한 파괴의 경향이 없다. 이런 경향 자체는 음식물을 거부하거나 긴장증적 태도를 통해서 삶을 무화시키는 등 연극적으로만 나타난다.

그러나 결정적인 파괴는 그것이 의도적이고, 우발적인 것이 아니라 분명히 하위-의식적이고, 강박적이기 때문에 더욱더 불가피하다. 그것은 신체적인 파괴가 아니라 영혼과 정신의 내적 파괴이다.

과도한 잘못된 동기부여를 통하여 그 자신에 대한 진실을 감추려는 조현병의 노력은 조상으로부터 온 사고의 틀을 상실하게 하고, 자아-의식을 해체하여 하위-의식에 완전히 삼켜지게 하고, 영혼과 정신의 능력을 모두 마비시키게 한다. 혼미하고, 착란적으로 되게 하는 것이다.

3. 통속화

신경과민(névrosité)과 통속화(banalisation)의 공통된 기반은 상상력과 고조이다.

고조된 상상력은 앞에서 살펴보았듯이 피상적인 욕망을 가져온다. 몸의 자연스러운 욕구에 더 이상 맞지 않고, 영혼과 정신에 맞지 않는 욕망을 가져오는 것이다. 자연스러운 욕구는 결코 원시적이지 않고, 문명화 되어 있으며, 문화적이다.

하지만 고조된 상상력에서 나온 욕구는 자연스럽지 않고, 문명화 되어 있지 않으며, 문화적이지도 않다. 그것들은 피상적이고, 무의미하며, 변태적이다. 그것들은 기생적이고, 삶을 파괴한다.

통속화된 상태에서 성적으로나 물질적으로 고조된 욕망들은 억압되지 않고, 헛되게 펼쳐지며, 통속적으로 실현된다.

신경과민과 통속화 사이의 서로 다른 특징과 그것들이 삶의 의미에 관해서 길을 제대로 찾지 못하는 공통점을 가능한 한 분명하게 살펴보는 것이 중요하다. 이것은 통속화가 정신병리의 상태로 진단되지 않기 때문에 더욱더 중요하다.

중요한 과제는 능력을 기르는 일이다. 거기에는 분투의 노력과 정신화 및 승화의 노력이 포함된다. 성공했던 노력만이 그 자신과 삶을 통제하고, 유보된 흥분인 욕망을 통제하게 한다. 그러나 좋은 의도를 가지는 것만으로는 충분하지 않다. 중요한 것은 매일 좋지 않은 의도와 잘못된 동기들을 살펴보는 것이다. 잘못된 동기부여(죄의식-허영, 비난-감상성)에 대한 인식론적 틀을 가지고 매일 내적 성찰을 하는 것만이 그 자신의 동기와 그에 따른 행동에서 옳고, 그른 것들을 가려내는 내적 시선을 날카롭게 하는 능력을 길러 줄 수 있다. 사람들이 습관적으로 혼란에 빠지는 것은 올바르지 않은 것을 올바른 것으로 여기게 부추기는 (그리고 종종 다른 사람의 올바른 행동을 잘못된 행동으로 여기게 부추기는) 맹목적인 자만심이다.

정의를 세우려는 내적인 투쟁에서의 결정적인 승리는 실현 불가능한 이상이다. 그러나 그것을 밝히려는 노력은 그 투쟁을 조화의 고상한 게임으로 변환시킨다. 그리고 이 고상한 게임으로부터 고상한 "즐거움"과 삶의 기쁨이 가능해진다.

모든 사람들은 삶의 기쁨을 동경하고, 상위-의식에서 나온 존재 전체의 이 근본적인 동경은 본질적 욕망이다.

신경증적인 사람은 중대한 과제에 대한 그의 욕망을 과장하고, 그것은 그의 본질적 욕망에 경련을 일으키게 해서, 그것을 충족시키지 못한다. 그는 고상한 즐거움과 삶의 기쁨을 맛보지 못하는 것이다. 오히려 그는 그의 고조된 상상력의 비뚤어진 게임을 통하여 즐거움을 찾고, 기분전환을 하려고 한다. 그는 그의 본질적 욕망과 자연스러운 욕망과 거기에서 오는 승화를 실현시킬 줄 모른다. 그는 그의 고약한 욕망들을 더 잘 실현시킬 수 없다는 선고를 받았다. 고조된 욕망은 한편으로는 금지하고, 다른 한편으로는 불안으로 변환된다. 그리고 즐거움을 고뇌로 변환시킨다.

통속화(通俗化)는 신경증적인 과도한-긴장(sur-tension)과 반대이다. 그것은 본질적 욕망과 생명의 충동과 정신에너지의 긴장부족(sous-tension)이다. 그런데 이 두 가지 왜곡은 에너지의 긴장의 유연성을 파괴한다. 그것들은 본질적 욕망이 다양한 욕망들로 변질되지 못하게 하거나 다양한 욕망들이 본질적 욕망들로 변화도록 하지 못하게 하는 것이다.

통속화된 상태에서 본질적 욕망, 다시 말해서 다양한 욕망의 정신적이거나 승화된 금지는 해이(解弛) 때문에 힘을 잃는다. 정신적 금지가 일단 풀어지면, 본질적 욕망은 사라진다. 그리고 그것과 함께 삶의 의미에 대한 모든 집중의 가능성이 불가능해지며, 삶을 본질적이고, 깊이 있게 즐길 수 있는 능력이 사라진다.

본질적 욕망이 다양한 욕망들로 과도하게 분산되는 한, 본질적 욕망은 힘을 잃으면서 더 이상 그것의 충족을 추구하지 않는다. 삶의 의미가 더 이상 매력을 잃는 것이다. 그래서 통속화된 사람은 어떻게 해야 삶의 의미를 찾을 수 있을지 알지 못하게 된다. 그에게는 그 어떤 비전도 없어지는 것이다. 그에게 삶의 의미와 그가 고려할 수 있는 의미의 충족은 그의 수많은 욕망들을 실현시키고, 그것들이 상상 속에서 약속하는 수많은 향유(jouissance)를 얻으려는 것으로 된다. 그러나 그 향유들은 그것들이 아무리 실현 가능할지라도, 그것을 얻는 순간 상상력이 약속했던 매력을 잃고 만다. 그것들은 곧 일시적이고, 실망스럽고, 불충분한 것으로 드러나는 것이다. 이런 불충분성은 통속화된 정신의 불충분성과 그것의 깊이가 부족해서 생긴 것이기 때문에 절대적으로 필연적인 것이다. 따라서 각각의 실현은 거기에 내재한 불충분성 때문에 다시 새로운 상상적 신기루의 출발점으로 된다. 욕망들이 다시 수도 없이 많아지고, 더욱더 깊이가 없어지는 것이다. 통속화된 정신은 아무리 방식이 바뀔지라도 신경증적인 정신처럼 마술로 둘러싸여 있기 때문이다. 통속적인 사람은 삶의 깊은 만족에 다가갈 수 없고, 이해할 수도 없는데, 그것은 다양하고, 우발적인 향유에 있지 않다. 그것은 하나의 정신적 사건이 아니고, 영혼의 상태이기 때문이다. 그것은 고요한 즐거움이고, 흥분을 가라앉히는 것이다. 즐거움은 과거의 흥분을 승화시키면서 통제할 수 있고, 다가올 흥분을 통제할 수 있는 것이 확실한 능력에 대한 확신에서 온다. 고조된 욕망의 일시적 완화는 통속적 불안인 근심을 풀어줄 수 있다. 그러나 영혼의 힘인 즐거움은 모든 불안이나 이완 또는 삶 앞에서의 비겁과는 정반대이다. 그것은 고상한 용기이며, 허풍이 아닌 유일한 참된 용기이고, 치명적인 비겁성의 가면인 공격적인 불안에 의하여 하위-의식적으로 반박당하지도 않는다. 삶의 진정한 만족은 삶에서 불가피하게 일어나는 사고 앞에서 두려움 없이 맞서는 힘을 주는 기쁨의 비축에 있다. 그것은 우리가 그런 사고들을 받아들이게 하고, 미리 승화시키면서 통제하게 한다. 그것이 변화될 수 있는 한 유쾌하지 않은 상황을 변화시키려는 의미 있는 방법을 찾는데 도움을 주는 것은 이 고상한 통제이다.

*

신경과민이 상상력을 통해서 다양하고, 기생적인 만족을 얻으려고 시도한다면, 통속화는 그것을 실현함으로써 충족시키려고 한다. 그래서 신경과민의 특징이 억제(inhibition)라면, 통속화의 특징은 과시

(exhibition)이다.

신경증적인 사람의 불안한 억제는 통속적인 사람의 불안한 과시인 다른 사람의 견해 앞에서의 통속적 불안이나 통속적 수치심 또는 스캔들에 대한 공포에 해당된다. 통속적인 사람이 삶의 법칙과 삶의 자연스럽고, 고상한 방어에 더 반항적일수록, 그는 더욱더 관습에 갇히게 된다. 통속적 과시를 막을 수 있는 것은 관습을 훼손하지 않을까 하는 두려움밖에 없는 것이다.

통속화의 고조된 상상력에 의하여 만들어진 변태적 욕망의 특징은 그것들이 억압되지 않고, 펼쳐진다는 사실에 기인한다. 그것들이 외부세계에서 폭발하는 것이다. 그래서 주체는 치명적인 죄를 무의미하게 억압하는 대신 행동을 통하여 그것을 허망하게 방출한다. 퇴폐가 과감한 행동으로 나오는 것이다. 통속적인 허영심은 펼쳐지고, 설교된다. 생명력이 가장 약한 것이 스스로를 가장 힘이 강한 것으로 착각하는 것이다. 삶의 척도 가운데서 스스로를 넘어가는 것은 모두 무의미하게 여겨지기 마련이다. 통속화된 사람은 단지 그의 다양한 욕망들에 의해서만 움직여지고, 그의 동요는 삶이 그에게 보여줄 수 있는 유일한 의미인 것처럼 보인다. 이런 허영심과 죄에 의한 처벌은 끔찍한 것이다. 외부세계에서 그의 자아를 낭비해버리기 때문이다. 통속화된 사람에게는 실체가 없다. 그는 그의 에너지가 헛된 노력들로 낭비돼서 그 자신을 잃어버리고 만다. 그는 그의 인격을 상실할 뿐만 아니라 결국에는 그의 개인성까지 상실하게 된다. 그의 고조된 상상력조차 환경 속에서 공공의 견해인 상상력으로 대체되기 때문이다.

공공의 견해가 바람직하다고 믿는 것은 무엇보다도 먼저 겉으로 보이는 성공밖에 없다. 그래서 성공에의 욕망은 그에게 의미 있으며 자연스러운 것으로 된다. 그러나 삶의 의미를 희생시킨 욕망의 고조는 그것을 치명적으로 헛되게 만든다. 외적 성공이 생물학적인 의미에서의 삶의 깊은 의미로 대체되는 것이다. 통속화된 사람은 내적이고, 본질적인 성공을 성취하기에는 너무 약할 뿐만 아니라 그 자신과 그의 다양한 욕망들을 통제하기에도 너무 약해서 외적인 성공만 추구한다. 그는 성공의 강요를 받고, 스스로를 다른 사람들에게 맡기면서, 수많은 그의 욕망들에게 굴복하고 만다. 그는 물질적인 성공과 다른 사람들보다 더 성공했다는 통속적인 허영심의 간지러운 맛밖에 탐내지 않는 것이다. 이런 것은 통속적으로 변태적인 성관계에까지 이른다.

통속적인 출세욕의 목표는 물질, 돈, 사회적 지위의 획득 등이다. 그러나 어떤 사람이 순전히 외적인 성공만 추구할수록, 그가 느끼는 성공의 기쁨은 더욱더 허망하게 되고, 도착적으로 될 수밖에 없다.

마이다스(Midas) 왕의 신화는 그것을 잘 보여준다. 디오니소스가 그의 소원을 다 들어주겠다고 호의를 베풀자 마이다스는 그가 손대는 것이 모두 금으로 변하게 해달라고 하였다. 그러나 나중에 그가 손을 댄 빵까지 금으로 변하자, 그는 굶어 죽을 지경에 처하게 되었다. 그것은 "영혼의 죽음"의 상징이다.

고조된 모든 것들은 상상 속에서 마술적인 악순환의 고리 속으로 이끌어간다. 통속적인 만족의 수단은 결국 사람을 포위하고, 가두는 것이다. 고조된 방식으로 사용된 것은 결국 중요한 목표, 즉 삶의 의미뿐만 아니라 비뚤어진 목표(향유)까지 대체한다. 그 수단이 강박적으로 되고, 목표까지 잊어버리게 하는 것이다. 다른 사람을 희생시키면서 물질적으로 승리하는 수단을 확보하려는 투쟁인 인간에 대한 인간의 투쟁은 마침내 삶 전체로 들어오고, 그의 삶의 기반까지 파괴하려고 위협한다. 그래서 출세욕의 포로가 된 통속화된 수많은 사람들은 삶과 삶의 의미에 반하는 능력을 통해서 삶의 과제를 실현하기를 거부하고, 향유를 얻는 대신 언제나 고생스럽게 부(富)나 사회적 지위를 얻으려고 고통 받는다. 그 자신에 대한 공격적 비난과 연민은 만족할 줄 모르는 야심과 죄 많은 허영심의 통속화된 모습의 척도일 뿐이다.

통속화는 단지 물질적이고, 성적인 측면에만 존재하지 않고, 거짓된 영적인 형태에서도 발견할 수 있다. 통속화된 사람은 지배적인 견해에 복종하는 것이다. 더구나 성과 물질성이 통속적인 정신에 의하여 잘못 평가될 경우, 그것은 변태적으로 나아가서 정신을 점진적으로 타락하게 하는데 통속화 하는 역동성의 지배적인 형태이다. 통속적인 경향에 가끔 굴복하는 것은(거기에 완전히 넘어가지 않고) 통속화의 충분한 표시와는 거리가 멀다. 통속화의 특징은 삶의 의미조차 대부분 통속화되기 때문이다. 그래서 통속화를 고치기는 매우 어렵다. 적어도 개인적으로는 그렇다. 통속화가 많이 진전된 경우, 그것은 각 시대의 문화 형성의 원리인 사상의 갱신에 의하여 삶의 의미에 대한 대중의 상상력에 변화가 있지 않는 한 거의 영향을 받지 않는다. 통속화된 사람은 대중의 모든 견해에 복종한다. 그래서 그는 대중의 견해가 더 의미가 있을 경우에만 삶의 의미를 따른다.

통속적인 사람은 신경증적인 사람보다 삶의 의미에서 더 멀리 떨어져 있다. 그러나 그는 적어도, 의식적으로는 이 거리와 본질적인 상실 때문에 고통을 받지 않는다. 그에게는 삶의 모든 깊이, 심지어 신경증적인 사람의 특별한 표시인 고통의 깊이도 그에게서는 느껴지지 않는다. 통속화된 사람의 모든 감정처럼 이 병적인 상태에는 그 밑으로부터 피상적인 권태감과 역겨움이 따라오지만, 그 상태의 양가적인 증상은 병에 대한 모든 의식이 부재한 데서 오는 단조로운 행복감이다. 그 행복감의 원인은 통속적인 사람의 편협한 허영심과 그 아래 있는 혐오감이다. 그리고 그에게 빈번히 찾아오는 "울적한 감정"은 삶의 의미로부터 벗어난 사람이 느끼는 감정으로 단조로운 형태의 신경증적 죄의식과 같은 것이다. 언어의 지혜는 통속화를 소심함, 진부함, 천박함 같은 용어로 모든 상승에 대한 약동이 없다고 낙인을 찍을 것이다.

통속성에는 신경과민 못지않게 비정상적인 상태가 있다는 사실을 분명하게 지적할 필요가 있다. 우리가 살펴볼 테지만, 신경과민의 도덕주의처럼 통속화의 비도덕주의는 점점 더 병리적으로 악화되기 쉬운 것이다. 신경증적인 사람을 통속적인 사람으로 만들어서 치료하려는 것은 말도 안 되는 소리이다. 더구나 신경증적인 사람은 거의 언제나 그에게 통속화되려는 불안한 욕망이 그의 밑바닥에 양가적으로 있다는 과도한 두려움이 있으며, 그는 그가 그렇게 비열하게 되려는 두려움을 억압하는 것을 안다. 사람들은 수준이 낮아지면서 통속화되려는 그들의 시도를 거짓되게 정당화하면서 오히려 그들의 두려움을 고조시키고, 그에 따라서 저항을 불러일으키는데, 그것은 그들의 치료를 더 어렵게 만든다. 그래서 신경증적인 사람은 그의 통속적인 행복감 때문에 고통 받기를 더 좋아한다. 그는 그런 변환이 결정적인 몰락이라는 사실을 아주 잘 알고 있는 것이다. 통속화의 신화적 상징은 죽음이다. 모든 민족들의 신화에 감춰진 의미는 본질적인 부름, 즉 이 "영혼의 죽음"에서 "재탄생"하라는 부름이다. 사실 신경과민이 영혼의 병이라면, 본질적 욕망, 즉 생명 원리의 파괴인 통속화는 생명의 충동의 죽음으로서 "영혼의 죽음"이라고 할 수 있다.

상승을 향한 경련과 상승과 추락 사이의 갈등은 모든 신경과민의 특징이라고 간파된다. 이 특징은 유비적으로 통속화를 성격 짓기도 한다. 통속화는 추락을 아무렇지도 않게 체념한다. 추락에서는 모든 본질적 욕망인 상승을 향한 욕망이 사라지고, 수많은 욕망들 속으로 분산된다. 따라서 문화적 수준도 낮아진다. 삶은 지적이고, 합리적이며, 실용적으로만 이루어지는 것이다.

통속화는 모든 동경을 포기하는 것을 통해서 만족을 추구한다. 여기에서 이상적인 것은 욕망보다 더한 것을 추구하지 않는 것이고, 생명 에너지가 욕망의 원시적인 형태에서 만족하며, 정신화나 승화도 추구하지 않는 데 있다. 그러면서 정신을 향한 모든 긴장에서 해방되고, 모든 정신적 금지와 죄의식에서 벗어나기 위하여 그 어떤 것에서도 만족하려고 한다. 이와 같이 전도된 이상은 내적 숙고의 목표를 건강한 해방이 아니라 광란과 변태적 해방과 방탕에서 얻으려고 한다.

사람이 거기에서 벗어나는 것은 그의 고조된 욕망을 억압하거나 그것을 실현시키는 데서 얻어지지 않는다. 그 두 가지의 경우, 욕망들은 더 강압적으로 되고, 더 저항할 수 없으며, 더 무의미해지고, 더 강박적으로 된다. 그때 해방의 가능성은 단 한 가지인데, 그것은 오직 정신화와 승화라는 내적 작업을 통해서 고조된 욕망들을 없애는 것이다. 이 작업은 가장 어려운 작업이며, 욕망이 더 고조되어 있어서 더욱더 그렇다. 사람들은 상상에 의한 흥분을 진정시키면서 이 작업을 언제나 더 쉽게 완수하고, 억제시키며, 거기에서 벗어날 수 있다. 그 작업을 언제나 더 즐기고, 삶을 승화(昇華)의 모험으로 만들 수 있는 것이다.

*

한 사람이 통속성에 의하여 그의 능력들이 파괴되는 것을 허용하는 한, 그는 삶의 즐거운 광채에 대한 비전을 잃고, 그가 부름을 받은 승화의 투쟁과 그에게 주어진 이 유일한 기회에 대한 비전을 잃어버리고 만다. 그의 허영심이 그의 이상을 왜곡시키게 하는 것이다. 그는 그의 진정한 이상에 대한 비전을 상실해서, 그의 도치(倒置)된 왜곡밖에 참고할 수 없는 것이다. 신경증적인 사람은 통속화된 사람 속에서, 통속화된 사람은 신경증적인 사람 속에서 어리석고, 비겁하며, 추악한 것들을 본다. 신경증적인 도착의 이 세 가지 측면과 통속적인 퇴폐의 이 세 가지 측면은 사고, 의지, 감정의 파괴에서 나온 것들이다. "어리석음"이 사고와 사고의 건강한 가치 평가의 힘을 파괴하였고, "비겁함"이 의지와 의지의 욕망들을 제어하는 능력을 느슨하게 했으며, "추악함"이 감정을 원망으로 전락시켰다. 우리가 신경증적인 사람은 물론 통속화된 사람을 생각할 때, 그의 왜곡은 그에게 결코 어리석게 보이지 않고, 비겁하게 보이지 않으며, 오히려 그는 그것을 힘의 표현으로 여기는 것을 볼 수 있다. 그때 도착은 추악한 것으로 여겨지지 않고, 유혹적인 것으로 된다. 도착된 모든 감정이 그에게 확실한 것으로 느껴지지 않기 때문에 그 감정은 서로 대조적인 양가적 감정으로 된다. 그래서 신경증적인 사람이나 통속적인 사람은 모두 그 자신과 삶에 대한 그의 잘못된 가치 평가를 그렇게 확실하게 느끼지 못한다.

잘못된 동기부여의 성격적 특징은 그의 왜곡과 잘못된 가치 평가와 왜곡된 이상화 때문에 가치들을 전도(顚倒)시키고, 삶은 가치를 잃는 것이다. 삶이 아름답지 않게 되는 것이다. 보기 흉한 것의 두 가지 표현은 슬픔과 우스꽝스러움이다. 그래서 왜곡된 삶의 슬픈 모습은 어리석고, 비겁하고, 추악한 측면에 있고, 우스꽝스러운 모습은 왜곡된 측면들을 거짓으로 이상화하는 데서 드러난다. 그러나 진정한 모든 예술은 삶의 찬란한 비전과 아름다움의 비전을 드러낸다. 그렇게 하기 위해서 예술은 거짓된 이상화를 뒤집어 놓는다. 예술은 왜곡의 어리석음, 비겁함, 추악함을 밝혀내야 하는 것이다. 예술은 그것의 모든 형태들 아래서 삶의 모든 모습들과 왜곡된 모습들을 비추는 거울인 것이다. 문학은 추함의 가면을 벗기면서 아름다움의 의미를 일깨워준다. 그리고 그 수단은 비극과 희극의 사이이다. 비극적인 것은 강렬한 충동을 타고난 사람이 삶의 왜곡의 희생양이 될 때 드러나는 본질적인 슬픔이다. 그의 삶은 예술이 교육적이지 않은 방식으로 본질적인 진실이 튀어나오게 할 때 그리스 비극과 세익스피어에서 처럼 비극적인 측면 아래서 보인다. 죄와 벌 사이의 관계가 드러나는 것이다. 희극적인 것은 가면이 벗겨져서 우스꽝스럽게 되는 것이다. 허영심이 벗겨지고, 잘못된 동기부여의 게임이 기대하지도 않았던 방식으로 갑자기 드러날 때 참을 수 없는 웃음이 터져 나오며, 가면의 뒤에서 잘못된 자기-이상화의 경향에까지 나아가는 거짓된 정당화가 벗겨지고, 관습의 가면 뒤에서 어리석음, 비겁함, 추악함이 드러날 때, 웃음이 걷잡을 수 없게 된다. 다시 말해서, 이 세상을 지배하는 정감적 사고의 모순이 느닷없이 드러날 때 웃음이 터져 나오는 것이다(몰리에르).

비극이 감상적인 것으로 전락하지 않아야 하는 것처럼 희극은 조소, 아이러니, 비난을 참고, 과장하지 말아야 한다. 진정한 예술가에 의해서 터져 나오는 웃음은 각자를 가면이 벗겨진 "영웅"과 동일시하게 하고, 그 안에서 자신을 발견하도록 강요한다. 그리고 예술가가 스스로를 거기에서 제외시키면서 고소인(告訴人)인 척하지 않는다면, 사람들은 예술의 거울 속에서 스스로의 모습을 깨닫게 되고, 벗겨진 진실 앞에서 자기도 예외일 수 없다는 생각을 하게 한다. 인간의 본성과 약함에서 터져 나오는 웃음과 약한 모습을 억압하고, 감추고, 이상화하려는 경향에서 터져 나오는 웃음인 이 해방적인 웃음은 유머이다. 문학작품 가운데서 가장 유머러스한 작품인 세르반테스의 소설에서 신경증적이고, 통속적인 것은 산초 판자에게서 대조적으로 나타난다. 신경증적인 영웅의 이상적인 고조에 대한 묘사는 놀라운 진실을 포착하는 것이다. 여기에서 주인공은 충격적인 측면으로 제시된다. 유머는 고소인이 되지 않기 위하여 하위-의식의 심층을 피해야 한다. 예술은 즐거운 놀이이며, 계속해서 즐거운 놀이로 남으려면 사람에게 있는 억압의 경향을 너무 공격하지 말아야 한다. 유머러스한 웃음은 고상하고, 정태적인 방출이지만, 이런 방출은 너무 일시적이라서 억압의 문제를 해결하지 못한다. 그래서 문제는 그대로 남는다. 그러나 예술적 비전은 고조된 상상력과 정반대이다. 그것은 승화되고, 창조적인 상상력의 형태인 것이다. 이 두 가지 다른 형태는 영적 직관인 정신화된 상상력과 진정한 종교성인 정화된 상상력이다. 그것들은 고상한 놀이를 통해서 억압과 맞서지 않고, 승화의 투쟁을 통해서 맞선다. 그것들이 문제의 근원까지 다가가는 것이다. 그것들의 무기는 경련을 일으키지 않는 웃음이 아니라 적극적인 유머인 경련이 없는 신실성이다. 그러나 싸움이 한참 고조될 때, 성실성은 경련을 일으키고, 고소인으로 되며, 무모하게 도덕화 하는 경우 위험은 얼마나 큰가? 인간의 본성에 있는 치명적인 위험은 예술적 표현 수단인 암시를 가지고는 결코 싸울 수 없고, 도덕적으로 좋은 의도을 가지고도 싸우지 못하며, 분석을 통한 과학적인 객관화를 통해서만 하위-의식에 있는 내적 처벌의 원인의 파괴력과 맞설 수 있다. 한 번도 완전히 실현된 적이 없는 지시적 이상(理想)은 정감을 객관화한다. 그리고 교만의 죄를 다른 모든 현상들처럼 감상적인 태도나 비난 없이 자연스러운 현상으로 본다. 그저 지켜보기만 해도 되는 것이다. 이런 객관화만이 두려움이나 현기증에 사로잡히지 않고 하위-의식의 심연을 지켜보게 한다. 그러나 관찰하려면 식별해야 하고, 식별은 언어로 이루어진 용어의 도움이 있어야만 가능한데, 용어 자체는 부분적으로 어느 정도 정감적인 사고로 이루어져 있다. 그러므로 심리학적 사실로 말하자면, 어리석음, 비겁함, 추악함과 같은 정감적으로 과부하된 용어들의 사용이 불가피하다. 그것들은 그것들이 가진 정감적 의미로 해석돼서는 안 되고, 그것들의 언어 자체의 의미에 의해서만 이해되어야 한다.

도덕주의적이고, 비도덕주의적인 우스꽝스러움은 정감적 사고인 비겁함이나 어리석음과 뗄 수 없을 정도로 연결되어 있다. 도덕적 불충분성이나 그 용어가 싫다면 생명의 불충분성은 오직 그것의 비겁성과 어리석음 때문에만 우스꽝스러워진다. 그것은 언제나 정감적으로 맹목적이기 때문이다. 거기에는 이해가 부족하고, 용기도 부족하다. 그렇지 않으면, 마찬가지이기는 하지만, 그것은 자기 자신에 대한 진실을 억압한 결과이고, 교만의 죄의 결과이다. 사람들이 하고 싶은 것을 하지 못하는 것은 언제나 우스운 일이다. 이런 우스꽝스러움은 실현 불가능한 욕망이 삶의 본질적 과제인 정신화와 승화와 관계될 때보다 더 크지 않다. 그것이 할 수 없다고 느끼는 것에 대한 실행 거부인 완벽한 통속화는 우스꽝스러운 것과 정반대되는 듯이 보인다. 우리는 양가성 때문에 신경과민에서 우스꽝스러운 것을 쉽게 찾아볼 수 있다. 그 자신이 원하는 것이 무엇인지 명확하게 알지 못하면 제대로 바라지도 못하기 때문에 욕망이 그의 목표에서 벗어났는지, 아니면 그의 능력을 벗어났는지 알 수 없다. 그러나 통속화는 사실 신경과민의 병적인 보완이고, 그것의 우스꽝스러운 측면을 보충해 주기도 한다. 그것은 신경과민의 양가적인 대응 짝인 것이다. 모든 양가성은 그 안에 반대되는 것과 비슷한 것을 동시에 품고 있는 대조의 유비에 불과한 것이다. 통속화의 우스꽝스러운 측면을 신경과민과 얼핏 비교하면 통속화는 그 점에서 그 안에 유사성을 담고 있다고 할 수 있다. 통속화의 우스꽝스러운 점은 감히 그의 힘을 사용하여, 발달시키려고 하지 않는 데 있다. 신경과민의 우스꽝스러운 점은 그것이 정신화-승화를 추구하거나 노력을 고조시켜서 경련을 일으키게 하고, 목표도 없이 일탈하는 데 있는 반면, 통속화는 감히 정신에 대해서 승리를 얻고, 정신화와 승화의 노력을 기울이며, 그 자신을 이상적인 것 앞에 세우려고 하지 않는 데 있는 것이다.

경련을 일으키는 이상인 거짓된 이상과 전도(顚倒)된 이상, 즉 신경과민의 잘못된 이상과 통속화의 잘못된 이상 사이에서 거꾸로 된 이상인 전도된 이상은 행동이라고 착각하는 동요의 도움으로 실현이 더 쉽기 때문에 대부분의 남성들에게는 더 유혹적일 수 있다. 통속적인 거짓된 이상은 본질적인 모든 노력들을 회피하는데 있는 것이다. 그것은 사람들을 물질적 노력에 한정시키고 만다. 그것들이 우스꽝스러운 모습을 하고 나아가는 이 두 가지 왜곡 사이의 양가적 유사성은 두 가지 왜곡을 하나하나까지 드러내며, 결국 융합된다. 그래서 사람들은 통속적 신경과민이나 신경증적 통속화라고 부를 수 있다. 우리가 앞에서도 지적했듯이, 물질적 노력은 경련을 일으킬 수 있고, 강박적으로 될 수 있으며, 그 목표는 우회할 수 있다. 통속적인 해이(解弛) 대신 물질적 재화 생산을 향한 신경증적 경련이 나타날 수 있는데, 그것은 그 시대의 이데올로기라는 거짓된 영성에 의해서 지지되고, 고조되는 경련이다. 이상적인 것의 통속적 허위는 결국 진단조차 받지 못할 정도로 시야에서 사라지는 것이다. 그것의 비도덕화 하는 풀어짐이 결국, 적어도 밑으로 내려가서 대체되지 않는다면 그것의 양가적인 반대 면에 의해서 발각되기 때문이다. 출세주의의 정신이 이상의 경지까지, 심지어 정당화 하는 이데올로기로까지 높여진 것이다. 다양한 욕망들로 풀어지는 것은 물질적 수단을 요청하고, 이제는 충족의 수단인 돈을 모으려는 치열한 일밖에 아무것도 남지 않게 된다(마이다스의 황금).

*

통속화의 이 평범하고, 한탄스러운 형태 밖에 우리가 거대하고, 악마적이라고 부를 수 있는 또 다른 형태가 존재한다.

신경과민 역시 거대하고, 악마적이라고 불릴 수 있는 고조의 형태를 알고 있다. 모든 물질적 충족을 완전히 포기하는 금욕주의가 그것이다. 정신을 향한 치열한 경련은 결국 몸을 괴롭히고, 모든 죄는 헛되게 그 요청에 투사된다. 자연스러운 감정의 전도에 의해서 몸은 오직 죄 많은 살의 형태로밖에 지각되지 않는다.

통속화의 악마적인 형태는 어떤 면에서는 금욕주의의 대응인지 모른다. 그것은 이제 더 이상 평평하고, 어리석은 소일거리가 아니고, 우상숭배의 대상인 돈을 향한 우회도 아니다. 완전한 끊음이다. 이제 개인은 내적이고, 영적인 금지에서뿐만 아니라 평범한 통속적인 사람에게 스캔들에 직면하여 불안의 형태 속에서 명령적으로 된 외적이고, 관습적인 금지에서도 풀려난다. 악마적인 통속화는 외적인 금지와 사슬과 고삐에 대해서 똑같이 항거한다. 냉소적인 악마주의자는 그의 이상에는 아랑곳하지 않고, 다른 모든 사람들과 세상 전체를 물릴 줄 모르는 그의 요청 아래 굴복시키려고 한다. 그것은 완벽한 금지의 해체라는 그의 이상을 실현하기 위하여 그가 그 어떤 것에서도 언제나 물러서지 않는다는 것을 스스로에게 새롭게 증명해야 한다. 그러나 그가 이 강박증적인 증거를 필요로 하기 때문에 해방이라는 거짓된 이상을 향한 길은 끝나지 않는다. 그래서 그것은 괴물 같은 범죄로까지 이끌기도 한다. 가장 비인간적이고, 가장 반항적이며, 가장 역겨운 행동은 지나치게 고조된 상상력으로 제시된다. 만족할 줄 모르는 그의 거짓된 이상의 먹이가 된 불행한 사람은 망설임을 모두 억압하도록 강제 당하고, 언제나 그를 더 삼켜버리는 우상에게 희생되기를 강제 당한다. 모든 망설임은 영적인 금지와 금지하는 정신에 비밀리에 연루되어 있다는 표시일 수 있기 때문이다. 이제 그의 지난날의 모든 삶과 이미 저질러서 되돌릴 수 없게 된 모든 비열한 짓들은 그의 관할 안에 들어올 것이다. 무한한 강박증적인 이 길은 무한한 마술적 포위인데, 그것은 길을 잃은 사람을 정신적인 길로 이끌고, 통속화는 그것에 의해서 결국 신경과민과 합쳐지게 된다.

통속화와 신경과민에서 발견되는 퇴폐의 유사성과 차이점을 최대한 추적해 보는 것보다 더 교육적인 것은 없을 것이다. 이러한 유비와 대조의 연관 관계에 대해서 더 잘 이해하기 위해서는 무엇보다도 먼저 통속화된 악마적인 사람과 괴물적인 범죄의 먹이가 된 통속적인 사람을 구별할 필요가 있다. 후자, 즉 괴물적인 범죄에 빠져든 통속적인 사람은 짐승 같고, 가학적일 뿐이다. 그는 잘못된 이상을 쫓는 것이 아니라, 그의 원시적인 속성에 굴복한다. 그는 이상을 치열하게 추구하는 통속화된 악마적인 사람과 전혀 다른 것이다. 그러나 통속화된 악마적인 사람은 신경증적인 사람처럼 절대적인 것을 추구하는 집념에 사로잡혀 있다. 정신을 향해서 고조되면서 나아갔던 과제는 흥분과 기분전환과 변태가 언제나 더 선정적이고, "유례없을" 정도로 만족할 줄 모르게 나아가는 똑같이 고조된 다양한 욕망을 향한 과제로 전도(顚倒)된다. 그의 비열함은 이제 점차 더 이상 신중한 관습에 맞서는 방식으로 저질러지지 않았고, 그의 고발자로 된 거부당한 정신에도 불구하고 그것은 스스로에게 정당성을 입증하기 위하여 저질러진다. 그에게 죄의식에 의한 고통은 이제 무의미하게 되었다. 괴물 같은 모순이 아닐 수 없다. 이렇게 미친 열광주의는 단순한 범죄와 전혀 다른 의미를 가진다. 그것 자체가 진정한 정신증의 증상이다. 신경과민이 극도에 달한 두드러진 광기인 것이다.

신경증적인 사람은 자기도 모르게 완벽한 탈-금지(désinhibition)라는 잘못된 이상에 사로잡혀서 산다. 하지만 신경증적인 사람에게 탈-금지라는 이상 자체는 금지되어 있다. 그래서 그에게 금지된 탈-금지는 대부분의 경우 관습적인 규범을 거의 벗어나지 못하는 빈약하고, 좌절된 퇴폐로의 타락만 허용할 뿐이다. 그것은 상승에 대한 그의 고조된 이상과 비교해 볼 때, 그에게 상상적이고, 헛된 죄의식을 가득 담은 엄청난 혐오감을 주는 것으로 보일 수 있다.

그러나 문화적으로 퇴폐주의가 성행했던 시절, 악마적인 형태 안에 내포되었던 반-이상(contre-idéal)은 로마 문화의 쇠퇴, 고대 세계에 온통 퍼져 있던 디오니소스적인 통음난무 또는 중세 시대의 흑 미사를 살펴볼 때 거대한 표출을 불러일으키면서 정신의 심층을 분출시킬 수 있는 위험이 들어있었다고 할 수 있다. 그런 거대한 현상들 속에서 암시는 중요한 역할을 한다. 하지만 그런 현상들은 인간의 정신이 제대로 된 방향을 잃어버릴 때 일탈(逸脫)이 인간의 정신에 유혹적인 힘으로 작용한다는 것을 보여준다.

방향 상실에서 오는 자신의 갈증 때문에 강박적으로 악마적인 일탈 상태를 추구하였던 인물들은 역사 전체를 살펴볼 때, 생각보다 많지는 않다. 그 가운데서 질 드 레(Gilles de Rais)는 그의 삶을 요약하며, "나는 어느 사람도 감히 하지 않았던 것을 시도하였다"고 순진하고, 의미 깊은 고백을 하면서 인간 정신의 변태적인 심연이 얼마나 깊은지 끔찍하게 교훈적으로 말하였다. 그 고백은 젊은 시절 이상주의에 사로잡힌 열렬한 인간의 잘못된 확신을 나타내지만, 그것은 거꾸로 그의 욕망들을 승화시키는 대신 과도하게 고조시키기만 했던 것과 그를 으깨 버리려는 궁극적인 역겨움 앞에서 인간의 보편적인 결함을 고소하며 자신을 정당화 하려는 모습을 보여 준다. 이 고백에는 다른 모든 사람들도 그처럼 아무 수치심 없이 고삐가 풀릴 것이라는 비난조의 가정이 들어있다. 잘못된 이상이 그의 욕망들을 고조시키는 만큼, 모든 사람들의 정신에서 해방에 대한 잘못된 이상이 잠자고 있는 것은 틀림없다. 점차적인 해방을 요구하는 것은 고조된 욕망들이고, 그 해방을 강박적이고, 하위-의식적인 잘못된 이상으로 만드는 것은 금지이다. 그러나 모든 에너지가 거기에 집중되어 있고, 좇고 있는 완전한 해방에의 욕망이 실현에 대한 강박증으로 돼서 의식적인 계획으로 나타나는 것은 매우 드문 일이다. 그렇게 된다면, 그것에 의해서 보편적인 유혹은 구체화될 테고, 점차 그것의 진정한 끔찍한 얼굴이 결국 나타나도록 적극적으로 가면을 벗게 될 것이다. 영혼이 찢겨진 이 사람의 고백은 상처가 터진 것처럼 벌어져서 자신을 찬양하려는 헛된 시도를 하는데, 그것은 비록 비열한 짓일망정 모든 사람들을 능가하려는 욕구를 분명하게 보여 준다. 이것이 악마적인 통속화의 기본적인 동기이다. 이 사람의 마지막은 모든 과도함의 종말처럼 교훈적이다. 죄의식이 정신 전체를 습격하여 다른 어떤 감정도 들어가지 못하게 하였고, 결국 폭발하고 말았기 때문이다.

통속화의 거창한 모습을 역사적으로 살펴보면, 그 대표자들은 언제나 정치권력을 통해서 세계를 지배하려고 한다. 거기에는 평범한 유형과 통속화된 유형의 조합이 이루어지며, 어떤 임무를 완수하려는 이상주의적인 열광주의가 아주 빈번하게 나타난다. 그러나 음모들과 불가피한 폭력 앞에서 죄의식이 생기는 것을 막는 것은 흔히 있는 그대로의 본성이다. 또 다른 이유가 덧붙여질 수 있는데, 그것은 성공에의 욕망이다. 거창한 유형에서 유혹의 힘은 상황이 허락한다면 극단적으로 커질 수 있다. 그것이 인간 본성의 가장 심오한 경향들인 이상적인 것을 위한 열정의 경향과 본능으로부터 해방되려는 경향을 그의 내면에서 통합하기 때문이다. 그래서 잘못된 이상을 향한 열광주의를 만드는 것은 이 두 경향의 조합이다. 역사적인 상황이 그에게 유리했다면, 열광적이었고, 지금도 열광적인 통속화된 사람은 특히 주어진 역사적 순간에 진정한 이상에 대한 비전이 그때 제안된 거짓된 이상을 물리치기에는 너무 모호한 것일 경우 군중들을 유혹할 수 있을 것이다. 고삐에서 풀려났고, 성공에 도취했으며, 그를 집어삼킨 잘못된 이상에 열광적인, 유혹하는 유혹자인 통속화된 사람은 그의 악마적인 계획들을 세계 전체를 대상으로 펼칠 것이다. 그리고 그는 그의 엄청난 죄의식을 억압할 수 있는 지극히 효과적인 수단을 발견할 것이다. 그는 전 세계를 파괴하면서도, 그에게는 성취해야 하는 임무가 있으며, 섭리에 의해서 파견된 개량자라고 스스로를 설득할 것이기 때문이다. 이 세계가 존재하는 한, 죄 많고, 헛된 계획, 즉 의미 있는 제안이라는 가면을 썼으며, 고조된 상상에 불과한 계획에 기반을 둔 개량적인 동정심은 모두 마법의 원의 변함없는 법칙에 따라서 파괴적인 비난과 종교 재판으로 변환되고 만다. 그래서 그 재판은 잘못된 이상에 대한 지극히 작은 반대도 이 세상의 “선”을 위한다는 구실로 유혈이 낭자하도록 질식시키면서 광신적으로 정당화할 것이다.

통속화에 있는 잘못된 이상에 대한 유혹은 실생활에서만 나타나지 않는다. 잘못된 이상화로까지 나아가는 잘못된 정당화는 이론적인 것일 뿐만 아니라 심지어 철학적인 것까지 될 수 있다. 우리는 그에 대한 예를 우리 시대에 불길한 영향을 상당한 정도로 미친 아주 최근의 니체(Nietzsche)에게서 찾아볼 수 있다. 여기에서도 다시 신경쇠약과 함께 강한 기질에 대한 갈증이 드러난다. 그런데 과도하게 고조된 정감적 폭발의 특징은 두 가지 양가적 경향으로 나타난다. 하나는 사나운 힘의 우월성이고, 다른 하나는 서정주의로까지 나아가는 고조된 감상이다. 우리는 여기에서도 다시 구원을 오직 일탈(逸脫)에서만 찾고, 허망하게 고조된 상상력 속에서 초인(超人)의 자세를 취하는 죄의식에 의하여 억제된 신경증적인 사람을 보게 된다. 그런 사람들은 언제나 엘리트들은 모든 것들을 감행하고, 그에게는 모든 것이 허용되어 있다고 주장한다.

*

통속화(banalisation)와 통속성(banalisé)을 구별하는 것은 매우 중요하다. 통속성은 병적인 허약성이 아니라 생물학적인 허약성이다. 그는 생명력을 약하게 타고났으며, 그의 허약성은 그가 힘을 제대로 사용하지 못해서 그런 것이 아니다.

통속성 자체는 신경과민이나 통속화와 관계없이 자연적인 상태이다. 그러나 이 세상에는 그의 힘을 벗어나는 과제 앞에서 몸을 움츠리거나 그와 반대로 상대적으로 약한 그의 본성적인 힘을 사용하지도 않는 신경과민이나 통속화의 징후를 나타내는 통속적인 사람들도 있다. 신경증적인 보통 사람(le banal nerveux)이 제대로 적응하지 못하고,

경련을 일으키는 과제는 사회에 들어가는 것이다. 그가 실현하지 못한 이상은 주어진 문명에 정상적인 수준에 도달하여 참여하는 것이다. 그러나 통속화된 보통 사람(le banal banalisé)은 그와 반대로 정상적인 수준 아래 있으면서도 거기에 도달하려는 어떤 노력도 하지 않는다. 그 어느 경우에나 사회적인 수준에 도달하지 못한 주체(sujet)는 범죄적인 비행을 저지를 위험이 크다.

하지만 정신적 왜곡이 없는 보통 사람, 즉 그의 욕망들 사이에서 균형을 이룰 줄 알고, 그의 자질들을 발달시킬 줄 알며, 그의 생명력의 범위 안에서 삶의 과제를 성취한 사람들은 삶 앞에서 당당하다. 그의 욕망들에 문화적 긴장이 별로 높지 않고, 그의 비전의 범위가 넓지 않으며, 그의 능력이 아무리 발달할지라도 그를 문화적으로 매우 높은 수준으로까지 데려가지 못한다고 할지라도 말이다. 그에게 능력이 많지 않다면 그가 자신의 능력을 더 발달시켜야 하는 중요한 과제는 결코 가볍지 않다. 그러나 그는 그것이 비록 커다란 범위는 아닐지라도, 더 쉽게 삶의 만족에 도달할 수 있다. 그는 더 많은 능력을 받았지만, 그것들을 발달시키는 대신 파괴하고 낭비만 하는 신경증적인 사람이나 통속화된 사람보다 더 바람직한 삶의 모습을 보여줄 것이다.

가장 심오한 삶의 진실, 삶의 진정한 의미, 삶에 내재한 정의, 그리고 삶 앞에서 개인의 책임, 즉 정신치료의 근본적 원리가 모습을 드러내는 것은 보통 사람, 신경증적인 사람, 통속화된 사람들 사이의 관계에 대한 이해를 통해서이다.

한 사람이 능력을 얼마나 많이 물려받았을지라도, 그는 그것들을 발달시켜야 하는 생물학적으로 내재된 명령 아래 있다. 그는 그가 받은 선물에 개인적 공로를 더해야 하는 것이다. 그것이 삶의 과제이다. 사람은 그 과제를 완수해야만 삶의 기쁨을 누릴 수 있다. 삶의 기쁨은 생명력이 온전히 활성화 되고, 본질적 욕망이 자연스럽게 작용할 때 느껴지는 감정이다. 그것은 그에게 활기를 주는 생명의 약동(élan vital)에 대한 감각이다. 그는 그것을 펼치고, 발달시켜야 한다. 그 선물이 더 클수록, 그의 과제는 더 무겁지만, 기쁨은 더 깊을 것이다. 펼쳐졌고, 발달한 생명의 약동은 가장 짙은 기쁨을 누리고, 삶을 충족시켰으며, 삶에 의해서 충족되었다는 느낌을 얻으려는 삶에 대한 열정인 건강하지 못한 흥분(exaltation)과 정반대이다. 이것이 외적이고, 우발적인 운명과 독립적인 내적 운명, 즉 인간이 주인이 되고, 주인이 되어야 하는 근본적인 성공이다. 삶 앞에서의 책임이 그것이다.

사람이 그 임무에서 책임을 다하지 않으면, 그는 삶 앞에서 죄인이 된다. 내적 성공은 그가 아무리 외적으로 성공했을지라도 내면을 파괴하면서 퇴락한다. 이것이 치명적인 죄이다. 어떤 사람이 그의 본질적인 능력들을 파괴하면서 삶에 공헌하지 않으면, 삶은 그에게 "선물"을 철회하면서 죄에 대해서 제제를 가한다. 그때 그는 자신에게 법적 판결을 집행한다. 그가 그 자신의 집행자가 되는 것이다. 그의 중요한 능력, 즉 그에게 생기를 불어넣는 충동의 발달을 소홀히 하면서, 그는 하위-의식적으로 그것을 파괴하는데, 그때 그에게서 규칙성은 사라진다. 그것이 삶에 내재된 정의이다.

그 처벌은 내적 파괴로 나타나는데, 처벌의 두 가지 형태는 신경과민과 통속화이다. 이 내적 파괴에 의해서 삶에 대한 열정이 상실되고, 그것은 경련적이고, 불안한 열정으로 대체된다. 그것들이 신경과민의 고뇌나 모든 열정의 결핍으로 인한 권태 또는 모든 종류의 통속화에 뒤따르는 싫증이다.

통속화가 지배하는 한, 삶에 내재한 정의인 삶에 대한 이상적 의미는 필연적으로 알려지지 않을 것이다. 죄의식의 형태로 생명의 상실감을 담고 있는 신경과민과 달리 통속화에는 그 안에 삶의 의미와 이상에 대한 상실이 담겨져 있기 때문이다. 하지만 그것 역시 잘못된 가치 평가의 하나의 형태이다. 그러나 신경과민과 달리 통속화는 내적인 가치들을 부정한다. 그것은 물질적 욕구를 뛰어넘는 만족을 추구하는 것이다. 통속화는 아무리 건전하게 충족시켜도 삶을 다 채울 수 없고, 단지 그 기초를 보장하는 필수 불가결한 수단에 불과한 물질적 욕구를 뛰어넘는 만족을 추구한다. 그런 이유 때문에 그것은 삶의 깊은 의미를 이해하는데 완전히 무능력하다. 그 어떤 것보다도 이 치명적이고, 가장 광범위하게 퍼져 있으며, 가장 근본적인 오류에 대해서 강조하는 것보다 더 중요한 것은 없다. 그것이 비록 반복이라고 할지라도 말이다. 통속화는 삶의 의미와 삶의 이상에 대한 완전한 전도이다. 진정한 이상을 거짓된 이상으로 대체하는 가장 커다란 오류인 것이다. 통속화는 삶에 대한 열정을 일시적인 행복감(euphorie)으로 대체하려는 경향이 있다. 그러나 행복감은 마비된 상태이며, 긴장이 작은 정신적 상태로서 그것의 양가적 형태인 지루함으로 바뀌지 않는다. 그리고 행복감이 유지되려면 언제나 더 큰 감각적 흥분이 요청된다. 따라서 행복감에는 다른 모든 변태적 상태처럼 그 안에 자신의 상상적 고조의 원리인 병적 진행 원리를 담고 있다. 통속화는 기쁨을 향유로 대체하고, 내적 성공을 외적 성공으로 대체하면서 삶을 속이려고 하는 것이다. 그러나 그것은 단지 그 자신의 술책에 불과하다. 그것은 삶에 내재한 정의에서 빠져나갈 수 없는 것이다. 그래서 그 어떤 외적 성공도 내적 패배를 막을 수 없다. 사람이 내적으로 패배하고, 파괴되는 한, 외적 목표는 언제나 그를 쫓아다닌다. 그것은 그를 쫓아다니고, 그는 그것에게 쫓긴다. 환상적인 목표는 언제나 그를 빠져나가지만, 그는 그것을 잡을 수 없다. 마침내 그것은 그를 결정적으로 만족시킬 수 없는 수단에 불과한 것이라는 사실이 밝혀진다. 각각의 외적인 목표에 일단 도달하면, 그것은 똑같이 만족스럽지 않은 새로운 목표를 향한 또 다른 단계일 뿐이라는 사실이 밝혀지는 것이다. 그래서 그 목표에 기만을 당한 사람은 다시 거기에 도달하려고 하지만, 결코 도달하지 못한다. 외적인 목표, 다시 말해서 잘못된 이상인 통속화의 우상(偶像)은 폭군적이고, 강박적으로 되는데, 우상은 사람을 잡아먹는다. 그의 폭군적인 강박관념은 신경증적인 사람의 고조된 과제의 양가적이고, 유비적인 대응 짝일 뿐이다. 신경증적인 사람에게서 허망하고, 상상적이며, 다양하게 분해된 치명적인 죄는 통속화된 사람에게 적극적으로 외향화 되었지만 똑같이 순전히 상상적이고, 다양한 탐욕으로 분해된다. 즉 그의 야심만만한 허영과 지칠 줄 모르는 근심의 고뇌로 되는 것이다.

그러나 삶에 내재된 정의는 속게 두지 않는다. 신경증적인 사람은 물론 통속화된 사람도 거기에서 빠져나가지 못하는 것이다. 삶에 내재된 도덕은 그 어떤 의미도 아니라 조화와 균형(harmonie et équilibre)이다. 따라서 정신치료는 그 어떤 다른 것이 아니라 진실한 이 도덕을 제시하는 것이다. 결론적으로 말하자면, 하위-의식적으로는 물론 상위-의식적인 반응에 이르게까지 그렇게 제시하는 것이다. 치료는 한 사람이 그의 삶의 과제를 완수하고, 그의 능력을 발달시켜서 힘이 닿는 한 그의 존재의 심층에서 모든 사람들이 추구하는 삶의 기쁨을 찾을 수 있도록 돕지 못한다면 아무 가치도 없을 것이다.

동기부여의 심리학은 치료에의 적용을 하기 전에 삶의 진정한 도덕인 삶의 의미에 대해서 정의를 내려야 한다. 바로 이런 이유 때문에 동기부여의 심리학은 모든 철학적 도덕과 구별된다. 동기부여의 심리학은 규칙을 부과하지 않고, 법칙을 공식화한다. 그것은 행동의 지극히 작은 하위-의식적인 결과는 물론 지극히 작은 상위-의식적인 결과까지 일으키는 동기부여의 내밀한 법칙을 제시한다. 그것은 행동만이 아니라 지극히 작은 사고, 지극히 작은 의지, 지극히 작은 감정에도 똑같이 적용된다. 동기부여의 심리학은 사람을 그의 가장 중요하고, 본질적인 책임감 앞에 세운다. 그러면서 그에게 선택을 맡긴다. 이것은 삶의 방법이며 과학의 방법이기도 하다.

제 5장
충동

고조된 욕망들은 정신적 혼란의 첫 번째 지표인데, 그 욕망들은 자연스러운 욕망이 왜곡된 것이며, 앞에서도 언급했듯이 신체적 욕구, 영혼의 욕구, 정신의 욕구 등 세 가지 영역으로 펼쳐진다. 이 세 가지 중요한 욕구들에서 수많은 욕망들이 나오는 것이다.

그러나 다양한 욕망들을 담은 세 가지 영역들을 살펴보기 위하여 앞에서 했던 것처럼, 반드시 본질적인 현상이라고 할 수 있는 자극반응성(excitabilié)을 먼저 살펴볼 필요는 없을 것이다. 자극반응성은 한편으로는 신비이고, 다른 한편으로는 그것으로부터 삶의 모든 양태들의 원인인 세상을 향해서 나아가는 강한 욕망이 나오기 때문이다. 우리는 이 연구를 활성화 시키는 신비로부터 시작하여 전-의식적이고, 의식적인 흥분인 욕망으로 이끌어갔다. 그렇게 하면서 우리는 인간의 정신적 삶의 구체적 현상들인 동기화된 의도들을 살펴보았다. 그러나 그 길을 완전히 거꾸로 해서 생물학적으로 가장 초기 현상인 기본적인 충동으로부터 시작하여 생물학적 기반에서부터 상위-의식적인 삶의 정상으로서 인간의 정신에서 만들어지는 신비의 이미지로까지 올라가면서 추적할 수도 있었을 것이다. 그러므로 이 설명적인 방법을 통하여 여태까지 개략적으로만 살펴보았던 생물학적 기반을 확장시키는 것도 매우 중요하다. 그렇지 않으면 동기부여에 대한 연구는 단단한 기초를 얻지 못할 것이기 때문이다.

유기체로 하여금 외부세계에서 만족을 추구하도록 떠미는 욕구와 관계되는 기관은 세 가지이다. 이 세 가지 기관들에서 나오는 욕구는 인간의 욕망들의 모든 원천인데, 그 세 가지 기관들은 위, 생식기, 두뇌(신경과 감각기관의 "촉수" 포함)이다. 이 기관들은 가장 원시적인 존재들에서는 아직 발달되어 있지 않다. 그러나 그 존재들에서도 진화를 통하여 이 기관들을 만들게 되는 기능들인 영양섭취, 번식, 방향에 대한 욕구는 이미 분간이 가능하다. 그런데 신경 체계가 진화해서 결국 가장 섬세한 기관인 두뇌를 만들게 되는 방향에 대한 욕구는 사람들에게 가장 진화된 자극반응성의 자리이다. 사람들에게 방향을 찾는 기능, 즉 물질과 성에 대한 평가자로서의 정신은 무엇보다도 중요하다. 사실 유기체가 외부세계에서 만족을 찾도록 떠미는 세 가지 기능들은 기본적인 충동들을 만든다. 나는 "본능"이라는 용어와의 혼동을 피하기 위하여 "충동"이라는 용어는 선택하였다. 본능은 각 종에 따라서 서로 다르지만 충동을 충족시키려는 방식이다. 먹을 것을 사냥하는 방식이나 자손들을 돌보는 방식들은 서로 다른 것이다.

*

기본적인 충동들 가운데서 개체보존의 충동인 영양섭취의 충동과 종족보존의 충동인 번식의 충동은 모든 생물, 심지어 가장 원시적인 동물에게서도 쉽게 확인할 수 있는 두 가지 충동이다. 그 가운데서 번식의 충동은 그의 본성을 따라서 영양섭취의 자아-중심적 욕구를 능가한다. 처음에 성욕은 아직 애정 관계의 형태로 체험되지 않는데, 애정은 인간의 성욕으로 진화하는 과정에서 확장되는 사랑의 감정의 최초의 지표이다. 가장 원시적인 존재는 이분법(bipartition)을 통해서 번식한다. 모-세포와 자율적 존재가 되려고 거기에서 떨어져 나간 부분 사이에 아무런 연결 고리도 존재하지 않는 것이다. 그러나 진화하는 과정에서 이분법에 의한 분리는 수컷과 암컷의 결합으로 대체된다. 암컷의 몸에서 분리된 새끼는 그녀에게 애정 관계에 의하여 그녀와 연합되어 있는 그녀 자신의 일부인 것이다. 그래서 어미는 새끼가 마치 그녀 자신의 한 부분인 것처럼 그녀의 생명을 바쳐서라도 보호하려고 한다. 번식에 있는 개인적이고 즉각적인 만족(오르가즘)을 뛰어넘으려는 경향이 분명해지는 것이다. 사랑의 생물발생학적 기원에 대한 이해는 그를 감상에서 벗어나게 한다. 고등동물에서도 확인할 수 있는 자식에 대한 돌봄은 번식의 충동의 통합적인 부분을 형성한다. 이 돌봄 속에서 두 부모는 신체적 결합보다 더 위에 연합되어 있다. 수많은 동물에서 이미 가족이 만들어지는데, 가족은 그 종(種)의 삶에서 심리-생물학적인 "세포"이다. 감정적인 삶이 매우 다양해진 인간에게 부모들 자신은 충동에 의하여, 그리고 번식에 대한 충동의 본성을 따라서 아이가 태어났고, 아이를 보살피고, 사랑한 것이 20여 년이 넘도록 신체적 결합을 넘는 감정을 통하여 아이들과 연계되어 있다. 그런데 정신적 왜곡의 가능성은 사람에게 번식의 충동에서 비롯된 자연스러운 감정을 교란시킬 수 있다. 그런 교란이 있을 수 있기 때문에 교란의 반대 역시 이상(理想)을 향하여 세워진 충동 자체에 의해서 만들어진다. 그 이상은 한편으로는 부모들 사이의 애정의 관계이고, 다른 한편으로는 부모와 자녀 사이의 애정의 관계이다.

영양섭취의 충동 역시 제일 처음 나타났을 때부터 인간의 진화의 정도에 따라서 바람직하게 드러나는 이상을 싹의 형태로 품고 있는데, 그 충동 역시 강력하게 교란될 수 있다. 영양섭취의 충동은 개체의 보존만 "바라지만", 사람들은 종족의 생물학적 본성을 따라서 사회를 만들었기 때문이다. 각 개인은 그의 개체 보존의 욕구를 충족시키고, 그와 정감적으로 연계된 가족을 보존하려는 욕구를 충족시키기 위하여 사회적 환경에 의존하는 것이다. 모든 사회 구성원들의 공통된 관심은 영양섭취의 욕구가 건강하게 발달하고, 모든 개체들이 균형을 유지하며, 그들의 물질적 욕망이 너무 과도하게 되지 않게 하는 것이다. 충동이 억제되거나 고조될 수 있고, 충동력이 해로울 수 있기 때문에 사회의 균형은 언제나 새롭게 세워져야 하는 이상으로 된다. 생물학적 요인 위에 선 이 자연스러운 이상이 지시적인 것으로 될 때까지 사회적 균형의 혼란은 각자의 생존을 위협하는 중대한 위험으로 된다. 그 위험은 그것으로부터 위협을 받는 사람들은 물론 그들의 자아-중심적이고, 고조된 욕망 때문에 다른 사람들을 희생시켜서 이익을 얻었던 사람들에게까지 점점 더 퍼져간다. 자기 보존의 충동은 물질적 관심을 넘어서 본질적인 자아에 대한 관심, 즉 본질적 욕망과 그것의 조화에 대한 요청이 포함된 이기주의의 도움이 있어야만 충족되는데, 그 요청은 개인에게서 비롯되었지만 자아와 타자 사이의 관계로까지 확장되는 것이다.

그런데 자아와 타자 사이의 조화로운 관계가 사랑이 아니라면 무엇이라고 할 것인가? 욕망의 승화라는 최고의 목표, 즉 승화된 이기주의로서 사랑은 앞으로 나아가는 이상으로 오직 진화의 시기들을 통해서만 어느 정도 실현될 수 있으며, 새로운 기능이나 새로운 기관의 창조에 필요하다. 정동의 장애를 치유할 수 있는 내적인 시선이 명료해야 하는 것이다.

사랑은 사회적인 형태뿐만 아니라 성적인 형태에서도 곧 감상주의의 함정에 빠진다. 거기에 대비하기 위해서 사랑은 다른 모든 고차원적인 정신 기능들과 마찬가지로 사랑의 생물학적 뿌리로부터 생물 발생적으로만 정의될 수 있다는 사실을 잊지 말아야 한다. 이렇게 사랑은 무엇보다도 먼저 자기-만족의 욕구이며, 그렇기 때문에 자아-중심성과 구별되는 일종의 이기주의이다. 사랑은 결과적으로 이기주의인 것이다. 사랑에는 본질적 욕망의 만족인 본질적 자아의 만족이 내포되어 있기 때문에 이기주의의 궁극적 결과이며, 그 덕분에 모든 개인들인 자아가 그들의 궁극적인 만족을 얻을 수 있도록 조화 가운데서 의사소통 하도록 초대 받는다. 이처럼 자아의 만족의 장(場)은 보편성을 향한 개방에 의해서 강화되고, 확장되며, 풍부해진다. 그와 반대로 감상적인 사랑은 타인의 이익을 위하여 자아의 포기를 요구하면서 그것의 생물학적 기반에서 벗어나 실제로는 자아-중심적인 폐쇄로 나아간다. 그것은 만족에 대한 잘못된 약속이며, 과장된 헛된 과제로서 실현 불가능한 것이다. 감상적 사랑은 잘못된 동기화에서 나온 너무 좋은 의도이며, 하나의 태도에 불과한 것이다. 따라서 감상적 이타주의는 잘못된 동기부여의 영역과 관계된다. 그것은 잘못된 자기-정당화이며, 그럼으로써 근본적으로 자아-중심주의에서 벗어난다.

그러므로 두 가지 기본적인 충동들은 이미 그들의 가장 원시적인 형태로 있을 수 있는 충동과 힘의 장애에 대항하기 위하여 인간의 수준에서 진화가 이루어지는 이상(idéal)의 싹이다. 그러나 영양 섭취와 번식의 충동에는 본래 인간의 진화 정도에 맞는 그 어떤 원리도 포함되어 있지 않다. 거기에는 진화의 정도에 맞는 지극히 작은 그 어떤 지표도 없는 것이다. 거기에는 오직 보존의 충동만 있을 뿐이고, 그 자체로 진화와 관계된 것은 아무것도 없다. 인간에게 그 두 충동만 있다면, 생명은 가장 원시적인 단계에서 벗어나지 못했을 것이다. 원시적인 존재는 그저 먹기만 하고, 번식만 했을 뿐, 생명의 가능성을 그 두 기능으로만 실현시켰을 것이다. 인간이 진화의 길에 들어서기 위해서, 한편으로는 이 두 개의 기본적인 충동들이 제대로 기능을 하지 못해야 하고, 다른 한편으로는 세 번째 기본적인 기능, 즉 세 번째 충동인 자연의 세 번째 추진력이 있어야 하는데, 그것은 예상을 하고, 가치를 평가하는 방향(orientation)에 대한 충동이다. 이 세 번째 충동은 생물학적 필요에 의하여 그 목표가 두 가지 기본적인 충동의 장애를 복구하려는 유한성을 가지고 있다. 그런데 그 복구는 기본적인 충동에 의해서 주어진 원시적 기능의 틀을 벗어나야 하기 때문에 반드시 진화적이어야 한다.

충동에 의하여 세워진 생물학적 구조는 정신적인 삶의 기초이다. 따라서 정신적 이해를 위해서 이 생물학적 기초가 잘 세워지고, 보완되는 것은 가장 중요하다.

아무리 동물에 불과한 존재라도 생명의 표현은 단지 순전히 개체의 보존과 종족 보존을 위한 투쟁으로만 둘러싸여 있지 않다. 생명은 가장 원시적인 시작에서부터 진화를 향한 추진력(pousée)을 가지고 있다. 동물들에게서 쉽게 볼 수 있는 영양 섭취와 보존의 기본적인 충동들에 이미 동물적 생명에 형성되어 있지만 인간의 생명에 지배적으로 존재하는 제3의 충동을 어렵지 않게 찾아볼 수 있는 것이다. 그 충동은 이제 더 이상 그 자신과 종족을 보존하려는 충동이 아니라 그 자신과 종족을 진화시키려는 충동이다. 이 진화의 충동은 정신적 충동이라고 불릴 수 있을 것이다. 그것이 생명을 의식적이고, 정신적으로 표현하는 방향으로 나아가게 하고, 의식적 존재인 인간이 개인적으로 발달하도록 노력하게 하며, 영양 섭취와 번식이라는 기본적 충동에서 비롯된 욕망들을 정신화 하며, 승화시키도록 하기 때문이다.

진화의 추진력은 영양 섭취와 번식이 심각하게 위협을 받기만 하면 생명의 초기에서부터 작동하게 된다. 종(種)은 중요한 변환을 겪는 것이다. 이런 변환은 그 종을 소멸로 이끌거나, 아니면 생명의 진화로 이끈다. 그러므로 생존하기 위하여 종은 새로운 형태로 반응해야 하고, 형태적 변환에 의하여, 새롭게 생긴 신체적 능력이 겉으로 드러나서 이루어진 새로운 정신적 능력을 획득해야 한다. 중요한 것은 그것이 아무리 눈에 두드러져 보일지라도, 형태적인 진화가 아니다. 은밀하게 완성되는 정신적 진화가 더 중요하다. 진화는 생명체를 활성화 시키는 원리가 처음부터 가장 원시적 반응인 반사(反射)에 의하여 즉시 충족될 수 없는, 보존되고, 축적된 흥분에서 비롯된 기억이 아니었다면 이루어지지 않았을 것이다. 정신내적 작업을 시작하면서 진화의 노력을 촉발하는 것은 충족되지 못한 이 흥분들이다. 그리고 진화의 본질적 원인은 이 기억, 다시 말해서 의식적 기억의 첫 번째 지표인 이 기억이다. 신경 체계는 유지되고, 축적된 흥분의 영향에 의해서 분화되고, 그것과 함께 지각 기관들인 감각도 분화된다. 거기에 따라서 외부세계와 내면세계도 구별되고, 분화된다. 그리고 그것들은 언제나 더 분리되고, 더욱더 본질적 욕망인 관념적이고, 이상적인 통합의 욕구인 생명의 강력한 표출을 자극한다. 외부세계, 즉 대상 현실(réalité objectale)은 언제나 더 구별되고, 다양한 대상들로 구성되어 있다. 언제나 더 변화하는 자극들로 구성되어 있으며, 내면적이고, 주관적인 세계는 언제나 더 다양해지는 자극들과 욕망의 영역인데, 그것들은 언제나 더 의도적이고, 의식적으로 충족을 요구하고, 외부세계의 수많은 대상들과의 통합을 요구한다. 그런데 자아-의식은 외적 현실과의 관계에서 나타나고, 시간 속에서 지속된다. 지나간 흥분들에 대한 의식적 기억과 미래의 시간 안에 그것들의 투사는 미래의 만족을 위한 기대이다.

그것이 아무리 중요할지라도 진화의 충동은 아주 지각하기가 어렵다. 종(種)의 변이 기간이 지난 다음에야 효과가 드러나기 때문이다. 그러므로 그 효과들은 우리의 물질적, 성적 욕구들의 즉각적 충족만으로는 측정되지 않는다. 그러나 욕망들의 변환인 모든 내적인 삶, 즉 에너지의 변이는 결국 종의 변이에 의하여 폭발적으로 드러나는 창조적 노력의 작용인 진화적 충동의 쉴 새 없는 작업의 결과이다. 인간이라는 종은 개별적이다. 말하자면, 각 개인은 그 자체로 하나의 종인 것이다. 그래서 욕망이라는 에너지의 변환이자 진화인 그것들의 정신화는 개인적인 과제로 되고, 개인의 가장 중요한 과제가 된다. 그리고 그것은 의식적으로 이루어져야 한다.

살아 있는 존재는 인간과 함께 진화의 의식적 수준에 도달한다. 인간은 과거에 살았던 존재와 앞으로 살아야 하는 존재가 같은 것임을 의식적으로 안다.

그래서 영양 섭취와 번식이라는 두 개의 기본적 충동들은 과거와 미래 속에서 확장된다.

인간은 과거의 삶의 경험을 이용하여 미래를 예측함으로써 지적으로 그의 보존의 욕구들이 충족될 수 있는지 미리 알 수 있다. 인간에게서 영양 섭취와 번식은 이제 더 이상 본능에 의해서 충동적으로 충족되는 욕망만으로 나타나지 않는 것이다. 인간의 충동적이고, 본능적인 성격 위에 정신에 의하여 인도되는 욕망들의 도움에 의해서만 충족되고, 의미 있는 동기로 된 승화되고, 정신화된 욕망들에 의해서만 충족될 수 있는 의도적 성격이 덧붙여지는 것이다. 동물과 인간 사이의 차이를 결정하고, 개인의 책임과 인간의 존엄성을 결정하는 것은 분명히 충동의 확장에서 비롯된 이 발달의 결과이다.

영양 섭취의 충동은 확장되면서 물질적 충동이라고 부를 수 있는 사회적 충동으로 된다. 그것 역시 지성과 계획의 도움으로 미래의 물질적 욕구를 충족시킬 수 있기 때문이다. 그 계획이 건강하게 만들어지려면, 그것은 단지 개인의 욕구만 충족시키려고 해서는 안 된다. 사람이 하나의 세포에 불과한 사회라는 유기체, 즉 사회적 욕구 전체까지 충족시키려고 해야 한다. 따라서 개인의 구원은 사회적인 삶의 올바른 기능과 뗄 수 없을 정도로 연결되어 있다. 자명한 진리를 부각시키는 궁극적인 관점에서 볼 때, 사회적인 삶의 제대로 된 기능은 말하는 수단인 언어적 개념에 불과한 사회의 추상적 측면에 달려 있지 않고, 개인 전체로 이루어진 사회의 실제적이고, 구체적인 측면에 달려 있다. 따라서 분명한 진리는 사회 구조가 개인이라는 세포들의 삶이 제대로 충족되어야만 건강하고, 올바르게 작용할 수 있다는 사실에 있다. 그러므로 개인의 두 가지 책무, 말하자면 개인이라는 유기체 전체에 대한 책무와 사회라는 유기체 전체에 대한 책무는 실제로 하나라고 할 수 있다. 따라서 실제적이고, 구체적인 사회가 올바르게 작용하려면 그 조건은 하나밖에 없는데, 그것은 각 개인이 제대로 기능해야 하는 것이다. 다시 말해서, 그의 욕구들을 고조시키지 않는 것, 즉 그의 진정한 선(善)을 실현시키는 것이다. 그의 유기체가 가진 모든 진정한 욕구들을 건강하게 조화롭게 하는 것이다. 사람들이 흥분하는 원인은 잘못된 동기부여 때문이고, 잘못된 동기부여는 그렇기 때문에 사회 혼란의 원인이 된다. 사회적 충동 장애의 치료제인 물질적 욕구 고조의 치료제는 그 사람이 낫게 되기를 바라는 동정심이 될 수 없다. 그것은 잘못된 동기부여의 법칙에 의하여 불가피하게 그에게 죄책감을 불어넣고, 헛되게 비난할 것이기 때문이다. 그런 동정심은 사회적 충동의 진정한 이상을 에둘러서 간다. 그러나 사회적 충동은 삶 전체의 이상이며, 사람들이 수도 없이 많은 변명을 하면서 피하려고 하는 가장 무거운 과제로서 그 자신의 행복과 사회의 행복을 위하여 그의 성격과 능력을 통제하고, 발휘해야 하는 것이다. 사회적 책무와 개인적 책무가 다른 것이 아니라는 말이다. 그래서 사람들은 내면세계를 올바르게 가져야 한다. 그렇다고 해서, 외부세계의 구성이 별 것이 아니라는 말은 아니다. 오히려 그 반대이다. 그것 역시 매우 중요하다. 그러나 외부세계의 조직은 개인들이 중요한 책무를 다하고, 그것이 완성되어야만 이루어질 수 있다. 이것보다 더 논쟁의 여지가 없는 것도 없기 때문이다. 외적인 조직은 그것이 올바른 의도 위에 기초되어 있어야만 가치가 있고, 올바른 적용의 기초 위에 서 있어야만 지속 가능하다. 다시 말해서 외부의 의미 있는 조직은 그것이 올바른 동기부여 위에 서 있어야만 실현 가능한 것이다.

*

번식의 충동은 성(性)충동으로 되고, 성충동으로 확장된다. 광범위하게 퍼져 있는 인간의 성욕에는 강력한 힘이 내포되어 있는데, 거기에서는 파트너에 대한 선택이 결정적으로 중요하다. 따라서 성욕에는 본질적으로 서로를 보완해 주는 파트너를 알아볼 줄 아는 올바른 선택의 능력이 포함된다. 그 파트너와의 친밀성이 두 사람이 같이 삶의 기쁨에 도달하기 위하여 삶의 의미를 공동의 노력을 통해서 실현할 수 있다는 희망을 불러일으켜야 하는 것이다. 따라서 이런 성적인 사랑은 인간 영혼의 가장 깊은 욕구에 속하며, 인간의 본질적 욕망의 하나의 형태이다. 그 진정한 사랑은 단지 실용적인 고려에만 기반을 둔 일반적인 관계와 반대된다. 그러나 그것은 서로의 도움을 통하여 이상적 자아의 실현을 염두에 두는 대신 결국은 파괴적이고, 쉬지 않는 비난과 서로에 대한 실망을 낳을 수밖에 없다. 또한 과장되고, 상상적인 서로에 대한 이상화에 만족하는, 흔히 사랑이라고 부르는 감상적인 고조와도 반대된다. 오직 영혼의 융합으로 이끄는 감정들의 열기만이 건강한 가족적인 분위기를 만들 수 있고, 그것이 확장된 충동인 자녀 양육이라는 이상적 과제를 성취할 수 있는 조건이다. 그것은 인간적인 수준에서 올바른 교육에 의해서 완수되어야 한다. 또한 그 열기는 자손들의 몸도 만들지만, 건강한 영혼을 만들기도 한다. 그들의 정신이 병적으로 왜곡되지 않도록 아이를 기르는 것이다.[4]

그러므로 이 두 가지 기본적 충동들의 확장은 영양 섭취와 번식의 순전히 신체적인 요청에 영혼의 기능을 덧붙인다. 다른 사람들에 대한 사회적 관심과 성적 대상에 대한 집중된 관심인 사랑을 요청하는 것이다.

영양 섭취에 관해서 말하자면, 그것은 아무리 사회적 충동으로 확장될지라도 돈이라는 형태로 제공되고, 사회적 지위에 대한 노력에 의하여 충족되는 물질적 욕구에 집중된다. 그러나 영양 섭취의 충동이 건강하게 확장되기 위하여 충족되어야 하는 것은 단지 물질적이고, 개인적인 욕구만이 아니고, 기껏 넓혀져 봐야 동물의 경우에서 그렇듯이 가족의 구성원으로 한정되는 것이 아니며, 단지 부족의 욕구나 그 어떤 제한된 사회적 욕구를 충족시키는 것만도 아니다. 충족의 욕구는 인간 사회 전체의 물질적 상황으로까지 확장된다. 이런 결정적인 확장은 물질적 필요를 정신적 원리로 만들고, 그것은 다시 물질적 요청을 문제의 최고 수준인 정신상태의 수준으로 높이며, 그 공식을 점점 더 명확한 인도자-이상의 수준으로 높이게 한다. 물질적 문제의 이 원리에 대한 해결이 올바를지라도 그것이 올바른 동기부여와 올바른 이해의 기초 위에 서 있다면 그것은 개인의 물질적 상황의 조직에 유효할 뿐만 아니라 더 복잡한 조직인 가족, 부족, 정당, 심지어 가장 복잡한

---

4 P. Diel, *Education et rééducation*, Paris, Payot, "Petite Bibliothèque Payot", 1976.

조직인 인간 전체를 위해서도 지시적인 것으로 된다. 사회성이라는 인간의 문제로 된 영양 섭취 충동의 확장에 의하여, 인간은 동물성의 본능적이고, 원시적인 이기주의로부터 나오고, 그의 진정한 행복이라는 명령적 필요성에 의하여 분업에 기반을 둔 문명화 된 공동체에 편입된다. 개인에게 물질적 욕구를 공급하는 직업은 동시에 사회를 향한 과제인 그가 채워야 하는 중요한 책무의 한 부분이기도 하다. 그럼에도 불구하고, 사람들은 사회적 충동이 아무리 정신적으로 확장되었을지라도 그것은 신체적 욕구에 초점이 맞추어져 있다고 말할 수 있다.

그와 반대로 건강하게 확장된 성욕은 원칙적으로 영혼의 기능이다. 그것은 영혼의 다른 모든 기능들, 예를 들어서 감정적인 연합 가운데서 가장 중요하고, 가장 깊은 기능이다. 확장된 충동으로서 사회성(영양 섭취의 확장)과 성적인 사랑(번식의 확장)은 그 의미 있는 충족이 삶의 과제를 구성하는 세 가지 기본적인 충동들과 관계된다. 그것들은 정신과 영혼과 신체적 욕구들과 관계되는 것이다.

진화의 충동은 이미 그것의 가장 기본적이고, 전-의식적 형태 아래서 그 자체 안에 그 자신의 확장의 원리인 의식적이고, 정신적인 충동으로 되려는 필요성을 지니고 있다. 다른 두 충동에 확장의 충동, 즉 정신화와 승화라는 진화의 충동을 제공하는 것이다. 그러므로 모든 충동들 가운데서 가장 중요하고, 삶에서 지배적인 것은 진화하려는 추진력이다. 그런데 한 사람에게 인류 전체의 삶을 모두 왜곡시키는 것은 진화의 불완전한 작용인 과장된 경련이나 통속적인 풀어짐이다.

인간의 충동은 확장에 의하여 동물의 충동과 결정적으로 구별되며, 우리는 거기에 대해서 너무 주의를 기울일 수도 없다. 심리학이 이 분명한 사실을 무시하고, 인간의 삶을 단지 동물의 원시적이고, 기본적인 충동들만 가지고 설명하려고 하는 한, 심리학은 그것들을 설명하려고 시작하기도 전에 잘못에 빠지고 만다. 기본적인 충동들이 중요성을 얻는 것은 그것들이 확장되었을 때밖에 없다. 이렇게 확장된 충동인 정신적이고, 진화하는 충동이 더 우세하다는 사실에 대한 이해만이 심리학에 생물학의 진정한 기반을 보장해 준다. 그런데 그 생물학적 기반은 형이상학적 비전과 분리시킬 수 없다. 의식적이고, 정신적인 삶을 향한 진화적 추진력인 확장된 충동은 신비한 측면 아래 생명의 충동인 본질적 욕망 자체이기 때문이다. 그러므로 어떤 의미에서 생명의 표현은 본질적 욕망의 다양한 욕망으로의 분산이라고 말해도 완전히 정당하다. 그러나 그것은 종종 본질적 욕망이 다양한 욕망으로 무의미하게 분산되는데, 그 틀 역시 충동들이 모인 것이다.

*

생명이 어디에서 비롯되었고, 생명의 생물학적 기반이 어떤 것인가 하는 형이상학적 질문, 말하자면 가차 없이 충동과 충동의 확장의 생물 발생적 설명으로 돌아갈 수밖에 없는 이 질문은 결코 피상적인 것이 아니다.

정신적 왜곡의 가능성과 삶의 문제는 의식적 존재에게만 나타난다. 동물의 기본적인 충동들은 무의식적으로나, 본능적으로 충족되고, 그 힘을 잃지 않는 것이다. 그러므로 진화적 적응으로 나아가는 충동의 확장은 생물학적 이상이라고 부를 수 있다. 그래서 사람들에게 생물학적 이상은 무의식적으로 작용할 뿐만 아니라 도덕으로 이끄는 도덕적 이상으로 된다. 이 정신적 방향에 본능적 확실성이 없기 때문에 삶의 이상은 이제 정신적 확실성을 얻으려고 한다. 삶에 대한 이해를 제대로 하려고 하는 것이다.

생명의 충동은 무의식적이고, 생물학적 이상인데, 신화적으로 말해서 가장 원시적인 존재를 "활성화시킨""창조적인 정신"이다. 말에 내포되어 있는 지혜는 그 근본적인 진리를 "동물(animal)은 활성화된 존재(être animé)"라는 말로 표현한다. 생명의 충동은 모든 생명의 본질적이고, 신비한 원인이라는 것이다. 생명과 생명의 모든 생물-심리학적 양태들은 그것이 드러난 결과이다. 생명체에 있는 신비한 충동은 그 드러난 양태 아래 (세상을 향해서 돌려진 욕망) 진화의 반응을 포함하여 모든 흥분과 반응의 원인이라는 것이다. 그와 반대로 창조적인 자극 반응성은 그 앞에서 모든 설명을 포기해야 하는 삶의 신비이다. 그것은 삶의 형이상학적 사실인 것이다. 이 사실에 대한 확인은 전혀 교조적인 것이 아니다. "신비"의 실존은 모든 설명보다 앞서고, 그 자체가 생명의 양태적 표현인 생명의 기반이다. 자극반응성은 설명할 수 없지만 분명히 존재한다. "자극반응성"(excitabilité)이라는 용어는 추상적이다. 그리고 "신비"라는 용어에는 감정이 내포되어 있다. 사람이 모든 존재의 원천에까지 거슬러 올라가려고 할 때 사람에게 엄습하는 고상한 두려움이 내포되어 있는 것이다. 교조적인 형이상학의 잘못은 그것이 신비를 설명하지 못한다는 사실에 있지 않고, 그와 반대로 그것이 신비를 부정한다는 사실에 있다. 다시 말해서, 그것이 신비를 단지 사변적으로만 설명하려고 하면서 신비의 형이상학적 성격과 고상한 두려움은 물론 진정한 종교성인 정말 형이상학적인 감정을 배제하는 데 있는 것이다. 그 결과 그것들을 설명하려는 모든 시도와 신비에 대한 사변들은 고상한 두려움을 의심으로 전락시키게 된다.

형이상학적 사변의 두 가지 양가적 형태는 유심론(절대적 정신에 대한 믿음)과 생명과학의 유물론(절대적 물질에 대한 믿음)이다.

시간적 실존 안에서 절대적인 것은 존재하지 않는다. 거기에서 모든 것들은 유한하고, 상대적이다. 정신은 물론 물질도 마찬가지다.

사람을 점점 더 생명의 심층에 대한 이해로 밀어 넣는 진화의 충동은 사람이 스스로를 신화적으로 말해서 "신"이라고 부르는 신비의 이미지가 되게 한다. 신인동성론적인 이미지를 신비와 헛되게 혼동하는 경향은 언제나 가설적 이미지를 부정할 뿐만 아니라 신비의 증거까지 부정하는 양가적인 경향을 불러일으킨다. 이 두 가지 양가적 경향은 절대적 이상을 향한 도덕화하는 경련인 신경과민과 이상적인 것으로 나아가는 모든 노력의 이완인 통속화의 원인으로 된다. 말하자면, 그것들은 개인이 그 안에 편입되어서 사는 시대의 문화적 왜곡을 야기하는 초개인적 원인인 것이다.

인류는 항상 그가 신비하게 타고난 이상을 상위-의식적으로 생명에 투사하였다. 상위-의식적 상상력의 이런 투사는 여러 민족들의 문화적 기반이 되는 신화적인 꿈이다. 그 신화적 심상(心象)들은 겉으로 보기에 아무리 다양할지라도 공통적인 진리의 기반을 가지고 있다. 인간의 정신이 눈에 보이는 실존 너머에 투사한 것은 삶의 의미에 대한 그의 정향(定向)의 욕구이기 때문이다. 여기에서 신인동성론적 투사는 정신의 이상으로 된다. 그것은 진화 과정에 있는 정신의 이상이며, 투사의 모든 실재는 이 이상(理想)으로 구성되어 있는 것이다. 이 이상적인 가치의 바깥에, 정신은 활성화된 정신이 생명의 기원에서부터 가지고 있었던 모습으로 투사된다. 설명할 수 없는 형이상학적 신비로 투사되는 것이다. 이 설명할 수 없는 신비에는 동기화하는 가치가 있다. 그것은 생명을 그의 지고의 목표로 활성화시킬 수 있고, 그 때문에 창조의 원리로 알려진 이 신비에는 생명의 시원에서부터 분명하고, 뚜렷한 측면이 담겨 있다. 그것이 활성화시키고, 진화하게 하는 충동이다. 반박할 수 없을 정도로 명백한 진화의 충동은 투사의 또 다른 측면인 도덕적 계획을 구성한다. 진화의 추진력으로서 신비의 표현인 삶의 원리는 그의 드러난 형태 아래서 만족의 유일하게 의미 있는 가능성이기 때문이다. 보존된 흥분을 제어하기 위한 정신내적 작업인 역동적 작업은 인간의 진화 수준에서 욕망의 승화와 정신화로 나타난다. 따라서 승화와 정신화는 생명의 형이상학적이고, 신비한 의미의 원리인 자기의 도덕 원리가 겉으로 드러난 모습이다.

가장 고대로부터 인간을 신비하고, 무의식적으로 활성화 시키며 점차 진화의 충동으로 의식화된 인간 정신은 눈에 보이는 현실 너머에 그의 생명의 원리를 투사하면서 그것을 규칙적이고, 구성적인 이상으로 만들었다. 그것이 그의 고상한 동경의 최고의 목표이고, 도덕적 계획이며, 본질적 욕망이다. 신화는 이 의식적 "계시"와 무의식적 투사 및 인도자-비전과 상위-의식적 꿈에 그것을 "신"이라는 이름을 붙였다. 신화는 의식적으로는 그것의 상위-의식적 비전의 의미를 아주 불완전하게만 표현할 수밖에 없었고, 그것을 무의식적인 꿈의 상징적 언어로만 표현했던 것이다. 그러나 이 상징적 언어에는 상위-의식적 비전의 진정한 확실성이 들어 있다. 그런데 신화는 신이라고 불리는 신비를 의인화하면서 상징화 하였다. 신화는 인간을 완전히 이상화하면서 인도자-이상으로 만든 것이다. 그래서 이상(理想)은 인간의 삶을 인도하고, 지배하게 되었다. 또한 신화적인 꿈은 신을 인간 정신보다 높은 차원을 가진 형상, 인간을 지도하는 의지를 가지고 있으며, 심지어 몸도 있는 형상으로 제시한다. 신화의 신들은 인간을 지키는 존재로 상상되는 것이다. 그들은 인간에게 보상하고, 인간을 처벌한다. 그러나 신화에서 모든 상징적 표현들은 삶의 신비에 대해서 말할 줄 아는 이미지들이다. 삶의 신비는 아무리 표현될 수 없을지라도 진화의 원리라는 형태로 인간의 단계에서 정신화된 충동 속에서 모든 중요한 표출을 통하여 표현한다. 그러나 죄 많은 허영심으로서 정신적 충동의 병적 왜곡은 인간의 정신을 흐리게 해서, 그 자체로는 믿을 수 없는 것을 믿을 만큼까지 끌고 간다. 정신과 의지와 감정과 심지어 몸까지 있는 신인동성론적 신을 믿게 하는 것이다. 신인동성론적 설명을 통하여 신비를 제거하려는 시도는 중대한 반대-오류를 불러일으킨다. 그것은 꿰뚫고 들어갈 수 없는 신비의 증거를 부정하면서 믿을 수 없는 또 다른 신앙과 기적적으로 활성화되는 생기가 없는 생각(idée)에 대한 신앙에 이르게 되는 것이다. 그 신앙은 기계적인 진화를 통해서 결국 그의 종국인 "스스로 신인동성론적으로" 되거나, 실제로 존재하였지만 그의 잘못된 동기와 다양한 욕망에 의해서 비뚤어져서 병리적으로 왜곡된 인간으로 될 수도 있다.

*

인간의 삶이 실제적인 면에서 진화의 끝이 될 수 없는 것은 명백하다. 미래의 진화는 언제나 더 명확하게 적응하는 것으로 나아가는 과거의 진화의 연장일 수밖에 없는 것이다.

인간의 삶은 세 가지 욕구 전체(몸, 영혼, 정신)이거나 아니면, 같은 것이기는 하지만 세 가지 확장된 충동들(사회적, 성적, 정신적)이다.

인간의 삶과 진화의 이 평행은 현재 도달한 실제의 진화 단계를 욕망의 세 가지 집단(몸, 영혼, 정신)으로부터는 물론 앞에서도 살펴보았듯이 충동의 확장의 생물학적 기반으로도 기술하게 한다. 진화의 진전을 근본적으로 방해하는 것은 불충분한 확장, 다시 말해서 조절하는 정신과 평가적인 내적 성찰의 힘이 물질성과 성욕에 대해서 충분히 살펴보지 못하게 하기 때문이다. 기본적인 충동들은 정신화가 너무 약하기 때문에 완전히 의식적인 의도로 변환되지 못하는 것이다. 그들의 욕망은 생명의 진화라는 과제와 통합되지 않는 것이다. 그것들은 정신적 통제에서 벗어나서 상상적이고, 충동적으로 머문다. 그것들은 진화적인 과제에 반해서 고조되고, 정신적인 삶의 조화로운 구성을 방해한다. 진화의 충동이 기본적인 충동들을 제어하지 못하기 때문에 방향을 잃고, 분노하며, 고조되는 것이다. 그때 암시적이지 않은 과장된 승화가 만들어진다. 그때 삶의 과도한 과제가 나타나는데, 그 과제는 욕망을 불안으로 변환시키고, 억압에 이르며, 고조되고, 실현 불가능하다. 그것의 억제도 정신적 통제가 아니라 변태가 고조된 것이고, 잘못된 해석과 잘못된 동기부여와 부조화에 의한 해체이다.

그러므로 인도자-이상이라는 삶의 과제는 생물학적으로 정의된다. 이상은 관념적으로는 물론 이상적으로도(의도적이고, 적극적으로) 진화의 추진력을 사회적이고, 성적인 충동보다 높이 두는데 있다. 그때의 과제는 다른 모든 충동들을 진화의 충동의 본질적 요청과 일치되도록 충족시켜야 하는 것이 된다. 그래서 생물학적 과제는 충동들 사이의 조화인 정신의 조화로운 구성을 도모하는 식으로 이루어진다. 생물학적 과제는 동물적인 본능의 전체성으로부터 인간으로서의 의식적이고, 개인적인 전체성으로 진화시키는 것이다. 즉 인격을 형성하는 것이다. 그래서 사람들은 충동들의 조화로운 확장에 의하여 시간이 흐르면서 의식적인 통일체인 개인으로 된다. 충동들이 조화롭게 확장됨에 따라서 인간은 스스로를 개인적인 통일체로 인식하고, 스스로를 존중하게 되는 것이다. 마찬가지로 그는 다른 사람들도 개인으로 이해하고, 존중한다.

생물학적 정의로 말하자면, 자신의 능력을 발달시키는 것은 생명의 모든 진화적 의미를 개인적으로 실현시키는 것이다. 다시 말해서, 개인적인 노력, 즉 의식적이고, 자발적인 노력에 의하여 생명의 모든 진화적 충동과 삶의 의미를 만족시키는 것이다. 인간의 발달인 그의 능력들이 진화되게 하는 것은 충동들을 조화롭게 확장하고, 그렇게 확장된 충동들을 만족시키는 것을 의미한다. 사회에 통합되고, 그의 물질적 노력을 통하여 사회에서 사는 것이다. 거기에는 그들의 능력들과 재능들을 특화시키는 것이 필요하고, 그들이 배운 것들과 관심을 그의 직업이나 전문 분야에 집중시키는 것이 필요한 것이다. 또한 스스로를 더 높은 문화적 수준으로 계발하고, 그들의 개인적인 능력의 한계 내에서 조화를 이루면서 사회적인 노력을 해야 한다. 사회는 모름지기 개인적인 노력들이 덧붙여져야만 진화하고, 진화되었으며, 문명화된 사람들로 구성되면서, 개인적으로 된 사람들로 조화롭게 이루어져야만 진화하기 때문이다.

사람에 이르러서 의식적, 상위-의식적, 지시적으로 된 진화의 충동이 개인적인 노력에 의하여 충족되지 않는 한, 그런 상황 아래 치명적인 억압에 의하여 치명적인 죄는 역동적인 해체를 불러오면서 일어나고, 잘못 정당화된 동기부여에 의하여 왜곡된 포위가 생긴다. 생물학적으로 말하면, 조화를 이루지 못한 해체인 잘못된 동기부여는 진화적이고, 정신적인 파괴로서 개인적인 삶과 사회적인 삶의 퇴화의 표시인 것이다.

잘못된 동기화의 초기 원인인 치명적인 죄는 기본적인 충동들이 충분히 확장되지 않았음을 나타낸다. 그래서 원시적 충동이 튀어나오면서 즉각적인 충족을 요구하고, 무의식적인 삶으로의 퇴행이 일어나서, 거기에서 비롯된 이기주의가 대부분의 시간 동안 못 살게 구는 것이다. 그렇게 이기주의적인 퇴행 상태에서는 그 자신은 물론 다른 사람들에 대한 존경심과 자부심이 사라지는데, 그 첫 번째 표시는 상상력의 고조이다. 그때 자부심은 과도한 자부심과 낮은 자부심, 헛된 허영심, 비난하는 감상성으로 분해된다. 그래서 주체는 그 자신의 인격의 통일성과 다른 사람들에 대한 인격을 희생시키면서 그의 고조되고, 다양한 욕망들을 충족시키려고 하는데, 그것들은 정말로 하찮은 것들이다. 사람이 통속화되는 것이다. 그렇지 않으면, 고조된 욕망들은 변태적으로 억제하는 불안으로 변환된다. 그가 신경증적으로 되는 것이다. 생물발생의 공식이 하나, 하나 정신체계에 대한 내적 성찰의 연구와 합쳐지는 것이다.

*

확장된 충동들은 의도적이고, 의지적으로 된다. 그런데 의식적이고 의지적으로 된 인간의 충동은 한편으로는 동물의 충동들과 달리 이 충동과 저 충동이 더 분명하게 분리되고, 다른 한편으로는 서로의 충동들에 침투하여 서로 영향을 받는다. 확장은 동물의 충동들에 예측하는 정신으로 된 진화적 충동이 침입해서 생기는 것임이 틀림없다. 영양 섭취와 번식 같은 기본적 충동들은 미래에 대하여 예측하면서 차례로 확장되는 것이다. 그래서 충동들은 사회적 충동과 인간의 성욕으로 되어서 사회의 성(性) 세포이며, 사회를 재생시키는 세포라고 불릴 수 있는 가족의 물질적 기반을 보장하려는 목적에서 서로 영향을 미치기 쉽고, 공통의 노력으로 통합되기 쉬운 충동들로 된다. (더구나 어떤 이론으로 하여금 그 어떤 충동에서 출발하든지 간에 인간의 정신 기능에 대하여 설명하면서 사회적 충동이나 성 충동을 우선적으로 생각하며 그 이론을 정립하게 하는 것은 확장된 충동들의 상호침투이다). 인간의 모든 충동들은 그것들의 공통된 확장에 의하여 유비적으로 서로 닮아 있다. 어느 한 충동에서 비롯된 모든 욕망들과 동기들이 다른 두 가지 충동들에서 비롯된 욕망들이나 동기들에 상호 침투되어 있는 것은 우리가 그 어떤 충동의 기능을 가지고 다른 충동의 기능들에 대해서 설명할 수 있다는 사실에서 드러난다. 그러나 이렇게 단순하게만 설명하려는 것은 우리가 진화의 충동에 의하여 영양 섭취의 충동과 번식의 충동이 확장된 인간의 본성 자체에 대한 특성을 무시한다면 잘못될 수 있다. 그것들이 이미 정신적 충동으로 확장되었기 때문이다. 오류는 우리가 진화의 충동을 우선적으로 설명하지 않는 순간 바로 생기기 때문이다.

이 정신적 충동을 개인화하는 능력은 그 사람이 얼마만큼 건강하게 가치 평가를 하느냐에 달려 있다. 모든 힘은 그 사람의 강단(剛斷)과 개인적인 삶의 방향에 의하여 특징지어 지는 것이다. 건강의 기준은 그 사람의 강단의 정도와 방향의 강직함에 따라서 결정된다. 인류에게 확장된 충동으로 개인에게 국한되어 있는 이 능력은 두 가지 다른 확장된 능력인 사회성(sociabilité)과 성욕(sexualité)의 건강한 형성을 결정한다. 정신적 충동의 점차적인 약화는 진실을 그 자신이 감당하는데 결정적으로 취약하기 때문인데, 진실은 우리 행동의 원인인 동기에 관한 것이다. 건강한 가치 평가를 하지 못하는 것은 그가 성적 만족과 물질적 만족을 제대로 맛보지 못하게 한다. 기본적인 충동들을 건강하게 확장시키는 대신, 잘못된 가치 평가가 그것들을 고조시키고, 억제하는 것이다. 그래서 정신적 충동의 점차적인 약화는 다른 두 가지 확장된 충동들의 점차적인 약화의 원인이 된다.

영양 섭취의 욕구를 제대로 충족시키지 못함에 따라서 주체는 그의 사회적 기능들을 제대로 완수하지 못하게 된다. 그래서 그는 물질적 질서로 이루어진 사회적 상황(빈곤과 부)에 대해서 자연스러운 태도를 가지지 못한다. 그 결과 고조되거나 억제된 헛된 야심은 사회적 책무에 대해서 양가적으로 되게 한다. 그는 사회적 계급을 무시하고, 동시에 그것을 헛되게 갈망하는 것이다. 그는 사회적 구별이 폐지되기를 바라고, 그 중요성을 과장하기도 한다. 그것을 우월성과 열등성의 범주 아래서 경련적으로 사는 것이다. 그에게 과장된 과제는 그가 그의 사회적 책무에 집중하지 못하게 하고, 그럼으로써 충분히 안정된 물질적 기반을 형성하지 못하게 한다. 그는 노력이 가치가 없다고 생각하거나, 그와 반대로 부(富)나 존경을 받는 전문직에 종사하는 그가 삶의 본질적 관심들을 모두 희생하고서라도 얻어야 하는 과장된 과제로 되기 때문이다.

확장된 충동에 대한 무능력과 그것의 특별한 왜곡인 죄 많은 허영심은 점점 더 커지는 성적 충동의 무력의 원인이 된다. 그것이 모든 깊고, 지속적인 관계를 맺지 못하게 하는 것이다. 허영심이 있는 사람은 한편으로는 그의 과장된 과제에 경련적으로 몰두하고, 다른 한편으로는 상상력에 의해서 다양해진 욕망들을 충족시키려고 분산돼서 점점 더 그것들을 실현시키지 못하게 된다. 그래서 그는 그의 죄를 그의 삶에 있는 파트너에게 투사하게 된다. 그는 상상력에 의해서나, 아니면 실제로 그 사람이 그가 구속받지 않고 사는데 방해가 되는 걸림돌이라고 비난하거나, 아니면 어느 정도 성적인 모험에 대한 그의 강박적 갈망을 충족시키려고 하거나, 그의 과장된 과제인 강박적 이상을 충족시키려고 한다. 그들 사이에서는 말다툼이 끊이지 않고, 가끔 감상적으로 화해하거나 원한이 사무쳐서 중단되기도 한다. 그러나 두 사람은 끊임없이 새롭게 상처들을 남기고, 점점 더 서로가 서로를 파괴한다. 마침내 아이들도 아랑곳하지 않게 되면서 부부관계의 무능에 교육의 무능을 더하게 된다.

그러나 정신적 충동의 점차적인 무능력은 단지 부부 사이의 영적인 관계의 확장을 방해하거나 억제하면서 번식의 충동에만 영향을 미치지 않는다. 죄 많은 허영심은 심지어 성적 충동의 기본적인 형태인 육체적 결합까지 억제하게 한다. 성 행위를 억제하고, 점점 더 발기부전까지 유발하는 것이다. 성 행위는 허영심에 의하여 과장된 과제와 관계되고, 이상주의적인 동경에 의한 경련과 관계돼서 하위-의식적 상상력에 의하여 용서받을 수 없는 타락으로 되기 때문이다. 거기에 죄의식과 금지적 불안이 과도하게 실린 것이다. 이 불안이 남성의 발기부전과 여성의 불감증의 중요한 원인이다. 충족되지 않은 행위는 수많은 욕망들로 분해되어 강박적으로 상상력에 나타난다. 그러나 능력의 진정한 지표인 집중력에 의하여 얻어질 수 없었던 만족은 성적 모험의 형태로 분산되어서 추구된다. 가장 흔한 성적 왜곡은 이런 것이다. 그러나 모험이 어느 정도 억제될 수 있고, 이성에 대한 모든 접근에 위협적인 죄의식이 너무 많이 실려서 욕망이 어느 정도 상상력에 머무는 경우도 있다. 심지어 고조된 욕망이 완전히 고조된 불안과 도덕적 혐오로 되어서 모든 성적 표현이 실제적이거나 상상력에서도 억제되는 경우가 있다. 성욕에 대한 완전한 억압 상태는 완전한 승화 상태와 분명하게 구별된다. 도덕적 억압에서는 에너지가 조화로운 자아를 고려하면서 풀려나지 않고, 가장 중요한 생산성에 사용되지도 못한다. 그와 반대로, 에너지가 경련적인 금욕주의로 된다. 성욕의 완전한 억압에는 그 아래 치명적인 열등감, 즉 그의 기본적인 활력이 공격을 받는다는 느낌이 깔려 있는 것이다. 그래서 치명적 죄인 이 감정은 억압될 수 있고, 본성의 이 욕구를 정복하는 것이 이 세상 전체보다 더 낫다는 바닥을 모르는 허영심밖에 더 이상 남는 것이 없게 되기도 한다. 그것은 그렇게 타락한 유혹에 넘겨진 세상에 대한 한없는 비난을 부추긴다. 성적 욕망을 이렇게 허황된 만족으로 완전히 전환시키는 것은 허영심이 결국 궁극적인 승리자가 돼서 억압의 원인이 된다는 사실을 그 어떤 중간 단계들이 할 수 있는 것보다 더 명확하게 입증한다. 그러나 성욕의 완벽한 무능은 생각하는 것보다 그렇게 많지 않다. 대부분의 경우, 성적인 모험을 하려는 유혹은 상상 속에서 이루어지는 것이다. (평범한 형태로 나타나는 성적 모험은 신경증적인 형태에서의 성적 모험처럼 활력이 깊고, 불안할 정도로 손상된 것을 밝히고, 또 밝히려는 경련적인 노력이 아니다. 오히려 단순한 일탈일 경우가 많다). 고조된 갈망과 고조된 유혹 사이에서 분열된 신경증적인 사람이 정신적이거나 고상한 모험에 정신을 집중하려고 할 때, 그의 생각을 사로잡는 것은 성적 모험을 향한 유혹이다. 고조된 상상력은 성적 쾌락에 대한 약속을 유혹적이고, 구체적인 색깔로 그려내고, 그 앞에서 정신의 미묘한 기쁨과 고상한 향유는 삶의 궁핍을 떨쳐버리기에 너무 추상적인 것처럼 보이게 한다. 그러나 환자가 성적으로 고조된 그의 상상력의 유혹에 실체를 부여하려고 할 때, 그리고 그가 모험을 추구하려고 나설 때, 정신적이고, 고상한 기쁨은 죄의식으로 가득 찬 상상력보다 훨씬 더 구체적이고, 매력적인 형태로 다가온다. 배신당한 정신이 신경증적인 사람을 사로잡고, 억제하며, 가장 강력하게 그를 사로잡을 것이고, 억제하는 것은 바로 그때이다. 성적 모험이 가장 결정적인 순간인 것이다. 정신에 의해서 감시당하고, 정죄 받는다고 느끼면서 환자의 감정은 다시 죄의식에 사로잡혀서 실제적인 상황에서 돌아선다. 그래서 고조된 상상력은 모든 기관이 성적으로 되어야 하는 순간, 즉 사람이 순수한 동물로 다시 돌아가서 그의 정신적 자아를 완전히 잊어버려야 하는 바로 그 순간 성적이지 않게 된다. 이렇게 신경증적인 사람은 그 자신이 충분히 성적으로 되지 못해서 그의 상대방을 성적으로 만들지 못한다. 상대방은 성적인 동물이 되지 못하고, 사회적 인물로 되는 것이다. 억지로 결합되지 않으려고, 다른 사람의 영혼을 배제시키려고 하거나, 그렇지 않으면 다른 사람과 고조된 방식으로 감상적으로 결합된다고 느끼면서 상대방을 순전히 성적 만족의 도구로만 이용하려고 할 때, 무시무시하고, 뛰어넘을 수 없는 것은 바로 상대방의 영혼이다. 신경증적인 사람은 그가 사로잡혀 있고, 감시당한다고 느끼는 그의 죄의식을 상대방에게 투사하고, 그에게 사회적이고, 의식적이며, 비판적인 인물로 된 상대방에게 감시당하고, 정죄 받는다고 느끼는 것이다. 신경증적인 사람은 어느 정도 하위-의식적으로 상대방에게서 상상적이고, 실현 불가능한 타락을 정죄하는 재판관을 본다. 그가 상대방에게 다가가려는 그 어떤 시도도 끈질기게 따라붙는 이 두려움 때문에 억제되는데, 그 두려움은 상상력을 온통 엄습하려고 위협하며, 완전히 탈-성애화하려고 한다. 그래서 성적인 갈망 대신, 사회적 근심이 나타난다. 세상 전체가 그의 "타락"에 대해서 알아서는 안 되고, 그가 정죄 받고, 혐오 받아서는 안 된다는 두려움, 그의 사회적 지위의 추락에 대한 두려움이 들어차는 것이다. 확장된 충동의 상호 침투가 이상한 방향에서 전개되는 것이다. 그때 현재의 상황에 열광적이고, 방황하는 상상력을 동원하여 집중하려는 경련적인 노력으로 무감각 상태에서 벗어나려는 시도는 실패할 수밖에 없다. 가학적이거나 피학적인 상상력이나 실행밖에 되지 못하는 것이다. 결국 성 행위는 실제로 안타깝고, 혐오스러운 것으로 되고 마는데, 그것이 그 전에는 신경증적인 사람의 상상 속에서 도덕적이고, 죄악된 것이었다. 그에게서 성욕은 만족을 주는 자연스러운 욕구가 아니라 강박적이고, 해결 불가능한 문제인 것이다. 성적 병리는 도덕화 하는 위선과 통속화 하는 일탈의 형태 아래 환자들이 쉽사리 그의 성적 무능(너무 구체적으로 밝히기도 한다)을 고백하는 만큼 거기에서 더욱더 삶의 중심적인 문제를 보려고 하는 임상가들의 관심을 끈다. 모든 성적 무능의 원인은 생명력의 근본적인 무능이며, 영적 충동의 무능인 허영심이고, 진화적 충동의 정체이다.

*

정신의 건강은 정신에너지를 삶의 다양한 요청에 따라서 각각의 충동의 욕구를 충분히 충족시키도록 자유롭게 처분하는데 있다. 이와 반면에 정신증은 정신에너지를 자유롭게 처분하지 못하고, 상황의 요청에 따라서 각각의 충동들을 분리시켜서 충족시키지 못하는데 있다. 정신병은 세 가지 충동들에 대해서 무기력한 것이다. 각각의 충동이 점점 더 충족되지 못하기 때문에 충동들은 에너지를 가지고 다투고, 그것을 사로잡으며, 그것들의 욕구에 경련적으로 고정되고, 불만의 결과 고조되고, 만족스럽지 못하게 된다. 각 충동의 무력감 속에 다른 충동들의 무력감이 담겨 있는 것이다. 하나의 충동의 무력감은 다른 충동들의 무력감의 원인이 되기 때문이다. 이런 뒤엉킴 때문에 우리가 정신에너지는 본질적으로 진화적이고, 그에 따라서 충동의 모든 무력감의 본래의 원인, 즉 모든 정신병의 원인이 에너지의 퇴축적 정체라는 사실을 감안하지 않는다면, 어떤 하나의 충동의 무력감의 성격에 대해서 이해할 수 없을 것이다.

고조되고, 불안하며, 억제되고, 억압된 욕망들은 모든 충동들에서 비롯되어 하나의 이미지로 그리면 하위-의식에 있는 밀도 짙은 마그마, 욕망으로 가득 찬 불안의 덩어리, 그 어떤 흥분에도 붙으려고 하고, 방출이 억제된 유동적인 불안 뭉치라고 할 수 있다. 다시 말해서 부분적으로 무력감을 자아내는 것이라는 말이다. 결국 고뇌에 찬 욕망은 그의 충족을 우회적인 방법, 즉 의식적으로 이해할 수 없는 방법으로밖에는 감히 주장하지 못한다. 예를 들어서 말하자면, 억압된 성욕은 그의 우회된 만족을 과식, 폭식증, 도벽 등으로 추구할 수 있는 것이다. 이런 우회의 중요한 원인은 성적이거나 물질적인 계열에 속하지 않고, 정신적인 성격이 담겨 있다. 그것은 성적 만족은 물론 물질적 만족에 대한 약속을 더 이상 건강한 방식으로 평가할 수 없는 혼란한 정신의 결과인 것이다. 성적 에너지를 때로는 물질적인 것에, 또 때로는 물질적인 에너지를 성적인 것에 두는 불안한 유동의 이유는 정신적 확장의 불충분성, 다시 말해서 확장된 충동들 사이의 분명한 구분을 짓지 못하는 능력의 부족 때문이다. 떠돌아다니는 불안은 꿈에서밖에 만족을 얻지 못하고, 그 상상에 의한 꿈은 실제 세계에서 현실과 반대되는 비논리적 분출을 만들어 내면서 증상으로 된다. 증상으로 되려면 충족되지 못한 모든 충동들의 욕망은 응고되어야 한다. 그러나 그것은 가장 고조된 욕망으로는 실제로 만족을 얻지 못하기 때문에 그 안에 생명적이고, 정신적 필연성이 있어서 "처벌"을 담고 있는 허영심이다. 그것이 충동의 무력감의 표현인 증상의 원초적 원인이다. 그래서 증상의 발생은 죄 많은 욕망인 성적 욕망뿐만 아니라 사회적 욕망 등 모든 욕망의 헛된 억압에 대한 반응이다. 물질적 욕망의 고조가 관습 때문에 허용되고, 종종 이상화 되는 동안 성적 욕망은 더 자주 허망한 죄의식을 과도하게 더 많이 담고 있기 때문에 증상의 기반으로 된다. 그러나 잘못은 억압된 성적이거나 사회적인 욕망이 증상의 구성 원인이라고 믿는 데 있다. 하지만 그것은 단지 증상의 형태만 결정한다. 억압된 욕망은 증상의 형성에 필요한 에너지 질료만 제공할 뿐이다. 진정한 원인은 증상의 질료에서 찾을 것이 아니라 증상 자체인 정신 병리적 산물의 정신에서 찾아야 한다. 진정한 원인은 성적이거나 사회적으로 억압된 욕망이 아니라 왜곡되고, 억압하는 정신, 즉 교만의 죄인 것이다.

정신병과 각 증상의 궁극적 원인은 관습적이고, 외적이며, 우연한 것이 아니다. 그것은 각 개인 안에 있는 본질적이고, 내적이며, 자율적인 것이다. 사람들이 이 본질적이고, 내적이며, 자율적인 원인을 받아들이지 않으면, 정신병과 그 증상의 표현들에 대한 모든 설명은 불가능하다. 모든 설명의 가장 근본적인 문제는 그것이 어디에서 유래했는지를 아는 것이기 때문에 우리는 억제적인 죄의식으로 과부하된 욕망들을 제외하고는 우리의 고조된 욕망들을 충족시키려고 할 수 없다. 그렇다면 건강한 삶과 반대되고, 삶의 의미와도 반대되는 모든 고조가 그 안에 품은 병리적 억제의 원리인 이 근본적인 법칙은 어디에서 왔는가?

*

심리학이 이 문제를 해결할 수 있다면 심리학은 삶의 과학으로 될 것이다. 교육의 금지를 내세우면서 합리적인 해결책을 제시하기가 쉬울 것이라는 말이다. 그러나 문제는 다시 생기기 때문에 우리는 그런 제안이 그 어떤 진정한 해결책도 가져오지 못한다는 사실을 쉽게 알 수 있다. 교육적인 금지는 부모로부터 오는데, 그것 역시 그들의 부모로부터 온 것이며, 우리가 그 문제를 추적하려면 지나간 세대들을 거슬러 올라가서 인류라는 종의 기원으로까지 가야 한다. 거기에서 고대

세계의 형이상학적 비전(정령숭배적, 신화적, 신학적 도그마, 철학적 사변 등) 위에 서 있는 도덕적 질서의 명령적 이데올로기와 여러 가지 문화 집단이 갈라지기 때문이다. 문화의 발생을 생물발생적으로 너무 복잡하고, 깊이 있게 설명하려는 이런 회고적 관찰을 피하려고 문제를 단순화하려는 유혹은 매우 크다. 그것은 이미 문명화 된 습속들, 관습들, 실용적 제도들과 문명화하는 경향에 내재한 죄책감을 불러일으키려는 것이다. 그러나 그것은 실제로는 문화적 비전에서 비롯된 관행일 뿐이다.

한 개인은 고조된 욕망에 죄의식을 과부하하는 사회에 편입되어야 한다. 모든 어린이의 정신에는 새로운 모든 세대에 사회 규칙을 전해주는 부모의 금지에 의하여 다시 활성화되고, 발달하는 유전적 경향이 만들어진다. 실제가 그렇다. 그러나 이런 개념은 그 행동이 정신병리적 증상을 만들기에는 완전히 불충분한 전통적 죄의식–무시할 수 없지만, 쉽게 확인할 수 있는–의 발생에 대해서만 설명할 뿐이다. 전통적 죄의식은 물질적 욕망의 고조를 거의 막을 수 없다. 그것은 성적 욕망의 고조를 다시 멈추게 하거나 그것만으로 이미 고조된 성적 욕망을 억압하기에는 무기력한 것이다. 그러나 그것은 다른 사람들의 견해 앞에서 불안이나 부끄러움을 느끼는 등으로 증상의 형성이나 억압에 보조적인 역할을 한다. 전통적인 죄의식에 대한 설명으로만 그치는 개념은 죄의식의 본질적인 측면, 말하자면 그것의 문화적 토대와 생물발생적 뿌리를 무시하면서 사회에 대한 불충분한 정의(定義) 위에 서 있는 것이다. 그래서 그것은 그것의 확장이 모호하게만 암시되어 있는 영양 섭취와 번식의 충동만 고려하고, 진화의 충동에 대한 모든 설명의 원리와 확장의 원인에 대한 고려는 전혀 도외시 한다. 어느 정도 시대에 뒤떨어졌지만, 여전히 모든 사회학의 기초가 되는 이 인위적인 이론에 의하면, 사람들은 그들에게 서로를 홀대하지 말라고 하는 묵시적인 계약에 의하여 가장 오랜 옛날부터 통합되어 있었을 것이다. 사회는 개인들의 실용적인 집단이며, 그렇게 이해할 때 죄는 유용한 제도에 대한 위반의 결과 이외에 아무것도 아니다. 사실, 사회는 인간의 진화 단계에서 동물의 진화 단계로 말하면, 종(種)에 해당한다. 생물학적으로 형성된 것이라는 말이다. 인간의 사회는 생물학적으로 말해서 동물이 종을 이루듯이 진화가 만든 자연스러운 것이라는 말이다. 그 사실이 너무 분명해서 계약(pacte) 이론을 그것의 진정한 의도를 따라서 이해한다면 그 사실을 고려하지 않을 수 없다. 계약은 실제로 결정적인 것이 아니라 인류라는 종의 생물학적 욕구에 따라서 조금씩, 조금씩 만들어지기 때문이다. 계약은 하나의 약속인데, 그 이론은 사람들이 그들의 중대한 욕구에 의하여 통합되었을 것이고, 모든 것은 마치 그들이 합리적인 계약으로 결정한 것처럼 진행되었을 것이라고 말한다. 그것은 다시 말하자면, 중요한 욕구들에는 진화로 떠미는 의미 있는 추진력이 있다는 것이다. 따라서 진화의 충동은 실제로 이 이론에 포함되어 있다. 그러나 좋지 않은 오류는 "계약"이라는 말이 의도적으로 체결된 약정을 떠올리게 하고, 모든 결론이 이런 오해 위에 세워진다는 사실에서 나온다.

혼란을 피하기 위해서는 생물학적인 것에 기초한 죄–모든 생물학적 현상은 결국 신비로 나아가기 때문에–와 형이상학에 기반을 둔 죄 사이의 구분이 중요하다는 사실이 분명해진다. 즉 생명과 관계되는 죄와 관습과 관계되는 죄를 구분해야 하는데, 후자는 역사적으로 나타났다가 소멸하는 사회의 서로 다른 형태에서의 실용적인 제도에서 생기는 것이다. 그것은 문화와 문명의 구분이기도 하다. 문화는 인간이라는 종의 진화의 추진력의 산물이며, 사회의 서로 다른 형태들을 통해서 추구되는 반면, 문명은 실용적인 발전의 결과이며, 그것 역시 앞으로 나아가지만, 기술적 발명의 진보와 지적 조직에 의한 것이지, 사회적 유기체에 필요한 생물학적 분화에 의한 것은 아니다. 삶의 진정한 의미는 문화적 진화에 있지 문명의 발달에 있는 것이 아니다. 문명은 그것이 유기적으로 문화적 충동에 편입되어야만 긍정적으로 유용하고, 발전적인 것이다. 치명적인 죄는 진보의 열정인 문화적 충동, 즉 정신화의 충동, 인간의 생명의 이상과 모든 생명과 상위-의식적 목표의 무의식적이고, 본능적이며, 생물학적 기반을 무시하는데 있는 것이 분명하다. 또한 치명적인 죄는 생명이 상위-의식적이고, 지시적인 비전을 형성하도록 미는 본능 상실의 지표이다. 죄는 문화적이고, 지시적인 이상을 문명적이고, 실용적인 발전으로 대체하려는데 있는 것이다. 인간의 고통의 모든 원인은 거기에서 비롯된다. 의미 있는 안내자인 정신에 대한 실용적인 지성의 반란인 것이다. 그 어떤 기술과 조직도 이 치명적인 죄가 사회라는 문화적 유기체의 해체에서 비롯된 더 커진 고통과 중요한 제재를 막을 수 없다. 문화적 사회와 그것의 가치판단 및 가치 체계의 해체는 개인의 수준에서 신경증적인 고통이나 통속적인 행복감(euphorie)을 만들어낸다. 모든 것이 잘 될 것이라고 믿게 하는 것은 통속적인 행복감이지만, 신경증적 고통은 그것이 커짐에 따라서 그 원인이 드러나고, 억압으로부터 튀어나와서 치명적인 죄의 가면이 벗겨질 때까지 커지는데, 그것은 정신에 대한 망각과 발전에 심취한 지성의 반항이다. 의식적인 후회로 되고, 진화의 충동으로 되었으며, 문화에 대한 열정과 삶에 대한 믿음으로 변한 고통의 아픔 때문에 가면이 벗겨진 치명적인 죄만이 진보에 대한 신앙과 통속적 행복감을 정복할 수 있다. 그것의 부정적 형태인 죄로부터 긍정적 형태인 충동으로 다시 바뀐 생명 에너지만이 그것이 더 이상 파괴적인 위험이 아니라 유용한 도구가 되도록 외적 세계의 법칙에 대한 인식 위에 선 기술적 진보를 다스릴 수 있는 힘을 가지고 있는 것이다. 그리고 사회적 삶의 조직은 내면세계의 법칙에 대한 인식 위에 서 있고, 인간의 진정한 욕구에 대한 인식 위에 기초를 두고 있기 때문에 진정한 구원의 약속이 될 수 있다.

*

죄의 기원을 사회적 관습에 돌리고, 죄의 결과인 처벌과 고통의 원인을 사회적 충동의 고장으로 돌리는 것에 아무 의미가 없다면, 죄의 우선적이거나 유일한 기원을 성적 충동의 고장에서 찾는 것은 의미가 없지 않다.

정신분석학이 그런 잘못을 저지른 것은 유감이다. 정신분석학의 창시자는 이 문제의 중요성을 모두 알고 그의 이론을 조상들의 죄의식에 기원을 두게 하려고 더 일반적으로 받아들여진 “계약” 이론을 유사-신화로 대체하려고 하였다. 이 신화적 사변에 의하면 인류의 기원을 나타내는 가장 원시적인 사회는 그의 자손들에게 둘러싸인 가부장적 조상으로부터 형성되었을 것이다. 원시적인 무리의 지도자인 이 조상은 그의 남성 자손들에게 자신의 주권적 향유를 유지하기 위해서 여성들에 대한 모든 성적 자유를 금지하였을 것이다. 죄의식은 좌절감을 느낀 자손들이 아버지를 살해함으로써 파생되었을 것이다. 성적 욕망에 고착되어 부친 살해에 의한 죄의식은 오늘날에 이르기까지 세대들을 거치면서 하위-의식의 기억에 존속하였을 것이다. 이 교리에 의하면, 그 죄의식의 존속은 모든 아이가 이성 부모에 대한 근친상간적 욕망과 거세(去勢)한 아버지의 죽음에 대한 욕망으로 가득 차 있는 것에서 분명하다. 이 유사-신화적 토대의 결과들은 이렇게 요약될 수 있다: 죄는 정신적 현상이 아니라 성적 현상이다. 그것은 죄의 기원이 난폭한 협박에 대한 반항으로 매우 합리적인 감정은 아닐 것이다. 범성욕론에 의하면 성욕의 억압은 정신병의 유일한 원인으로서 대단히 옳지 않은 것이다. 죽임을 당한 아버지-조상의 후손은 죄의식에서 벗어나는 방법을 하나밖에 찾지 못하였다. 성적 욕망을 억압하는 치명적인 성욕을 도덕화 하는 위선, 즉 각 가족의 아버지의 원초형인 아버지-조상의 금지에 복종하는 것이다. 사회는 위선적인 허약성을 덕성(德性)으로 만들면서 습속들을 부드럽게 하려고 성욕에 금지와 터부를 과부하 하였다. 거기에서 도덕화 하는 승화 비슷한 것을 얻기 위해서이다. 문화는 성욕의 억압 경향에서 탄생했을 것이다. 이렇게 생각할 때, 문화와 함께 하는 정신적인 삶은 성욕의 대체물인 본래 리비도적인 생명

에너지의 억압의 부산물일 것이다. 리비도가 그것의 성적 목표로부터 벗어난 것은 모든 정신병리적 왜곡의 원인이다. 프로이드의 정신분석학은 죄의식 없이 "주된 리비도"의 해방을 치료제로 제안한다. 여기에서 요약하여 응축한 것을 아이러니라고 생각해서는 안 된다. 이 요약이 강조하려는 것은 이 신화적 구성의 비도덕성이 아니라 그것의 모순이다. 삶이 비도덕적일 수는 있지만, 그것을 일관된 방식으로 입증할 수 있어야 하기 때문이다. 도덕성과 일관성의 문제에 있어서 모든 비판은 쉽사리 도덕주의나 일관적이지 않은 비도덕주의로 반박할 수 있기 때문에 신화가 정말 그렇게 할 수 있다면 오직 공정한 재판관을 세우고, 진정한 신화가 그 문제에 대해서 어떻게 말하는지 살펴보기 위하여 그 신화를 유사-신화에 맞서게 하는 것이 바람직하다. 진정한 신화를 통하여 죄의 기원과 충동들의 서열에 대해서 살펴보아야 하는 것이다. 죄의식은 인류의 기원에서부터 존재하였고, 더구나 그것은 성서에서 창세기의 아담의 이야기에서 확인할 수 있다.

프로메테우스 신화에서 죄는 우리가 살펴보았듯이 정신(esprit)에 대한 지성(intellect)의 반항과 욕망의 다양화에 있다. 먼저 생각하는 지성인 프로메테우스는 진화하는 정신의 하인이 되는 대신, 그리고 삶에서 진화하는 정신을 향해서 나아가는 의식적 충동으로 되는 대신 지상적 욕망만 충족시키려고 하였고, 모든 삶을 지배하는 진화의 법칙에 내포된 처벌을 감수하려고 한 것이다. 그래서 이 중심적 신화는 병행되는 동기에 의해서 다음과 같이 장황하게 설명되고, 변조된다. 먼저 생각하는 지성인 프로메테우스(Prométhée)에게는 그 이름이 상징적으로 나타내듯이 먼저 생각하는 것과 정반대인 의식이 흐린 지성, 즉 예측의 명확성을 잃어버린 지성인 동생 에피메테우스(Epiméthée)가 있었다. 그런데 지성은 정감에 의해서, 말하자면 욕망이 많아지는 것에 의해서 밖에는 흐려질 수가 없다. 따라서 프로메테우스의 동생 에피메테우스는 정감적 사고를 의미한다. 정신을 망각하고 정신에게 반항하는 지성은 동생이 그의 형에게 그러는 것처럼 자신의 예측적이고,

의식적인 성격의 왜곡과 분리시킬 수 없을 만큼 연계되어 있고, 진화에의 충동과 반대되는 정감적 몽롱(朦朧) 상태와도 불가분리하다. 더구나 자신의 의식적 특성을 상실한 지성인 정감적 사고인 에피메테우스는 계획을 세워서 다양한 지상적 욕망들을 충족시키지도 못한다. 지성은 예측력을 잃어버리고, 상상으로 퇴행하는 것이다. 에피메테우스는 판도라로 상징되는 고조된 상상력과 결혼하였다. 흐려진 지성은 고조된 상상력의 유혹에 넘어간 것이다. 영혼은 없지만 모든 매력을 지닌 판도라, 즉 속이는 유혹은 제우스가 만들었으며, 프로메테우스의 반항을 처벌하려고 제우스가 보냈다. 정신의 법칙에 의하면 매혹적 재앙인 고조된 상상력은 지성이 이제 더 이상 지상적 욕망들을 충족시키려고 하지 않을 때 나타난다. 프로메테우스가 판도라를 거부할 것을 충분히 미리 알았지만, 고조된 상상력은 지성이 상상적으로 맹목화 되는 한 어쩔 수 없이 덮어 씌워진다. 정감적으로 된 사고인 에피메테우스는 가장 귀중한 선물을 받았다고 믿으면서 고조된 상상력을 의미하는 판도라와 결혼하는 것이다. 판도라가 결혼 선물로 가져온 하위-의식의 상자로부터 모든 악들이 나와서 지구 위에 퍼진다.

프로메테우스 신화를 보충하는 이 주제에 따르면, 이 주체는 중심적인 의미만 강조한다. 죄는 정신을 향한 열정과 반대된다는 사실, 즉 죄는 고조된 상상력이라는 사실이다. 그리고 그 고조는 욕망의 다양화와 떼어버리려고 해야 떼어버릴 수 없는 관계에 있다. 그러므로 죄는 정신을 부정하는 것이다. 죄는 정신의 부정이다. 죄에는 그 안에 처벌을 담으면서 정신 그 자체이고, 생명의 법칙이며, 삶의 의미이다. 그러나 죄는 사람이 정신에 맞서고, 법칙에 맞서며, 삶의 의미에 맞설 때, 사람으로부터 돌아선다. 배신당한 정신은 정신으로의 부름, 죄책감, 내면의 고소자가 되는 것이다. 그리고 이 부름을 듣지 못하고, 억압되면, 죄는 실제적인 처벌인 고뇌로 된다. 땅에 묶이고, 악이 넘쳐나는 것이다. 그러나 이런 연계와 범람이 바로 죄이다. 죄와 벌은 같은 것이다. 죄는 그것에 대한 처벌을 그 안에 담고 있는 것이다. 반항이 지속되는 한 처벌은 죄를 강화시키고, 다시금 그 결과로 고통이 참을 수 없는 한 죄 지은 정신이나 죄를 감당할 힘을 분쇄할 정도로 처벌을 자극한다. 다시 말해서, 정신적으로 승화시키면서 속죄하는 것이다. 이렇게 마술적인 악순환이 만들어지는데, 그때 정신과 화해하는 수밖에 없다. 죄와 벌은 진화를 도모하는 정신적인 충동의 표현이다. 신화에서는 신(제우스 등)으로 의인화 되어 나타난다.

*

사람들이 창작할 수 있는 모든 유사-신화보다 비교할 수 없을 정도로 더 적합하게 들어맞는 진정한 신화의 이런 의미는 유대-기독교 신화에 더 깊이 있게 나타난다. 그러므로 그 신화는 프로메테우스 신화와 일치한다. 그래서 그 두 신화 사이에 영향 관계가 전혀 없다는 사실을 입증하기 위하여 인간의 창조와 운명에 대해서 말하는 이 다른 신화의 의미를 요약하는 것도 흥미 있을 것이다.

창세기 신화에서 지성은 아담에 의하여 의인화되고, 진화의 떠미는 힘은 인류 전체의 사건으로까지 된다. 신화는 그 진화 사건을 상징적 용어로 표현하는 것이다. 하느님은 인간을 그의 형상대로 만들었고, 그에게 숨을 불어 넣어서 그를 살게 하였다. 여기에서 신은 숨어 있는 본능적인 것만이 아니라 미래를 명확하게 볼 줄 아는 정신이다. 지적 예지(叡智)는 진화의 발걸음인 것이다. 그러나 거기에는 위험도 내포되어 있다. 그것은 퇴보의 동기가 되는 타락의 원인이 될 수도 있는 것이다. 프로메테우스(미리 생각하는 것의 상징)를 둘러싸고 이루어지는 그리스의 인간 창조의 신화처럼 유대의 창세기 신화 역시 상승과 추락이 교대로 나타나는 인간의 본질적인 문제가 인류 전체, 말하자면 인간의 운명에 자리 잡은 문제라고 말한다. 인간은 미리 생각하는 의식적인 정신인 "하느님의 숨"으로 생기를 얻어서 동물성으로부터 탈피한 것이다. 그래서 인간은 타락하기 전, 그를 죄의 혼란으로부터 지켜주는 본질적 순수성인 동물적 낙원에서 살았는데, 죄는 잠재적인 가능성이기도 하다. 인간은 의식을 가진 동물로서 선택과 책임 앞에 노출된 것이다. 그는 본질적 욕망인 진화하는 정신에 복종하든지, 아니면 예지를 지상의 향유만을 얻으려고 이용하든지 해야 하는 것이다. 그렇게 될 때 인간은 통속화되고, "영혼의 죽음"에 굴복하게 된다. 그를 살게 한 하느님의 숨이 "죽는 것"이다. (그리스 신화에서 그 "숨"은 제우스에게서 훔친 불인 "불꽃"으로 대체된다). 프로메테우스처럼 아담이 지성의 의인화이듯이, 판도라처럼 이브는 고조되기 쉬운 상상력의 의인화이다. 창세기 신화와 마찬가지로 모든 민족의 신화에서 남성 원리는 정신화되어야 하는 지성의 형상이고, 여성 원리는 물질, 땅, 지상의 욕망에의 집착을 상징적으로 말한다. 이 두 가지 경향은 통합되고, 그것에 의해서 삶의 의미가 실현되는 쌍을 이루어야 한다. 정신과 물질 사이에 조화가 이루어져야 하는 것이다. 그러나 그런 조화는 유혹과 상실의 원리와 반대된다. 악의 원리, "악의 왕자", 상상적이고, 헛된 고조의 악마적 세력을 상징하는 사탄과 반대되는 것이다. 심리학적으로 말하면, 상상력에 의한 고조는 예측하는 지성의 타락이고, 사탄은 타락한 천사이다. 타락하기 전에 그는 긍정적인 모습을 한 지성인 루시퍼(빛의 전달자)였다. 분명한 지성이 포함된 의식적 정신의 성격들은 "성령-하느님"의 왕좌 둘레에 있는 천사들로 상징화된다. 지성-루시퍼의 타락은 그가 하느님의 자리를 탐내도록 자극한 허영심을 만든다. (정신 기능의 위계 안에 조화를 도모하는 정신은 본질적 욕망을 충족시킨다. 그러나 지성은 다양한 욕망들밖에 충족시키지 않는다. 다양한 욕망의 고조는 지성에서 미리 생각하는 특성을 앗아가고, 지성을 정감에 의한 맹목의 원리로 만드는데, 그것이 유혹자 악마이다). 사탄은 허황된 고조의 과잉을 나타낸다. 그는 치명적인 죄의 의인화이며, 의인화된 벌이다. 그는 타락한 정신인 악마로 되어서 승화의 영역 밖인 지옥(하위-의식과 죄의 고통의 상징)으로 쫓겨났기 때문이다. 타락한 지성인 사악한 정신은 사람에게 헛되고, 고조된 상상력에 의한 약속을 속삭이면서 돌아가게 하려고 한다. 다양한 욕망으로 밀려가게 하고, 그것들을 거짓되게 정당화 하는 것이다. 잘못된 동기부여가 그것이다. 모든 신화 속에 있는 허영심의 지속적인 상징은 그가 물으면 치명적으로 되는 아주 무시무시한 동물인 뱀이다. 사탄은 신화 속에서 뱀의 형상으로 나타난다. 땅에 있는 열매의 대표인 사과는 지상적 욕망의 상징이고, 사과나무는 욕망의 다양성을 상징적으로 나타낸다. 진화의 영의 숨으로 생기를 찾아서 동물성으로부터 나온 인간에게 단 한 가지가 금지되었다. 그 금지된 것은 진화의 정신에서 몸을 돌리는 것, 즉 그의 욕망을 다양화시키고, 고조시키는 것이었다. 사과나무의 열매를 먹지 말아야 하는 것이다. 사과나무는 지성화의 상징인 인식의 나무이다. 그 금지된 열매(위험한 결과)는 진화의 정신을 거스르는 반항, 즉 정신을 망각하고, 다양하게 하고, 고조된 물질적 욕망에만 집착하려는 유혹이다. "이 나무의 열매를 먹으라, 그리하면 네가 신처럼 될 것이다"는 말은 거짓된 약속이다. 유혹자의 약속인 것이다. 따라서 사악하고, 건강하지 못한 정신의 암시인 유혹에는 두 가지 형태의 헛된 고조, 말하자면 고조된 상상력에서 나온 교만한 고조가 들어 있다: 정신을 향한 고조("신이 되라")와 땅을 향한 고조("사과를 먹으라")가 들어 있는 것이다. 아담은 자신이 유혹 당하게 하였다. 그는 금지된 열매를 먹은 것이다. 그는 지성화에 내재된 위험에 빠졌다. 그는 잘못된 선택을 하였다. 그는 정신의 부름을 망각하고, 땅을 선택하였다. 그 망각이 치명적인 죄인 동물에게 생명을 불어 넣은 진화의 추진력에 대항하여 지성화 되려는 교만한 반항이다. 사람에게 열정을 불어 넣는 지시적 이상으로의 부름을 망각한 것이다. 죄 자체에는 처벌이 들어 있다. 사람은 동물적인 순수함으로부터 추방당한 것이다. 그는 지상적 욕망들의 유혹에 굴복하면서 땅의 노예가 되었다. 그는 이마에 땀을 흘리면서 그의 수많은 욕망들을 충족시키려고 빵을 먹어야 하는 것이다. 그 처벌에는 치료제의 가능성과 죄의 고조의 가능성이 동시에 들어 있다. 사람들은 땅을 차지하려고 다투고, 서로 싸우는 것이다. 치명적인 죄로부터 사회적 충동의 타락이 나온다. 그러나 지성은 정신화의 첫 번째 단계이다. 그래서 지성은 사람들에게 처벌의 고통을 완화시켜준다. 사람들은 그들의 수많은 욕망들을 충족시키려고 여러 가지 도구들을 만들고, 공동생활을 조직하기 시작할 것이며, "계약"을 맺을 것이다. 기술과 조직은 발전할 것이다. 여러 가지 제도들이 등장하면서 관습적인 죄도 함께 탄생할 것이다. 그러나 사람에게 땅 위에 있는 조직들을 더 잘 구성하도록 하는 관습적인 죄나 기술도 사람에게 고통을 완화시켜 주지 못한다. 그것들은 지성화가 그의 수많은 욕망들을 조화롭게 하거나 본질적 욕망을 충족시키게 하는 대신 상상적으로 고조시키게 한다. 그리고 사람들이 잘못된 선택을 포기할 줄 모르고, 치명적인 죄와 헛된 반항에 머무는 한 모든 사람들은 등을 돌리고, 결국에는 사회적인 싸움을 격화시키게 되며, 고통을 격화시키는 도구로 될 뿐이다. 그 본질적 욕망은 사실 내적으로 조직되고, 스스로를 가꾸며, 정신적이고, 승화되면서 만들어지는 욕망이다. 창세기 신화는 아담이 지은 치명적인 죄는 관습적인 죄의 원인이라고만 말하지 않고, 성적 수치심의 원인이 된다고 주장하기도 한다. 그것이 상상적으로 고조되면서 성에 관한 죄의식을 불러일으키고, 성적 금지의 원인과 발기부전의 원인인 성적 고통의 원인이 된다는 것이다. 인간을 동물 위에 있게 한 지성의 기능을 잘못 사용하여 영양 섭취와 번식의 충동이 충분히 확장되지 않았다는 것이다. 정신적 충동의 타락은 사회적 충동과 성적 충동의 타락의 원인으로 된 것이다.

아담의 잘못된 선택은 인간의 잘못된 선택을 상징적으로 나타낸다. 아담은 모든 사람들의 대표이기 때문에 그는 프로메테우스처럼 인류를 상징적으로 나타내는 것이다. 그의 잘못은 인간의 본성에 있는 "원죄"이다. 인간은 모든 세대에 걸쳐서 언제나 새롭게 상상력의 고조와 잘못된 정당화, 잘못된 동기부여의 경향에 굴복하는 것이다. 그 어떤 구원도 인간의 능력으로는 이 유혹에서 벗어나게 할 수 없다. 구원은 이 신화를 문자적으로 믿는데 있는 것이 아님이 확실하다. 오히려 이 신화를 깨닫고, 이 신화 속에 상징적으로 감춰진 진정한 의미를 몸으로 사는 것밖에 없다.

*

확장된 충동들 사이의 조화인 이상은 사회적 충동과 성적 충동이 정신적 충동에 의해서 통제되어야만 다가갈 수 있다. 그리고 그에 따라서 충동들에서 비롯된 모든 욕망들은 서로를 거스르지 않고, 뒤엉키지도 않으면서 같은 방향으로 가게 된다. 헛된 갈등에 빠져서 낭비되지 않는 것이다.

이렇게 통제된 욕망들의 에너지는 생산적으로 될 수 있고, 기본적으로 중요한 생산은 정신의 건강한 형성, 말하자면 성격이 개인적으로 통일되는 인격이 형성되는 것이다.

성격이 제대로 형성되려면 지속적으로 진화하는 노력이 필요하다. 욕망이 아무리 고조되더라도 정신적 균형이 깨지지 않고, 그것이 외상적으로 작용하지도 않으면서 외부세계에서 오는 모든 흥분들을 인격적 통일성 속에 통합하려는 노력이 시행되어야 하는 것이다.

내적 갈등 때문에 소모되지 않은 인격체로 된 사람은 외부세계에서 오는 갈등에 굴복하지 않는다. 그는 자신의 이상적인 전투력을 확신하면서 불안감에 시달리지 않는 것이다. 그는 금지하는 불안이나 공격하려는 불안을 알지 못하는 것이다. 그래서 그는 그 자신에 대해서 연민을 가지지 않고, 다른 사람을 비난하지도 않는다. 그는 헛된 생각을 하지 않으며, 죄의식을 느끼지도 않는다. 그는 그 자신과 하나가 되어서 스스로에게 만족하고, 진화의 노력을 통해서 그 자신이 우주적 질서의 통합된 한 부분으로 된 "인간계의 질서"와 하나가 된다. 그는 생명을 충족시키고, 삶에 의해서 만족하게 될 것이다. 삶의 이상은 그것이 유일한 길이고, 공통의 목표라는 점에서만 명령적이다. 건강하게 확장된 충동들 사이에 조화를 이루려는 노력이 인간의 본질적인 만족을 실현하려는 노력인 것이다.

충동들 사이의 조화와 거기에서 나온 욕망들 사이의 조정은 현재의 과제만이 아니라 언제나 해야 하는 과제이다. 조화는 언제나 깨져서 언제나 새롭게 형성되어야 하기 때문이다.

의식은 사람들이 시간 속에서 자아의 통일성을 지각하는 상태이다. 관념적인 이 통일체는 개인적인 과거를 기억하고, 미래를 이해하는 내적 성찰의 사고에 의하여 지각된다. 자아의 통일성은 사고에 의해서만 확인되지 않고, 내적 성찰과 내적 통제의 의지에 의해서 끊임없이 적극적으로 새롭게 된다. 이상적인 통일성은 시간이 지나면서도 그 자신에게 충실할 수 있고, 그런 활동은 개인적인 것일 뿐만 아니라 인간적인 것이기도 하다. 그것은 단지 하나의 생각일 뿐만이 아니다. 실제로 인간의 정신 체계에 생물발생적이며 상위-의식적으로 내재해 있는 조화에 대한 명령과 하나가 되었다는 사실을 즐기는 감정으로도 체험된다. 생물발생적으로 정의해서, 상위-의식은 인간의 수준에서 윤리적 명령으로 된 진화의 충동이다. 그런데 인간의 상위-의식적 실존을 생명발생적으로만 이해해서는 안 된다. 그것은 동물이 그의 생존을 영위하기 위하여 그가 해야 할 것들을 지시하는 전-의식적 정신인 본능 못지않게 놀라운 것이기도 하다. 의식과 하위-의식의 퇴화의 유혹 사이의 선택 앞에 놓인 인류는 진화의 충동과 그것의 조화의 요청이 없으면 살아남지 못할 것이다. 여기에서 인간의 치명적인 죄는 생물발생적으로 말해서 진화의 노력이 충분하지 않다는 상위-의식적 감정이라고 할 수 있다.

이런 확인으로부터 근본적으로 중요한 결론이 도출된다. 인간의 삶의 모든 문제들, 즉 개인적이고 사회적인 모든 문제들을 진보와 퇴보라는 생물학적 용어들로 살펴보아야 하는 것이다. 인간의 정신 체계는 전체적으로는 물론 지극히 세밀한 부분들까지 생물발생적 현상이기 때문이다. 이것은 정신을 고찰하는데 있어서 필수불가결한 내면의 숙고에 대한 성찰의 연구에 반드시 생물발생적 연구가 보완되어야 할 것을 요청한다.[5] 신체는 물론 정신 체계에 대한 생물발생적 연구가 필요한 것이다.

그 양태들 속에는 이미 겉으로 드러난 실존의 모든 형상들 앞에서 느끼는 정동이 들어 있고, 신비 앞에서 느끼는 정동을 전-과학적으로 형상화한 다양한 것들이 있다는 사실을 잊어버리지 않으면서 어떻게 존재하는 양태들 전체와 그것들의 진화한 모습들과 퇴화한 모습들 전체를 연구하지 않을 수 있을까? 그런데 이들 변화된 모습들에 관해서는 신화에 대한 상징적 연구를 통해서 역사적으로 기록되어 있다.

우리 자신과 설명하는 정신을 포함하여 존재하는 모든 것들은 두말할 것도 없이 변화하는 양태들인데, 정신은 절대 정신이라든지 절대 물질이라는 형이상학적 사변을 모두 배제하고, 존재하는 현상들의 전체성을 살펴보는 한편 그의 한정된 능력을 받아들이면서 전체적으로 방향을 제시하는 기능을 담당한다. 그러나 그 기능에는 인류의 가장 특징적 성격이 지속적인 내적 성찰이라고 할 수 있는 내면의 숙고도 포함된다. 그렇다면 인간의 유일한 구원은 내적 성찰을 더욱더 명료하게 하는 진화적 과제에 달려 있지 않을까? 다시 말해서, 충동들을 의식적으로, 또 가능하면 사정을 모두 아는 가운데서 통제하려면 정신의 도움을 받아서 상위-의식과 하위-의식에 감춰진 비밀스러운 동기들을 분석해야 하지 않을까?

생각하는 동물이 진화하면서 자기-변화를 이루는 데서 봉착한 정신적 어려움은 각자의 윤리적 의식이 편견과 미신으로 이루어졌고, 전혀 생물발생적이지 않은 역사적으로 존재하는 유사-의식의 방해 때문에 증가해왔다는 점에 있다. 습속, 관습, 사회 제도 등은 그 불편한 침전물들이다. 모든 사회 계급과 계속해서 이어지는 모든 세대 가운데는 충동이 강력한 사람들이 존재한다. 그러나 그들이 속속들이 인도받지 못할 경우 지배적인 수많은 의도들 가운데 하나의 입장을 취하면서 너무

---

5 cf. P. Diel, *La Peur et l'Angoisse: Problème fondamental de l'évolution*, Paris, Payot, 1968.

좋은 의도에 빠져서 실패할 위험이 있다. 그들이 유물론이나 유심론 등 두 가지 형태 가운데 하나의 고조된 이데올로기에 빠지는 것이다.

이렇게 잘못된 가치 판단, 즉 잘못된 이상들이나 잘못된 이데올로기는 집단적으로 고조된 과제이다. 고조는 그 자체로 실현 불가능한 계획의 특성일 뿐만 아니라 일단 그 계획이 실현의 길을 찾았다고 할지라도 충족의 약속이 기만적일 수 있다.

그 원천이 사회 전통에 속한 초-개인적인 것에서 기인된 이데올로기는 더 이상 개인적이고 활기찬 의식을 제공하지 않고, 외적으로 주어진 집단적이고, 변태적인 도덕을 제공한다. 하지만 도덕 역시 인간 본성에서 나온 것이고, 헛되게 죄를 억압하려는 생물발생적 경향을 띠며, 중요한 의식을 파괴하고, 개인적 통일성을 깨트리며, 충동과 욕망 사이의 조화를 이루지 못하게 한다. 문화적 충동이 약화될 때 이렇게 개인성을 증대시키는 것은 개인의식을 파괴로 이끄는 초-개인적인 경향이다. 그때 인간으로서의 의식은 통속적으로 파괴되거나 개인적 의식으로서의 자아의식은 붕괴된다. 그래서 신경증적 왜곡 상태에 빠진다. 그래서 조화라는 본질적 욕망인 인간으로서의 의식을 파괴하려는 조상들로부터 전래된 경향은 "유전적인 죄" 자체이다. 본질적 욕망이 수많은 고조된 욕망으로 분산되고, 집단적이며, 이데올로기적으로 거짓되게 정당화하는 것과 같이 나아가는 분산은 유전적인 죄인 것이다. 그것이 바로 세대를 걸쳐서 작용하는 잘못된 동기부여이기 때문이다. 신경과민은 본질적인 형태와 의식의 역사적 형태 사이에서의 방향 상실로 정의될 수 있고, 통속화는 방향이 잘못된 이상으로 이끌린 것, 즉 대중의 견해에 굴복하는 것, 예를 들어서 말하자면, 퇴폐적인 시대에서는 냉소주의가 도덕주의에 대한 유일한 치료제라고 생각하는 것이다.

*

비인간적인 의식, 따라서 비뚤어진 의식은 삶의 이상인 충동 사이의 조화를 파괴한다.

사회적 충동의 영역에서 사람들은 고조된 욕구들과 필요 이상의 물질적 욕망을 충족시키기 위하여 그와 비슷한 사람들을 이용하고, 노예로 삼으며, 억압한다.

성적 충동의 영역에서 남성과 여성은 서로를 남용한다. 두 파트너가 순전히 육체적 욕구인 고조된 성적 욕구를 채우기 위하여 서로를 이용하고, 서로 흥분하는 것이다.

정신적 충동의 영역(과학, 예술, 종교)에서 잘못된 동기부여는 다른 사람들을 이용한다. 그들로부터 이익을 얻으며, 그들을 교만하게 억압한다. 그는 다른 사람의 영혼이나 정신에 말을 걸지 않는 것이다. 신경증적인 사람은 통속화된 사람처럼 진정한 모습을 보이지 않는다. 그는 깊은 인상을 주기만을 바란다. 허영심은 다른 사람들의 영혼과 정신을 찢고, 그들이 개인적인 통일체가 되는 것을 방해하면서 그들이 서로 모순되는 이데올로기로 치장하고, 등장하기를 바라는 경향이 있는 것이다.

이렇게 비뚤어진 태도들 전체는 어떤 때는 사회적인 삶의 놀이의 규칙에 도덕적으로 굴복하는 데서 비롯되고, 또 어떤 때는 냉소적인 반항에서 비롯되는데, 잘못된 동기부여에 의한 분노가 폭발하게 한다.

이와 반대로 개인의식은 삶의 이상, 정신 건강, 충동들의 조화를 갈망한다. 그것들의 실현 방법은 감상적인 비난과 정반대이다. 의미 있는 욕망들의 계획, 욕망들과 행동들을 제대로 평가하기 때문이다. 그래서 그것들은 헛되고, 잘못된 반항과 다르고, 변화될 수 없는 것을 받아들이는 의미 있는 변화로 나아간다.

사회적 충동의 영역에서 의미 있는 충동의 투사와 계획의 도움에 의한 욕망의 실현은 물질적 자유라는 외적 조건을 얻을 수 있는 것에 달려 있다. 생필품이나 돈과 사회적 지위가 어느 정도 충족돼서 그의 에너지를 이런 기본적인 과제에 사용되지 않고, 수단에 불과한 물질적 기반을 쌓으려고 삶이 거기에 집중돼서는 안 되는 것이다. 이상적으로 받아들이는 것은 가능한 한 물질적 욕구를 줄이면서 물질적인 자유를 외적으로가 아니라 내적으로 얻을 줄 아는데 달려있다. 그것은 에너지를 정신과 영혼의 삶의 더 깊은 만족의 그릇인 진정한 목표에 집중시키려고 가능한 한 에너지를 절약하기 위해서이다.

성적 충동의 영역에서, 의미 있는 욕망의 투사는 본질적으로 파트너를 보완적인 존재로 선택하는 것에 달려있다. 선택의 본능적 확실성은 성적 향유를 기분 전환의 수단으로 삼는 상상력의 고조에 의하여 위태롭게 되고, 파괴된다. 이상적인 선택은 결코 완전히 얻어질 수 없고, 불완전한 완벽성을 파트너에게가 아니라 나에게 요구하면서 받아들이는 데 있는 것이다. 서로가 서로의 불완전성을 용인하고, 매일의 삶의 복잡함 가운데서도 파트너의 선택을 지지할 줄 알며, 신체적인 연합보다 덜 풍요하고, 창조적이지 않은 영혼의 연합 안에서 살 줄 알고, 성적으로 서로가 반대 극으로 되어서 서로를 끌어당기며, 상대방과 함께 초-인간적인 통일체를 이룰 수 있는 것에 있다. 이렇게 할 때, 결국 자녀의 몸만 만드는 것이 아니라 완벽한 생식(生殖)이 가능해진다. 교육을 통하여 자녀의 영혼과 정신의 형성이 가능해지는 것이다.

*

사회성과 건강한 성욕은 정신에 의하여 생기를 얻는 확장된 충동이며, 생물학적으로 심오한 만족으로 이끌어가는 정신적이고, 자연스러우며, 기본적인 과제를 가지고 있다. 이 두 충동은 정신적 충동의 상호 침투에 의하여 세 가지 충동이 결국 확장의 노력으로 하나가 되는 것이다. 이런 조화로운 상호 침투, 즉 조화의 확장은 다른 말로 해서 가장 근본적 창조인 성격의 창조가 각자가 감당해야 할 본질적인 과제라는 것을 알려 준다. 각자에게 근본적인 이 과제는 그의 개인적인 힘, 진정한 감정의 힘으로 경련적이지 않고, 자유로운 인간관계를 창조하는 데 있다. 다른 사람을 사람으로 생각하는 것, 다시 말해서 그들이 불러일으키는 유쾌하거나 유쾌하지 못한 흥분과 완전히 독립적인 실존을 갖는 살아 있는 존재로 생각하는 것이다. 모든 사람들에게 가치가 있는 이상은 다른 사람의 잘못된 동기부여에서 오는 유쾌하지 못한 흥분에 잘못된 동기부여로 반응하지 않는 것이다. 집단적으로는 물론 개인적으로도 파괴의 원인인 잘못된 동기부여의 순환에 끌려 들어가지 않는 것이다. 사람들이 관습적으로가 아니라 개인적으로 사회성과 성욕의 능력을 갖추고, 그 자신 안에 중심점을 가지며, 개인적이고, 자유로우며, 안정된 중심으로 되는 것은 그의 진정한 남성다움을 가지고 이상적인 전투력을 갖추는데 있다.

모든 사람들에게 공통적이고, 근본적인 이 과제 이외에 소위 정신적 생산성이라는 것이 있다.

정신적 충동의 영역에서 의미 있는 욕망의 투사는 영적 가치를 창출할 줄 알고, 문화 수준을 증진시키는 것, 그리하여 삶의 기쁨을 증가시키는 것에 있는 것이다. 삶의 이 부가적인 과제를 풍부하게 완수할 줄 아는 사람이 상대적으로 적다면, 사람들이 에너지를 거의 집중할 줄 모르기 때문일 것이다. 그들이 에너지를 신경증적으로 경련을 일으키게 하거나, 아니면 통속적으로 분산시키기 때문이다. 그러나 정신적 생산성은 모든 사람들에게 가치 있는 이상보다 위에 있다. 집중된 에너지조차 이 부가적인 과제를 완수하는데 충분하지 않을 수 있기 때문이다. 이상적으로 받아들이는 것은 정신적 생산성의 능력을 경련적으로 바라지 않고, 갈망이 저버려졌다고 해서 모든 정신적 노력을 포기하지 않는데 있다. 정신적인 삶을 경련적으로 미워하지 않고 생산을 포기할 줄 알아야 하는 것이다. 자신 안에서 생산적인 가치들을 즐길 줄 알도록 수용성을 발달시키는 것도 포함된다. 진정한 수용적 생산성은 정신적 영역을 스쳐 지나가는 것으로 만족하지 않고, 어떤 생각을 이해했다거나 이상을 실현했다고 헛되게 믿지 않는데 있다. 오히려 그것은 정말 언제나 더 깊이 이해하려고 애쓰는데 있다. 자신의 힘의 한계 안에서 그것을 실현시키기 위하여 이상을 위하여 열정을 바치는데 있는 것이다. 더구나 이것은 생산력이 존재하고, 경련적으로나 금지하면서 과장되게 부추겨지지 않고 적극적으로 일깨우게 하는 가장 확실한 방법이다.

*

요약하자면 다음과 같다: 모든 사람들이 자신의 본질적인 선을 위해서 완수해야 하는 중요한 과제는 사회에 통합되는데 있다. 사회적 충동을 발달시켜서 사회와 가정(성적 충동)에 건강한 세포를 구성해야 하는 것이다. 그렇게 하면서 개인은 가장 효과적으로 정신적 과제에 참여하게 된다(진화의 충동). 사회는 잘못된 동기부여의 과잉이 잘못된 교육을 통해서 세대에서 세대로 전달되지 않는 한에서만 개선될 것이다.

교만의 죄는 이 공통의 과제를 완수하지 않으려고 하고, 그 자신이 과학이나 정치나 예술이나 종교 등의 영역 가운데 어느 한 영역의 문화적 유산을 증가시키는 부가적 과제를 완수하도록 예외적으로 부름받은 존재라고 믿는데 있다.

삶에는 무엇보다도 먼저 재능이 필요하지 않다. 특별히 뛰어난 정신은 더욱더 필요하지 않다. 다만 생명의 충동들이 펼쳐진 위에 건강하게 형성된 성격만 있으면 된다.

인간의 수준에서 진화의 과제는 각 개인의 충동에 맡겨져 있다.

개인들의 운명은 사회적 영향에 달려 있고, 무엇보다도 먼저 수많은 고조되고, 통속화된 과제들을 제시하는 이미 형성되어 있는 이데올로기의 병리적 영향력에 달려 있다. 왜냐하면 그것들은 이 세상에 널리 퍼져 있으며, 모든 형태의 유사-영적이고, 헛되게 강박적이며, 병리적인 수많은 성공주의 자체이기 때문이다. 고조된 과제의 성공주의(arrivisme)는 사실 충동의 좌절에서 비롯된 신경증적 징후이다. 통속주의는 가장 결정적인 좌절이며, 물질적 성공주의는 무슨 수를 써서라도, 심지어 본질적 충동이 죽더라도 달려 나간다.

우월성을 흉내 내기 위해서는 그 어떤 특성도 선택될 수 있다. 그때 그 욕구는 너무 강박적이어서 가장 기대하지 않았던 전환에 의해서, 또는 실현 불가능한 본질적인 특성을 외면함으로써 그 어떤 허약성이나–상상적이거나 예외적으로–증폭된 그 어떤 결함(모든 형태의 사회적이고, 성적인 무능력)도 허영심을 가리는 가면이 될 수 있으며, 정신적이고, 문화적인 무능력을 가리는 가면이 될 수 있다. 전적인 사회적 무능력과 범죄조차, 심지어 성적 욕망을 완전히 억압한 전적인 성적 무능력도 완벽한 우월성을 얻으려는 가장 반박할 수 없는 헛된 증거로 여겨질 수 있다. 허영심이 결코 선택할 수 없는 유일한 가면이 있는데, 그것은 정신적 충동의 무능력인 어리석음이다. 그것이 바로 어리석음, 즉 정감적 사고의 고조이기 때문에 허영심이 감추고 싶어한다. 그리고 통속화된 신경증적인 사람이 극도의 불안을 가지고 경계하는 것은 바로 기억하지 못하거나 집중하지 못하는 것으로 나타나는 미련함이다. 어떤 사람이 평균 이상의 능력을 가지고 있다면, 그는 그의 고뇌를 감추기 위하여 경련적으로 생산성이 분출되게 할 수 있는데, 그것은 본래 그의 거짓된 정신에 들어 있던 것이다. 그래서 그것은 사람들을 풍요하게 하기보다 대경실색하게 한다. 또한 신경증적인 사람은 포기함으로써 무기력증에 빠지고, 통속적인 사람은 깊은 우울증까지 이를 수 있는 우울한 상태에 빠진다. 특히 삶에 의미를 두었던 향유가 포기될 무렵인 폐경기에는 더욱더 그렇다. 어리석음을 감수하는 것은 병적인 수단으로서, 모순되게도 자기 자신과 다른 사람 앞에서 점점 더 분명해지는 능력의 상실을 감추거나 변명하려고 이용되는데, 그 상실은 종종 자기-관찰이나 건강염려증 같이 병적인 자기-해석에 의해서 걱정스럽게 불러일으켜진다. 이런 병적인 어리석음의 감수는 과장된 과제에 지쳤다는 부정적인 표현이며, 비밀스러운 상상력 속에 고백되지 않은 채 지속된다. 신경증적으로 게으른 사람은 다른 모든 사람들을 능가하려는 허망한 과제 때문에 너무 무거운 시련 앞에서 결정적으로 도망치려는 것밖에 하지 않는다.

다른 사람들을 능가하려는 과장된 과제가 학령기부터 나타날 수 있기 때문에 능력들이 파괴되는 것은 성인들의 정신적 치매 상태에서만 그런 것이 아니다. 어떤 형태의 청년기 신경증—특히 활력의 감퇴에 대한 불안이 접목될 경우—이 파과병적인(조현병의 일종으로 점차 멍해지고, 무기력해지는 병) 어리석음으로 옮겨가는 것이 불가능한 것만은 아닌 것이다.

제2부
치료에의 적용

제1장
심리학적 계산

잘못된 동기부여의 네 가지 경향들은 그것들 사이에 수많은 양가적 관계들을 만든다. 그것들 하나, 하나는 다가적(polyvalent)이기 때문에 그것은 다시 수많은 파생물들로 분해된다. 모든 비뚤어진 경향들과 모든 파생물들은 하나의 통일체 안에 포함되어 있지만, 그것들은 치명적인 죄의 서로 다른 측면일 뿐이다. 이 본래적인 통일체는 양가적이고, 다가적으로 분해되었음에도 불구하고 비뚤어진 감정들이 유비적으로 연결되어 있는 원인이다. 이 분해는 완벽한 규칙성인 적법성을 보여준다.

수많은 파생물들은 네 가지의 지배적인 경향들 안에 무리 지어져서 서로를 부른다. 그 가운데 어떤 것도 다른 것들과 독립적으로 존재하지 못하는 것이다. 사람들이 정신적 부조화 상태 속에서 살 수 있기 때문에 각각의 파생물들은 치명적인 죄의 또 다른 표현이고, 수많은 파생물들은 어느 하나가 다른 하나를 대체할 수 있으며, 이런 대체는 거짓된 상상력의 게임이다. 허영심은 증오로 가득 찬 비난으로 대체될 수 있고, 비난은 감상적인 이타주의로 대체될 수 있는 것이다.

그러나 이런 강박적 대체의 뿌리가 공통적이라서 그 대체는 서로 비슷하고, 양가적인 연계의 길을 따를 수밖에 없기 때문에, 거짓된 대체들을 설명적으로 재구성하면 하위-의식적 삶의 진실을 발견할 수 있다. 그것들을 설명적으로 재구성하면 거기에 얽혀 있는 감정들이 어떻게 변환되었는지 알 수 있는 것이다. 그 깊은 곳에서 하나의 감정이 다른 한 감정은 물론 다른 모든 감정들까지 의미하고, 한 감정이 다른 감정들과 동등하기 때문에 그 감정은 대체된 감정이 그 자신이라고 주장한다. 그래서 신경증적인 사람의 해체된 감정은 심리학적 계산, 즉 알고리즘을 만들면서 비율적으로 비슷한 그와 유사한 감정을 만드는데, 그것은 그렇게 하면서 관찰 가능한 파생 감정이 완성되도록 미지의 감정을 찾으려고 하기 때문이다. 그 감정을 눈에 보이는 반응으로 드러내 보이려고 하는 것이다.

이 심리학적 알고리즘을 세밀하게 연구하기 위해서는 앞에서 이미 언급했던 네 가지 잘못된 동기부여의 양가적 경향들을 요약하고, 확장하는 것이 필요하고, 그것으로 충분하다. 그 경향들에는 다가적(多價的) 특성이 있어서 그것들은 잘못된 동기부여의 범주들이라고 불려왔다.

*

모든 정신적 특성은 허영적인 형태, 죄의 형태, 감상적 형태, 비난적 형태로 퇴화되기가 쉽다.

예를 들어서 말하자면, 자신에 대한 평가는 그 자신에 대한 허영심에 의한 과대평가와 자신에 대한 죄의식에 의한 과소평가, 다른 사람에 대한 감상적인 과대평가, 다른 사람들에 대한 비난적인 과소평가로 분해되는 것이다.

또한 신뢰(confiance)는 그 자신에 대한 헛되게 고조된 신뢰, 그 자신에 대한 고조된 불신(죄의식), 다른 사람들에 대한 감상적으로 고조된 신뢰, 다른 사람들에 대한 비난적인 불신으로 분해된다.

인내도 자신에 대한 고조된 인내와 고조된 조바심, 다른 사람들에 대한 고조된 인내와 고조된 조바심으로 분해된다.

사랑 역시 자신에 대한 고조된 사랑과 고조된 미움, 다른 사람들에 대한 고조된 사랑과 고조된 미움으로 분해된다. 다른 모든 특성들도 마찬가지다.

우리가 사각형의 각 모서리를 만들면서 잘못된 동기부여의 범주들을 생각하면, 우리는 유비적 연결과 양가적 반대의 도식을 얻을 수 있다.

그리고 거기에 대각선을 넣으면 잘못된 동기부여의 사각형을 쉽게 그릴 수 있다.

허영심(vanité)	비난(accusation)
죄의식(culpabilité)	감상성(sentimentalité)

여기에서 대각선의 교차점은 해체 중에 있는 특성을 가리킨다. 도식의 왼쪽, 그리고 죄의식 위에 있는 허영심은 어떤 자질을 소유하려는 고조된 욕망을 가리키고, 죄의식은 그것을 박탈당했다는 고조된 불안을 가리킨다. 비난과 감상성(도식의 오른쪽에 있다)은 다른 사람에 대한 허망하거나 죄책감에 가득 찬 분노의 투사를 가리킨다. 따라서 비난의 아래 있는 감상성은 다른 사람들, 특히 그 주체와 정감적으로 연결되어 있는 사람들이 가지고 있으리라고 생각되는 고조된 욕망을 가리킨다. 자질이 갖춰져 있고, 교양 있는 사람들과 함께 사는 것이 바람직하기 때문이다. 비난은 다른 사람들이 그 자질을 가지고 있지 않다는 고조된 불안을 가리키고, 그들이 그 어떤 자질도 가지고 있지 않아서 위험하다는 것이다.

그 자신의 자질에 대한 고조되거나 불안한 욕망의 투사는 신경증적인 사람에게 세상에 대한 고조된 불안의 형태로 돌아온다. 잘못된 허영심이 커질수록 비난하는 감상성이 더 커지고, 고조된 욕망은 다시 자기-연민으로 이어지기 때문에 우리는 이 불안이 점진적이라는 사실을 안다. 감상적인 요구가 더 커지면, 아무리 작은 무례함에 대해서도 과장된 복수심은 더 커진다. 실망이 언제나 더 고조된 비난을 일깨우기 때문이다. 원(圓)은 쉬지 않고 돌아가며, 우리가 어느 범주가 다른 것의 원인인지 말하지 못할 정도로 끊임없이 강화된다. 이 범주들은 상호 작용에 의해서 강화되는 상상력의 틀일뿐이다. 진정한 원인, 즉 실제적인 원인은 교만의 죄에 있으며, 인간의 정신은 정당화하려는 거짓으로 더럽혀져 있다는 사실에 있다.

감상적인 비난에 의하여 세상에 투사된 헛된 죄의식은 신경증적인 사람에게 세상 사람들의 견해와 반응에 대한 고조된 불안으로 되돌아온다. 그것은 그를 겁에 질리게 하는 귀신이나 악몽이 되는 것이다. 사람들에게 일어난 사건들을 외상(外傷)으로 변환시키는 원인은 사실 환자 자신에게 존재한다. 그러나 세상에 대한 고조된 불안은 양가적이다. 그 불안 자체에는 세상이 위험하고 마땅치 않기를 바라는 고조된 욕망, 이 세상을 헛되이 이길 수 있고, 스스로가 이 세상보다 나으려면 이 세상이 잘못되어야 한다는 욕망이 들어 있는 것이다. 그런 관점에서 비난은 허영심의 다른 형태일 뿐이고, 허영심은 비난을 강요하게 한다. 그러므로 허영심과 비난은 아무리 그 두 가지가 양가적으로 대립될지라도, 유비적으로 연결되어 있다. 그것은 죄의식과 감상성의 경우도 마찬가지다. 다른 사람들에 대한 감상적인 과대평가가 더 고조될수록 열등성에 대한 하위-의식적 감정이 더 커지고, 그 자신에 대한 고조된 과소평가인 죄의식이 더 커지기 때문이다.

그 도식에서 수평적 관계를 구성하는 이 유비들에서 대각선 방향은 수직적 방향에 대응한다. 한편으로는 대각선 방향에서 감상성과 허영심, 다른 한편으로는 수직적으로 비난과 죄의식이 유비적인 것이다. 그때 허영심과 감상이 그 자신과 관계되고, 죄의식과 비난도 그 자신과 관계된다. 한편 수직적 방향에서 한편으로는 허영심과 죄의식, 다른 한편으로는 감상성과 비난이 유비적이다. 감상적인 불편에는 이미 비난조의 질책이 들어 있고, 허영심은고백하지 않고, 부정하며, 억압된 죄의식 이외에 다른 것이 아니다.

이런 유비적 관계들은 거짓-만족의 게임이다. 그러나 그것들은 가장 중요하고, 가장 비극적인 게임이기도 하다. 고조된 상상력의 게임, 즉 삶이 그렇게 되어야 하는 강력한 게임을 대체한 비뚤어지고, 무력한 게임인 것이다. 또한 그것은 상상력에 의해서 고조된 비현실적인 게임, 신경증적인 사람이 그의 무력함과 죄를 가리려고 하고, 그것에 의해서 그를 고조시키려는 게임이며, 신경증적인 사람을 흥분의 노리개로 만드는 기괴한 게임이다. 객관적으로 생각할 때, 이 비현실적인 게임은 마술적 실재(實在)이다. 그것은 삶이 그의 본질적 과제에서 도피하고, 영웅인 척하면서 싸움에서 도망치려는 사람에게 놀이하는 장기(將棋)의 말이다. 그것도 죄 지은 사람이 속을 수밖에 없는 아주 나쁜 말이다. 그것의 유비적 규칙성 때문에 고조된 상상력의 게임은 거기에 내재된 법칙에 의하여 삶에 대한 비난과 가장 무도회로 변화된다.

하위-의식적인 삶의 법칙은 치명적인 죄가 일단 억압되면 악순환에 의해서 계속해서 강화된다고 규정한다. 그런데 억압된 죄는 성취에 대한 고조된 상상(허영심)과 실패에 대한 고조된 상상(죄의식)으로 분해된다. 따라서 상상에 의한 수많은 죄책감들에 의해서 치명적인 죄에는 다시 나타나려는 경향이 들어 있다. 그래서 거기에서 비롯된 과도한 자기-비난은 감상적으로 새로운 억압을 하게하고, 그것은 다시 잘못된 비난조의 헛된 고조를 강화시키며, 끊임없이 상상력에 의하여 증가하게 된다.

잘못된 동기부여의 네 가지 경향들은 하위-의식적 삶의 도식을 보여준다. 그런데 왜곡된 실제적인 삶에는 헛되고, 감상적이며, 비난조의 죄책감들이 가득 차있다. 영혼의 특성들이 실제로 진화하는 대신 상상력에 의하여 고조될 때, 그 안에는 그의 특성인 진정하고 강한 감정들이 분해된 헤아릴 수 없이 많은 부스러기들이 있다. 그런데 감정의 이 부스러기들은 모든 하위-의식적 분해를 지배하는 유비적인 규칙성에 대한 인식을 통하여 헤아릴 수 있고, 심리학적으로 파악할 수도 있다.

다음에서 볼 수 있는 것은 어떤 특성, 예를 들어서 말하자면 자부심과 관계된 능력이 점차적으로 해체되는 것에 대한 예이다.

우리가 앞에서 수차례 강조하였듯이, 신경증적인 사람은 다른 사람들과 만날 때 그 자신이 충분히 존중 받지 못한다고 느끼면서 힘들어한다. 모든 만남은 그에게 외상적으로 될 위험이 있는 것이다. 그래서 그는 다른 사람들이 그가 상상하는 스스로에 대한 가치를 알아주지 않기 때문에 감상적으로 자기 연민에 빠진다. 그러나 사실을 말하자면, 그가 다른 사람을 평가할 줄 모르기 때문에 그가 존중 받지 못하는 것이다. 그가 다른 사람들을 끊임없이 평가절하해서 그들 속에서 평가절하와 비난을 일깨우는 것이다. 따라서 감상성에서 비롯된 자신에 대한 연민(憐憫)은 다른 사람들에 대한 평가절하나 비난과 연계된다. 그러나 비난조의 평가절하도 감상성의 다른 파생물인 굴복과 양가적으로 대조되는데, 신경증적인 사람은 다른 사람들에게 연민을 요구하고, 구걸한다. 그러나 환자는 흔히 그가 자기도 모르게 종종 울먹거리거나 애원하는 목소리로 억양을 변화시키면서 굴복하는 경향이 있다는 사실을 모른다. (이것은 이와 정반대로 허영심에서 나와서 의기양양하거나 교만한 억양으로 바뀔 수도 있다). 종종 감상적인 굴복은 수줍어하는 사람들의 지배적인 증상일 수 있다. 그런데 사람들 사이의 관계는 보통 생각하는 것보다 훨씬 더 진정한 동기들을 추측해서 이루어지는 경우가 많다. 다시 말해서 잘못된 동기들이 실제로 행해지는 것이다(투사적 성찰). 이런 추측은 거짓된 동기들이 논리적이지는 않지만 심리학적으로 의미 있는 표현들인 제스처나 억양 등으로 나타나는 것에 이끌린다. 이 표현들은 하위-의식 사이를 오가며 이해되면서 무엇이라고 설명할 수 없는 공감이나 반감들을 자극한다. 모든 것이 말로 표현되는 언어의 논리적 의미는 그것이 고백할 수 없고, 고백되지도 않는 거짓된 동기부여인 한 정당화의 수단이며, 병풍이고, 억압의 수단일 뿐이다. 그래서 다른 사람이 굴복의 표시라고 추측하는 것도 사실은 그에게 상대방을 억누르고, 깔보면서 이기려고 하며, 오만한 경향을 일깨울 위험이 있다. 환자는 그가 스스로에게 불평하는 경멸을 자극하는 것이다. 그러나 모든 신경증적인 사람이 고통당하며, 그가 부당하다고 생각하는 이 경멸에 대해서 느끼는 연민은 양가적으로 비난과 파생물의 경향에 연결되어 있을 뿐만 아니라 허영심과 죄의식과도 연결되어 있다. 그리고 그것은 환자 자신의 허영심이나 죄의식뿐만 아니라 다른 사람들의 허영심이나 죄의식과도 연결되어 있다. 신경증적인 사람이 가진 자기 평가는 그에게 요청되는 평가보다 아래 있으며, 그는 끊임없이 그의 진정한 가치가 제대로 인정받지 못한다고 믿는다. 그러나 다른 사람들에게도 똑같은 허영심이 있고, 그들 역시 계속해서 자신의 가치를 평가해 달라고 하며, 그들이 낮게 평가되는 것을 분하게 생각한다. 그래서 사람들은 그들 자신이 허영심으로부터 깨끗해지지 않는 한 다른 사람들의 허영심을 참지 못하고, 선해질 수가 없다. 각 사람이 그가 그런 것보다 더 평가 받기를 바라기 때문에 한 사람의 허영심은 다른 사람의 허영심에 의해서 상처 받는 것이다. 그는 다른 사람을 억양과 찌푸린 얼굴, 비방 등으로 제자리에 가져다 놓는다. 자신이 그런다고는 짐작도 하지 못하면서 끊임없이 그의 하위-의식의 무기고에 있는 무기들을 꺼내드는 것이다. 허영심이 클수록, 허영심은 더 고조된 평가를 요구한다. 요구한 평가와 거절된 평가 사이의 차이가 클수록 참기가 더 어렵다. 이 차이는 신경증적인 고통 가운데 제일 작은 것이 아니라 아마 제일 중요한 요소일 것이다. 하위-의식의 가장 깊은 곳에서 신경증적인 사람의 죄의식은 그에게 쉬지 않고 다른 사람에게 높은 평가를 받으라고 떠민다. 그러나 그것은 그가 실제로 받아들일 수 없고, 오직 허영심에서만 그에게 가져다 댈 수 있는 고조된 평가이고, 그의 잘못과 실수 때문에 너무 자주 부인되며, 경련적으로만 지탱될 수 있는 평가이다. 신경증적인 사람의 죄의식은 쉬지 않고 다른 사람들의 반응을 살펴보는데, 그것은 그들의 통찰력이 그의 초라한 부족을 눈치챌까봐 두려워서이고, 그의 죄의식이 너무 고조돼서 그가 그대로 드러날까 봐 불안해한다. 그는 다른 사람들의 견해를 무척 불안해하는데, 그것은 그가 다른 사람들의 무한한 관심의 대상이 되고 싶어 하는 고조된 욕망의 반대 짝이다. 고조된 욕망이 부정적으로 된 것이다. 신경증적인 사람이 물질적으로 의존적이면, 그는 결국 다른 사람들이 그의 사회적이고, 직업적인 상황을 보고 좋지 않은 반응을 보이면서 해석할까 봐 몹시 두려워한다. 그런 병적인 해석은 그의 불안한 허영심에 물질에 대한 충동에서 나온 걱정을 연결시켜서 불행한 희생자를 더욱더 옥죈다. 이성과의 관계가 불안하고, 억제적인 압박감을 피해가지 않는 것은 확실하다. 삶의 모든 관계들이 중요한 불충분성에 영향을 받고, 모든 충동들도 무기력의 영향을 받는 것이다. 신경증적인 사람이 자신에 대해서 진정한 평가를 하지 못하고, 자신을 진정으로 신뢰하지 못해서 언제나 다른 사람들의 평가에 더 굴복하고, 하위-의식적으로 일망정 그들에게 좋은 평가를 해달라고 구걸하지만 비난만 받는 것은 놀라운 일이 아니다. 이 잘못된 순환을 시작한 자기-연민은 고조되고, 이 악순환은 결국 감상성이 고조되는 것으로 끝난다. 그러나 감상성은 출발점의 수준에 머물지 않고, 훨씬 더 고조돼서 부인되고, 억압된다. 나선(螺旋)은 돌고, 또 돌아서 하위-의식의 더 깊은 곳까지 계속해서 들어가는 것이다. 그래서 하위-의식적 표현들인 서투른 몸짓들과 마음을 다 드러내는 억양들이 강조된다. 결국 상징적 표현들로 드러나는 것이다.

*

우리는 여태까지 기술한 것들을 설명이나 예시라고 부를 수 있다. 우리는 사람들에게 있는 평가적 욕구가 해체되는 것에 관해서 살펴본 이 사례와 비슷한 다른 관계들을 추적하면서 또 다른 원(圓)을 얻을 수도 있는 것이다. 이런 사례들은 잘못된 동기부여는 인간의 상호관계 밖에서는 찾아 볼 수 없을 것이라는 사실을 보여준다. 이것들은 각자가 따로 떨어져서 일어나는 현상이 아니라 서로가 서로를 불러일으킨 결과라는 것이다. 말하자면 사회적 현상이다. 그것은 심리학과 관계되는 것만이 아니라 사회학과도 관계되며, 이 두 학문을 통합하는 다리이다. 그래서 심리학은 물론 사회학도 잘못된 동기부여에 대한 연구에서 예외적으로 있을 수 없다.

그 어떤 사례도 원의 파생물과 각각의 잘못된 동기부여의 다른 아무 원 사이에 묶여 있는 이와 비슷한 관계에 내포된 풍부한 의미를 무한하게 강조할 수 없다. 또한 이 마술적인 포위망 속에 연루된 파트너의 파괴적이고 고통스러우며, 사회적이고 집단적인 게임의 도발적 교류 사이에 묶여 있는 것들을 더 잘 드러낼 수 없다.

그것들을 설명하는 모든 원들은 다른 특성들로 분해된 다른 파생물들이 만든, 거기에 겹쳐진 또 다른 원들과 연결되어 있다. 닫혀져 있고, 겹쳐진 원들에 대해서 말하는 것은 다른 것들을 설명하는 비슷한 관계들이 너무 많아서 서로 떨어진 원들이 현실과 맞지 않기 때문에 잘못된 것이다. 그것들의 구별은 그 관계들을 선택하면서 제한될 수밖에 없는 설명에서 필연적이다.

그러나 그 선택은 자의적인 것이 아니다. 그것은 이 특성이나 저 특성의 분해와 관계되는 것으로 첫 번째 양가성의 유비에 대한 선택에 의해서 결정된다. 거기에 얽혀 있는 다른 모든 유비들 역시 자의적으로 선택된 것이 아니라 상상적으로 외상화 된 사건에 대한 잘못된 가치 평가에 의해서 부과된 것으로서 이 최초의 양가성에서 발전한 것이다.

이론적인 것만이 아니라 살아 있는 설명이 진정한 치료 작업인데, 매번 실제의 분석에서 이와 유사한 양가성을 분석자의 삶에서 볼 수 있는 다른 경우를 계속해서 반복하여 설명하는 것만이 하위-의식에 가득 찬 모든 분노와 원망들이 존재한다는 확실성과 그것에 대한 비전을 제공해 줄 수 있을 것이다.

정신적 왜곡을 지배하는 부조화의 법칙에 대한 의식적 이해, 즉 변태적 사슬에 대한 규칙성에 대한 이해는 우리에게 치유를 가능하게 하는 조화의 법칙을 발견하게 한다. 이 법칙은 특성들이 양가적으로 분해돼서 생기는 변태적 사슬과 반대되는 반(反)-명제이다. 그것이 우리에게 치료의 원리를 제공해 주는 것이다. 그렇게 하면서 잘못된 동기부여의 억압은 풀리게 된다.

*

하위-의식에 완결되지 않은 채 묶인 수많은 양가적 관계들의 변화무쌍한 특성들이 해체 과정 중에 있는 다른 특성들과 어떻게 작용하는지에 대해서 살펴보려면 모든 사람들에게 다른 사람들의 평가에 대한 관심은 인간 영혼의 자연스러운 욕구라는 사실을 덧붙여야 한다. 평가의 욕구는 건강한 것으로서 진화의 기능이며, 긍정적 특성인 것이다. 평가에 대한 욕구는 진정한 만족을 얻을 수 있기 때문이다. 그것은 한 사람이 그의 삶의 과제를 완수하고, 그의 능력이 발달하여 그 평가에 부합되는 한 얻을 수 있다. 그러나 평가는 다른 사람들의 견해와 무관하게 이루어지지 않고, 이런 독자성은 아무렇게나 이루어지지도 않는다. 그것은 다른 사람들의 견해와 반응에서 비롯된다는 점을 감안해야 하는 것이다. 또한 우리는 대중들의 관습도 고려해야 한다. 하지만 그런 것들을 너무 걱정하는 것도 건강에 해롭다. 그런 신중한 태도들—결코 완벽하게 행해질 수는 없지만—로부터 자연스러운 욕구가 승화될 것이다. 자연스러운 욕구는 통속적인 형태로 추구하려는 관습적인 평가와 떨어져 있는 것이다. 이런 관습적 평가는 종종 외부의 관습적 성질을 가진, 특히 사회적 지위에 부여된다. 그래서 평가에 대한 자연스러운 욕구가 고조되면 다른 결정적인 요소들과 더불어서 사회적 지위와 물질적 재화의 소유에 대한 투쟁이 고조된다. 그러나 이런 관습적 충족에 의해서 사람들은 점점 더 외적 상황에 의존하게 되면서 그들의 내면의 중심인 인간으로서의 진정한 가치를 잃게 된다. 관습적 평가에 대한 집착은 거기에 있는 독점성 때문에 건강하지 못한 과장으로 되는 것이다. 정말 중요하고, 진화의 성격을 가진 평가의 욕구는 점점 더 다른 이들의 참조에서 벗어난다. 그것은 진화의 충동에서 비롯된 그 자체의 힘이나 외부 상황에 의해서 변화되지 않는 만족, 자신의 중요한 과제를 완수한 결과에 대한 만족을 추구하는 것이다. 흔히 관습적인 가치들을 통해서 이루어지는 다른 사람들에 의한 평가의 욕구는 그 자신의 평가라는 승화된 욕구로 대체되는데, 그 자신에 의해서 정당화된 이 평가, 즉 그 자신에 대한 신뢰는 허영심에 의한, 고조된 자기-평가와는 완전히 반대된다. 그것은 감상적이며, 도덕화하는 죄의식에서 비롯된 자신에 대한 고조된 불신과도 반대된다.

자연스러운 욕구의 왜곡인 허영심에서 비롯된, 잘못된 자기에 대한 과대평가에는 진정한 자기-평가가 불가능하다는 사실과 다른 사람에 대한 정당한 평가 역시 불가능하다는 특징이 들어 있다. 앞에서 말했던 양가성이 증가한 것이다. 양가성의 또 다른 방향은 또 다른 사례의 원을 발달시킬 텐데, 예를 들어서 말하자면, 신경증적인 사람은 그에 대한 다른 사람의 평가를 받아들이지 못하는 것이다. 그래서 그는 그것들을 신뢰하지 않으면서, 다른 사람들이 그를 높이 평가하면, 그것은 그가 쌓아 놓은 신뢰를 무너뜨리려는 것이라고 생각하거나, 그가 그 자신을 드러내면서 다른 사람들을 실망시키지 않을까 하고 하위-의식적으로 두려워한다. 그러면서 그 자신을 닫아버린다. 그는 평가를 싫어하고, 다른 사람들은 언제나 그의 탁월한 장점을 부당하게 거부해 왔다고 생각하면서 과장되게 다른 사람들의 평가가 필요하지 않은 척하며, 거기에서 완전히 물러선다. 그는 고상하게 떨어져 있는 듯한 것이다. 이렇게 과장된 태도는 그를 진정으로 평가하려는 사람들까지 물리치게 되고, 그들의 평가가 그가 생각하기에 충분하지 않을 경우 그들을 더욱더 물리치게 된다. 그는 다른 사람들을 시험하려고 해서, 그들로 하여금 그에 대해서 모두 평가해 달라고 하기도 한다. 그러나 다른 사람들은 그렇게 하기를 싫어한다. 여기에서 신경증적인 사람이 사실은 다른 사람들의 평가에 예민하다는 사실이 드러난다. 그가 다른 사람들에게 좋은 평가를 받지 못한다는 사실이 드러나고, 그의 원망하는 비난은 더 높아진다. 또한 그는 그가 조금이라도 평가할 만한 것을 보여주면, 상대방이 그가 너무 높이 평가되었다고 생각하지 않을까 하면서 두려워한다. 그러나 그것은 그가 그에 대한 올바른 평가와 다른 사람들이 할 수 있는 올바른 평가 사이에는 뛰어넘을 수 없는 간격이 있다는 사실을 모르고, 헛되게 우쭐거릴 수 있다는 사실을 말해준다. 신경증적인 사람에게 흔한 허영심일 것이다. 그래서 신경증적인 사람이 다른 사람들과 맺는 관계—평가 관계에 관한 한—는 점점 더 어려워지고, 그는 더욱더 뾰루퉁한 자폐 뒤에 숨는다.

그러나 이런 비난조의 뾰루퉁함은 다시 감상적인 태도에 의하여 양가적으로 대조되는데, 그것은 병적인 관대함이다. 신경증적인 사람은 다른 사람의 평가를 어떻게 받아들여야 할지 몰라서 뾰루퉁한 것과 반대되는 고조된 정중한 태도와 고려라는 잘못에 빠지는 것이다. 그러나 그런 태도도 다른 사람과의 관계를 파괴한다. 서로에 대한 올바른 평가가 두 사람 사이에 올바른 관계를 만드는데, 그렇지 않기 때문이다. 그러나 신경증적인 사람은 그것을 인정하지 않으려고 하면서 그 관계를 다시 파괴한다. 그리고 그는 삶에 대해서 다시 죄를 짓고, 삶을 억압한다. 정말 중요한 죄를 짓는 것이다. 병적인 관대함에 관해서 말하자면, 신경증적인 사람은 그의 욕구를 만족시킬 수 있는 평가를 받지 못하여, 고조된 평가는 물론 결핍된 평가에 목말라서 그를 몹시 인정하는 우연한 평가에 반응하기도 한다. 비난하는 태도 속에서 얼어붙은 그의 자기-연민이 감동을 받았기 때문이다. 한편 신경증적인 사람의 뻣뻣한 태도는 구부러지고, 다른 사람을 과도하게 평가하는데, 그것은 그가 다른 사람의 평가를 제대로 받아들이지 못하고, 동시에 다른 사람을 제대로 평가하지도 못한다는 것을 보여 준다. 그의 고조된 평가는 그가 그 안에서 헛되게 그 자신을 드러내는 연극적 자세이기 때문이다. 허영기가 다분한 평가는 상대방을 악순환에 빠트리고, 그 속에서 서로가 감상적인 것을 나누려는 의도 이외에서는 결코 만들어지지 않는다. 그 안에서 두 사람은 세상에 대한 비난을 같이 나누게 될 것이다. 그때 선택된 사람이 신경증적인 사람이라면, 거기에서는 두 사람 사이에서 허영심이 가득한 우정이 고조되고, 그 우정은 진정한 우정과 혼동된다. 또한 상대방이 이성이라면 그것은 진정한 사랑이라고 생각된다. 그러나 두 사람 사이의 허영이 흘러넘치는 감상적으로 고조된 이 관계는 진정한 우정이나 사랑과 정반대이다. 두 파트너가 그 안에 강력한 힘을 담은 이상적인 형태를 실현시키도록 발달한 고상한 생산력이 보이지 않기 때문이다. 그러나 생산적인 것과 거리가 먼 감상적이고, 헛된 관계는 파괴적일 뿐이다. 오히려 그것은 두 사람이 세상에 대한 욕을 같이 하려고 만든 잘못된 도구이고, 두 사람이 서로의 죄를 억압하려는 경향을 강화시키는 구실에 불과하다. 그래서 발판 위에 높이 들어 올려 진 두 파트너는 서로에 대한 찬양에 의하여 그들이 그렇게 되어야 한다고 믿는 바람에 굳게 된다. 그들은 이제 다시 내려오지 못하는 것이다. 사랑하는 마음에서 나온 과대평가는 감상적인 거짓-너그러움에서 종종 나오는데, 그것은 퇴화돼서 경멸만 증가시키는 경향이 있다. 이런 관계는 부부 사이나 부모와 자녀 사이의 가족적 환경에서 가장 많이 행해졌다가 깨진다. 그러나 이런 고조는 가족의 테두리 바깥에서도 만들어지는데, 소란스러운 불화나 증오에 찬 비난의 원인으로 된다. 결혼 관계에서 이혼은 상상력이 고조되지 않는 한 행해지지 않는다. 그것은 하위-의식에서 그에 대한 욕망이 억압되었기 때문에 행해지는 것이다. 외적인 관계는 지속되지만, 파트너들은 축적된 실망 때문에 계속해서 서로를 괴롭힌다. 애증의 관계라고 하는 이 상태에는 다른 심리적 상태와 마찬가지로 또 다른 설명 체계에 의해서만 유비적으로 설명될 수 있는 많은 결정 인자들이 들어 있을 것이다.

고조된 관대함이 만든 이 상황에서 제일 흔히 나타나는 결과는 불쾌한 놀라움, 비난조의 감상주의가 흘러넘쳐서 생긴 배척과 귀찮음이다. 그리고 이런 공격을 받은 사람은 뒤로 물러나고, 그때부터 신경증적인 사람에게는 그의 우스꽝스러웠던 태도에 대한 부끄러움과 허영심에 난 상처와 억압되고, 투사돼서 적대적인 비난을 강화하는 죄책감 이외에는 아무것도 남지 않는다. 그것은 제대로 보상 받지 못한 너그러움이 병적으로 더 고조되었기 때문에 더욱더 악화된다. 감상주의(sentimentalisme)가 언제나 미사여구가 흘러넘치는 말로 나타나지 않는 것은 쉽게 알 수 있다. 그 표현이 과도하기보다는 억제적인 경우도 있다. 그때 수줍은 태도는 달콤하거나 불만인 억양이나 얼굴, 어깨, 팔다리가 수축되거나 또 다른 몸에 경련이 일어나는데, 그것들이 첫 번째 증상이다. 고조된 너그러움은 쉽사리 감상적으로 복종하는 형태를 취할 텐데, 그것은 이런 것들을 설명하는 원을 앞에서 말한 것들에 연계시키는 수많은 단서들 가운데 하나이다.

이제 막 예시한 것은 단 하나의 특성인 자신에 대한 평가의 능력의 분해에서 비롯된 변태적인 포위나 마술적 주문(呪文)일 뿐이다. 그러나 각 충동의 분해는 세 가지 충동 각각으로 확장되는 이와 비슷한 원(圓)들을 만들고, 모든 충동들의 분해는 그 속에 파생물들의 양가적인 유비에 의하여 연계되어 있다. 따라서 우리는 그것들을 정신적 계산(calcul psychique)이라고 부를 수 있다. 이 계산이 내적으로 재구성된 것은 심리학적 계산((calcul psychologique)이다. 그것에 의하여—오직 그것에 의해서만—과학으로서의 심리학이 나온다. 이 계산은 수학적인 계산으로 볼 때, 정량적으로 정확하지 않고, 정성적으로 정확해서, 감춰진 동기들을 예측하게 하는 능력은 원리적으로 절대적이다. 그리고 실제에 있어서도 원하는 정도의 정밀도에 도달할 수 있다.

의식을 통해서 이 하위-의식적 계산을 이해하는 것은 치료적 효과를 가져 온다. 이렇게 예측되는 계산을 사용해서—그것의 방법론적 규칙은 아직 설명하지 않았는데—다른 사람의 내면에서 이루어지는 오류를 예상할 수 있고, 내면에서 움직이는 감춰진 동기들을 알 수 있지만, 환자들은 거기에 대해서 아무것도 알지 못한다. 그가 그것을 알고 싶어 하지 않기 때문이다.

예측하게 하는 계산은 결국 일시적으로 동기들을 직접 관찰하지 않게 해 주고, 분석가 자신의 정신에서 아직 현실로 되지 않은, 가능한 비뚤어진 동기들을 예측하게 한다. 모든 정신은 그 자체로 하나의 세계이며, 그 속에는 모든 비뚤어지거나 고상한 동기부여들이 가능한 상태로 존재하고, 그것이 없다면 모든 동기들은 우연적으로만 나타날 것이다.

동기들 사이에는 규칙적이고, 유비적인 관계가 있기 때문에 정신적 실재(réalité psychique)로 된 각각의 동기는 살아 있고, 직접 체험할 수 있으며, 다른 모든 가능한 동기들에 반향을 일으키고, 그것들을 어느 정도까지 살아 있고, 떨리게 한다. 이 살아 있는 관계는 모든 비뚤어진 동기들 사이에서만 존재하지 않고, 비뚤어진 것과 고상한 것 사이의 관계를 양가적으로가 아니라 반(反)-명제적으로 지배한다.

비뚤어진 색조의 동기부여들이 고상한 색조의 동기부여에 반-명제적 동기부여를 일깨운다는 사실은 전혀 놀라운 일이 아니다. 이런 일깨움은 분석에 의해서 불러일으켜진 죄의식의 출현에서 비롯되기 때문이다. 분석의 목표는 분석자(본서에서는 능동성을 강조하기 위하여 분석가인 analyste의 대칭 개념으로 피분석자라는 말 대신 분석자로 표기할 것이다—역자 주)가 죄의식을 억압하지 않고, 그것을 감당할 수 있게 하는 것에 있다. 죄의식은 헛된 정당화에도 불구하고 도착(perversion)과 연계된 고상한 반향(résonance) 이외에 다른 것이 아니다. 허영에 의한 거짓된 숭고성에 내재된 해로운 결과들에 대한 의식화는 허영심의 거짓된 약속의 암시적인 하위-의식적 힘을 감소시키고, 그렇게 함으로써 죄의식의 고상한 반향을 강화시킨다. 그 반향은 점점 더 억압으로까지 올라가는 구원적인 반향이다. 억압된 죄의식인 허영심의 유일한 해결책은 그것들을 의식화하는 규명 작업을 통하여 죄의식을 해제하는 데 있다. 규명하는 내적 성찰과 억압하는 병적인 내적 성찰은 대각선적으로 반대편에 있고, 각자의 깊은 생각 속에서 반-명제적으로 연결되어 있다. 그래서 그것은 쉬지 않고 변태적인 것에서 고상한 것으로, 고상한 것에서 변태적인 것으로 변환된다. 이런 변환은 변태적인 것과 고상한 것이 반향에 의해서 반-명제적으로 연계되어 있지 않고, 만족감의 형태와 유사-만족적 분노의 형태로 구체적으로 체험될 수 없으면 불가능할 것이다. 신경증적인 사람에게도 승화적인 내적 성찰이 완전히 불가능한 것은 아니다. 그의 병은 그가 너무 쉽게 고상한 것과 거짓-고상한 것 사이의 혼돈의 포로가 된다는 데 있다. 허영심은 거짓된 승화로 결코 변환될 수 없기 때문이다. 허영심이 있는 사람은 거짓된 승화에 반향을 일으켜서, 자신이 승화된 삶을 산다고 믿는다. 그는 그의 거짓된 승화에 내재된 고통을 자신의 우월성의 표시로 여기고, 다른 사람들이 자기만큼 농도 짙은 승화를 경험하지 못한다고 비난한다. 비난에 가득차고, 감상적인 허영심의 끊임없는 공격에 대항하면서 매일의 내적 규명 작업을 통하여 제거해야 하는 중요한 것은 승화의 이 모조품이다. 그때 정신적 토양의 밭은 예측 덕분에 충분히 개간되어서 진정한 승화의 싹이 움틀 수 있을 것이다.

정말 승화된 삶은 고통이 아니라 성취이다. 그 삶은 이상에 머무르면서, 점근선적인 접근밖에 허락하지 않는다. 그러나 승화가 완전히 실현 가능할지라도, 그것은 변태적인 동기부여의 잠재적인 반향과 연계될 수 있을 것이다. 이런 반향은 이제 더 이상 정감적인 조바심의 형태로 나타나지 않는다. 왜곡된 정감들이 정화되면, 반향은 숭고한 애정, 선, 이해적인 동의로 될 것이다. 인간 본성의 모든 왜곡 가능성을 객관적으로 미리 알고, 다른 사람들의 모든 도착 가능성을 받아들일 수 있게 되는 것이다. 고상함과 변태적인 것은 대조의 유비에 의해서 연결되어 있다. 하나는 다른 하나에 정화된 형태와 타락한 형태로 연결되는 것이다. 바로 이런 이유 때문에 인간의 본성에 대한 인식, 즉 그것의 승화되고, 변태적인 가능성에 대한 인식은 매일의 절제 있는 위생 작업을 통해서 점차 맹목적인 변태로부터 해방되려고 시도해야만 다가갈 수 있다.

따라서 실현할 수 없는 고상한 이상에 전투적으로 다가가는 것은 그 자체로 인간 본성을 깊게 인식하려는 정신화의 이상을 하나씩 실현하려는 것이 된다. 그 안에서 정신화와 승화가 통합되는 이 이상은 잘못된 동기화의 반-명제이다. 이상에는 죄가 있는 허영에 맞서는 고상한 측면인 겸손한 자부심이 포함되어 있다. 마찬가지로 거기에는 억압과 반대되는 정신의 명석함도 담겨져 있다. 더 나아가서 정신적이고, 고상한 투쟁은 감상적인 연민과 증오에 찬 비난과도 반대된다. 거기에는 모든 인간적 약함에 대한 이해가 포함되어 있는 것이다.

그래서 수많은 변태적인 원들은 반-명제적으로 고상한 원들과 그것들의 파생물에 연계되어 있다. 이 사실은 심리학적 계산에 모든 중요성을 보장해 준다. 그리고 그것은 하나의 유비적인 발달에 상위-의식적이고, 하위-의식적인 모든 정신 기능들이 담겨지게 한다.

그러나 도착적인 감정들이 양가적인 태도에서 비롯된 "힘의 고갈"을 야기하면서 에너지의 해체와 잘못된 굴욕감에서 오는 반면, 고상한 감정들은 그 안에서 모든 에너지들이 집중된 하나의 유일하고, 독특한 감정 안에 통일시킨다. 우리는 이 감정을 인내, 정의, 사랑 등으로 부르지만, 그것들은 이 하나의 감정의 다른 면들일 따름이다.

*

구원적인 예측의 두 가지 측면을 분명하게 구분하는 것도 중요하다. 그것들은 실용적인 예측(작은 계산)과 고상한 예측(큰 계산)이다.

만족에 대한 계산이 수많은 욕망들의 범람에 대한 불안 때문에 외부적이고, 사회적인 측면에서 어쩔 수 없이 발생하는 불길한 미래의 결과만 고려하는 것으로 만족한다면 너무 현학적인 것이 된다. 그런 예측이 필요하기는 하다. 그러나 관습적으로 일어나는 것들만 고려하는 불안은 그것들이 도덕적 원칙을 따라서 굳건하게 세워지지 않는 한 곧 무너지고 마는 좋은 의도밖에 되지 않는 약한 동기만 낳는다. 불안은 합리적인 방식으로 욕망을 억제할 수 없다. 오직 다양한 욕망들 전체보다 훨씬 더 강한 욕망, 개인적이고 진정한 자기-조화의 욕망만이 절대적인 힘으로 고조된 상상력에서 오는 유혹적인 약속에 효과적으로 맞설 수 있는 충분히 강하고, 명령적인 고상한 동기를 만들어낸다.

큰 계산에는 두 가지 차원이 있다. 하나는 우주적인 범위까지 가는데, 삶의 경계, 즉 죽음의 문제와 신비한 기원의 문제까지 확장된다. 그러므로 그것은 형이상학적이고, 윤리적인 문제들까지 다룬다. 그러나 윤리는 큰 계산의 다른 차원 없이는 해결책을 찾을 수 없다. 하위-의식의 "미세한"것들까지 탐구할 수 있고, 윤리적 감정의 해체에서 나온 분노의 부스러기들까지 탐구할 수 있는 "소우주"적인 기술이 필요한 것이다.

하나의 감정으로 통합하려는 고상한 감정의 경향은 본질적 욕망이다. 큰 계산이 고려하는 본질적인 만족은 에너지의 고상한 집중, 다양한 욕망들의 재집중, 생명력이 가장 높은 정도까지 강화된 즐거운 감각에 존재한다. 본질적 욕망의 이런 만족은 삶의 결정적인 만족이다. 모든 고상한 감정들을 통합한 감정은 충만(plénitude)이다. 그것은 진화의 본질적인 능력이고, 따라서 가장 높은 정도로까지 성취한 생명의 과제이며, 삶 전체를 전투적이고, 의기양양하게 수용하는 것이고, 고상하게 집중된 개인적인 힘에 대한 신뢰이며, 그것이 없으면 내적 조화가 방해받을 수밖에 없는 모든 흥분들을 제어할 수 있는 능력에 대한 확신이다.

삶의 기쁨은 우리가 우리 자신과 우리의 고상한 힘에서 추출한 기쁨이다. 그것은 가장 자연스러운 이상이며, 자명한 이상이다. 그것의 다른 이름은 삶에 대한 사랑이다. 사람들은 삶을 고상하게 즐길 수 있는 힘이 있어야만 삶을 사랑할 수 있기 때문이다. 본질적 욕망을 최대한 충족시킬 줄 알고, 그 자신에 대해서 고상하게 만족하는 사람은 다른 만족들도 발견할 수 있을 것이다. 그는 거기에 결함이 있을지라도, 그것들을 사랑할 수 있다. 그는 그것들의 비뚤어진 반응들에도 두려워하지 않으며, 그것들을 헛되게 정복하려고도 하지 않을 것이다. 그는 삶을 모든 형태에서 사랑할 것이다. 그러므로 삶에 대한 사랑은 허황되게 고조된 자기애와 반대로 그 자신에 대한 진정한 사랑이고, 고조된 죄의식인 그 자신에 대한 미움의 반대이다. 삶에 대한 사랑은 고상한 싸움에서 만족을 발견하고, 더 나아가서 그 자신과 다른 사람들에 대한 감상적 태도와 정반대에 있다. 감상의 변태적인 대체인 미움의 반대인 것이다. 인간의 모든 나약성을 모두 깨달은 데 기반을 둔 정신의 전투력은 그들의 진정한 뿌리가 하위-의식의 동기부여에 있음을 밝힘으로써 조금씩 약점들을 극복하려는 노력(여러 세대에 걸쳐서 행해지는)에 의해서 이루어진다. 그 자신과 다른 사람에 대한 적극적인 사랑은 그 자신과 다른 사람에 대한 진리를 전투적으로 찾지 않고는 가능하지 않은데, 그것만이 약점들을 극복하고, 힘들을 동원하는 유일한 치료제이다.

거의 모든 사람들에게 삶에 대한 사랑은 가장 높은 단계의 개화(開花)이지만, 심리학적으로 정의할 수 있는 이상이다. 그것이 사람들을 활기차게 하는 감정들 전체와 유비적으로 연계되어 있기 때문이다. 그것은 모든 사람들이 아무리 그의 본성에서 그것을 부정하려고 애쓸지라도 유효한 이상이다. 정신적으로 병든 사람에게 그의 모든 비뚤어진 감정들은 단지 희화(戱畫)일 뿐이며, 그의 신경증적이거나 통속적인 약함 때문에 그가 지을 수밖에 없는 고통의 찌푸린 얼굴이 그가 이상에 다가가고, 삶의 정상과 만족과 기쁨의 정상에 다가가는 것을 방해할지라도 이상은 더욱더 유효하다.

제2장
치료와 적용의 규칙들

1. 분석의 의도

모든 동기들 사이의 고상하거나 변태적인 유비적 관계는 모든 사람들의 정신에서 무의식적으로 추구되는 내적 숙고의 내용이다. 명확한 내적 성찰은 숙고를 예측과 통찰력을 가진 심리학적 계산의 반열에 올려놓으면서 숙고 기능의 의미를 가진 해방의 기능, 말하자면 소독의 기능을 담당한다.

이 방법은 가르쳐질 가능성이 높다. 그러나 이 방법을 습득하려면, 가르치는 것만으로는 되지 않고, 몸으로 살아야 한다. 외적으로 학습된 것은 형식인 알고리즘이다. 산술적 계산을 근본적으로 배우려면 그 형식만 배워서는 안 되고, 공식들을 다룰 줄 알아야 한다. 그 정신 속을 꿰뚫고 들어가야 하는 것이다. 그와 마찬가지로, 그것을 숙달된 방식으로 사용하려면 심리학적 계산의 살아 있는 정신이 돌파되어야 한다.

이제, 동기부여의 정신은 각 사람의 정신 자체에서만 찾을 수 있다. 각 사람은 반드시 신경증적으로 되지 않고도, 그의 안에 거짓된 동기의 정신인 그것의 원리를 가지고 있는 것이다. 모든 사람들은 어느 정도 심하게 그의 잘못을 부인하고, 억압하며, 뭉개버리려는 경향을 가지고 있기 때문이다. 신경증적인 사람과 정신적으로 어느 정도 건강한 사람의 차이는 억압의 경향이 지나친 점 이외에는 찾아볼 수 없다. 동기는 내적 "대상"이다. 그래서 그것을 관찰하고, 내면의 시선에 드러내게 하려면 모든 사람들의 정신에 제일 일반적으로 광범위하게 퍼져 있는 경향인 억압의 경향과 싸워야 한다.

모든 사람들에게 공통적인 서로 다른 강도의 잘못된 동기가 규칙성을 보이지 않는다면, 내적 성찰은 무모하게 되고, 사변적으로 될 것이다. 한 사람이 그의 정신에서 찾을 수 있는 것은 다른 사람의 정신을 이해하는데 아무 도움도 주지 못한다. 그와 반대로, 자발적인 동기부여가 불규칙적으로 나타나기는 하지만 그래도 어떤 규칙성이 내밀하게 들어 있다면, 내적 성찰을 통해서 그 규칙성의 원리를 찾아낼 수 있을 테고, 그 원리를 일단 찾아내면, 객관적인 내적 성찰의 가능성이 얻어지며, 그것은 모든 사람들에게 도움을 줄 것이다. 충분한 재능을 가지고 있으며, 자신을 내적 관찰로 이끄는 규칙성의 원리에 대해서 깨달은 모든 사람은 객관적이고, 체계적인 내적 성찰을 할 수 있을 것이다. 그때 여러 세대에 걸친 노력을 통하여 발달할 수 있는 내적 성찰의 방법과 기술이 만들어질 수 있다. 그런데 체계적인 내적 성찰의 근본적 원리인 모든 동기부여의 일정한 원리는 억압되어 있는 모든 동기의 양가적 분해에 들어 있다. 그러므로 이 원리는 하위-의식적 삶에 감춰져 있으며, 그것은 하위-의식적 삶의 중심적 의미와 무관하게 일상적인 방식으로 얻어진 내적 성찰은 규칙적이지 않을 뿐더러 사변적이라는 사실을 말해 준다. 따라서 그것은 불충분하며, 과학적 노력에 비추어 볼 때 의심스러운 것이 틀림없다. 그런 내적 성찰이 의식적인 삶을 탐색하는데 그치지 않고, 거기에 내재된 위험에 대한 그 어떤 인식도 없이 하위-의식적 삶의 문지방을 넘을 때, 그것은 병적이고, 허황된 것으로 될 위험이 있다. 그때 그 위험은 틀림없이 하위-의식적 동기부여의 규칙성에서 오는 것이다.

하위-의식은 그 안에 대상들과 동기들이 감춰져 있는 장소가 아니다. 하위-의식은 정신 기능의 형태, 즉 그 자신의 반응 양식을 가지고 있으며, 비논리적이고 상징적인 표현과 에너지의 긴장을 따서 강박적 특성에 의하여 의식적 기능과 구별되는 기능의 형태이다. 하위-의식의 존재 방식은 잘못 평가된 흥분들에 비논리적이고, 경련적인 반응들로 대응하는 정신의 특별한 이 방식 이외에 전혀 다른 것이 아니다. 하위-의식 자체의 동기들은 그런 반응들인 것이다. 그것들은 비논리적인 작용들이다. 그것들은 작용들로서 계속해서 역동적으로 변환하는 상태에 있다. 그러나 이런 변환들은 정해져 있고, 그렇기 때문에 의식은 하위-의식적 동기부여들의 끊이지 않는 분출을 중단시킬 수 있고, 그것을 식별할 수 있는 동기들로 끊을 수 있다. 그래서 동기들이 그 안에 숨어 있는 하위-의식에 대해서 말하려면 공간적 이미지들을 사용해서, 억압은 의식의 눈길을 이런 저런 동기에로 돌리기를 바라지 않는 것이라고 말할 수 있다. 이 이미지에 의하면 동기는 그의 시야(視野) 바깥에 있지만, 그것은 동기가 존재하거나 역동적으로 드러나지 못하게 하지는 않는다.

*

인정되지 못한 동기들을 그 어디에서나 볼 수 있는 거짓된 심리의 유혹에 빠지지 않기 위하여 작용의 징후가 의심할 여지없이 주어지지 않는 한 감춰진 동기들을 찾지 않는다는 것이 적용의 규칙이다. 그런데 그 작용의 징후는 흥분과 정당화시킬 수 있는 그 어떤 관계도 없이 고조된 반응이다. 실제로 느껴지는 흥분에 이제 작용하기 시작한 거짓된 동기부여에서 비롯된 반작용의 결정인자들이 덧붙여진 것을 입증하는 지나친 반응은 비논리적이다. 그러므로 균형 잡힌 반응을 얻기 위해서 이 동기들을 알아내고, 해소하는 것은 대단히 중요하다. 이 규칙은 이것보다 덜 중요하지 않은 다른 규칙에 의해서 보완된다. 비논리성이 확인되는 곳에서 자의적으로 발견된 동기 하나만 설명하려고 해서는 안 되고, 잘못된 동기부여의 범주적인 전체, 즉 그것의 끊이지 않는 분출을 가지고 설명해야 한다. 다시 말해서, 일정하게 나타날 수 있는 각각의 동기는 작용하는 것으로 받아들여야 하는 것이다. 자의적인 것은 우리가 다른 것보다 어떤 동기를 받아들이거나 배제하는 즉시 드러난다. 가능한 모든 동기들에 대한 인정은 모든 동기들 사이에 있는 정해진 관계를 인정하는 것이므로 그것은 자의성을 배제한다. 유일하게 동기들 전체를 제공할 수 있는 법칙성에 대한 인식은 그와 동시에 상황에 따라서 이 동기나 저 동기가 지배적으로 될 수 있다는 사실을 깨닫게 한다. 따라서 체계적인 규칙은 어느 한 가지 독립적인 동기에 만족할 것이 아니라 잘못된 동기의 모든 범주들을 통하여 유비적인 관계와 그것의 양가적인 대극들(opposites)들의 관계를 찾는 것이다.

심리학적 재능은 언제나 존재해 왔으며, 그것은 어느 정도 직관적인 방식으로 이런, 저런 감춰진 동기를 발견하였다. 감춰진 동기가 언제나 그의 관찰의 장에서 벗어나지 않기 때문에 신경증적인 사람은 그 재능을 가지고 있다. 그래서 그는 때때로 그것을 안다. 하지만 그것이 그에게 고통스럽기 때문에 그는 곧 시선을 돌린다. 그것을 억압하는 것이다. 그러나 그는 그 동기를 보았기 때문에 그것이 존재한다는 사실을 안다. 다만 그 동기가 그에게 있다는 사실을 부인할 뿐이다. 그는 그것을 억압할 뿐만 아니라 간파한 그 동기를 외부에 존재하는 것으로 투사한다. 그래서 그는 다른 사람들을 의심하고, 그들의 모든 반응들을 가장 논리적으로, 그러나 자의적으로 의심을 가지고 해석한다. 그것은 틀림없이 병적이며, 불안에 가득 찬 내적 성찰, 억압과 투사의 특징이 다분한 성찰이다. 따라서 이런 불안한 내적 성찰은 병의 원인이 되지 않을 수 없다.

체계적이고, 객관적이며, 치유적인 내적 성찰은 언제나 이런 주관적이며, 불안한 내적 성찰의 반대편에 있다. 그 자신에게 객관적으로 되려면, "시야"를 좁히지 않는 것이 중요하다. 그의 잘못을 억압하고, 투사하지 않고, 그것을 과감하게 바라보고, 인정해야 하는 것이다. 사람들이 자신 안에서 찾을 수 있는 죄는 모든 사람들을 여러 가지 강도로 괴롭힌다. 한 사람의 정신에 적용되는 양가적이고, 유비적인 표현은 모든 사람의 정신에서도 마찬가지로 적용된다. 그것들은 인간 정신의 법칙, 즉 잘못된 동기부여의 정신으로 심리학적이고, 과학적으로 연구되어야 하는 대상이다. 그것이 사람마다 다르게 나타나는 것은 개인적으로 서로 다른 양태로 배열되었기 때문이다. 과학적으로 관찰하는 것은 그것을 실제로 몸으로 살면서 실험하는 것이기도 하다. 사람들은 그의 내면에 대한 관찰과 체험 위에서 이루어지는 과학적 연구의 최초의 조건이 실현되거나 실현될 수 있는 실험실을 가지고 있다. 주체는 공정하게 자기-관찰을 할 수 있는 것이다. 자신의 죄를 체계적으로 연구하고, 그것을 억압하지 않고, 억압을 해제하면서 투사함으로써 그는 관찰된 대상의 배열을 변화시키면서 정신을 변화시킬 수 있다. 자신의 활동들 속에서 해방자로 나타난 결과를 가장 직접적인 방식으로 깨달을 수 있는 것이다. 그것은 아무도 반박할 수 없는 실험적 검증이다. 동기들의 심리학인 인간 정신에 대한 체계적 인식은 사람들이 감히 그의 정신 체계를 관찰의 대상과 심리학적이고, 과학적인 실험의 대상으로 삼지 않는 한, 그리고 내적 성찰에 대한 저주가 없어지지 않는 한 발전할 수 없고, 치료적 적응의 기술을 가진 과학으로 될 수도 없다.

정신적 기능의 적법성은 하위-의식적 조화의 법칙 위에 서 있으며, 그것의 양가적 부조화는 특별한 경우에 속한다.

올바른 동기와 잘못된 동기 사이에 존재하는 반-명제적 관계인 규칙성의 원리는 연구 방법에 있어서는 물론 내적 성찰에서도 필요한 것으로 대단히 중요하다. 변태적인 감정에 울림이 있고, 건강하고, 자연스러운 성질을 가진 죄에 대한 기억(그것은 분해된 것이다)이 들어 있다는 사실은 치료의 중심이 될 정도로 중요하다. 치료를 가능하게 하는 것이 이 사실이다. 그것은 변태적인 감정을 건강하고, 자연스러운 성질을 가진 것으로 다시 전환시킨다. 비뚤어진 감정과 건강한 감정의 관계에는 죄책감이 있기 때문에 변태적인 원망이 건강한 성질로 전환되려면 허황되게 감춰져 있는 수많은 죄의식의 형태들에서 억압이 해제되는 것밖에 없다. 그러나 그 어떤 해제도 어느 정도 다 작동되지 않은 채로 남는다. 그래서 환자는 가능하다면, 그를 괴롭혔던 하위-의식적이고, 개인적인 해체의 모든 세세한 부분들까지 지배하면서 그를 헤매게 했던 그의 정신 자체, 즉 모든 잘못된 동기부여의 적법한 관계들과 초개인적인 구성, 하위-의식의 법칙들을 깨달아야 한다.

환자를 치료하기 위해서는 그에게 심리학적 계산의 진실성을 입증해야 한다. 따라서 매일의 사건들 속에서 유비의 새로운 교차점들이 나타날 때마다 정신의 개인적인 배열이 그 차례가 돼서 이루어지는 것을 체계적으로 설명하고, 철저하게 살펴보아야 한다. 중요한 것은 병적인 동기들이 짝을 짓고, 새롭게 생기게 하는 살아 있고, 역동적인 관계들의 무한한 변화 가능성을 보여주는 것이다. 그것에 의해서 가장 변태적이고, 가장 해로우며, 가장 왜곡되면서 괴롭히는 분노의 감정들이 삶에 제일 잘 들어맞는 고상한 감정들과 건강하고 기쁨을 주는 동경과 연계되어 있다는 무한한 변화 가능성에 대해서 깨닫게 해준다. 고상한 감정들은 변태적인 분노의 반-명제일 수밖에 없으며, 거짓된 고상함 아래에는 고상한 반성이 들어 있다. 그래서 감상은 진정한 감정이 고조된 것이라고 할 수 있다. 적어도 다른 사람과 함께, 그리고 다른 사람을 위해서 느낄 수 있는 능력의 실현 불가능한 욕구의 표시인 것이다. 신경증적인 사람은 언제나 그에게 내재해 있는 구성요소들 때문에 정신적이고, 고상한 영역으로의 동경을 가지고 있다. 그는 여전히 이상에서 완전히 등을 돌린 것보다는 이상을 향해서 헛된 열정을 가지고 경련할 정도로 정신적인 것임에 틀림없다. 비난 역시 진정한 구성요소로서 그 안에 이상주의적인 욕구, 즉 더 낫고, 더 올바른 세계를 향한 동경이 들어 있다. 신경증적인 사람의 죄의식도 고상한 감정이 아직 꺼지지 않았다는 열망의 증거이다.

신경증적인 사람은 그의 감정들에서 이상적인 요소들밖에 보지 못하고, 그 자신을 고상한 존재로 여긴다. 그는 자신이 이해받지 못하고 있다고 느끼며, 이해할 수 없는 이 세상을 비난한다.

다른 사람들은 신경증적인 사람의 감정에서 혼란에 빠져 있고, 눈에 띄며, 결함이 있는 감정의 표현과 그의 마비되고, 억제되었거나, 고조된 반응들밖에는 볼 수 없다. 그들은 내적으로 찢겨 있고, 어떤 때는 이상에 이끌리며, 다른 때는 변태로 이끌리는 사람의 정말 비극적인 고뇌는 아랑곳하지 않고, 마술에 걸려서 좁아 터진 원 안에서 고군분투하며 이 세상과 삶과 현실에서 소외된 사람의 기괴한 상황만 볼 뿐이다. 그런데 완전히 마술적인 그 흔적은 삶의 움직일 수 없는 법칙을 따라서 죄 때문에 스스로를 처벌하도록 강요받는 그 자신의 상상력의 산물이다. 그러나 그것은 이 놀랄만한 죄수의 자기-확신 속에서만 존재한다. 그래서 그는 쉬지 않고 자신이 결백하며, 자신이 거기에 책임이 있다는 사실을 인정하지 않으려고 한다.

*

환자가 그 원에서 나오도록 도우려면, 그에게 팔을 뻗어야 한다. 그에게는 그가 상상 속에서 찾고, 적극적으로 추구하는 것은 인도자-이상(idéal-guide)이지만, 그가 계산을 잘못하면 변태가 될 수밖에 없다는 사실을 보여주어야 한다. 또한 그의 상태의 상위-의식에서 나온 원인은 물론 하위-의식적 결과도 모두 밝혀 주어야 한다. 그가 헛된 고조에 사로잡히면, 그 고조는 그에게 아무 흠도 없으며, 아무 흠이 없어야 한다고 믿게 한다. 이런 고조는 그에게 모든 잘못은 그가 감당할 수 없는 죄의식으로 더럽혀진 것처럼 보이게 하고, 그 자신의 인간적 본성으로는 언제나 완벽할 수 없는 그의 행동들에 대한 책임을 강박적으로 회피하도록 한다. 이런 고조는 그로 하여금 그의 예외적이고, 유일하며, 감당할 수 없다고 느껴지는 고조된 죄의식을 끊임없이 억압하게 한다.

신경증적인 사람을 그를 둘러싸고 있는 고리로부터 벗어나게 하려면 그의 고조된 상상력이 쉬지 않고 만드는 악순환을 언제나 새롭게 파괴하는 것이 무엇보다도 필수불가결하다. 그는 심지어 치료 기간에도 자기-정당화에 대한 욕구에 사로잡혀 있다. 그가 제대로 반응하지 못하고, 환자에게 충격과 외상을 입히고, 그의 되새김질하는 상상력이 다시 마술 고리가 되도록 떠미는 일상적인 사건들을 끊임없이 새로운 출발점으로 삼으면서, 우리는 그가 당하는 처벌이 적법하다는 사실을 납득할 때까지 그의 잘못된 동기부여의 파급효과들을 낱낱이 밝혀내야 한다. 그리고 그가 스스로를 처벌하면, 그의 잘못된 동기부여의 우회(迂回)는 심리학적 계산에 의하여 예측 가능하고, 미리 밝혀질 것이라는 것을 보면서 차기 처벌이 그칠 때까지 밝혀내야 하는 것이다. 그러므로 잘못된 동기부여는 올바른 동기부여의 희화일 뿐이다. 그는 그것을 찾는다고 하면서 그 뒤에 숨기 때문이다. 환자는 마침내 그의 잘못된 동기부여에 의한 헛된 우회가 창의적인 기발한 발명이 아니라 위험한 강박이고, 자기-정당화가 아니라 정죄라는 사실을 이해해야 한다. 그때 설명의 모든 가장 다양한 길들은 재통일되고, 유일하고, 독특한 진리, 즉 삶의 법칙을 만들게 된다.

환자는 자신의 고통의 원인을 이론적으로만 이해해서는 안 된다. 그는 정신적 계산의 도움으로 상상에 의해서 하지 않으려고 했던 고통을 실제로 다시 몸으로 살아야 한다. 그는 이제 더 이상 그 고통이 참을 수 없다고 믿지 않고, 그가 유일하며, 예외적인 사람이라고 평가하지 않도록 그 자신에 대한 진실을 집중적으로 이해한 상태에서 삶을 살아야 한다. 환자가 그의 삶 전체를 어둠에 빠트리도록 위협했고, 그의 삶 전체에 펼쳐졌던 상상적인 고통으로부터 치료될 수 있으려면 인간의 모든 고통을 설명하는 원인과 직면해야 하는 수밖에 없다. 병적으로 고조된 이 고통의 진정한 원인은 인간의 힘의 한계에 대한 반항이었고, 이 반항은 환자의 교만의 죄, 즉 그의 고조된 과제였다. 그것은 억압하는 힘 때문에 수많은 죄책감으로 분해되고, 그 감정들은 다시 억압돼서 허황되게 상상하는 성질로 가려졌다. 그래서 환자는 그의 죄인 억압을 속죄하지 않으면 치료될 수 없다. 그의 가면을 벗어버려야 하는 것이다. 그가 그 자신과 삶, 또한 삶의 법칙과 화해할 수 있으려면 그는 이 고통의 대가를 치러야 한다. 견디고, 극복된 고통은 모든 진화의 원리, 그래서 치료의 원리이기 때문이다. 그때 환자가 견딘 고통은 그 자신의 힘에 대한 즐거운 감각으로 변환된다. 그의 본래적인 약함을 억압하고, 그것을 그의 치명적인 죄로 만들지 않고, 그의 진화를 향해서 나아가는 생명의 충동의 약함을 말로만이 아니라 실제적인 삶의 세밀한 부분까지 고백하는 힘을 갖는다는 것은 이 마술적이고, 변태적인 고리로부터 탈출할 수 있는 유일한 수단이며, 고상하고, 진화적인 원(圓)으로 진입하는 유일한 수단이다. 거기에서 노력은 힘을 강화시키고, 노력을 강화시킨다. 사람에게서 충동의 강도는 개인적으로 분화된다. 이렇게 제한된 분화 없이 사람을 동물과 구분하는 진화의 발걸음, 즉 개성화는 불가능할 것이다. 충동의 개인적 제한은 생물학적 필연이고, 거기에는 정의도 포함된다. 그러나 받아들이는 것은 체념하는 것이 아니다. 오히려 받아들인다는 것은 주어진 힘을 본질적인 싸움인 거짓된 동기부여의 허위(虛僞)에 대한 싸움, 진화와 삶의 의미를 위한 싸움이 시작되는 보루(堡壘)로 삼는 것을 의미한다. 그래서 치료의 노력에는 정신적 노력과 고상한 수용이 결합된다. 치료는 억압이나 투사와 반대되고, 힘의 경련이나 힘이 통속적으로 풀어진 것과 반대가 되는 고통의 정신화와 승화, 그리고 힘의 만개(滿開)를 고려한다. 따라서 치료의 노력은 병적인 왜곡이나 원인들과는 완전한 반-명제이다. 그가 그 자신이라는 사실을 견디고, 그것을 견딤으로써 그의 죄를 속죄하는 것은 치료의 도구이다.

*

체계적인 내적 성찰은 심리학적 계산의 정신을 정말 이해하려는 사람에 의해서 행해져야 한다고 강조하였다. 그러나 체계적인 내적 성찰은 더 강한 이유 때문에 다른 사람을 도와서 그가 거짓된 동기부여를 극복하는 것을 도우려는 사람, 즉 치료의 목적으로 심리적 계산을 이용하려는 사람에게도 꼭 필요하다. 분석가는 무엇보다도 먼저 도덕주의자가 되지 않기 위해서 자기-분석을 해야 한다. 다른 모든 사람들처럼 심리학자에게는 결함이 있고, 잘못을 저지를 수 있다. 그가 받는 분석은 단 한 번에 그 자신의 모든 약함으로부터 해방시키지 않는다. 완벽을 주장하지 않고, 다른 사람들에게도 그것을 부과하지 않으면서 상대적인 완벽성이라는 역동적인 길에 들어서는 것이 중요하다. 정신분석이 주장하는 것처럼 분석가가 먼저 분석을 받는 것만으로는 충분하지 않다. 그는 스스로를 분석할 줄 알아야 하고, 끊임없이 스스로를 통제해야 한다. 정신적 왜곡이 유년시절에 있었던 성적 외상과 이 외상이 지속돼서 불러일으켜진 성 콤플렉스 때문이라면 , 이 외상에 의한 하위-의식적이고, 해로운 기억은 교육 분석에 의하여 영원히 뿌리 뽑힐 수 있을 것이다. 그러나 병의 원인은 인간의 본성에 내재해 있는 죄의 경향(허영심)에 있기 때문에 이 허망한 죄의 경향은 끊임없이 통제되고, 파괴되어야 한다. 일시적인 개입에 의하여 그것을 영원히 없앴다고 믿는 것은 그 어느 때보다도 더 희생양으로 될 것이다. 치료의 목표는 정신에서 그 전에 축적된 황폐한 것들을 제거하는데 있다. 그러나 치료의 가장 구원적인 효과는 그것이 지속적이고, 해방하는 통제의 능력과 향유를 제공하는데 있다. 그때 통제는 신경증적인 사람의 억제적이고, 의심하는 경계와 반대되고, 통제하는 것이 아니라 이 세상에 존재할 수 있는 것 가운데서 가장 본질적인 싸움에 의해서 삶이 강화되는 것이다. 삶이 간직할 수 있는 것 가운데서 가장 깊이 있는 의미에 의해서 삶이 풍부해지는 것이라는 말이다.

동기부여의 심리학은 그것의 체계적 원리인 내적 성찰이 중요한 개입이라는 점에서 다른 모든 영역의 과학과 구별된다. 거기에는 치료적 적용 역시 적극적으로 개입한다. 그가 모든 과학 연구의 필수불가결한 조건인 관찰과 실험을 채우지 않았다면, 어느 누구도 그런 책임을 맡지 못할 것이다. 이 특별히 중요한 관찰에서 그것은 내면에서 살아 있는 동기에 대한 관찰이고, 그 자신의 정신에 실험해 보는 것이다.

그 필요성에 대한 일반적인 증거는 말할 것도 없이 적용할 이론에 대한 내적 통제는 다음과 같은 네 가지 이유 때문에 필수불가결하다.

첫째, 다른 사람에게 가면을 벗는 고통을 지게 하려는 자격을 얻으려면 그 자신이 이 구원을 가져오는 고통을 견딜 줄 알아야 한다. 그 자신이 이 통제의 가능성을 체험하고, 이익을 경험해 보지 않고서는 다른 사람에게 적극적으로 자기 통제를 하라고 요구할 수 없는 것이다.

둘째, 심리학적 계산의 정신에 물들기 위해서는 모든 사람들이 감추려는 경향이 있는 동기들 사이의 수많은 관계들의 적법성에 대한 감정을 느끼기 위하여 그 자신의 동기부여에 대해서 추구할 줄 알아야 한다. 자신은 예외적인 존재라고 헛되게 여기고, 잘못된 동기부여에서 제외되었다고 믿으려는 사람은 두말할 나위도 없이 가장 적법한 동기를 체계적으로 찾을 수 없을 것이다. 모든 사람들은 어느 정도 잘못된 동기에서 비롯된 잘못된 반응을 한다. 모든 사람은 그가 감추려는 허영심, 감상성, 비난을 하려는 마음을 가지고 있다. 그의 잘못을 억압하지 않으려면 자신에게 병리의 싹인 그런 마음이 있다는 것을 깨달아야 한다. 깨달음은 그것들의 변태적 연결이 일정하다는 사실을 간파하게 하고, 끈질긴 자기-통제를 통해서 거기에서 나오게 자극하는 결정인자들을 만든다.

셋째, 이런 지속적 통제와 정감적 비객관성으로부터의 점진적인 해방은 다른 사람에게 자기 통제를 하게하고, 해방시키려는 사람에게 필요하다. 사람들은 그 자신에 대한 통찰력의 범위 안에서만 다른 사람의 정신에서 이루어지는 것을 객관적으로 볼 수 있기 때문이다. 자신에 대한 헛된 맹목(盲目)은 다른 사람에게 일어나는 것을 보지 못하게 한다. 그때 치료적 개입은 책임감의 의미를 부정하는 것, 다시 말해서 자의적인 해석으로 다른 사람을 폭행하면서 그를 이기고, 헛된 만족을 얻으려는 것이 될 위험이 있다. 그것은 환자의 허영심을 폭행하는 것으로서 회복할 수 없는 상처를 입히는 것이 될 수 있다. 그것은 치명적인 위험이 되는 것이다.

넷째, 이런 치명적인 위험은 능력이 부족하고, 부주의한 치료자를 위협할 수 있다. 이 세상에 진정한 성실성 이외에 정신 치료의 능력을 가져다 줄 수 있는 것은 아무것도 없다. 이런 성실성과 자기-객관화의 노력 없이 그 능력을 기르려는 사람은 책임감의 부족 때문에 심한 처벌을 받을 테고, 그 자신의 삶에도 책임을 져야 한다. 그는 환자를 치료하는 대신 환자에게 오염되어서 마술의 고리 속에 끌려 들어갈 것이다. 그는 세상을 지배하는 허영심의 먹이가 되는 것이다. 치료는 허영심과의 싸움인데, 허영심은 악마적인 세력이다. 치료자는 다른 사람의 내면에서 허영심과 싸우게 하려면 그 자신의 내면에서 그것과 싸워야 한다. 허영심을 결정적으로 물리쳤다고 믿는 사람은 결정적으로 그것의 희생자가 된다. 허영심은 결정적으로 정복되지 않지만 그 공격에 대한 지칠 줄 모르는 싸움은 그것을 일반적으로 피할 수 있는 곳을 발견하게 하고, 그것이 즐겨서 쓰는 가면을 알게 해서 그것들을 다른 사람에게 말해주고, 결국 거기서 구할 수 있게 도울 것이다. 치료자가 된다는 것은 그 자신에게 삶의 궁극적인 책임을 지우게 하는 것이다. 그 책임 앞에서 뒷걸음질 하는 사람들은 누구나 치료자가 될 수 없거나 그 자신이 환자로 될 수밖에 없다. 그렇지 않으면, 무엇보다도 물질적인 이익을 얻기 위해서 환자를 돌보는 통속적인 사람이 될 것이다.

2. 환자의 의도

각자가 그의 내면에 삶의 의미에 대해서 무엇인가 잘못했다는 느낌을 가지고 있듯이(그의 왜곡이 병리적인 문지방을 넘었는지, 넘지 않았는지 상관없이 그것은 치료적 상황인지 아닌지 결정될 것이다) 각자는 그 자신에 대한 살아 있는 감정의 형태로 치료제의 지표를 가지고 있을 것이다.

충분히 강한 정도의 고통이나 그의 실제적인 정신적 배열의 기초가 흔들릴 만큼 쓰라린 실패를 맛보았던 모든 사람은 그의 다양한 욕망들이 별것이 아니라는 느낌을 가지고, 그것들의 붕괴 앞에서 본질적 욕망의 소리가 들릴 때 그것들은 거의 중요하지 않다고 느낄 것이다. 그때 생명의 충동은 정신적인 삶의 재건을 준비한다. 고조된 상상력이 무너지고, 현실이 드러나는 것이다. 그래서 억압과 반대되는 태도가 시작된다.

사람들은 그들의 잘못된 방어 수단을 끝까지 지켜볼 때, 그들의 주장들을 내린다. 그들의 허영심이 무너지는 것이다. 그들은 생명의 충동의 분출 속에서 그들에게 충격을 주었던 잘못의 증거나 그들을 지지해주지 못했던 약함의 증거를 이해하게 된다. 그들은 이제는 삶에 대한 그들의 태도를 근본적으로 바꾸는 것 이외에 다른 돌파구가 없다는 것을 느낀다. 그 의도는 좋은 것이다.

모든 사람은 좋은 의도들을 안다. 또한 각 사람은 그들을 습관적으로 실패하게 하고, 그가 지니고 있는 경련적 노력에 대해서도 안다.

가벼운 행복감에 만족하는 통속적인 사람은 신경증적인 사람이 좋은 의도의 자극을 많이 받는 것과 달리 자신의 불충분성에 고통을 받지 않아서 그를 무익한 싸움으로 이끌어 가도록 자신의 삶의 의도를 변화시켜야겠다는 의도를 크게 느끼지 않는다. 그의 생명의 충동은 삶의 충격이 그를 일깨우게 하기에는 너무 감퇴된 것이다. 그의 본질적 욕망은 이제 더 이상 자극을 주지 않는다. 그는 외적인 치료제만 찾는 것이다.

그러나 불충분한 삶을 변화시키려는 의도는 가장 치명적인 느낌이다. 그것은 감정이 생기는 것이 아니라 좋은 의도들을 종종 불모로 만드는 헛되고, 경련적인 노력인 것이다.

하지만 신경증적인 사람에게 의도의 탄생은 이미 병적인 감정의 탄생이다. 신경증적인 사람의 의도는 생명의 충동인 본질적 욕망을 충분히 일깨우지 않는 것이다. 그것은 상상 속에서 죄의식만 고조시킨다.

신경증적인 사람은 거의 깨어나지 않은 그의 의도 속에 본질적 욕망을 비춘다. 그래서 그 욕망을 실현하려는 노력은 헛되게 될 위험이 있다. 신경증적인 사람의 의도는 하나의 실재가 아니다. 그것은 종종 허황된 상상일 뿐이다.

그와 반대로, 삶의 뿌리에까지 닿은 고통에 의하여 자극을 받은 의도가 신경증적인 사람에게 치명적인 죄로 변환된 생명의 충동인 본질적 욕망을 실제로 일깨운다면, 억압으로부터 일단 솟아오른 이 죄는 그를 꿰뚫고 들어갈 것이다. 그러면 그는 전체로서의 삶에게 고소당하는 것을 느낄 테고, 그것은 점점 더 정말 혐의를 벗으려는 욕망으로 느껴질 것이다. 그는 이제 더 이상 그의 행동 방식대로 외양(外樣)의 변화만으로는 만족하지 못할 것이다. 행동의 모든 변화는 결국 잘못된 동기가 은밀하게 숨어 있으면 불가능한 것으로 판명된다. 지속되는 이 잘못된 동기들이 행동을 결정하고, 헛되고, 경련적인 노력을 하게 할 것이기 때문이다. 그의 헛된 자기-정당화가 무너지고, 치명적인 죄가 감옥에서 나올 정도로 삶의 충격에 흔들린 사람은 그의 행동들을 결정하는 욕망들의 긍정적인 전환을 겪게 될 것이다. 다양하고, 기생적인 욕망들은 사라지고, 그것들의 잘못된 과도한 평가가 폭발해서, 그 피상적인 욕망들의 기둥과 잘못된 동기부여를 정당화하는 범주들이 붕괴된다. 고조된 열망들과 야심들의 붕괴가 포기하려는 불안인 자살에 대한 사고를 만들어내지 않는 한 말이다. 그때까지 다양한 욕망들에 사로잡혔던 에너지는 해방되고, 본질적 욕망 안에 재중심화될 것이다. 이런 변환, 즉 이런 내적 혁명은 모든 정신적 배열에, 심지어 치료적 개입이 없을지라도 다행스럽고, 근본적인 변화를 가져올 것이다. 그러나 일반적으로는, 그 자신에게 넘겨진 신경증적인 사람은 그의 상상에 의한 죄의식을 고조시키고, 그것은 다시 다른 잘못된 동기부여의 경향들을 사라지게 하는 대신 일깨울 것이다. 신경증적인 사람은 더욱더 경련적으로 되는 것이다. 자신의 삶을 변화시키려는 의도의 좌절은 그의 상태를 더 악화시킬 뿐이다.

삶을 변화시키려는 도덕화된 잘못된 의도인 죄의식의 고조는 신경증적인 사람에게 주기적으로 반복된다. 그것은 거의 언제나 난처한 사건들에서 비롯된 그의 상태보다 먼저 일어난다. 그 악화의 진정한 원인은 그 사건이 아니라 너무 좋은 의도를 가진 도덕화이다. 경련적인 노력의 애통해할 실패는 낙담을 크게 하고, 잘못된 자기-정당화, 즉 병적 원인을 엄청나게 증가시킬 위험이 있다. 우리는 너무 좋은 의도와 그것의 좌절은 모든 신경증적 상태의 가장 특징적 표현이라는 사실을 쉽게 찾아볼 수 있다. 상승과 추락 사이의 위축된 노력이 교대로 나타나는 것이다.

신경증적인 사람은 끊임없이 그의 내면에 어느 정도 고조된 형태로 잘못된 죄의식을 품고 있기 때문에 전체적으로 볼 때 끊임없이 병적인 좋은 의도의 상태에 있다고 할 수 있다. 심지어 실제적이거나, 아니면 상상에 의한 추락의 시기들에서도 위축된 의도, 말하자면 고조된 열망이 그를 위협한다. 해방되려는 시도를 막고, 상승을 향한 노력을 거부하면서 드러나는 것은 바로 그것이다.

잘못된 동기부여의 네 가지 경향들인 억압된 죄의식과 헛되고, 감상적이며, 비난조로 고조된 승화는 요컨대 상상력에 의한 이 의도인데, 그것은 너무 선해서 나쁘게 된다. 무능력한 의도는 잘못된 동기부여의 다른 이름인 것이다. "의도, 경향, 긴장"이라는 단어들의 공통된 어근을 따라서 말장난을 해 보자면, 의도(intension)는 정신에 젖어든 것이나 정신을 특징짓는 인상(impression)이고, 경향(tendance)은 그것을 드러낸 표현(expression)이다. 따라서 잘못된 의도들과 경향들은 욕망들의 고조된 긴장(tension)이 드러난 것이다. 그래서 고조된 상상력이다. 양가적(도덕적-반도덕적)인 방식으로 경련돼서 무능력해진 정신 에너지가 드러난 것이다.

너무 좋은 의도는 특히 암시적이지 않은 승화이다. 그것은 삶 앞에 있는 환자의 걱정이다. 그의 삶을 변화시키고, 과제를 완수하려는 경련적 욕망인 것이다. 그것은 "허가된 것"과 "금지된 것"과 관계되는 불확실성과 강박적 세심증의 원인이다. 그 증상들과 망상들은 이 경련적인 의도나 그것을 뛰어넘으려는 경련적인 노력을 나타낼 뿐이다.

고조된 의도는 환자에게 외상 때문에 고조된 고통이 환자에게 참을 수 없는 듯할 때마다 만들어지고, 그의 고통의 외적이고, 일시적인 자극으로 되면서 사라질 때 스러진다. 신경증적인 사람은 그의 행동들을 변화시키려는 도덕화된 노력을 일시적으로 하고, 그의 고통의 지속적인 원인으로부터 해방되려는 내적인 노력을 그렇게 많이 하지 않는다. 그는 그의 두 가지 형태의 고조(高潮)를 정화시키는 대신, 고상한 영역으로 도망가는 욕망들의 도움을 받아서 그의 야심만만한 욕망들(물질적이고, 성적인)의 탈주를 막는다. 도덕주의는 점점 더 죄의식으로 과부하되는 행동들의 금지를 요구하면서 그 의도성이 조만간 폭발할 강박적 후회의 부정적인 형태로 지속되는 그 아래 있는 동기들로부터 해방되는 대신 혐의가 있는 행동들을 경련적으로 억압한다. 그때 참을 수 없는 죄의식이 새롭게 억압되면서 마술의 원이 만들어지고, 조여진다.

신경질적인 사람은 치료를 추구하면서 경련적이고, 상상적이며, 헛되게 좋은 의도의 상태에 있다. 중요한 것은 그의 의도에서 경련을 풀고, 그 의도를 살아 있고, 긍정적인 것으로 만들어야 하는 것이다. 앞에서도 강조했듯이, 본성 자체는 이 치료제를 가리킨다. 의도는 그것이 병적이지 않고, 진실하며, 살아 있는 것일 때, 잘못된 동기부여에서 불러일으켜진 억압과 정반대로 올바르고, 가치 있는 의도와 다름없다.

환자의 의도에서 경련을 풀어내고, 그것이 일시적인 것으로 되지 않게 하려면, 외적이고, 우연한 고통이나 너무 쉽게 잊히는 외적이고, 우연한 외상 대신 본질적 고통인 지속적이고, 내면적인 고통과 억압이 풀어지고, 몸으로 견딘 구원적이고, 쓰라린 죄책감을 일깨우는 것이 중요하다. 그때야말로 승화를 가져오는 해결책이라는 출구가 발견될 것이다. 따라서 중요한 것은 환자의 주의를 행동을 향한 긴장된 노력과 변태적인 행동의 결정 요인에 고착되는 것으로부터 돌리게 하는 것이 된다. 그의 고조된 욕망과 고조된 욕망의 기둥인 잘못된 동기부여의 범주들로부터 돌리는 것이다.

상상적이고, 헛된 의도들, 즉 죄의식의 도덕화 하는 고조를 잠재우는 것은 필수불가결하다. 의도가 잘못되고, 연극적인 한, 환자는 치료에서 양가적으로 된다.

그러나 환자에게 그것은 죄가 아니라고 암시하면서 거짓된 죄의식을 진정시키는 것은 커다란 잘못이다. 그것은 죄의식을 통속화하는 것밖에 되지 않는다. 중요한 것은 환자에게 그의 고통스러운 모든 상태에 숨어 있는 원천을 보여주고, 언제나 새롭게 그에게 그것을 입증하면서 거짓된 죄의식을 진정시키는 것이다. 그것이 치명적인 죄이기 때문이다. 그러므로 매일의 외상의 밑바닥에 있는 이 진정한 죄, 즉 삶과 과제 앞에 있는 인간의 취약성을 찾아야 한다.

치료에 의해서 극복해야 하는 본질적인 어려움은 강박적으로 반복되는 상승과 추락, 붕괴되고 말 너무 선한 의도가 단지 개인적이고, 평가하는 정신의 잘못에 있지 않다는 사실이다. 정감적인 맹목과 초-의식적 동기를 제대로 규명하지 못하는 잘못된 가치평가는 생물학적으로 인류라는 종에게 상감(象嵌)되어서 모든 문화의 주기(週期)와 모든 사회 공동체에서 발견되고, 또 발견된다. 그것들은 거기에 지배적인 이데올로기가 잘못된 집단적인 형태로 자기-정당화를 하면서 있는 것이다. 그것들은 거기에 도덕주의와 비도덕주의의 형태로 발견된다. 이 양가적인 이데올로기들은 개인들의 건강하지 못한 양가성을 지탱시키며, 치료 상황에서 저항의 깊은 원인이 된다. 환자는 그를 소외시키는 경험에 끌어들이고, 도덕적이거나 비도덕적인 거짓 해방의 시도에 맞서게 하는 것을 두려워한다.

환자가 아무리 구원을 바랄지라도, 그는 치료자로부터 병과 그의 상처받기 쉬운 허영심을 방어한다. 의식적으로 그는 그의 양가성으로부터 너무 고통을 당했기 때문에 치료되기를 바라고, 치료자를 따라간다. 그러나 하위-의식적으로 그는 치료자에게 맞선다. 그는 상상 속에서 그의 유일하고, 예외적인 가치, 그의 감수성, 그의 생산성, 그의 독창성으로부터 절단당하는 것이 두려워서 치료되기를 바라지 않는데, 그것은 그의 타협주의와 반대된다. 신경증적인 사람은 하위-의식적으로 있는 힘을 다해서 그의 허영심에 저항한다. 이런 하위-의식적 저항은 치료적 상황을 중심적인 외상으로 만든다. 그런 이유 때문에 잘못된 동기부여에서 비롯된 병적인 해석은 치료자의 성격이 완벽해야 한다거나, 아니면 치료의 개념이 다른 많은 것들 가운데서 선택된 이론이라고 공격하면서 치료자에게 집중된다.

치료적 충격이 잘못된 동기부여를 치료자에게 집중시켜서, 고착의 고름을 만들지 못한다면 치료는 끝나지 않을 것이다.

제3장
치료 관계

환자는 치료적 상황에 잘못된 동기부여의 네 가지 경향들을 가지고 온다. 정신분석학에서 주장하듯이 치료적 상황은 저항과 전이에 의해서, 다시 말해서 비난과 감상성에 의해서 결정되어 있을 뿐만 아니라 잘못된 동기부여의 범주들 모두에 의해서도 결정되어 있다.

1. 죄의식에 의한 결정

환자는 한편으로는 그의 죄의식을 고조시키고, 다른 한편으로는 그것들을 억압하는 그의 양가적 경향을 알거나, 적어도 인정할 수 있다. 그는 거기에 무엇인가 진실한 것이 감춰져 있다고 느끼기 때문에 그의 죄책감들을 고조시키는데 이것이 치명적인 죄이다. 그는 자신에게는 스스로를 비난하는 경향이 있고, 거기에는 무엇인가 거짓된 과장이 있다고 느끼면서 죄책감을 억압한다. 환자는 그의 죄의식을 의식적이고, 논리적으로가 아니라 고조된 고통의 형태로 아는 것이다. 그는 고통의 내적이고, 마르지 않는 원천에 대해서는 깨닫지 못하면서 그것 때문에 고통 받는다. 따라서 그의 죄의식에서 어떤 것이 진실한 것이고, 어떤 것이 거짓인지 판단하기 위하여 그의 고조된 고통인 잘못된 죄의식을 심리학적 언어로 해석해야 한다. 중요한 것은 억압될 필요가 있는 연극적 과장인 그의 양가적이고, 거짓된 경련을 풀어내게 하고, 그가 죄의식에 들어 있는 진실인 치명적인 죄(원칙적으로 잘못된 태도로서 그의 한계들을 받아들이지 못하는 것)를 받아들이게 하는 것이다. 그는 그것을 깨닫고, 이해하며, 받아들인다. 그는 그것을 받아들인다. 그가 치료를 찾아 나섰다는 것은 그가 그의 실패에 대해서 편하게 생각하지 못할 정도로 왜곡된 정신에 고통을 너무 많이 받았다는 표시이기 때문이다. 이런 이해와 수용의 행동은 원칙적으로 치료의 조건이다. 거기에는 강력한 치유력이 있는 것이다. 이런 행동은 단지 말로만 행해지지 않는다. 그것은 그의 전 존재의 하위-의식적 심층에까지 정동적으로 파고 들어가고, 환자가 경련에서 풀려남에 따라서 보일 수 있는 상위-의식적 상승의 수준까지 파고든다.

환자를 치료로 인도하는 것이 죄의식 비슷한 것이기 때문에 아무리 양가적인 방식이라고 할지라도 그를 분석에 집착하게 하는 것은 잘못된 죄의식이 치명적인 죄로 변화된 것에 있다. 잘못된 죄의식의 치명적인 죄로의 치료적 전환은 처음에는 양가적 의심 때문에 변하기도 하지만 점점 더 진정하고, 지속적인 애착으로 된다. 따라서 치명적인 죄에 대한 일깨움은 분석가와 환자 사이의 깊고, 활기찬 관계와 건강한 전이에 들어가게 하는 수단이다. 사람들이 저지를 수 있는 가장 심각한 오류는 잘못된 죄의식을 고조시키거나 통속적으로 진정시키면서 관계를 수립하는 것이다. 그때 그 관계는 쉽게 수립될 수 있지만, 분석가는 환자의 허영심에 의한 반발로 충격을 받을 것이 틀림없으며, 조만간 너무 피상적인 치료 관계는 무너지고 만다. 그러나 가장 깊이 감춰져 있고, 오성에서 나온 바탕에 기초한 관계, 즉 치명적인 죄에 기초한 관계는 심리학적 계산의 도움을 통해서 수립될 수밖에 없다. 그 심리학적 계산은 환자에게 나타난 개인적이고, 우연한 배열이 특별한 경우로서 그의 정신적 왜곡의 본질적 구조라는 사실을 미리 알게 해 준다. 그러므로 각각의 개인적인 경우를 이해하기 위해서 그의 개인적인 외상의 역사, 즉 그의 자세한 삶의 이야기에 대해서는 자세하게 알 필요가 없다. 이 개별적이고, 우연한 이야기는 우리가 뒤에서 볼 테지만 꿈의 해석에 의하여 충분히 드러날 것이다. 어떤 경우, 환자가 이야기하고, 고백할 필요성을 느끼면, 그의 젊은 시절의 이야기를 들을 수는 있다. 그러나 일반적으로는 실제로 지나간 상황들에 대한 탐색이 끝난 다음에는 환자의 정신을 열고, 놀라움과 함께 충격을 줌으로써 그의 저항하는 허영심을 무너트리며, 잘못된 동기부여와 그것들의 범주들의 일반적인 그림을 그려서 분석자가 심층에까지 이르러서 깨달아 확신을 가지게 하는 것이 권장된다. 그래서 그의 가장 중요한 관심이 깨어나고, 그는 그 자신이 알려지고, 이해받는 것을 보면서, 자신감을 얻는다. 그는 치료에 꽂히게 되고, 그의 죄의식이 고조되거나 그가 이제 그 무게에 대해서 이해하기 시작한 억압이 그가 쉽게 결심하지 못할 정도로 커지기 전에는 치료를 그만 둘 수 없다. 그러나 이 놀라움의 충격 앞에서도 허영심의 가면이 벗겨지지만, 부분적으로만 포기되었고, 정복되기는 아직도 멀다. 종종 열정으로 가득 찬 초기의 기간이 지나면, 허영심의 반발의 충격이 드러난다. 말하자면 허영심은 방어의 2차선 뒤에 숨어서 방어선을 치는 것이다. 허영심은 치료자를 비난하고, 깎아내리는데 집중하면서 저항하기 시작하는 것이다. 본능의 욕구를 발산하는 작업이 정말 시작되는 것은 그때부터이다. 환자의 죄의 내적이고, 본질적인 원인을 밝혀내기 위하여 심리학적 계산의 도움을 받아서 참을성 있게 일상생활에서 발견되는 외상들을 분석하면서 지속적인 증거들을 찾아보는 것이다. 그가 하고 있으며, 그에게 다가오는 모든 것들의 잘못된 동기의 경향을 살펴보는 것이다.

2. 비난에 의한 결정

이런 잘못을 이해하고, 책임이 있으며, 잘못된 그 자신을 수용하기 위해서는 잘못의 투사를 통해서 추구했던 변태적 위안의 모든 가능성을 차단하는 것이 필수적이다. 중요한 것은 분석자가 그의 잘못을 현재의 환경에 투사하지 못하게 하는 것뿐만이 아니다. 잘못이 그의 과거, 말하자면 그의 어린 시절과 부모에게 투사되지 않도록 하는 것이 그에 못지않게 중요하다. 비난이 아직 충분히 제지되지 않았다면, 차라리 치료자에게 집중되는 편이 더 낫다. 신경증적인 사람에게 병의 외적 원인인 연속적인 외상은 그의 초기 유년 시절의 사건들에 이르기까지 삶에 광범위하게 퍼져 있다. 그의 부모들 자신도 어린아이가 건강하게 자라는데 필요한 영혼과 정신의 양식을 주지 못하였고, 신경증적이거나 통속적이었을지도 모른다. 또한 환자는 하위-의식에서 종종 부모들을 죽도록 미워했을지도 모른다. 그런데 그 미움은 그의 죄의식의 결코 적지 않은 원인이고, 종종 그것에 대한 과도한 감상성 때문에 숨겨져 있다. 그의 고통과 잘못된 교육과 유년 시절의 외상 관계가 드러나자마자, 환자를 그냥 내버려두면 그의 부모들을 욕하면서 그 책임에서 벗어나려고 할 것이다. 그렇지 않으면 양가적으로, 그리고 그의 감상성 때문에 부모들에게 치열하게 저항하면서 방어하는데, 유년시절의 외상의 중요성이 지나치게 강조되어 직접적인 공격이 가해지면 치료를 복잡하게 만든다. 환자의 병의 외적 원인은 과거에 있었던 일이고, 이제 그것은 변화될 수 없기 때문이다. 이 결정요인들인 우발적인 원인의 결과, 즉 도망가려는 상상과 잘못된 동기부여의 경향은 환자의 왜곡된 정신에서 아직도 발견할 수 있다. 말하자면, 과거의 침전물인 것이다. 그것들은 현재하며, 살아 있고, 그에 따라서 접근 가능하고, 변화될 수 있다. 그러므로 오직 살아 있는 결정요인들에 대한 공격만이 치료의 살아 있는 과정을 촉발한다.

그러나 사람들은 치료자에 대한 비난이라는 저항을 완전히 피할 수 있다고 믿으면서 속아 넘어가기도 할 것이다. 하지만 분석자의 저항은 그의 상처받은 허영심의 결과이다. 상처를 입히는 허영심이 더 클수록 저항은 커지기 때문이다. 그런데 허영심이 치료의 상황에서만큼 심하게 타격받는 곳은 없다. 그러므로 그것은 치료자에 대항하여 일어서고, 그를 평가 절하하면서 이기려고 한다. 치료의 기술은 그의 이론적 배경 이외에 평가 절하의 악행에 대비하는 것을 아는데 있다. 환자의 허영심의 크기는 치료자에게 달려 있지 않고, 그에게 달려 있으며 그 정도가 어떻든지 간에 그것을 어떻게 물리치느냐 하는데 달려 있다. 기술과 이론에 대한 지식은 완전히 분리된 것이 아니다. 지식은 기술에 더 좋은 도구를 줄 것이다. 심리학적인 기술이 과학적으로 사용되고, 모든 집중과 이해를 하지 못하게 하는 망상이 진행되지만 않으면 원칙적으로 모든 형태의 허영심을 정복할 수 있다. 그러나 그 어떤 치료자도 이상(理想)을 실현하지 못할 것이다. 아주 드문 경우에, 특히 고통이 깊지 않고, 아직 절정에 도달하지 않았으며, 허영심에 의한 상처가 아주 심하게 느껴지면(치료 받을 필요가 있다) 저항을 통제하고, 저지하면서 충분한 관계가 수립되기 전에 평가 절하가 넘쳐날 수 있다. 그때 환자는 치료가 그에게 열어 준 정신적이고, 숭고한 영역으로 도피하면서 그의 기만을 통하여 죄의식을 정복할 수는 있을 것이다. 그는 도피를 통하여 치료 상황에서 스스로를 구원하면서 치료자에 대한 허망한 승리로 만족을 느낄 수 있는 것이다.

정신치료는 그 위험이 우연한 것이 아니라 본질적으로 병과 치료의 본성에 내재해 있으며, 언제나 극복될 수 있다는 사실을 알려준다. 우리는 일반적으로 정신적 왜곡의 중심인 잘못된 동기부여를 정면으로 공격하지 않고, 그것의 외적이며, 우발적 원인인 유년시절의 외상적 사건들만 공격하는 것으로 만족하는 치료는 아무리 그것이 치료에 도움이 된다고 할지라도 관계적인 면에서 훨씬 더 어려운 저항을 만나게 된다고 말할 수 있다. 그것은 분석자의 정신적 왜곡에 있는 비난과 평가 절하의 경향에서 비롯될 뿐만 아니라 더 쉽게는 환자의 자연스러운 방어 때문에 나오기 때문이다. 과거의 외상을 현재 상징적으로 남아 있는 증상과 결부시켜서 설명하는 것은 적법하지 않을 뿐만 아니라 다소 사변적이기도 하다. 그래서 분석자가 그대로 다 믿는 것은 아니지만, 그가 지금 조심해야 하는 것이 무엇보다도 먼저 그의 허영심이 아니라 관습에 의해서 옳지 않은 것으로 금기시되는 부모-자식의 관계라는 객관적 현상, 즉 정신분석이 유사-신화적으로 순전히 성적으로 잘못 해석한 부모-자식의 관계라는 것을 확인하고 기뻐할 것이다. 성적 외상이라고 여겨지는 우발적 원인을 공격함으로써 치료는 진정한 저항에 집중하지 못하고, 그것을 정당화시키면서 혐의에서 벗어나 언제나 새로운 피난처로 숨을 것이다. 그때 치료는 끝나지 않을 테고, 환자가 거기에서 벗어나지 못하면, 출구를 찾지 못하면서 회고적인 상상력 속에서 쓸데없이 내적 논쟁만 벌일 위험이 커진다. 분석자는 안정을 찾는 대신, 결국 그에게 과거의 불안을 다시 불러일으키는 외상을 중심으로 해서 그의 현재의 결함이라고 추정되는 원인만 찾으려고 상상력만 고조시키는 것이다. 이와 반대로, 심리학적 계산과 그것의 적법성은 분석자에게 끝끝내 상상에 의한 토론의 자리를 허용하지 않는다. 치료의 진정한 기술은 저항에 초점을 맞춰서 가능한 한 빨리, 그것을 결정적으로 정복하는데 초점을 맞추는데 있는 것이다. 저항이라는 현상에 내포된 위험은 그것을 지속적으로 감시하고, 통제하는 확실한 수단이 존재하지 않는 한 극복되지 않는다. 그러나 심리학적 계산이 그의 진정한 정신을 따라서 사용되면 환자의 저항은 의식적으로 나타나지 않으면서 충분히 저지된다. 그것은 하위-의식적 표현 이외에는 그 어떤 다른 표현 수단도 가지지 못하는 것이다. 심지어 그것은 상상력 속으로 물러나서 마침내 완전히 환자의 꿈에만 모아진다. 따라서 저항을 통제하고, 그것을 하위-의식의 피난처로부터 이끌어내는 수단은 심리학적 계산 이외에는 꿈을 해석하는 것밖에 없다. 저항이 치료자에게 초점을 맞춘 비난하는 허영심 이외에 다른 것이 아니기 때문에 그것이 치료 기술의 근본적인 문제인 것은 분명하다. 이 기술적 문제의 해결책은 우리가 살펴보아야 할 두 개의 이론적 질문을 발달시켜야만 자세하게 설명할 수 있다. 하나는 꿈을 해석하는 것이고, 다른 하나는 외상의 중요성과 의미를 밝히는 것이다. 그러나 이 문제들에 다가

가기 전에 분석적 관계가 잘못된 동기부여에 의해서 결정되는 관계 양상에 대한 고찰을 마저 다 끝내야 한다.

3. 감상성에 의한 결정

치료가 진전될수록, 환자는 더욱더 그의 미움과 비난에서 해방된다. 가족 관계에 영향을 미치면서 과거에 억압되었던 미움을 다룰 필요도 없이, 거기에서 해방되는 것이다. 미움의 이러한 감소는 환자가 이제 그의 실제적인 죄는 외부적이고, 우연한 것이 아니라 내면적이고, 본질적인 것, 다시 말해서 삶에 대한 그의 잘못된 태도 때문이라는 사실을 이해하고, 감당하기 시작한다는 신호이다. 그러나 그의 잘못에 대한 이런 이해와 수용은 아직 너무 약해서 그는 하위-의식적으로 다른 우회의 길을 찾는다. 그것이 감상성(sentimentalité)이다. 요컨대 그의 미움과 비난은 어린 시절부터 고조되었던 굶주린 사랑에 대한 욕구이다. 그의 욕망들은 그가 그의 부모에게 영혼의 양식인 진정한 사랑, 변덕이 없는 부드러움, 영혼의 열기를 발견하지 못했기 때문에 고조되었다. 그의 욕망들은 어릴 때부터 거부가 심하였거나 너무 많이 채워져서(버릇없는 아이) 채워지지 않았던 것이다. 교육이 주장하는 무규범의 포기는 실질적인 것도 아니고 고상한 것도 아니다. 그것은 억압을 가장한 것이다. 그래서 환자는 어린 시절을 통하여 은밀하게 상상력에 의한 도피를 통하여 그의 욕망들을 충족시켜왔다. 실제로 충족되지 못해서 고조된 어린이들의 욕망들은 즉각적인 충족에 대한 욕구(끈질긴 불복종의 원인)와 부드러움(고조되고, 상상에 의한 승화)에 대한 고조된 욕구로 분열되는데, 그것은 교육적 금지 때문에 아이들에게 죄의식이라는 처벌을 심어 주면서 순종적인 굴복을 부과한다. 이렇게 하면서 아이들에게는 상승과 추락의 경향이 만들어진다. 그러나 만족되지 않고, 고조된 모든 욕망들은 경련적으로 되고, 불안으로 변환된다. 어린아이의 반항적 불순종에는 공격적 불안의 단서

(端緖)가 들어 있다. 그것은 나중에 부정적인 욕구로 변하여 부드러움이 필요하다는 끊임없는 비난으로 펼쳐질 것이다. 환자가 어린 시절에 그랬듯이 정신치료가 그의 욕망들을 고조시키고, 상상적으로 충족시키는 대신 실제로 실현하거나 승화시키기를 더욱더 강조할수록 과거의 사랑의 좌절에서 비롯된 미움, 공격적 불안, 비난 역시 초기의 형태, 즉 사랑과 존중을 더 많이 달라는 요구로 전환된다. 분석가에게 재교육자를 투사시키면서 감상이 더 커지는 것이다. 이런 사실은 충분히 이해할 수 있다. 신경증적인 사람이 치료자를 신뢰하고, 자신이 이해받는다고 느끼면 어떤 주관적인 관계가 수립될 것이라고 믿기 때문이다. 그래서 객관적이고, 객관화된 것으로서의 치료적 상황은 이제 더 이상 충분하지 않다. 옛날에 부드러움을 갈구하였던 어린아이인 그에게 모든 인간관계, 특히 재교육적인 관계는 사랑과 존중이 재건된 관계가 되어야 하는 것이다. 그런데 분석가에게 행해지는 저항적 비난이 치료에 대한 감상적 집착으로 변환되는 경우 그것은 결국 허영심으로 다시 변질될 위험이 있다. 어떤 환자가 그 어느 다른 환자도 자기만큼 잘 이해하지 못한다고 믿는 한 그는 그 자신을 분명히 보지 못하는 것이다. 그러면서 그는 자기가 잴 수 없을 만큼 칭찬 받아야 하기 때문에 더 잘 대접 받고, 더 사랑 받아야 한다고 요구한다. 그의 행동들과 특히 그의 꿈에 나타나는 이런 단서들에 특별한 주의를 기울이는 것은 매우 중요하다. 그것들을 포착하여 심리학적 계산의 도움을 통해서 설명의 기회로 삼아야 한다. 그럴 기회를 놓치면, 그의 감상성은 실망하여 헛된 반항을 하게 된다. 감상성은 저항의 새로운 모습에 지나지 않는 것이다. 환자의 감상성을 어느 정도 떠밀면서 방어하려는 치료자는 증오의 비난으로 다시 변환된 것을 받을 수밖에 없다. 그러나 환자의 감상성에 굴복하고, 거기에 이끌리는 것보다 더 잘못된 행태는 없다. 분석가는 머지않아 그가 치료 관계를 훼손하지 않으려고 환자의 비위를 맞추고, 그를 칭찬하며, 그의 허영심을 부추기면서 공범(共犯)의 역할에 빠져드는 모습을 볼 수도 있다. 감상성을 해결하는 방법은 심리적 계

산의 도움을 받아서 영혼의 결속력이라는 실제적 능력으로 변화시키는 것밖에 없다. 감상성이 치료자에게 집중되는 것은 그것이 분별 있게 사용되기만 하면 유리한 신호이다. 그것은 아직 충분하지는 않지만, 생산적 협동의 조건인 전이가 만들어졌고, 환자가 인도를 받을 준비가 되어 있다는 것을 가리킨다. 분석가는 치료의 과정에 있는 주체에게 그가 모든 사람들과 친밀한 관계를 맺고, 가까운 사람들과 따뜻한 관계를 맺을 수 있는 더 좋은 기회를 보증하면서 환자가 너무 과열되었거나 차가운 주관적인 원망의 감정을 객관적이고 정당한 감정으로 변환시키는데 도움을 줄 수 있도록 인간적인 따뜻함을 가지고 있는 것이 중요하다.

4. 허영심에 의한 결정

우리는 이렇게 객관화된 감정을 오직 환자의 정신을 옥죄고 있는 지옥 같은 악순환을 끝까지 따라가고, 환자가 그 자신에 대해서 가지는 감상성을 공격하는 것으로 밖에는 얻을 수 없다. 이때 감상성은 허영심이나 다름없다. 저항이 아무리 비난과 감상성의 모습을 한다고 할지라도 그것은 허영심이기 때문이다. 죄의식이 완전히 치명적인 죄로 변환되지 않는 한 그 자체는 허영심으로 남고, 저항을 한다. 그래서 환자는 모든 것에 대해서 양가적이다. 그는 병에 대해서도 양가적이고, 치료에 대해서도 양가적이며, 치유에 대해서도 양가적이다. 그는 낫기를 바란다. 그는 다른 사람으로 되기를 바라는 것이다. 그러나 그는 현재의 그 자신으로 남기를 바란다. 그는 그가 경련을 일으키면서 헛되게 사랑하는 그 자신 속에 있는 변태적인 존재를 방어하는 것이다. 치료자를 향한 비난과 감상성에서 나온 찌푸린 얼굴은 동시에 그의 비뚤어진 자아를 위한 경련적인 사랑을 가리킨다. 그것들은 치료적 추구를 그만 두라는 탄원이다. 그것은 이제 더 이상 필요하지 않다. 그는 이제 모든 것을 알았고, 그는 다 나았다. 그러나 이런 탄원은 하위-의식적인 것이다. 환자의 의식적인 모든 존재는 더 잘 이해하기를 갈망한다. 그러므로 하위-의식적 저항은 환자가 삶 전체에 걸쳐서 가지고 있던 중심적이고, 헛된 태도의 지표이다. 지극히 작은 성공을 한 다음에도 그것은 그가 예외적으로 귀중하고, 결정적인 노력을 기울여서 성취한 것이라고 상상하거나, 그의 장점은 다른 모든 사람들의 장점을 뛰어넘는다고 상상하는 태도인 것이다. 그래서 환자는 조금만 발전해도, 자기-찬양에 빠져서 그의 발전을 늦출 지경에 이를 위험이 있다. 그는 앞으로 나아가지 못하고, 뒤로 물러서는 것이다. 매 걸음마다 허영심에 대한 승리는 승리에 대한 허영심으로의 변환을 위협한다. 우리는 아무리 해도 이런 위험에 주의를 충분히 기울일 수 없다. 그것의 해로운 결과는 모든 새로운 재발(再發)이 죄의식을 너무 많이 부과할 위험이 있다는 데 있으며, 결정적인 치료에 대한 희망이 헛되게 고조될수록 위험은 더 커진다. 지나친 죄의식은 허영심의 다른 형태이다. 그것은 좌절된 허영심의 정확한 척도인 것이다. 이 방정식으로부터 두 가지 형태의 허영심의 상호교환성이 나온다. 그러나 역전의 이 헛된 게임에서는 그 어떤 치료의 진전도 파생되지 않는다. 치료는 분석자가 자신에게 희망의 고조를 통제하고, 그에 따라서 재발하는 위험을 통제하는 데서 이루어지는 것이다. 그러나 그 진전은 치료자가 재발되기 전에 그 위험을 여러 번 예측하지 않는 한 이루어지지 않는다. 그런 예측의 가능성은 꿈의 해석을 통해서 얻어진다. 꿈에는 비밀이 구체적인 형상을 갖추기 전에 매일의 몽상의 형태를 하고 가장 은밀한 상상력으로 이루어지는 모든 것들이 표현되는 것이다. 따라서 꿈의 해석은 저항을 통제할 뿐만 아니라 예측도 하게 한다. 허영 속으로의 추락에서 비롯된 증상의 일시적 악화는 불리한 사건에 의한 충격으로 헛된 희망이 무너지는 특정한 순간 이루어지는 재발되기 훨씬 전에 예고되기 때문이다. 재발과 죄의식은 환자에게 치료적 노력에 실망하게 하는 구실과 치료를 평가절하하게 하는 방법이 된다. 그것들은 치료에 대한 저항을 이끄는 형태인 것이다. 그러나 그것은 치료에 대한 충동을 감소시키는 표현일 뿐이다. 거기에 고조된 죄의식이 결부될 경우, 재발들은 노력의 무익성을 드러내려고 치료되지 않으려는 환자의 허영심에서 나오는 것이다.

그와 반면에, 헛된 죄의식이 추락에 결부되어 있지 않고, 재발이 잘못에 대한 의식과 함께 온다면, 재발이 저항의 증상이 아닌 것은 명백하다. 그것은 어느 정도 자연스러운 사고이다. 환자가 거기에 헛된 반응을 하지 않았기 때문에 재발은 치료에 대한 첫 번째 희망을 담고 있었다. 환자에게 재발에 대해서 비판하는 것, 말하자면 재발했다고 괴로워하는 것보다 더 심한 잘못은 없다. 일종의 역전이인 그렇게 괴로워하는 것은 치료자가 너무 초보라서 심리적 계산을 신뢰하지 못하고 원인들을 객관적으로 식별하는 대신 환자의 저항을 어렴풋하게 정감적으로 느끼지 않았다면 일어나지 않았을 것이다. 치료자가 꿈의 해석에서 재발로 이끄는 저항 증가의 동기를 추적하지 못한다면, 치료자 자신은 그의 잘못에 대한 책임을 져야 하며, 그것을 복구하기 위해서는 환자가 자신에 대해서 의식하게 하면서 침착하게 그의 몽롱한 상태에서 벗어나는 노력을 기울이는 것밖에 다른 방법이 없다. 그러므로 동기들이 의식화되고, 마술의 원이 찢기며, 그것을 지탱하던 잘못된 동기부여가 분해되자마자 증상들이 사라지는 것처럼 새로운 각각의 과장된 정체의 원인과 재발의 원인을 설명하고, 또 설명해 주는 것이 무엇보다도 중요하다. 증상의 소실은 동기들인 본질적 원인들에 대한 추적을 통해서만 얻어진다. 이 소실은 만족에 대한 계산의 결과이다. 환자가 그의 병리적 고통을 그것을 유발한 잘못된 동기부여와 연결시킬 수 있는 한, 헛된 만족에 대한 유혹은 줄어든다. 그 유혹들이 그에게 불만을 가져온 동력이라는 깨달음이 생겼기 때문이다. 다양한 허영심에서 비롯된 결정이 줄어들고, 그 자리에 더 이상 상상적이고, 거짓된 만족이 아니라 실제적이고, 사려 깊으며, 지속적인 만족에 도달하려고 허영심이나 그것에 대한 만족의 잘못된 약속과 맞서 싸우려는 건강한 결정이 들어선다.

*

그러므로 치료적 상황은 그것이 환자에게 그 주위에 모든 잘못된 하위-의식적 경향들이 들러붙고, 결정화(結晶化)되는 중심적인 외상이 된다는 특징이 있다. 사실 환자는 여태까지 잘못된 경향을 가지고 삶의 외상들, 즉 삶이 그에게 부과한 외상들과 맞서 싸우려고 하였다. 그러나 분석은 이제 환자가 처음으로 의지적으로 견디려는 외상이며, 치료자는 계속해서 그것을 통제할 수 있다. 분석자는 생물발생적 근거를 가지고 있으며, 상위-의식적으로 형상화된 내재적인 윤리적 명령의 인도를 받으면서 이 중심적인 외상은 물론 삶에 있는 모든 외상을 하위-의식의 파괴력이 아니라 의식의 건설력을 가지고 점점 더 잘 맞서는 것을 배운다.

치료가 진행될수록, 경련적인 양가감정은 사라진다. 그래서 환자에게 치료는 활기를 주는 욕구로 된다. 그것은 그가 충족시킬 줄 알고, 그를 자연스럽고, 편안한 기쁨으로 채우는 매우 중요한 욕구이다. 이제 분석자에게 삶은 외상을 주는 것이 아니다. 그는 삶을 미워하기를 그만 두거나, 경련적으로 사랑하지 않는다. 그는 삶을 건강하게 즐길 수 있게 된다.

치료가 그의 삶 위에 펼쳐진 외상으로 될 수 있으려면, 환자는 그의 매일의 외상들과 실제로 일어났던 일들과 그에게 자신의 부족함을 발견하게 했고, 짜증나게 했으며, 상처를 주었던 상황들에 대해서 이야기해야 하는데, 그것은 그에게 도피적인 상상력과 정당화하는 잘못된 동기부여와 잘못 해석하도록 상상력을 고조시킬 위험이 있다. 환자가 거기에 노출되었고, 그것들이 그에게 고려의 대상으로 된 것이라면, 외상이 반드시 극적인 사건일 필요는 없다. 그것들은 겉으로 보기에 별로 중요해 보이지 않는 작은 일상적 사건이나 그 속에 그 어떤 잠재적인 에너지도 없는 예측할 수 없지만 조바심을 내게 하고, 표면적인 자극에 비해서 그 어떤 커다란 사건들보다 병든 정신에 떨림을 가져오는 것인 경우가 많다.

하위-의식적 행동에 대한 언제나 새로운 이 설명들은 결국 핑계로서의 동기부여에 있는 빈약하고, 거짓된 판에 박힌 것들과 거짓된 변명, 도피 등을 극복하게 한다. 분석자는 잘못된 반응들을 더 잘 하는 법을 배우는 것이다. 그래서 쓸데없이 거짓 정당화를 하면서 경련적으로 안정되게 하려던 것이 줄어든다. 이제 거짓된 동기화는 불필요하게 되었다. 그것은 고정된 증상의 형태로 나타나기도 하지만, 이제 더 이상 병리적인 것이 아니라 증상에서 병원성이 없어서 곧 분해되고, 스러지는 것으로 된다.

요약해서 말하자면, 분석은 환자의 허영심에 대한 외상이다. 치료의 효과는 거기에 들어 있다. 하위-의식적으로 범주화된 저항이 내적 성찰에 의한 자기-통제는 시간과 에너지의 낭비일 뿐이며, 사회적인 삶에 참여하지 못하게 하는(자기의 배꼽만 관찰하는) 자기-중심성이라고 비방하면서 그런 여론과 슬로건들 앞에서 불안에 떨며 끊임없이 강화되지 않으면 더욱더 커질 것이다. 그러나 사실을 말하면, 시간과 에너지를 낭비하는 것은 분노를 되새김질하는 것이며, 사회적인 삶에 더 높은 정도로 참여하는 것은 사회성의 필수불가결한 조건인 분노를 없애는 것이다.

저항의 집단적 기반이 없으면, 분석은 쉽게 진행될 것이다. 분석은 분석자가 그 자신에 대해서 상위-의식적으로 알고 있는 것, 다시 말해서 그의 저항의 개인적 배열들에 대해서만 알기 쉽도록 가르치기 때문이다. 그 증거는 분석자가 밤에 꾸는 꿈의 상징들에 의해서 매일 서로 다르게 표현되는 것들에 들어 있다.

제4장
꿈

저항은 삶의 초-의식적 표현인 꿈에 집중되어 있다. 따라서 치료적 개입에 대한 환자의 하위-의식적 반응은 꿈의 해석에 의하여 통제될 수 있다.

상상력의 산물인 꿈은 고조된 상상력이 일상의 흥분들이 제어되는 것을 막으며, 의식이 흥분을 교정하고, 흥분의 지적 투사를 원활하게 하기 위해서 그것들을 조정하는 일반적 시도들이 이루어지지 않는다는 표시이다. 일상의 상상력이 흥분을 제어하는 자연스러운 목표를 실현할 수 없기 때문에, 흥분 상태에 있는 정신은 잠을 자는 동안 그의 작업을 계속한다. 의식적 기능을 배제시키는 특징이 있는 잠은 그 안에서 상상력이 은유적 언어인 꿈으로 가장한 상징적으로 표현하는 무의식 상태에 있다. 꿈의 상징주의는 신화적 상징들처럼 동기화하는 의도(상상력이 다른 정신 기능들인 지성, 정신, 의지 등과 같이 가지고 있는 의도적인 내용)들을 수수께끼 같은 형태로 난해하게 표현한다. 그 기능들은 함께 어우러져서 정신 내적 작업을 만든다. 낮 동안의 숙고(délibération)는 흥분이 유지된 상태인 욕망을 실현시키거나 가치에 대한 평가를 통해서 결국 조화에 이르게 하면서 제어하려고 한다. 숙고는 밤의 꿈에서까지 그의 조화로운 해방의 노력을 추구하며, 올바르고, 잘못된 동기부여가 섞여 있는 꿈 이미지들의 의미를 결정한다.

심리학적 계산의 특성은 동기 안에 있는 올바른 것과 거짓된 것을 규명하는 것이기 때문에 심리학적 계산은 꿈 해석의 열쇠이다.

꿈 해석의 가능성은 심리학의 가장 위대한 발견 가운데 하나이다. 이 발견은 정신분석학의 공적이다. 그런데 정신분석학은 꿈 해석의 열쇠는 성적 상징화에 대한 이해라고 주장한다. 정신분석학을 따르면, 환자의 꿈은 성적 상징화를 통하여 유아시절의 외상들을 표현하기를 좋아하는 것이다.

"성적으로 된 콤플렉스들"은 그 자체로 병적 증상들이다. 그러나 그것들은 실재에 대한 잘못된 유아적 해석의 복합적인 집체(集體)이다. 콤플렉스들은 선재(先在)하는 실체들로 생각되지 말고, 모두 증상으로 해석되어야 한다. 콤플렉스(어린이에게 외상을 가져다주는 상황들의 전형적인 반응들의 복합체)들이 감추는 것은 모든 증상들이 위장(僞裝)하는 것이기도 하다. 즉 자연스러운 욕망들의 우회와 그것들의 잘못된 가치 평가인 잘못된 동기부여를 보여 주는 것이다. 그것의 내용들은 죄 많은 허영심과 비난적인 감상성이다. 그것들은 모든 인간관계들과 부모-자식의 관계를 왜곡한다. 정신분석학은 성적으로 해석함에도 불구하고(오이디푸스 콤플렉스) 정신질환의 진정한 원인인 잘못된 동기부여에 대해서 말한다. 정신분석학은 어느 부모 하나에 대한 질투심에서 나온 비난에 대해서 말하고, 이성 부모와 통합된 형태에서 사랑을 추구하는 감상성, 완전히 성적으로 된 죄의식에 대해서 말하는 것이다. 또한 정신분석학은 허영심의 형태로 나타나는 자기애(narcissisme)에 대해서도 인식하고 있다.

애들러의 개인심리학은 죄의식을 열등감의 형태로 말하고, 허영심에 대해서는 과도한 보상의 형태로 말하며, 비난을 평가절하의 형태, 감상성을 환자가 증상들의 도움으로 얻으려는 연민에 대한 추구의 형태로 말한다. 진정한 이해의 모든 요소들은 정신분석학의 이론들 안에 들어 있지만, 특히 프로이드는 성적 충동의 우선성을 입증하려는 관심에서 유사-신화적 허구(虛構) 때문에 복잡하게 되었다. 성적(性的)으로 된 그런 상징화는 결국, 그리고 필연적으로 문화의 기능인 진화적이고, 정신적인 충동에 대한 완선한 몰이해를 가져왔나.

정신분석학에서 그렇게 하듯이 유아 성욕의 억압이 모든 문화적 노력의 원인이라고 공포하는 것보다 더 잘못된 것은 없다. 그 어떤 억압도 승화로 이끌 수 없는 것이다. 억압은 단지 해체로 이끌 수 있으며, 마침내 정신병으로 이끈다.

꿈의 진정한 주제인 잘못된 동기부여가 정신분석학 이론에 잠재된 방식으로 포함되어 있다는 사실은 정신분석학이 어떻게 성적이고, 인위적인 상징을 통해서 꿈을 설명하려는 시도에 기반을 둔 치료적 개입의 기초를 닦을 수 있는지를 설명해 준다.

원칙적으로 진정한 상징화와 인위적으로 덧붙여진 상징화를 분별하는 지극히 단순한 검증 방법이 존재한다.

진정한 상징화의 지속적 의미인 심리학적 계산은 치료를 받든지, 치료를 받지 않든지 모든 사람의 꿈을 해석할 수 있어야 한다. 심리학적 계산을 통한 치료는 각 사람의 정신에서 무의식적으로 이루어지는 계산에 그 어떤 것도 덧붙이지 않기 때문이다. 따라서 동기에 대한 계산(calcul motivant)을 통한 꿈의 해석은 그 어떤 낮의 백일몽이나 밤에 꾸는 꿈에 담긴 실제의 상상에 의한 도피(물질적이거나 성적이거나 유사-정신적인)의 흔적과 그것들이 실제적으로 잘못된 정당화의 흔적을 담고 있음을 입증해야 한다. 하지만 오직 성적인 의미만 보려는 정신분석학의 주장은 꿈의 진정한 상징주의에서는 찾아볼 수 없다. 오히려 그것은 과거의 삶으로부터 현재 상태에서 발견되는 외상적 원인이라고 여겨지는 성적(性的) 사건들을 찾는데 익숙해진 분석자의 연상이 덧붙여진 것이다. 그러므로 입증의 기준을 모든 꿈이 연상의 도움 없이 해석될 수 있어야 한다는 것으로 제안하려고 한다. 물론 연상들이 종종 유용하고, 꿈을 확충해서 설명하는데 도움이 된다. 단 조건은 자유연상이 성적인 교리에 굴복하지 않았을 경우이다. 진정한 상징주의에 그 어떤 인위적 상징주의를 덧붙이지 않을 경우, 치료를 받는 신경증적인 사람의 꿈은 치료를 받지 않는 사람은 물론 그 어떤 다른 사람의 꿈과 근본적으로 다를 것이 없다. 기껏해야 치료를 받는 신경증적인 사람의 꿈에는 심리학적 계산 때문에 분명한 것이 있을 정도이다.

정신분석에서 성적인 상징주의 대신 잘못된 동기부여가 꿈 해석의 열쇠라는 주장을 정당화하려는 제안에 대한 입증과 그것을 뒷받침하는데 필요한 자료들은 치료를 받는 사람들과 치료를 받지 않는 사람들의 충분히 많은 꿈들 속에 들어 있는 동기들의 갈등(conflit des motifs)이 유일하고, 독특한 상징주의의 주제라는 것이 밝혀지는 것밖에 없다. 단지 말로만 주장하지 않기 위해서 더 큰 증거는 없지만, 아주 짧은 꿈을 해석하여 충분히 커다란 가능성의 감정을 불러일으키도록 진지한 고려의 대상이 되기를 바란다.

*

꿈의 앞에 놓인 문제는 주어진 꿈에서 보이는 은유적 변이가 어떻게 모든 꿈들의 지속적 의미인 잘못된 동기부여를 나타내느냐 하는 것을 찾는데 있다.

여기에 꿈의 한 부분이 있는데, 이 꿈은 12회기의 치료를 마친 환자가 가져온 것이다. 이 꿈은 치료에의 찬동을 보여준다. 하지만 우리가 그 찬동이 결정적인 것이라고 믿으면 잘못될 것이다.

> 꿈꾼 이는 지팡이나 몽둥이로 무장하고 있다. 그는 그 몽둥이를 휘두르고 싶어 하는데, 그것은 유리 막대기일 뿐이다.

환자는 그 사람이 지팡이에 의지한 부상당한 병사였다고 연상하였다. 그러면서 그는 그를 영웅이라고 생각해서는 안 된다고 덧붙였다. 진정한 영웅들은 오히려 이름도 없이 공장에서 일하는 사람들이기 때문이다

"꿈꾼 이는 지팡이로 무장한 자신을 본다." 연상에 의하면 그것은 부상당한 병사의 지팡이이다.

환자는 자신을 발에 부상을 당한 병사와 동일시하는데, 신경증은 삶에 적응하는 하나의 형태이다. 환자는 삶에 적응을 잘하지 못하고 있다. 그는 그의 안에 무엇인가 절뚝거리는 것이 있다고 느낀다. 그는 절뚝거리는 것이다. 그러나 신경증적인 사람을 "절뚝거리게" 하면서 삶에서 그의 발걸음을 온전하게 하지 못하게 하고, 건강하게 살지 못하게 하는 것은 그의 실제의 발이 아니라 그의 부상당한 영혼이다. 우리가 앞으로 더 분명하게 볼 테지만, 그의 부상당한 발은 따라서 그의 부상당한 영혼을 상징적으로 말한다. 그 지팡이는 부상당한 병사의 발을 지탱한다. 신경증적인 사람의 부상당한 영혼을 지탱해주는 목발, 즉 그가 삶을 근근이 살게 도와주는 것은 그의 고조되었으면서 동시에 억제적인 자신감, 허영심이다.

꿈을 해석하는 것이 습관화되어 있지 않은 사람들은 누구나 여기에서 허영심이 괜히 끼어들었다고 말할 수 있을 것이다. 하지만 그것이 그 자신에 대한 그의 상상력이 아니라면, 어느 누구도 꿈꾼 이에게 그를 부상당한 모습으로 보게 하지 않은 것이 분명하다. 그런데 부상당한 사람은 약해진 사람이고, 그의 상상력이 그가 약한 존재라고 말한다면, 그것은 그 자신의 약함, 그 자신의 죄의식에 대한 고백일 수밖에 없다. 영혼의 이 부상과 약함은 지팡이에 의해서 보상되었다. 그는 지팡이의 도움으로 걷게 되었을 뿐만 아니라 스스로를 지킬 수 있게 되었다. 그의 지팡이는 몽둥이인 무기이다. 그는 전사(戰士)인 것이다. 그러나 그는 부상당한 병사이다. 따라서 그는 치열하게 그 자신을 방어하는데, 그것은 그에게 상처를 입힌 적(敵)이다. 그래서 그의 죄의식에 대한 고백은 즉시 억압되고, 비난으로 변환된다. 그의 약함의 원인

은 그 자신에게 돌려지지 않고, 적에게 돌려지는 것이다. 그는 지팡이에 의지한 채 그 자신을 영웅으로 볼 만큼 충분히 허영심에 차 있다. 이 무렵(이 책의 초판이 발행되었을 때, 즉 1947년) 우리가 거리에서 흔히 보는 부상당한 병사는 영웅으로 존경받았다. 그들은 동정의 대상이었던 것이다. 그런데 환자는 그 자신을 그들로 대체시키면서 스스로를 동정하고, 그들에게 적용된 동정을 요구한다.

여기까지의 해석은 순전히 심리학적 계산에서 나온 것이다. 이 해석은 아직 꿈의 세부 사항들에 의해서 충분히 조직되지 않고, 기초적인 요소들에 의해서만 넓게 뒷받침되었다. 꿈 해석으로의 진입에서는 언제나, 말하자면 문을 강제로 밀게 된다. 그러나 드러나려고 하는 모든 주제가 주장하는 것은 그 문은 결코 절도(竊盜)에 의해서 열리지 않고, 오직 모든 꿈들에 존재하는 유일한 열쇠(동기부여에 대한 계산)와 함께 저절로 열린다는 것이다. 그러므로 우리는 잘못된 동기부여에 대한 인식을 통해서 얻은 기초적인 요소의 해석이 다른 요소들에 대한 의미를 가장 자연스러운 방식으로 발견하게 하고, 그에 따라서 연상들을 포함하여 다른 모든 요소들에 대한 해석을 서로 지탱해 주고, 심리학적으로 이해할 수 있는 상상력의 산물로 주어지는 전체를 구성하는지 살펴보아야 한다. 꿈 역시 상상력의 산물의 수수께끼 같은 표현이기 때문이다. 여기에 또 다른 연상이 있다: "사람들은 그 병사가 영웅일 경우에만 존경해야 합니다. 진정한 영웅들은 오히려 공장에서 아무 이름도 없이 일하는 사람들입니다."

환자가 감상적으로 부상당한 병사와 동일시하고, 영웅시되는 병사와 헛되게 동일시한다면, 다른 한편으로 그는 거기에 맞서고, 이런 동일시에 양가감정을 가지고 있다. 그의 허영심은 이 비교에 만족하지 않는 것이다. 그는 영웅-병사를 깎아내리고 있다. 그는 그 병사보다 더 존중 받기를 바란다. 그는 군중 속에 파묻혀 있으며, 모든 신경증적인 사람들처럼 환자가 그렇지 않다고 느끼는 이 단순한 사람들이 외부적이고, 우연한 부상 때문에 그 자신보다 더 존경받는 것을 참지 못한다.

그 단순한 사람들이 아무리 부상당했을지라도, 그에 의하면 영웅이 아니다. 오히려 자신의 부상은 내적이고, 본질적이며, 아주 중요한 부상이다. 그러나 어느 누구도 그것을 알아주지 않는다. 그 자신이 진정한 영웅인데, 그 영웅-병사와 반대로 군중 속에 숨겨져 있다. 그는 이름 없는 영웅인 것이다.

그러나 환자가 그 자신을 부상당한 병사와 감상적이고, 헛되게 동일시하면서 존경받는 병사와 맞서는 이 비난, 즉 이 자질구레한 비난은 동시에 죄의식에서 나온 것이다. 연상을 따르면, 진정한 영웅들은 무기를 들고, 파괴적인 전쟁을 하는 사람들이 아니라 이름도 없이 그들의 일을 하는 사람들, 즉 겸손하게 건설적인 일을 하는 사람들이다. 단순하고, 건설적인 일은 틀림없이 젠 체하면서 하기를 거부하는 일일 것이다. 따라서 그는 그 자신을 정죄하고, 그가 동일시하는 부상당한 병사를 헛되게 비난하면서 그가 습관적으로 억압한 그의 죄의식을 드러낸다. 그 자신이 부상당한 병사이지만, 그는 부러움을 받을 자격이 없다. 그 자신이 영웅으로 존경받을 수 없는 전사인 것이다. 그가 그 자신을 정말 존경하려면, 그는 그의 헛된 자만심과 파괴적인 일, 그가 세상에서 하는 전쟁을 그만 두어야 한다. 그는 세상에 대한 고조된 비난을 거두고, 풍성한 일에 전념해야 한다. 그것이 그가 이름 없는 사람으로 되는 것이다. 부상당한 병사 놀이를 하는 대신 그가 일해야 하는 공장은 그 자신의 정신을 상징할 것이다. 그는 그 다음에 이어진 회기들을 통하여 그가 정신 내적인 작업을 통하여 허영에 가득 차서 잘못된 행동들을 "만드는" 것을 그쳐야 한다는 사실을 깨달았다. 이제 그는 그의 공장-정신(psyché-usine)에서 세상이라는 전투에 필요한 진정한 무기들인 합리적인 행동들의 동기를 이름도 없이 열심히 만들어야 하는 것을 깨달았던 것이다.

해석의 이 첫 번째 부분을 다르게 요약할 수도 있을 것이다. 신경증적인 사람은 삶을 통하여 걸어가지만, 절뚝거린다. 그는 지팡이나 목발의 도움을 받아야만 바로 서는데, 그 지팡이나 목발은 허영심이다.

그는 이 세상을 살면서 쉬지 않고 그가 충분히 주목받고, 찬양받으며, 동정을 받는지 그의 주변을 곁눈질하지만, 그것들을 별로 느낄 수 없다. 신경증적인 사람은 그의 상황과 부상당한 병사 사이의 유비를 본다. 그러나 이런 유비는 상상일 뿐이다. 그는 그의 헛되게 얽혀 있는 병든 마음을 다른 사람의 단순한 영혼에 투사시키고, 실제로 부상당한 병사가 신경증적인 그 사람이 그렇게 하듯이 똑같이 헛되게 느낄 것이라고 믿는다. 그는 그 단순한 사람도 그 자신이 동정 받기를 바라기 때문에 자신처럼 동정을 요구한다고 의심하며, 비난하는 것이다. 꿈꾼이는 다른 사람이 그렇게 할 것이라는 상상 속에서의 주장을 그 어떤 동의도 없이 경멸과 함께 과장되게 반응한다. 그러나 거기에는 그가 그 자신과 그의 복잡한 헛된 마음, 그 자신에 대한 고백되지 않은 경멸인 죄의식에 대한 경멸밖에 없다.

이 꿈의 첫 번째 부분에 이미 잘못된 동기부여의 상상적이고, 양가적인 유희(遊戱)와 반(反)-유희인 병든 마음의 내적 갈등이 들어 있다면, 두 번째 부분은 "지팡이는 또한 몽둥이다"라는 것을 강조한다.

"그는 몽둥이를 휘두르고 싶어 하는데, 그것은 유리 막대기일 뿐이다."

그 신경증적인 사람은 지극히 예민하고, 감상적인 삶에서 부상당하여 허영심의 도움 없이는 서 있을 수 없다. 그러나 그를 지탱해 주는 허영심은 공격 무기인 몽둥이다. 그가 끊임없이 다른 사람들을 공격하고, 비난하는 것은 그의 허영심 때문이다. 그러나 그가 다른 사람들을 공격하며, 세상과 싸우면서 살수록 다른 사람들인 세상 전체, 즉 그의 삶은 그에게 상처를 입히는 적으로 된다. 그래서 그는 지팡이에 기댄 채, 그가 기대하는 찬양이나 요구하는 동정도 받지 못하면서 삶을 이끌어간다. 하지만 그의 의지와 공격 무기인 지팡이-몽둥이는 효과적이지 못하고, 유리로 된 막대기일 뿐이다. 그것은 그의 손에서 부서진다. 그것은 투명하다. 그의 잘못된 방어와 공격의 수단을 반투명하게 만들고, 그에 따라서 아무 짝에도 쓸 수 없으며, 귀찮은 것으로 만든 것은 분석이다. 유리 지팡이가 깨진 것이다. 꿈꾼 이는 삶에 대한 그의 모든 적응이 충분하지 못했다는 것을 알기 시작하는 것이다.

*

내가 이 꿈을 선택한 것에는 의도가 있다. 이 꿈은 꿈 해석의 방법을 보여 줄 뿐만 아니라 다른 계열의 생각을 극도로 흥미진진하게 보여 준다. 이 꿈은 오이디푸스 신화와 함께 정신분석학에서 말하는 오이디푸스 콤플렉스와 맞서게 하고, 그렇게 맞서면서 자료들을 통해서 성적 상징주의의 모든 잘못들을 보여 준다.

신화는 종종 전형적이고, 지속적인 상징화를 사용한다. 예를 들어서 말하자면, 앞에서 해석했던 신화들 속에서 불은 언제나 지성, 사과는 계속해서 땅을 상징적으로 나타냈다. 신화의 이 지속적 상징들은 주체가 깨어 있을 때 상징들의 의미에 대해서 전혀 아는 바가 없을지라도 개인의 꿈에서 똑같이 사용된다. 이런 가능성을 합리적으로는 설명할 수 없다. 꿈과 신화의 해석은 삶과 삶의 의심할 나위없는 심층 앞에서 일종의 경외감을 일깨우는 놀라움을 간직하고 있는 것이다.

방금 해석한 꿈속에서 부상당한 발은 신경증적인 사람 부상당한 영혼을 의미한다. 그런데 영혼을 의미하는 발은 신화에 가장 많이 나오는 상징 가운데 하나이다. 따라서 이런 상징화를 불러일으켰던 유비를 생각하는 것은 어렵지 않다. 발은 걸어가는 것이고, 영혼은 삶을 개척해가는 것이다. 영혼이 부상을 입었다면, 사람은 똑바로 걸을 수 없다. 그는 절뚝거리는 것이다.

절뚝거리는 사람과 부상당한 영혼이라는 이런 전형적인 상징화는 오이디푸스 신화를 해석하는 열쇠이며, 정신분석학에서 가장 중요한 오이디푸스 신화 해석의 기초를 쌓기 전에 이런 의미를 예로써 제시하는 것도 괜한 일이 아닐 것이다.

테세우스는 청년이 되었을 때, 그의 아버지가 그에게 물려준, 바위 밑에 감춰진 칼과 신발을 찾기 위하여 그 어떤 사람도 움직이지 못했던 바위를 들어 올려야 했다. 문자적으로 해석하면, 그 영웅이 태어났을 때인 20년 전부터 바위 밑에 있었다면 그 칼은 녹이 슬었을 테고, 신발은 썩어서 더 이상 쓸 수 없었을 것은 분명하다. 따라서 중요한 것은 비논리성과 상징적 표현이다. 모든 신화에서 칼은 하나의 일관된 의미를 가지고 있는데, 그것은 올바른 동기화인 진정한 가치평가를 의미하는 정신적 무기를 상징적으로 나타낸다. 그리고 신발은 발을 보호하는 영혼의 상징이다. 바위도 계속해서 나오는 상징인데, 그것은 세속성의 무게, 즉 정신과 영혼을 으깨는 세속적 욕망의 무거움이다. 그러므로 청년이 된 테세우스는 그의 영웅적인 소명을 증명해야 했다. 그는 영웅임을 입증하기 위하여 정신적으로 싸우면서 세속성의 무게인 세속적 욕망들을 무찔러야 했다. 그를 짓누르는 바위를 들어 올려야 했던 것이다. 그래서 그는 신화적 영웅들이 가진 무기를 획득해야 하였다. 정신화와 승화를 향해서 나아가는 것이다. 테세우스는 정신의 상징적 무기인 칼과 영혼의 상징으로서 삶 전체의 행적에서 그의 발을 보호해 주는 신발을 얻어야 했다.

*

방금 해석했던 꿈으로 되돌아와 보았을 때, 그 신경증적인 사람이 그의 상태에 대하여 꿈을 꾸면서 그의 꿈과 연상 속에서 가장 오래 된 상징화를 다시 찾을 수 있었다는 사실은 놀라지 않을 수 없는 일이다. 그는 그의 영혼의 상태를 발이 다친 것으로 표현했던 것이다. 그러나 이렇게 해석된 꿈은 신화적으로 더 커다란 관심을 보여주는데, 그것은 그 꿈이 신화적 상징화의 따로 떨어진 요소뿐만 아니라 오이디푸스 신화의 문맥도 품고 있기 때문이다.

"오이디푸스"라는 이름은 "절름발이"를 의미한다. 오이디푸스는 어렸을 때, 발의 힘줄들이 잘렸다. 그 상징은 그의 영혼이 어렸을 때부터 상처 입었다는 것을 말한다. 그는 절뚝거릴 수밖에 없었는데, 신경증적이었다는 말이다. 신경증적인 사람의 상징인 것이다. 그의 이야기는 신경증적인 모든 사람들의 삶의 이야기를 상징적으로 나타낸다. 오이디푸스는 지팡이의 도움으로 걸어가는 절름발이이며, 그의 지팡이를 몽둥이, 곤봉으로 사용한다. 그래서 그는 그의 아버지를 죽인다. 너무 깊이 들어가는 것이 아니라면, 으깨 버리는 곤봉이 통속화의 궤변으로 수다스러운 곤봉의 상징이라는 것을 강조하는 것도 흥미 있는 일이다.

문제의 신경증적인 사람은 그의 상태에 대하여 꿈을 꾸면서 오이디푸스의 이야기를 적어도 부분적으로는 다시 만들어냈다. 이렇게 개인의 꿈과 신화들 사이의 두드러진 평행이 다소 특이한 것은 사실이다. 그러나 이런 특이성은 우연히 그런 것이 아니라 초-의식적인 모든 표현들에서 볼 수 있는 깊은 유사성의 표명이다. 따라서 문제가 되는 꿈은 인간의 중요한 죄와 그것의 진정한 상징적 표현이라는 인간 심리의 기본적인 문제로 다시 돌아가게 한다. 정신분석학은 그 죄를 성욕 위에 세우면서 오이디푸스 신화를 사용하였다. 정신분석학은 그것의 모든 이론들을 이 신화에서 추출한 두 가지 요소 둘레에 모으면서 오이디푸스 콤플렉스에 대해서 말하는 것이다. 성욕이라는 지배적인 주제가 비록 앞에서 말했던 모든 것들에 의해서 반박되었지만, 성욕의 그릇된 우선성을 진정한 신화 위에 세우려고 했던 모든 시도들이 잘못되었다는 것을 깊이 있게 보여 주는 것도 쓸데없는 일은 아닐 것이다.

오이디푸스는 그의 아버지를 죽이고, 그의 어머니와 결혼한다. 이 두 가지 신화적 요소들의 의미를 이해하려면, 그것들을 신화 전체와 분리시켜서 그것들이 상징적인 것이 아니라 마치 실제적인 주장으로 다루는 것은 충분하지 않다. 그와 반면에, 그것들을 모두 그 전체 속에 집어넣고, 신화 전체를 해석해야 한다. 우리는 여기에서 이 신화를 자세하게 해석할 수는 없다. 그것을 보려면 "오이디푸스 신화의 해석"[6]

6 P. Diel, *Le Symbolisme dans la mythologie grecque*, Paris, Payot, 1954.

을 참조하면 된다. 오이디푸스 신화와 오이디푸스 콤플렉스와 맞서기 위해서는 여기에서 어떤 지표들만 제시해도 충분하다.

이 두 가지 요소들을 해석하지 않고, 고려하는 것만으로도 그 신화와 콤플렉스 사이에 모순이 있는 것을 알 수 있다. 그 신화에 의하면, 오이디푸스는 그 신화가 암시하듯이 그의 어머니와 결혼하려고, 아버지를 살해한 것이 아니다. 더 나아가서, 오이디푸스 콤플렉스가 남성과 여성 모두에게 있기 때문에 필요성을 따라서 남성과 여성을 바꿔서 아버지와 결혼하기 위하여 어머니를 살해하려는 여성적 경향이라고 할 수도 있다. 그러나 그 신화는 이런 방종(licence)을 정당화할 수 있는 그 어떤 자료도 가지고 있지 않다. 그 방종에 대한 증거를 찾기에는 너무 그 신화와 위배된다.

오이디푸스 신화에서 아버지와 어머니를 실제의 인물들로 보는 것은 어쩌면 문제가 되는 테세우스 신화의 일부에서 그 영웅이 정말 실제로 칼과 신발을 찾으려고 돌을 들어 올렸다고 상상하는 것만큼 잘못된 일일 것이다. 오이디푸스처럼 그의 아버지와 어머니에게도 상징적인 의미가 담겨 있는 것이다. 신화들이 그것들의 상징적 언어 속에서 인간의 정신과 영혼의 운명, 즉 그것들의 건강한 형성과 위험한 왜곡을 형상화할 수 없었다면 모든 민족들의 문화의 기반이 되지 못했을 것이다. 모든 전형적인 상징들은 이 중심적이고, 안정적인 주제와 관계가 있다. 테세우스의 신화에서 정신의 무기인 칼은 이미 그의 아버지에게서 물려받았다. 아버지는 정신의 상징인 것이다. 오이디푸스 신화에서도 아버지는 정신의 상징, 즉 정신화의 상징이고, 어머니는 영혼의 상징, 즉 승화의 상징이다. 그러나 부모들은 그들의 과제를 완수하지 못했다. 그들은 아기의 발에 있는 힘줄(그의 영혼의 힘)을 잘랐고, 그것을 드러냈다. 삶의 우여곡절에 맡긴 것이다. 그들은 그 아이의 영혼의 왜곡의 원인이다. 그들은 오이디푸스가 절뚝거리게 했던 것, 신경증적으로 되게 하였던 것이다. 개인의 꿈에서나 신화에서는 흔히 정신화와 승화의 상징들이 어떤 침입(예를 들어서 말하자면, 정신을 의미하는 밝은 불꽃이나 도착을 의미하는 지옥의 삼키는 화염 등)을 가리키는 특성이 동반될 때 변질될 수 있는 것으로 나타난다. 의미의 중복은 모든 초-의식적 표현의 특징이다. 그것은 비뚤어진 정신은 언제나 정신이지만 부정적인 형태의 정신이라는 사실에서 기인한다. 오이디푸스의 아버지는 신화적 아버지로서 그 역시 비뚤어진 정신이다. 마찬가지로 승화의 상징인 신화적 어머니에게도 반대의 의미가 있다. 그녀는 세속적 욕망들인 땅(대지모인 데메테르)과 땅에 대한 집착을 상징적으로 나타낸다.

신탁은 오이디푸스에게 그가 아버지를 죽이고, 어머니와 결혼할 것이라고 예언한다. 신탁은 신화적 부모를 의미한다. 그런데 정신적인 의미에서 아버지를 죽이고, 다시 말해서 정신을 죽이고 고상한 의미에서 어머니와 결혼하는 것, 즉 승화되는 것을 의미하는 조화의 욕망과 결혼하는 것은 심리학적으로 불가능하다. 그것은 마치 변태적인 의미에서 아버지를 죽이고, 다시 말해서 변태로부터 해방되고, 변태적인 의미에서 어머니와 결혼하는 것, 즉 통속화되는 것이 불가능한 것과 같은 맥락이다. 따라서 여기에는 두 가지 의미 밖에 있을 수 없다. 오이디푸스가 그 자신에게서 비뚤어진(변태적인) 정신을 "죽이거나", 즉 올바른 동기를 통하여 세상을 극복하고, 고상한 의미 안에서 어머니(땅)와 결혼하거나, 다시 말해서 세속적인 욕망들과 조화를 이루면서 그의 영혼을 승화시키거나(그것은 그의 부모들이 부과한 "발"의 부상 위험을 극복할 수 있다), 아니면 고조된 동기들 때문에 그 자신을 죽이는 것, 다시 말해서 라이오스로 형상화된 비뚤어진 정신에 의해서 그 자신을 죽이는 것이다. 이 가운데서 신화는 후자 쪽이다. 그는 라이오스를 죽이고, 정신화의 과제를 향해서 변태적으로 고조되었던 것이다. 라이오스를 죽인 다음에 나아간 정신의 고조는 오이디푸스가 삶의 수수께끼인 스핑크스의 수수께끼를 푼다고 나선 사실에 의하여 나타난다. 그의 해답이 세속적 욕망을 향한 고조에 의해서 방해 받지 않고, 완전히 합리적이었다면, 오이디푸스는 그의 부모에 의해서 주어진 "발"의 상처를 극복했었을 것이다. 두 가지 해결책 가운데서 첫 번째 것이 실현되었을 것이라는 말이다. 그러나 정화자-정신(esprit-purificateur)의 고조 경향에 세속적 욕망의 반(反)-고조가 양가감정의 법칙을 따라서 놓치지 않고 연결된다. 오이디푸스가 변태적으로 대지모(大地母)와 이어지는 것이다. 그는 통속적으로 풀어지려고 세속적 욕망과 결혼한 것이다. "통속화의 왕"이 된 오이디푸스, 즉 역병(疫病)의 모든 것은 그의 치하에서 모두 풀려난다.

부친살해와 근친상간은 치명적인 죄를 상징적으로 나타낸다. 신화의 뒷부분은 신경증적인 사람의 결정적 상황, 말하자면 삶에 의한 신경증적인 사람의 선고(宣告)를 가장 극적으로 나타낸다. 이 결말은 세상에 드러나고, 의식에 떠오르려는 치명적인 죄를 표현한다. 이것은 모든 사람들의 눈에 뚜렷이 드러난다. 그러나 신경증적인 사람은 그것을 보기보다 거기에서 눈을 떼고, 눈을 감아버린다. 정감적으로 실명(失明)한 것이다.

신화의 일부를 요약하고, 꿈 해석을 시도하면서 강조한 오이디푸스 신화 해석의 개요는 그 신화의 표면 뒤에 감춰진 것이 결코 성적 상징화가 아니라는 것을 보여준다. 다시 말해서, 오이디푸스 콤플렉스는 오이디푸스 신화와 관계되는 것이 전혀 없다는 것이다. 그것은 거짓된 신화적 구성일 뿐이다.

이것은 신경증적인 사람의 이야기를 말할 뿐인 오이디푸스 신화가 억압의 상징화에 의해서 완성되지 않았다는 점에서 더욱더 분명해진다. 신화에는 신화적 지혜와 동기부여의 심리학 사이의 완벽한 평행을 가장 분명하게 보여주는 연장이 있는 것이다.

오이디푸스는 마침내 에우메니데스의 성소(聖所)에서 평화를 찾는다.

에우메니데스(Euménides)는 어떤 측면에서는 호의적인 에리니에스(Erinnyes)이다. 에리니에스는 억압된 죄와 광기에까지 이르는 죄의 증상적 폭발을 상징적으로 나타낸다. 그녀들은 양심의 가책과 영혼의 회한을 나타내는 것이다. 에리니에스와 에우메니데스 사이에는 양심의 가책(remord)과 후회(regret) 사이의 유비적 연결 같은 것이 있다. 후회는 양심의 가책처럼 더 이상 억압된 죄가 아니라 의식적으로 견디는, 고백된 죄이다. 후회는 의식의 작용이지만, 양심의 가책은 하위-의식의 작용이다. 그래서 하나는 파괴적이지만, 다른 하나는 생산적이다. 에우메니데스의 측면 아래서 에리니에스는 후회로 변환된 건강의 원리인 양심의 가책을 상징화한다. 죄에 대한 고백인 것이다. 따라서 신화의 이미지는 에우메니데스의 성소에 피난 온 오이디푸스를 보여 주면서 신경증적인 사람은 그의 죄를 고백하고, 그것을 의식적으로 견디며, 정신화하면서 치유를 발견할 것이라는 사실을 상징적으로 보여준다.

*

오이디푸스 신화의 더 깊은 의미를 강조하기 위하여, 우리는 여기에서 앞에서 이미 언급했던 다른 신화에 있는 같은 주제의 변이를 상기하는 것도 좋을 것이다. 자신의 어머니를 살해하여 죄를 얻은 오레스테스(Orestes)는 광기의 포로가 되었다. 그 신화는 그가 에리니에스에게 쫓긴다고 말하면서 이 사실을 고백하는데, 그것은 그 신화는 억압된 죄와 마음의 병 사이에 분리할 수 없는 관계가 있다는 인식을 분명하게 보여준다. 아폴로의 사원은 오레스테스가 치유를 찾을 수 있는 유일한 장소이다. 에우메니데스의 성소가 오레스테스(아가멤논과 클리템네스트라 사이에서 태어난 아들. 어머니인 클리템네스트라가 연인인 아이기스토스와 함께 그의 아버지인 아가멤논을 살해하자 누나인 엘렉트라에 의해서 스트로피오스 왕에게 맡겨진 다음 성장한 뒤 아버지의 원수를 갚으라는 신탁을 받고, 고향으로 돌아가 누나와 함께 아이기스토스와 클리템네스트라를 죽였다. 그래서 근친 살해를 담당하는 에리니에스에게 재판을 받았지만 무죄 판결을 받았고, 결국 왕위에 올라 사촌 헤르미오네와 결혼하여 살다가 뱀에 물려서 죽는다—역자 주)의 신화에서는 아폴로의 성소로 대체되었다. 아폴로가 정신화의 최고의 상징, 즉 정신화가 완성된 상징이기 때문이다. 그는 정신적 이상을 상징적으로 나타낸다. 그는 조화와 건강의 신인 것이다. 오이디푸스 신화와 오레스테스 신화에 공통된 주제는 아폴로 사원의 현관에 쓰여 있는 "그대 자신을 알라"는 말보다 더 분명한 것일 수 없다. 따라서 그 신화는 (그의 정신이 죄를 인정하지 않으려고 해서) 죄와 양심의 가책에게 쫓기면서 정신에 병이 든 사람이 치유를 발견할 수 있는 유일한 방법이 있는데, 그것은 정신의 병적인 해체가 아니라 정신의 조화라는 것을 알려준다. 그 신화에 의하면, 조화의 조건은 그 자신을 아는 것이다. 그리고 사람들은 그 자신에 대해서는 오직 그가 하는 행동의 진정한 동기를 알아야만 알 수 있다. 다시 말해서 그의 하위-의식적 변장을 벗겨야 하는 것이다.

*

신화는 과학, 예술, 종교 등 모든 문화적 노력들의 출발점이 되는 집단적 꿈이다. 신화는 진리, 선함, 아름다움을 표현하는 것이다. 신화는 사상과 삶의 이상, 즉 삶의 의미와 조화의 세 가지 형태를 표현한다.

신화는 개인적이고, 고조된 상상력의 산물이 아니라 고상한 상상력과 상위-의식적 비전의 산물이다. 그런데 원시인들의 영혼에는 상상에 의한 발달의 반대되는 두 가지 가능성인 상상력의 고상한 진화와 비뚤어진 퇴화의 가능성이 여전히 미결 상태로 있다. 그래서 원시인들은 삶에 대한 꿈을 꾸면서, 삶의 모든 가능성들을 표현한다. 한편으로는 결정적인 취약성의 원인이며, 불안과 고뇌의 원인인 에너지의 양가적 해체, 즉 욕망들의 다양화를 표현하고, 다른 한편으로는 해체와 정반대되고, 해체와 반명제적인 삶의 조화로운 구성, 즉 궁극적인 기쁨과 생명력의 원인인 본질적 욕망에 내재된 에너지의 집중에 대해서 말한다. 신화는 악령이나 괴물(도피하는 상상력의 상징), 악마(정당화하는 상상력의 상징)로 상징되는 삶의 본질적인 위험에 대해서 말하고, 정결한 영이며, 신으로 상징되는 실현된 영혼의 특성과 삶의 이상에 대해서 말한다. 또한 신화는 영혼의 싸움인 내적 갈등에 대해서도 말한다. 유일한 영웅인 신화적 영웅은 신들(정신화와 승화의 상징)로부터 빌린 무기의 도움으로 내적인 삶의 위험(정감적 실명)과 싸우고, 이상의 실현(정신의 명징성)을 위해서 애쓴다. 대부분의 신화적 영웅은 싸움에서 굴복하는데, 그것은 삶에서 가장 진실한 인간적 상황의 상징화일 뿐이다. 신화는 집단적 꿈으로서 개인의 꿈처럼 해석될 수 있어야 한다. 개인의 꿈과 같은 원천(고상한 상상력)을 가지고 있으며, 초-의식의 산물로서 신화는 개인적인 꿈들과 비슷한 은유적 상징화를 사용한다. 신화는 이 상징적 표현 아래 개인적인 꿈의 지속적 의미인 옳고, 그른 동기부여만을 감출 수 있을 뿐이다. 개인적인 꿈 해석의 열쇠인 심리학적 계산은 신화 해석의 열쇠가 되어야 한다.

심리학적 계산을 통해서 얻은 충분히 많은 수의 신화들의 해석은 각각의 신화에는 명확한 의미가 있으며, 그 의미는 다른 각각의 신화의 명확한 의미에 의하여 통제 가능하다는 사실을 입증해야 한다. 모든 신화의 의미는 서로를 보완하고, 삶의 진실이라는 유일한 진리의 형태이기 때문이다.

이런 체계적인 해석은 진실의 문을 닫지 않은 사람들에게 필연적으로 설득력이 있거나 설득력이 있어야 한다.

심리학적 계산이라는 실험적이고, 주관적인 증거 이외에 모든 사람들이 자신의 내면에서 발견할 수 있는 증거인 신화에 대한 해석은 심리학적 계산의 실험적이고, 객관적인 증거이며, 초-의식적으로 숨겨진 그것의 중요한 적법성이다. 그리고 그것은 잘못된 동기부여의 근절(根絶)에 뿌리를 둔 치료 이론의 기반이 유효성을 가늠할 수 있는 증거가 된다.

그러나 개인의 꿈에 대한 해석에 기반을 둘 수 있는 것보다 훨씬 더 광범위한 이 증거는 충분히 많은 숫자의 신화들에 대한 해석에 의하여 주어진다(여기에 관해서는 그리스 신화 해석과 유대-기독교적 순환의 신화 해석을 참조하시오).[7] 그러므로 정말 객관적인 비판이 신화에 감춰진 의미에 대한 이 해석에 입증 가능한 가치를 부여할 수 있는지에 대해서 살펴보아야 한다.

7 P. Diel, *La divinité: Étude psychanalytique*, Paris, Presses Universitaires de France, 1950. *Le Symbolisme dans la mythologie grecque*, Paris, Payot, 1956.

제5장
정신적 외상

정신치료는 순전히 의학적이기만 한 개입을 넘어선다. 거기에는 정신에 대한 재창조가 포함되기 때문이다. 정신치료는 존재할 수 있는 것 가운데 가장 중요한 개입이다. 이 개입이 정당화될 수 있으려면 그것은 의학이라는 치료 과정 전체에 통합되어야 할 뿐만 아니라 삶의 건강하고, 건강하지 못한 표현 모두를 파악하고 있어야 한다. 정신치료가 삶과 삶의 의미에 통합되어 있어야 하는 것이다.

삶의 올바른 방향은 오직 본질적인 목표에 대한 비전(vision)에 의해서만 확정될 수 있으며, 이 비전은 심리학적 계산의 도움을 통해서만 분명해진다. 억압의 해제에서 중요한 잘못은 목표에 대한 비전이 흐려지는 것이다. 하위-의식적인 죄와 상위-의식적인 목표의 문제에 있어서, 심리학적 계산의 기반인 하위-의식적 왜곡과 상위-의식적 형성 사이의 관계는 가장 완벽한 유비이다. 그 사이에 적법성이 있는 것이다. 삶의 올바른 목표는 다른 것이 아니라 죄에서 완전히 해방되고, 해결되는 것이다.

따라서 하위-의식의 분석은 상위-의식의 통합과 분리할 수 없을 만큼 연결되어 있다. 이런 통합은 사변이 아니라 불가피한 결과이다. 치료 이론은 반드시 본질적인 목표인 이상(idéal), 그래서 의학이 습관적으로 뛰어넘을 수 없을 것이라고 생각하는 개념적 한계를 뛰어넘어서 삶의 의미를 가장 분명하게 정의해야 한다. 이런 신중함은 그 어떤 다른 치료 분야도 이론적인 목표를 가지고 있지 않기 때문에 의학에 적합하다. 의학은 실천적 목표를 가지고 있으며, 그것을 위해서 이론은 수단에 불과하다. 그와 반대로 정신치료에서 이론과 치료를 위한 이론의 사용은 역전된다. 이론은 치료적 적용과 완전히 무관하게 그 자체로 중요성을 가지고 있으며, 그것을 멀리 벗어난다. 그러나 치료적 적용은 여기에서도 무엇보다도 먼저 실제적 결과를 고려해야 하고, 그에 따라서 실제에 있어서 이상적인 목표를 언제나 주장할 필요는 없다고 강조해야 한다. 중요한 것은 종종, 그리고 거의 언제나 환자가 그의 환경에 적응하도록 균형을 잡고, 현재의 삶의 요구에 재적응하는 것밖에 없다. 사람들은 허영심을 일반적인 수준으로 충분히 낮출 수 있다. 그러나 신경증적인 사람들의 성질은 평균 수준을 넘으며, 그들의 허영심을 평균 수준으로 낮추는 것은 사지를 절단하는 것이 될 수 있다. 그들의 저항은 가장 중요한 문제, 즉 그들이 잘못 풀어왔던 삶의 문제인 이상의 문제에 대한 해결책을 발견하기 전까지는 진정되지 않는다. 그들의 성질이 정말 풍요하게 되려면, 그들의 지나친 허영심이 진정되어야 한다. 그것은 삶의 의미와 만나고, 모든 삶의 이상적인 목표와 만나기 전에는 진정될 수 없다. 따라서 삶의 이상적 목표에 대한 정의를 의료적 이유 때문에 삼가는 것은 정신치료에 관한 한 치료적인 부주의일 뿐만 아니라 무기력의 표시이기도 하다.

치료적 목표를 위하여 삶의 의미까지 정의하게 된 동기의 과학(science de motif)은 철학의 오래된 영역에 뛰어들게 되었다. 심리학은 도덕적이고 심지어 형이상학적 사변에 대한 반동에 의해서만 규율적이고, 과학적으로 된다. 연구하려는 노력이 한편으로 아무리 풍부했을지라도 다른 한편으로 그것은 인간의 삶에 삶의 의미와 관계되는 궁극적인 질문을 하게 하는 심리학의 제일 높은 과제 앞에서 도망치는 것일 뿐이다. 동기의 심리학이 정말 치료적이려면 이 질문 앞에서 뒤로 물러서면 안 된다. 이 질문은 내면세계에 대한 탐구의 결과이기 때문에 심리학은 그 자체 안에서 과거의 사변적 위험을 피하는 수단을 찾아야 한다. 심리학은 그 질문을 체계적인 방식으로 제기해야 하는 것이다.

그러나 정신의 초-의식적 심층에 열어 놓은 이 체계적인 노력은 모든 사람이 감추려는 것을 찾으면서 상식과 관습에 제기될 수 있을 듯한 반대를 불러일으킬 위험이 있다. 그것들에게 삶의 의미는 무엇보다도 편의와 관습의 문제인 것이다.

생물발생적 내재성의 증거인 체계적 도덕은 관습적 도덕주의를 반대한다. 동기의 심리학은 중요한 죄와 그것의 억압에 대하여 말하면서 관습이 쉬지 않고 감추려는 것을 낱낱이 드러낸다. 이런 관점에서 볼 때, 관습은 그 자체로 억압의 수단일 뿐이다. 그것은 인격적이지 않은 양심으로서 비인격화하는 원리인 것이다. 관습의 유희는 잘못된 동기부여를 결코 말하지 않는다. 모든 사람은 어느 정도 모호하게 그런 것이 존재하며, 그것이 금기라는 것을 안다. 예절은 다른 사람의 행동에서 지각할 수 있는 잘못된 동기를 공개적으로 비난하지 못하게 한다. 이런 암묵적 관습의 원인은 결코 관용이 아니다. 잘못된 동기가 지각되기만 하면 자주 험담의 형태로 사용되는 것이 너무 분명하기 때문이다. 그들의 막연한 인식이 예절에 위반되고, 반대자들이 화가 난 상태에서 비밀스러운 의도들과 논쟁 속을 똑같이 파고든다는 사실은 그들의 행동뿐만 아니라 종종 비밀스러운 동기들까지 서로 비판하게 한다. 다른 사람에게 관용적인 태도를 보이는 것이 가능한 이유는 어느 정도 눈치 챌 수 있는 잘못된 의도가 은밀하게 존재하고 있으며, 거기에서 나온 상대적인 과소평가에도 불구하고 관용적이고, 견딜 수 있는 관계를 수립할 필요성 때문이다. 예절의 규칙은 각자가 다른 사람에게 그의 잘못된 동기들을 지적하여 그가 화가 났지만 반격하지 않도록 상대방의 허영심을 자극하지 않게 하려는 데 있다. 그가 이제는 자신으로 된 이 "다른 사람"의 잘못된 동기에 대해서 떠들지 않도록 하기 위해서이다. 그러나 잘못된 동기부여는 침묵에 의해서 죽지 않고, 끊임없이 존재한다. 그것은 서로를 자극하고, 다른 사람에 대한 계속적인 공격성, 참을성 없고, 분노에 찬 폭발을 불러일으킨다. 그것은 바늘에 찔려서 외향화 되지만, 결국 대포소리가 돼서 누구나 다 알게 된다. 개인간의 갈등이 사회적 갈등을 유발하는 것이다. 인간의 삶에서 발견되는 모든 비참은 관습적인 억압의 게임에서 나온다. 그러나 그 비참은 인간관계의 모든 잘못된 동기부여와 감춰진 죄를 암시하는 허영심의 상처보다 견디기가 더 쉽다.[8]

*

악의 원리인 거짓된 동기부여가 인간의 삶을 하위-의식의 심층에서부터 지배하는 한, 관습적인 예절의 이상은 필연적으로 존재할 것이다. 서로에 대한 비난이 억압되지 않고, 관습적인 너그러움의 베일로 덮여 있으며, 서로에 대한 비난이 이 세상에서 존재할 수 있는 가장 날카로운 무기(진실)로 사용된다면, 삶이 견딜 수 없게 되기 때문이다. 잘못된 동기부여가 교만한 비난의 수단으로 행사한 잘못된 동기부여와 인간에 대한 진실이 가장 무서운 거짓말로 되는 것이다. 각자가 스스로의 죄를 결정적으로 억압하고, 그 죄를 다른 사람들에게 완전히 투사하면 그것들은 감상적으로 반항하면서 다른 사람에게 그것을 투사하지 않을 수 없게 되는 것이다. 종종 중상(中傷)이기는 하지만 언제나 상냥하게 가면을 쓴 은밀한 비난 대신 가장 거짓된 진실이라는 이름으로 중상이 공개적으로 행해지는데, 그 중상은 다른 사람에 대한 잘못된 동기부여에서 나온 진실이며, 그 사람 자체에 대한 완전한 거짓말에서 비롯된다. 사람들 사이의 심연(深淵)인 사람들을 갈라놓는

8 P. Diel, *La Peur et l'angoisse*, Paris, Payot, 1992.

증오는 치명적인 것이다. 그래서 인간과 인간의 정신적 곤경(困境)에 대한 연민, 즉 사람들이 서로에게 베푼 너그러움은 필수불가결한 듯하다. 예절의 관습은 비난에서 해방되기에 너무 바람직한 듯해서 이상적인 것으로 착각하게 되는 것이다. 그러나 모든 형태들이나 예절이라는 모습으로 자행되는 억압은 치명적인 위험으로 남는다. 어느 누구도 삶의 진정한 의미인 진정한 예절을 감히 실현시키지 못했기 때문에, 다시 말해서 그 자신의 교만의 죄에서 완전히 풀려난 적이 없기 때문에 관습적인 예절은 이상처럼 보인다. 사람들은 여태까지 다른 사람에 대한 야비함과 자신의 허영심이라는 죄를 변명하려는 감상적 비난에서 풀려난 적이 없는 것이다.

관습은 사람들을 예의로 이끄는데, 예의는 다른 사람의 잘못된 동기부여를 생각하지 않도록 하고, 그에 따라서 다른 사람들에게도 나의 잘못된 동기부여를 생각하지 않도록 요구하는 것이다. 행동의 이런 규칙에는 사회적 가치가 들어 있다. 그것은 언제나 문명사회의 이상인 것이다. 문명사회에서는 성격의 고상한 기품, 즉 진정한 고귀함을 조망(眺望)하면서 기사도적인 태도와 신사적인 행동에서 상대적인 실현을 추구한다(신사라는 말은 적개심이 없이 너그럽고, 정중하며, 기품이 가득 찬 사람이라는 말이다). 영어에서 말하는 "신사"(gentleman)도 같은 의미로 사용된다.

*

그러나 관습적 규칙 안에는 그 자체로 파괴의 원칙이 들어 있다. 사람들이 잘못된 동기부여를 빼놓고 생각한다면, 그것은 결국 흘러넘치게 되고, 현존하는 문화의 형태를 파괴한다. 추상화는 너무 쉽게 억압으로 변환되고, 그것의 불가피한 반대 짝은 투사이다. 거기에서 정신적 왜곡은 필연적이다. 신경증적인 사람은 관습의 규칙에 너무 잘 놀아나는 사람이다. 그는 그 자신과 다른 사람들의 잘못된 동기부여를 배제하는 대신 자신의 잘못된 동기부여를 억압하고, 그것을 다른 사람에게 투사한다. 그러면서 그는 자신이 이상을 실현한다고 상상하고, 고조된 상상력은 그의 치명적인 죄가 된다. 그의 병의 원인이 되는 것이다.

신경증적인 사람에게 관습적 규칙을 준수하게 하면서 낫기를 바라는 것은 헛된 일이다. 치료제는 더 높은 수준에서만 찾아볼 수 있다. 신경증적인 사람에게는 지극히 세세한 부분에 이르기까지 그가 삶의 법칙에서 떨어져 있고, 심지어 관습적인 규칙에서 떨어져 있는 것을 보여 주어야 한다. 다시 말해서, 그의 억압과 투사를 보여주어야 하고, 심리학적 계산의 도움을 받아서 그에게 증명해 주어야 하는 것이다. 관습적 규칙과 반대되는 이 계산은 신경증적인 사람에게 그 자신의 잘못된 동기부여를 제외하고 생각하지 않게 하는데, 그것만이 그에게 다른 사람들의 잘못된 동기부여를 무시하지 않도록 가르친다. 신경증적인 사람이 더 이상 그 자신의 잘못된 동기부여를 무시하지 않고 그것에 대해서 계산하며, 그것을 받아들이는 바로 그때, 그는 똑같이 다른 사람들의 잘못된 동기부여를 받아들이고, 그것을 계산하며, 자연스럽고, 변할 수 없는 현상처럼 이해하고, 그에 따라서 수용하는 것을 배우게 된다. 사실, 다른 사람들의 잘못된 동기부여를 거슬러서 반항해도 소용이 없다. 사람들은 단지 자신의 것만 자신 속에서 그럴 수 있다. 그러나 그것은 거의 인간 자체의 자연스러운 유혹이다. 신화는 유혹을 유혹자로 의인화시키고, 거기에 대해서 말한다. 그는 타락한 영, 상징적으로 말해서 타락한 천사, 악한 정신, 악령이다.

*

그러나 실제적이고, 치료적인 모든 목표와 무관하게, 인간의 정신이 그의 이해의 기능 안에서 맹목적으로 되려는 그 자신의 유혹에 대해서 생각할 수 있다는 사실은 중요하다. 그것은 다른 것이 아니라 상상력을 향한 정신의 퇴행인 정감적 사고, 말하자면 마르지 않는 궤변으로 그가 생각하고, 욕망하는 모든 것의 굳건한 기초를 입증하고, 그에게 고통스러워 보이는 것을 슬쩍 감추려는 인간의 경향이다. 동기들을 본질적으로 분명하게 하고, 명석하게 하는 것을 바람직하지 않고, 괴로운 것으로 판단하려는 강박, 즉 내적 성찰에 대한 공포는 모든 편견의 원인이다. 그리고 가장 매혹적인 유혹인 근본적 편견은 정신적 왜곡의 본질적 원인이 치명적인 죄로서 내면의 약함이 아니라 왜곡의 충격으로 외부의 우연한 사건인 트라우마(trauma, 외상)라고 믿는 것이다. 그 편견은 사람들에게 그에게 일어난 모든 일에 대해서 책임이 있는 원인은 그 자신에게 있는 것이 아니라 다른 사람들에게 있다고 말한다. 다른 사람들 모두, 사회적 환경에 있다고 설득하려고 하는 것이다.

이 관념은 정리(定理)로 위장한 정감적 정당화일 뿐이다. 그러나 개인의 이론적인 잘못된 정당화는 사람들에게 무책임성을 부추기면서 결국 양가적 법칙을 따라서 평가 절하로 변환된다. 모든 책임감이 사회에 투사되면서 개인은 진정성이라는 가치를 박탈당하고, 사회의 흥분에 의해서 조건화된 존재로 규정되는 것이다. 이 정리는 형이상학적이고, 도덕적인 심리학 못지않게 잘못된 해묵은 심리학의 잔해(殘骸)이다. 그것은 의식적 반응과 행동에 대한 연구에 기초를 둔 심리학의 결과인 것이다. 오직 하위-의식에 대한 분석과 상위-의식적인 통합만이 심리학에서 이 중요한 오류를 제거할 수 있다.

이 오류를 부추기는 것은 다른 것들과 더불어 정신질환에는 환경의 변화가 영향을 줄 수 있다는 사실이다. 물론 영향을 줄 수는 있다. 그러나 치유시키지는 못한다. 그런 영향은 종종 바람직한 것이 사실이다. 그러나 우연한 원인론(정신적 외상)에 기반을 두고, 또 도움이 되는 영향을 준다는 것은 그 자체가 너무 우발적이고, 임시적인 것이 아닐 수 없다. 각각의 새로운 환경에서 내면의 지속적 원인은 결국 조만간 폭발할 것이기 때문이다. 환자에게 정말 도움이 될 수 있는 유일한 환경은 환자의 잘못된 동기부여에 잘못된 동기에서 나온 반응을 하지 않는 것이다. 환경의 문제는 잘못된 동기부여의 문제로 환원되는 것이다.

환경의 영향이 중요하지 않다는 주장은 잘못된 것임에 틀림없다. 그러나 잘못된 동기부여는 더 본질적인 것이고, 그 뿌리는 훨씬 더 깊다. 그것은 환자 주위에 정말 무서운 사회적 환경을 조성한다. 환자는 그의 잘못된 공격적 반응 때문에 마술적으로 변형된 현실 속에서 사는데, 그 현실은 환자가 세상에 하는 건강하지 못한 흥분에 공격적으로 반응하는 현실이다. 그래서 마법의 원은 환자의 정신 속에서만 상상적으로 얽히지 않는다. 그리고 실제로 환자와 세상 사이에서, 또 병의 유일한 원인처럼 보이는 것은 결국 세상이다. 세상이 그의 병의 우연한 원인인데, 그것은 단지 병의 본질적 원인인 잘못된 동기부여가 세상에 있을 뿐만 아니라 환자에게도 있기 때문이다. 또한 세상의 반응은 정말 위협적이고, 불안하며, 외상적이다. 그가 세상이 그의 병의 원인이라고 비난하는 것이 잘못 되었다는 것을 우리가 논리적으로 입증하려고 할 때, 신경증적인 사람이 경련적으로 반응하고, 수수께끼 같은 미소를 짓는 것은 그 때문이다. 그것이 그가 납득할 수 있고, 마술적인 원을 파괴할 수 있는 유일한 심리학적 증거이다.

그러나 환자는 트라우마를 불러일으킨다. 이 사실은 앞에서도 충분히 언급하였지만, 그것을 설명하는 것이 쓸데없는 일은 아니다. 예를 들어서 말하자면, 신경증적인 사람은 다른 사람이 그에게 해를 끼치려고 한다고 상상하는 것이다. 이런 상상은 순전히 해석이다. 그런 상상은 이렇게 일어날 수 있다. 다른 사람이 그를 그가 상상한 대로 대접해 주지 않거나, 환자가 다른 사람들에 대한 그 자신의 태도에 만족하지 못할 때, 그렇게 상상할 수 있는 것이다. 그때 그의 죄의식, 허영심, 감상성, 비난에는 비상이 걸린다. 그래서 상상력은 원 주위를 달리고, 그를 옭죄며, 잠시 상상했던 의심은 고정된 확신으로 된다. 뒤돌아 볼 때, 상상은 의심의 증거로 된다. 흘낏 본 것과 말 한 마디와 아무것도 아닌 것이 다 의심스럽다. 다음번에 환자는 그가 수상하다고 생각한 사람을 그가 정말 자신에게 적대적인 태도를 가지고 있는 것으로 취급할 것이다. 그래서 신경증적인 사람은 그의 공격적인 태도에 의해서 적개심을 일깨우고, 그가 의심스럽다고 생각하는 것들을 불러일으킨다. 이렇게 그의 허영심은 이 세상이 나쁘다는 증거를 만든다. 그는 잘못은 그에게 있지 않고, 세상에 있다는 증거를 구축한다. 그의 병의 원인은 트라우마를 주는 환경에 있다는 증거를 구축하는 것이다. 그는 트라우마를 필요로 한다. 그래서 그는 그것을 만든다. 그는 그의 비난과 감상성(자신에 대한 연민)과 허영심(다른 사람들보다 낫다)을 강화시키기 위하여, 그리고 그의 죄의식(나에게는 아무 잘못도 없다)을 숨기기 위하여 트라우마를 이용한다. 그래서 이 세상과 접촉할 때마다 그것은 그의 병을 악화시키는 외상적 사건으로 될 위험이 있고, 그것은 병의 원인으로 되는 것 같다. 그러나 외상은 병의 본질적인 원인이 아니다. 그것은 병의 우연한 결과일 따름이다. 그것은 악순환 속에서 다시 새로운 사건의 원인이 되는 결과이다.

결정적인 것은 사람들에게 어떤 일이 일어나느냐 하는 것이 아니다. 오히려 그가 어떤 방식으로 그것과 싸우고, 바깥에서 오는 흥분에 어떻게 반응하느냐 하는 것이다. 모든 사람은 불쾌한 사건들에 놓여 있고, 질문은 언제나 그 사건이 왜 그런 사람에게 외상적으로 되는지를 아는 것이다. 그 사람은 정신이 경련을 일으켰고, 잘못된 동기부여 때문에 마법의 원의 압력을 받기 때문에 중요한 저항 속에서 약해져서 정신적으로 외상을 입었다. 그러나 불쾌한 사건은 하나의 현실이다. 따라서 트라우마는 상상이다. 그것은 상상 속의 세계에 속해 있다. 상상적인 것(i-magique)은 마술적인 것(magique)이다. 각 사람의 정신이 정감적 혼란 상태에 있는 한, 그것은 그의 환경을 마술적이고, 상상적이며, 정감적으로 자극시키면서 외상적으로 만든다. 모든 정신은 정감의 영향을 받기 때문에 외상적인 환경은 모든 정신이 사는 현실이다. 이런 마술적인 현실과 모든 증상적 표현들은 부정적인 형태의 본질적 현상이다. 치명적인 죄와 잘못된 동기부여의 해체적 현상인 것이다.

외상은 환자의 변명이다. 외부세계에서 일어나는 모든 사건들은 소음일 뿐이며, 외상과 변명으로 될 수 있다. 외상은 고조된 상상력의 틀에 갇혀 있고, 잘못된 동기부여에 의해서 왜곡된 사건이다. 신경증적인 사람은 그의 허영심 때문에 스스로가 대단히 중요하다고 믿기 때문에 사건을 지나치게 중요하다고 여긴다. 그래서 죄의식과 비난을 일깨우는 불쾌한 사건들뿐만 아니라 외적으로 바람직한 사건들도 그것들이 거짓된 승리의 기쁨인 감상성과 허영심을 일깨운다면 외상적으로 될 수 있다. 환자에게는 그에게 유리한 사건이나 불리한 사건들 모두가 외상적으로 될 수 있는 것이다. 잘못된 동기부여의 먹이가 된 사람에게는 적대감과 찬탄, 쾌락과 불쾌, 실패와 성공이 모두 외상적으로 될 수 있다.

*

환경은 약하거나 약화된 정신 기능에서만 외상적으로 된다.

어린이의 정신은 약하고, 어린이에게 가족적 환경과 부모의 잘못된 동기부여는 실제로 외상적으로 될 수 있다. 악순환에서 벗어나는 것은 어렵고, 개인들이나 세대들을 묶어놓은 악순환에서 벗어나는 것도 물론 어렵다. 모든 새로운 개인들은 그들이 그의 책임성에 대하여 의식하기 전에 부분적으로 환경에 의하여 왜곡된다. 그러나 그 어떤 것도 한 개인을 불쌍하게 여기지 않고, 그의 궁극적이고, 본질적인 책임감을 저버리게 하지도 않는다. 삶은 동정을 모르고, 각 개인에게 궁극적이고, 본질적으로 책임을 지라고 한다. 어려움을 통하여 극복의 길을 발견하는 것이 생명의 진화 과제의 목적이기 때문이다. 각 개인의 가장 높은 존엄성은 그가 그것에 의해서 생명이 그의 과제를 성취하게 하는 시도(essai)가 된다. 이 존엄성은 젊은 시절의 왜곡에서 비롯된 그 자신의 어려움을 극복하면서 생명의 진화 과제에 참여하는 데 있다.

부모들은 삶에 대한 그들의 죄와 정신적 왜곡에 대한 죄를 그것으로부터 나온 고통에 의하여 이미 처벌 받았고, 그들이 자녀에게 했던 죄들도 그들이 고통을 받는 자녀들의 반응 때문에 이미 처벌 받았다. 부모들은 이 세상을 사는 동안 그들의 치명적인 약함, 즉 그들의 통속적이거나 신경증적인 약함에 대해서 전적으로 책임져야 한다. 부모들이 그들의 부모를 비난하는 것은 삶에 대한 그들의 책임감을 조금이라도 줄여 줄 수 없고, 그들의 처벌을 줄여 줄 수도 없다. 그들의 고통은 언제나 마찬가지인 것이다. 마찬가지로 어른으로 된 아이인 덜 떨어진 부모는 그 자신의 죄, 그 자신의 책임, 그 자신의 처벌인 고통을 온전히 짊어져야 한다. 그들의 부모를 비난한다고 할지라도 전혀 변명이 되지 않는 것이다. 다른 모든 사람들의 죄는 각자에게 외부에 있고, 우연적인 것이다. 그리고 그것은 각자에게 본질적인 그 자신의 죄에 변명이 되거나 죄를 씻어주지도 않는다.

그가 그의 안에 잘못된 동기부여라는 "해체"의 죄를 가지고 있는 한, 모든 사람들은 삶과 그의 과제 앞에서 죄인이다. 그가 그 죄를 어떻게 얻게 되었고, 어떻게 변태적으로 거기에 둘러싸이게 되었는지는 중요하지 않다. 과제는 그를 여러 세대들과 묶은 변태적 고리 바깥에 존재하고, 죄 역시 거기에 존재한다. 그 과제는 정신화와 개인적인 승화를 통해서 조상들의 죄를 속죄하고, 여러 세대에 걸친 고리를 건너가는데 있기 때문이다. 그 죄는 인간의 정신에 있는 타고난 유혹이기 때문에 전달된다. 다시 말해서 그것은 각 개인의 정신 안에 온전히 들어있는 것이다. 따라서 삶이 개인에게 책임을 묻는 것은 여러 세대들에 걸쳐서 행한 잘못 때문이 아니다. 오히려 그의 타고난 유혹 때문이다. 의식적인 존재가 저지르는 잘못된 동기부여의 틀인 이 타고난 유혹은 진화 과정에서 필연적이지만, 그것을 극복하는 것은 진화의 필연에서 더욱더 명령적이다. 삶의 과제는 완전히 각 개인에게 달려 있으며, 홀로 영웅적이지만 비극적인 과제 앞에 서 있다. 이 이상적인 과제는 비극적으로 대단히 어렵지만, 과제를 영웅적으로 감당하려고 하지 않는 모든 이상주의는 그것이 아무리 어려울지라도 허영심에 불과하다. 어떤 사람이 그 과제를 감당하기를 거부한다면, 즉 그가 인간의 모든 삶에 생래적인 죄를 숭고하게 속죄하기를 거부한다면, 삶은 그에게 삶에 대한 신경증적인 불안인 고조된 고통을 줌으로써 그것을 속죄하게 할 것이다. 그렇지 않으면 통속화에 의하여 그의 성격을 모두 파괴하고 말 것이다.

완전히 올바른 이 처벌은 치명적인 죄, 또는 매우 중요한 과제에 덧붙여지는 형이상학적 판단에서 나온 것이 아니다. 그것은 삶에 내재해 있는 법칙이다. 이 법칙을 이해하는 것, 말하자면 이 신비하지만 분명한 정의는 결코 미신적일 수 없는 유일한 형이상학이다. 죄의 억압, 다시 말해서 완수되지 않은 과제에 의해서 억압된 감정은 그가 잘못을 저질렀다는 지표이며 동시에 그 잘못에 대한 처벌이자 고뇌이다.

심리학적인 죄는 형사적 죄와 아무 상관이 없다. 그것은 다른 사람들이나 환경이 개인에게 죄를 지은 것이 아니고, 한 개인이 다른 사람들이나 환경에 죄를 지은 것이 아니다. 그것은 서로의 반응에 속한 것이 아니라 내재적 동기부여에 속해 있다. 치명적인 죄는 그 자신에게 저지르고, 그 자신이 당하는 잘못이다. 그 자신의 인격적 통일성이 해체되는 것이다. 그 자신에게 지은 치명적인 죄는 다른 사람들에 대한 도덕적인 죄가 된다. 사람은 그가 삶의 과제를 완수해야만, 다시 말해서 그 자신이 인격적 통일성을 이루어야만 다른 사람을 인격적 통일체로 보고, 그렇게 대할 수 있기 때문이다.

*

정신적 왜곡은 잘못된 교육에 의해서만 다음 세대에 전수되는 것이 아니라 유전에 의해서도 전수된다. 그러나 병적인 유전 자체는 부분적으로 잘못된 동기부여의 탓이다. 잘못된 동기부여는 자식들에게 전해질 수 있는 기질적 증상으로 바뀔 수 있는 것이다. 하지만 전달되는 것 자체는 눈에 보이면서 외상적 상황에 의해서 결정되는 증상이 아니라 증상을 만드는 기질적 경향이다. 내분비선 기능과 신경전달 물질의 변이인 것이다. 하지만 이런 경향에는 어떤 증상들에 대한 선호(選好)가 들어 있으며, 그 경향은 부모에게 작용하다가 외상적인 교육에 의하여 아이들 속에서 고조된 유전적 경향에 의하여 특정한 증상들로 나타나는 것이라고 받아들일 수 있다. 그에 따라서 자손들의 정신적 왜곡의 어느 정도까지를 유전적인 것이거나 교육적인 것이라고 구분하는 것은 매우 어려운 일이다. 더구나 잘못된 동기부여에 있어서 병적인 유전적 1차 원인에 우발적 원인이 접목된다는 사실을 잊어서는 안 되는데, 후자 역시 잘못된 동기부여이다. 잘못된 동기부여에 의하여 규칙에서 벗어난 삶은 중독들(성병, 알콜 중독, 약물중독)에 노출되며, 그것들은 훨씬 더 위험한 방식으로 신경 전달물질을 변화시킬 수 있고, 성격적인 경향뿐만 아니라 기질적인 결함을 전달하는 병적인 유전을 결정할 수 있다.

증상에 고착된 잘못된 동기부여까지 뿌리 뽑는 정신치료는 유전에서 비롯된 성격학적 경향까지 공격하지 못하는 것은 아니다. 정신치료는 유기적인 복구까지 하면서 병을 치료할 수 있어야 하는 것이다. 그렇지 않으면 치료는 무력해진다. 치료는 정신에게 영향을 미치는 몸에 영향을 주지 않으면서 병을 고칠 수는 없는 것이다. 그러나 이런 영향은 제한적이고, 치료는 기질적 결함 앞에서 무기력하다.

태어나면서부터 책임감에서 벗어나 있고, 그에 따라서 인간의 존엄성 바깥에 있는 이들은 결함이 있는 존재들인 바보와 백치들이다. 모든 사람들에게는 삶의 모든 순간 두뇌 물질의 손상 때문에 의식적인 삶이 사고로 파괴되면서 책임적인 삶을 살지 못할 때가 있다. 그런 사고는 태어나기 전, 심지어 임신도 되기 전, 다시 말해서 유전적인 원인일 수도 있다. 사고는 기질적 외상의 결과로 태어나는 순간 일어날 수 있고, 삶의 모든 다른 순간에 일어날 수도 있다. 이런 가능성은 죄와 그에 따르는 고통 사이의 적법한 관계, 다시 말해서 내재적 정의의 관계에 반하는 그 어떤 것도 말해 주지 않는다. 죄는 그에게 주어진 능력이 발달하지 못하는 것과만 관계될 뿐이다. 따라서 그것은 개인적인 능력의 파괴와 관계되지, 삶 자체에서의 사고에 의한 파괴와는 아무 관련이 없다. 그러나 사고로 인해서 내적 능력이 파괴되어, 그것이 고통을 견디는 능력을 심하게 파괴했다면, 그것은 여기에 해당될 것이다. 사람들은 사람들에게 능력이라는 선물이 평등하지 않다고 해서 삶을 비난할 수 있는 것이다. 사실, 승화와 정신화의 힘인 에너지의 잠재력은 그 한계가 각 사람들 사이에서 서로 다르다. 그러나 능력이 더 크면 그것을 발달시키는데 더 큰 노력이 필요하고, 더 무거운 과제가 실현되지 않으면 고통이 더 고조되기 때문에 여기에서도 정의가 실현된다. 사람들에게 커다란 두려움을 가져다주는 충격인 외상조차 특별한 경우에 속하는 것이다. 그래서 근본적인 능력은 손상되지 않으면서 책임감이 존속되거나, 아니면 능력들이 파괴되고 충격으로 그 사람이 책임에서 벗어나는 사고가 생기기도 한다.

유전이나 교육이나 아니면 환경이나 외상, 그 어느 것도 사람이 무죄라고 할 수 없다. 결정적인 무죄선고는 상상에 의한 변명인 삶에 대한 비난에 있을 수 없다. 그것은 오직 각자의 힘을 따라서 중대한 과제를 개인적이고, 발달적으로 완수하는 것에서만 이루어질 수 있다.

*

여태까지 말했던 것들을 요약하면 다음과 같다.

환경에 전적인 책임이 있고, 사람에게 전적인 책임이 있다. 환경은 행동들이 어느 정도 잘못된 동기부여로 이루어진 사람들에 의해서 구성되기 때문에 죄가 있다. 그리고 환경의 죄는 각자의 잘못된 동기부여로 이끌어간다.

잘못된 동기부여는 현존하는 유일한 죄이다. 원칙적으로 죄인 것이다. 각 사람의 이상적인 환경은 분명히 잘못된 동기부여가 존재하지 않을 수 있는 세계이다. 그러나 그 어떤 사람도 이상적인 세계에 해당하는 이상적인 모델로 자처하고, 다른 사람들이 그를 중심으로 해서 이상적인 환경을 조성하도록 요구할 권리는 없다. 그 어떤 사람도 자신의 내면에 죄의 원리, 말하자면 잘못된 동기부여를 품고 있는 한, 환경을 비난할 권리가 없다. 어떤 사람이 자신을 이상적인 모델로 자처한다면, 그는 신경증적으로 되면서 그 자신을 처벌한다. 또는 세상의 죄가 모든 죄 있는 행동에 정당성을 부여한다고 상상한다면, 그는 스스로를 통속화하는 것이 된다.

개인의 죄가 아니라 환경을 정신적 왜곡의 원인으로 규정하고, 주위 세상을 근본적으로 각 개인의 의식으로부터 분리시키며, 개인의 순진한 삶을 죄가 있는 환경과 나누는 것은 개인에게 죄가 없다는 것을 잘못 되게 선고하는 것이다. 거짓-객관성으로 된, 정리(定理)로 위장한 진실 억압의 원칙인 것이다. 따라서 모든 치료의 가장 완전한 반대가 된다.

모든 사람 안에는 치명적인 죄인 잘못된 동기부여가 있고, 모든 사람이 상상 속에서 아무 죄도 없다고 하기 때문에 모든 사람들의 잘못된 자기-정당화는 그들이 받는 고통의 원인에 있는 공통적인 생각으로 모인다. 그리고 그것이 공통적이기 때문에 그것은 상상적인 관념이 아니라 객관적인 생각으로 여겨진다. 그러나 그것은 가장 주관적인 정감이고, 수많은 사람들에 의해서 늘어난 각자의 정감적인 사고이다. 이 모순된 생각은 모든 사람들이 동의하고, 모든 사람들이 기대하는 것 같지만, 사실은 그들의 분열의 가장 결정적인 원인이다. 모든 사람에게 공통적인 이 변호는 모든 사람들에게 스스로를 정당화하게 하고, 다른 사람들을 고소하게 하기 때문이다. 분명히 객관적이고, 공통적인 생각은 각자에게 개인적이고, 서로 다르게 해석된다. 그것은 각자에게 관점을 다르게 하는 것이다. 스스로 결백하다고 믿는 각 사람의 자아는 다른 사람에게 그의 환경의 일부를 유죄로 만들기 때문이다. 이런 모순된 생각은 사람들을 다른 사람들에게 맞서게 하고, 어느 사람이나 자신의 불편함의 원인은 다른 사람들 전부 때문이라고 주장하게 한다. 각 사람이 이런 생각의 도움으로 자신에게는 아무 죄도 없다고 주장할 수 있기 때문에, 유일하게 죄가 있다고 여겨지는 세상은 이제 더 이상 상상 속에서 죄가 없고, 무고한 개인들로만 구성될 수 없다. 상상 속에서의 무죄함은 치명적인 죄이고, 고통의 원인인 것이 분명하다. 겉으로 보기에 객관적이고, 공통적인 이 고정된 생각, 그리고 모든 사람들에게 자신에게는 아무 죄도 없다고 생각하게 해서 모든 사람들이 가지고 있는 이 생각은 모든 사람들 주위에 변태적이고, 마술적인 고리를 엮는다. 이런 생각은 과장된 죄의식, 다시 말해서 보편적이고, 영원한 운동으로 된 잘못된 동기부여가 투사되고, 다시 투사된 것이기 때문이다. 그 자체로 가장 잘못된 이런 관념은 실제로 모든 사람들을 같은 죄와 같은 고통에서 하나로 만든다. 죄는 각 사람들 속에서 상상적으로 사라지지만, 사회적 실재로 되는 것이다.

영혼을 지배하는 불편함의 유일한 원인으로 여겨지는 외상을 주는 환경에 대한 생각은 모든 감상적인 불평, 비난하는 힐책, 허영심에 의한 의기양양의 원천이다. 그것은 죄의식을 억압하고, 투사하기 위하여 보편적으로 사용되는 거짓된 관념적이고, 이상적인 수단인 것이다. 그것은 생각과 이상으로 위장한 치명적인 죄이다. 이 잘못된 생각 속에 모든 잘못된 동기부여가 집중되고, 위조되며, 영원해진다. 이 생각이 지배하는 한, 결정적인 불편함의 본질적 원인인 잘못된 동기부여, 즉 건강하지 못한 삶을 가져오는 유일한 원인은 공격할 수 없게 된다. 그 자체로 외상을 가져다주는 환경에 대한 생각은 근본적으로 잘못된 생각이다. 이 책에서 말하는 치명적인 죄에 대한 모든 정의는 이 생각에 대한 비판에서 절정을 이룬다. 그런 생각이야 말로 특히 치명적인 죄이고, 정신 자신이 바라는 정신을 눈멀게 한다. 그것은 그 자신의 죄를 보지 못하게 하려고 그 자신의 비전에 혼란을 일으키고, 그 자신의 통찰로부터 자신을 방어하려는 정신의 유혹이다. 그것은 모든 헛된 맹목(盲目)처럼 무엇이 있다고 헛되게 생각하게 하는 눈가림이다. 그래서 그것은 허황된 마음이 출구를 찾지 못하게 하면서 악순환을 돌 수밖에 없게 한다. 그것은 진실에 등을 돌리는 허황된 마음의 반대이고, 가장 치명적인 오류의 객관화이다. 그것은 단번에 내적 성찰의 방법을 물리치면서 정신적 결함의 원인은 각자의 내적 동기에 있는 것이 아니라 오직 사회적 행동의 불충분성에 있다고 입증하려고 하는 현 세계의 지배적 이데올로기 속에 세워진 의심할 바 없는 거짓-객관성의 원인이다.

*

여태까지 살펴본 것들을 마친 다음에, 치료의 과제는 단 하나의 공식으로 요약할 수 있다: 이 과제는 환경이 외상을 가져다준다는 생각을 뿌리 뽑고, 정신을 약하게 하는 내적 성찰에 주의를 집중하는 것이다. 환자를 치료하는 것은 그가 자신에게 삶의 모든 책임을 지도록 힘을 북돋기 위하여 그의 헛되고, 비난하는 허약함을 고치는 것을 의미한다. 환자는 이 책임감을 감당하면서, 그의 고조된 상상력과 그에게 미래를 불안 속에서 맞게 하는 무능력에 대한 분노를 치료하고, 자신의 과거의 삶에 대한 원한을 치료하게 된다. 본질적인 것은 지난날의 외상을 풀어버리는 것이 아니라 언제나 존재하는 치명적인 죄의식을 해소하는 것이다.

하위-의식에 대한 분석은 환자의 정신에서 지난날의 외상들과 현재의 잘못된 동기부여들을 발견한다. 증상들은 겉으로 드러난 징후들이다. 우리는 과거의 외상을 최초의 유아시절로까지 추적할 수 있고, 그것들을 파헤칠 수 있다. 그러나 환자는 자신의 병의 역사를 안다고 해서 낫는 것이 아니다. 그는 그것의 본질적 원인인 잘못된 동기들을 알아야 나을 수 있다. 우리가 과거의 모든 외상들을 파헤쳤다면, 언제나 그 외상들을 제거해야 하는 일이 남을 것이다. 다시 말해서, 외상들에서 고조된 정감들을 제거하고, 환자에게 그 사건들이 왜 그에게 외상적으로 되었는지 보여 주어야 하는 것이다. 본질적인 원인은 그가 그 사건들 앞에서 저항한 것이 약했고, 과거의 이 원인이 그의 상처 받은 마음에 아직도 실제로 남아 있다는 것이다. 그것은 본질적으로 변호-고소라는 잘못된 해석의 게임 속에 있다. 그래서 과거는 물론 현재의 외상의 원천을 마르게 하는 것이 중요하다. 그리고 그것은 이 원천에 끊임없이 물을 대는 잘못된 동기부여를 공격함으로써만 가능하다. 모든 정신치료의 본질적인 작업은 여기에 있다. 분석의 이 본질적인 작업을 무시하고, 과거의 외상에 너무 몰두하면서 우리는 끊임없이 돌아갈 수밖에 없는 위험에 처하게 된다. 더 나아가서 동기들의 연쇄를 지배하는 법칙을 모르면서 사람들은 어떤 점술에 근거한 설명에 몰두하거나 위험할 수도 있는 심리학적 재능에 주의를 기울일 수도 있다. 그럴 경우 그 결과도 위험해지고 만다.

우리는 어떤 환자의 과거의 외상을 전혀 무시하면서도 치료할 수 있다. 그러나 우리는 심리학적 설명을 무시하면서는 결코 치료할 수 없다. 그것만이 치료제이다. 중요한 것은 이 본질적인 치료제에 더 집중하면, 효과가 더 많다는 것이다.

그러므로 치료는 먼저 환자에게 언제나 새로운 측면에서 정신의 건강한 기능과 잘못된 기능에 대해서 심리학적 계산의 도움을 가지고 설명하는 데 있다. 모든 환자들은 아무리 지적이지 않고, 아무리 배우지 못했을지라도 그것이 자신의 문제와 관련된 것이라면 알아듣는다. 그들은 그들의 지성뿐만 아니라 그들의 마음, 그들의 정감으로 이해하는 것이다. 그러면 그것을 반대하던 사람들도 논쟁을 멈춘다. 막연한 충고를 하는 것은 중요하지 않다. 그것은 곧 신뢰를 파괴할지도 모른다. 오히려 그들의 욕망들과 고조된 상상력의 끄트머리에 이르기까지 생각을 자극하면서 결정적인 도움을 주어야 한다. 그것만이 그들을 진정시킬 수 있는 방법이다. 한편으로는 그가 그의 욕망들을 방출하거나 수용할 수 있는 지점까지 생각해야 한다. 그래야 해방과 기쁨이 가능하다. 다른 한편으로는, 그들이 불안해하고, 잘못된 동기가 나오며, 증상적인 고통과 경련이 나오는 지점까지 생각해야 한다. 이와 같은 설명은 치료와 개인 분석의 본질적인 부분이다. 그것이 우연한 것이 아니라 정신에 대한 일반적인 분석에서 나온 것이기 때문이다.

그러나 환자가 언제나 치료자의 손 안에 있는 것은 아니다. 삶은 잘못된 동기부여에 의하여 자극 받고, 그에 따라서 자극하면서 제대로 동화되지 않은 사건들 속에서 지속된다. 그러므로 일상적인 사건들 속에서 본질적 원인인 잘못된 동기부여가 드러나면 끄집어내서 외상을 제거해야 한다. 그것을 견딜 수 없는 대낮의 빛에 드러내서, 사라지게 해야 한다.

이런 지속적인 작업 덕분에 환자는 마침내 그 자신이 만든 것으로서, 삶을 향한 그의 잘못된 태도와 잘못에 얼마나 비상식적인 것이 가득 차있는지 알게 된다. 그러면 그의 정신을 고통스럽게 옭죄었던 변태적인 순환에서 경련이 풀리게 된다.

환자가 그의 상태에 대한 살아 있는 원인에 대해서 이해하기 시작하면서, 그의 삶에서 외상은 그치게 된다. 그는 삶에서 더 이상 변명할 필요가 없어지는 것이다. 그런 만큼 과거의 변명들과 외상들과 그 자체가 증상의 형태로 위장했던 변명들이 사라진다. 환자는 이제 그의 자기-최면에서 깨어나고, 상징적이고, 기질적인 표현들 역시 사라진다.

상상에 의한 죄의식이 진정되면서, 그것의 반대 극(極)인 거짓된 변호자, 허영심이 가라앉는다. 억압된 죄의식과 고조된 허영심 사이의 경련적이고, 고통스러운 긴장이 줄어드는 것이다. 억압에서 다시 올라온 죄의식과 내려간 허영심은 이 두 가지 하위-의식적 분노와 정반대로 강해진 감정 속에서 의식의 수준으로 다시 통합된다. 그 자신의 가치에 대한 이런 의식에서만 진정한 만족감이 생긴다. 그 자신에 대한 신뢰가 가능한데, 그것은 죄의식 자체인 상상에 의한 열등감과 정반대이고, 허영심 자체인 상상에 의한 우월감과 정반대이다. 이제 그는 죄의식과 허영심 대신 절제와 자부심이 생긴다. 이런 절제된 자부심은 죄의식에서 나온 허영심과는 정반대이다. 허영심은 그 자신에 대한 허위이지만, 절제된 자부심은 현실의 표현이며, 균형 잡힌 사람의 진정한 표현이다. 긍지에 찬 겸손은 곁눈질하고, 존중 받으려고 지켜보는 병적인 불안에서 벗어나 있다. 그 속에는 우월감이나 열등감, 충분함과 불충분함이 없다. 그것은 그가 삶이 그의 능력의 한계 안에서 부과한 과제를 역동적으로 성취하려고 애쓰기 때문에 그 자신을 자부심을 가지고 채우고, 삶에 자족하는 사람의 겸손의 표현이다. 죄의식과 허영심 사이에는 아주 긴장되고, 고통스러운 양가감정이 있다. 하지만 자부심과 겸손 사이에는 그 어떤 대척적인 긴장도 없다. 그것들은 하나의 같은 감정, 말하자면 활동 중인 그 자신의 생명력의 고조되지 않고, 감소되지도 않은 감정인 자신감과 그 자신이나 삶에 대한 믿음의 감정의 두 가지 표현이다.

허황되고, 유사-도덕적인 자기-정죄의 감소는 고조된 과제에 대한 경련이 풀렸다는 것을 증언한다. 그것이 아직 완전히 없어지지는 않았지만, 이제 모든 걱정의 중심에 있지 않다. 그것은 이제 주변으로 밀려나서 병리적인 회전축이기를 그치는 것이다. 치료 중인 환자가 그 자신의 실재에 도달함에 따라서 주변 세계는 유령 같고, 두렵게 생각되었던 것이 그치게 된다. 억압의 수단이었던 허황된 변호가 감소하면서 투사의 두 가지 형태인 비난과 감상성도 진정된다. 거짓된 자기-정당화와 거기에서 비롯된 유사-정신적 과제로의 허황된 도피의 범주적인 틀의 점진적 해소는 그에게 성적, 물질적 질서로의 상상적 도피를 소강상태에 들어서게 한다. 그에게 충동의 틀이 확장된 것이다.

그래서 변태적 순환은 파괴된다. 그 전에 경련을 일으켰던 정신력은 이제 생산적으로 되는 것이다. 정신력은 이제 즐겁고, 자유로운 놀이 속에서 펼쳐진다. 이제 그것은 자유롭게 된 힘들을 이 충동이나 저 충동의 욕망에 집중시킬 수 있게 되고, 그것들을 다시 각각의 상황이나 순간의 필요에 따라서 회수할 수 있도록 균형 잡을 수 있다.

억압이 해소되면서 생명 에너지인 본질적 정동성(émotivité)은 그의 창조력을 가지고 재건 중인 정신에 개입한다. 그런데 그것은 다양한 정감들과 헛된 애착으로 분산되면서 죄의식을 가진 사람을 괴롭혔던 정동이다. 그것이 억압되어 있을 때 모든 병적 증상들을 만들었던 것은 정동성의 생명 에너지인 이 활력 있는 정감의 창조력이다. 그것이 모든 왜곡의 진정한 근본적 원인이었던 것이다. 그러나 정감의 창조력이 억압에서 해방되면 그것은 깊은 정동성, 즉 깊이 감동하는 능력 속에 다시 집중되고, 정신을 형성하는 원인으로 된다. 그리고 억압된 정감으로서 아무 열매도 맺지 못하는 양심의 가책과 그것의 헛된 경련, 즉 죄의식은 삶의 의미를 실현하려는 정신을 향해서 나아가는 역동적인 후회로 변환된다. 그리고 고조된 반항과 마비시키는 체념이라는 양가적으로 이루어진 하위-의식적 가책은 생명의 충동, 말하자면 진화하려는 투쟁으로 변환된다. 경련에서 풀려난 본질적 정감은 그의 진정한 형태, 다시 말해서 진화의 충동으로 드러나는 것이다. 다시 말해서, 생명을 활성화시키는 본질적 욕망의 형태로 변모하는 것이다.

삶과 삶의 의미에 대한 깊은 정동으로 된 죄의 고백은 상상 속에서 더 이상 외부의 사건들이나 내면의 잘못된 동기부여를 가지고 변명하려고 하지 않는다. 죄의식에 의한 허영심이나 비난하는 감상성 속으로 빠져들지 않는 것이다. 죄의식은 이제 고백에 의하여 실제로 표현되었기 때문에 비논리적으로, 상징적으로, 증상에 의하여 표현될 수 없다. 그런 모든 왜곡된 표현의 방식과 억압의 방식은 이제 충분히 막혀 있다. 하지만 죄의식이 아무리 고백되었다고 할지라도 견딜 수 없는 감정은 아직 남아 있고, 그가 선택하지 않으면 안 될 오직 하나의 길만 남아 있다. 그것은 정말 정당화하는 길이다. 적극적이고, 실제적인 이 정당화는 죄책감을 동반하는 상상 속에서의 거짓된 정당화와 반대로 외적인 실재는 물론 내적 실재와 화해하는 것에 있다. 그 길은 지성이 외적 현실을 개인의 고조되지 않은 욕구에 맞는 작업을 하도록 자극한다. 그렇지 않고, 현실이 변화될 수 없는 것으로 드러나면, 내면의 작업은 합리적으로 적응하면서 현실과 화해하게 한다. 현실을 받아들이고, 실현 불가능한 욕망들을 승화시키게 하는 것이다. 그래서 사람들은 삶과의 이런 화해를 통해서 인간의 본성이 그에게 얻으려는 것을 하게 된다. 그의 흥분을 제어할 수 있게 되는 것이다. 이렇게 해서 변하는 것은 단지 개선시키기가 상대적으로 수월한 이런 저런 증상만이 아니다. 오히려 그 증상들이 생기게 한 병원적(病源的) 토양이다. 이제 환자는 치유되기 시작한다. 그리고 그 치유는 그 자신에 대한 통제의 방법을 영원히 얻었기 때문에 지속적으로 된다.

부록)

분석 사례:
비평과 결론

M.D.는 열아홉 살이고, 전 해에 있었던 바카롤레아(baccalauréat, 프랑스의 대학입학자격시험으로 성적에 따라서 전공을 선택할 수 있다—역자 주)를 통과하지 못해서 현재 직업은 없다. 그는 지금 가족과 함께 무위도식하면서 지낸다. 알콜 중독자인 아버지는 그의 아내의 법적 후견을 받을 수밖에 없다. 그의 어머니는 권위주의적이며, 그녀의 다섯 아이들에게 자신의 뜻을 관철시키려고 한다. 그녀는 혼자의 힘으로 커다란 상점을 운영한다. 그에게는 누나 하나, 형 하나, 누이동생 둘이 있다. 그의 형과 누이들은 어느 정도 신경증적이지만, 드러난 신경증 증상은 없다. 그것들은 어머니가 그들에게 치료적 도움을 받게 할 정도의 것은 아니었던 것이다. 그의 형은 수도원에 들어갔었지만, 그것을 포기하였다. 그런 종교생활의 실패에도 불구하고, 독실하고, 열렬한 가톨릭 신자인 어머니는 형에 대한 신뢰를 버리지 않았고, 계속해서 형을 드러나게 편애하였다. 그의 아버지는 손으로 하는 하급 공예를 한다. 아버지는 집안에 실망을 주는 문제아인 M을 조롱한다. 부모의 말에 따르면, 그는 말을 듣지 않는 "말썽꾸러기"이다.

그는 정신쇠약이다. 그에게서 정신적 약함은 특히 의지결핍증의 형태로 드러난다. 그 소년은 눈에 띄게 죄의식이 많아 보인다. 그는 어떤 노력도 할 수 없다고 느낀다. 심지어 그는 미리 실패할 것을 확신하고, 그 어떤 시도도 감히 하지 않는다. 그는 열등감과 거짓된 겸손으로 가득 차있다. 그런 감정의 뿌리는 매우 깊으며, 오직 분석을 통해서만 밝혀질 것이다. 제일 쉽게 확인할 수 있는 것은 그가 그의 형과 누이들 앞에서(남자아이가 여자아이들 앞에서) 종종 야단맞았고, 거기에 대해서 수치심을 느꼈다는 것이다. 그는 그가 무능하다는 말을 종종 들었고, 마침내 그것을 믿었으며, 그가 무능하다고 체념하였다. 그는 그가 무가치하다고 느끼고, 거기에 대해서 분노하였다. 있을 수 있고, 그가 잘못한 것에 대한 가장 작은 야단도 그의 과민성을 일깨웠고, 그에게 참을 수 없는 굴욕감으로 해석되었다. 그의 분개는 다른 사람에 대한 비난의 형태와 자신에 대한 과도한 연민의 형태를 취하는 매우 뚜렷한 감상성의 측면 모두에서 나타났다. 그러나 그는 그런 분노를 느끼면서도 그의 결함을 확대시켰고, 스스로에 대한 비난을 고조시켰으며, 양가적으로 그 자신이 가치가 없다고 느끼고는 하였다. 그는 그가 두려워하는 바로 그런 대우를 받으면서 스스로를 처벌했고, 스스로를 괴롭혔으며, 다른 사람이 그에게 하는 것보다 훨씬 더 자신을 낮추었다. 그는 거기에서 제일 고통을 받았으며, 그 자신이 가장 참을 수 없는 존재이고, 그가 너무 예민해서 거기에 대해서 제일 방어할 수 없다고 분노하였다. 그는 굴욕에 대해서 방어할 수 없었기 때문에 스스로를 처벌하면서 체념하였다. 그럼에도 불구하고, 다른 사람들과 그 자신에 대한 방어책의 결핍은 그가 삶과 삶의 요청에 대하여 가장 선호하는 의지력 결핍과 병적인 방어의 수단이 되었다. 그것이 그의 변명거리였던 것이다. 그가 일단 무능한 것으로 분류되자, 그는 그가 모든 의무에서 벗어나는 것이 정당하다고 믿었다. 그는 오히려 그의 누이들에게 해당되는 여성적인 일에 관심을 기울였다. 그가 집안일들과 뜨개질을 한 것이다. 그는 소녀가 되기를 더 좋아하였다. 여기에서 그 풍부한 의미들을 모두 다 열거할 수는 없고, 치료가 막 시작되어서 그것들을 분석할 시간도 없었다. 그는 모든 특정한 활동들을 피하면서 가족들 가운데서 그의 굴욕감과 쓰라림에 빠져서 살았지만, 그것은 더 다채롭고, 풍부한 사건들과 적극적인 삶에 대한 욕망, 말하자면 그의 성적 자기-만족을 구성하는 욕망들 주위에서 고조되었다. 그가 1년 전부터 해왔던 사위(그의 말에 의하면 그는 일주일에 두세 차례 했다)에서도 어느 정도 의지력 결핍을 볼 수 있다. 그러나 그의 고조된 상상은 모욕당한 사람의 비난과 불평이나 자위의 위안 주위에서만 맴돌지 않는다. 그래서 그의 거짓된 겸손(humilité)은 단지 과도한 허영심의 위장일 뿐이었다. 그는 겉으로만 겸손했지, 그는 자기 자신이 아무것도 아닌 것(inanité)에 대해서 절망적으로 실망했기 때문에 열등감과 죄의식을 느꼈다. 그는 그의 힘을 뛰어넘는 과제에 대해서 꿈을 꾸었기 때문에 현재의 그 자신에 대해서 절망적으로 실망하였다. 그는 그에게 불가능하고, 믿을 수 없는 일들을 맡았다. 그는 모든 사람들을 뛰어넘고 싶었던 것이다. 이 과제의 구체적인 형태는 나중에 말할 것이다. 그가 정상적인 수준 아래 떨어졌고, 모든 실제적인 노력이 불가능하게 된 것은 무엇보다도 그의 허영심과 상상적이고, 과도한 과제의 특성 때문이며, 다른 모든 사람들을 능가하려고 하기 때문이었다. 그는 지나친 과제를 통해서 그 자신을 입증하고 싶어 했으며, 그를 둘러싸고 있으며, 그가 당하는 고통인 경멸이 합당하지 않다는 것을 세상에 증명하려는 꿈을 꾸었다. 그가 불공정하게 굴욕당한다는 생각이 떠나지 않았던 것이다. 그것에 의하여 그를 정당화하고, 세상에 드러내며, 상상적으로 스스로를 정당화하려는 은밀한 과제가 지나치게 과도한 것은 그가 자신을 모욕하려는 경향인 그의 굴욕감, 즉 그의 죄의식이 지나치게 크기 때문이었다. 그가 아무리 몽상적인 상태에 있었을 지라도, 그는 실제적이었다. 그의 주의가 집중되어 있지 않았지만, 그의 지성은 재빨랐던 것이다. 그래도 그에게 흥미가 생기면, 그는 어떤 것에 집중하였고, 그것은 그로 하여금 설명하는 것을 끝까지 따라갈 수 있게 하였다. 그는 하위-의식적으로 어느 정도 그의 상상 속에서의 과제에 대해서 모든 사람들이 우습게 여길 것이라는 것을 느꼈다. 그래서 가능하면 그것을 다른 사람들의 눈에서 아주 조심스럽게 감추려고 하였다. 그를 다른 사람들과 구분 지으면서 분리시켰고, 의지력 결핍증이라는 은둔처에서 나가지 못하게 했으며, 자폐적이고, 수줍어하며, 은둔자로 만든 것은 이 고조된 과제였다. 그는 상징적인 신호로서, 글을 쓸 때, 그의 내적인 삶의 모든 풍요성을 세상 사람들의 호기심으로부터 보호하기 위하여 그의 글을 어깨로 가렸다. 그것은 동시에 다른 사람들을 너무 경계하고, 자신의 과제 속에 웅크리는 열등생의 열등감이기도 하였다. 그러나 그것은 또한 과도한 경계에 대한 비난이기도 하다. 그것은 마치 그가 그렇게 하는 것이 우스꽝스럽다고 여겨지는데 대한 죄의식이 그와 정반대로 그의 위업에 대한 놀라움을 준비하려는 유치한 허영심 같았던 것이다. 모든 잘못된 동기부여는 언제나 여기에서처럼 비논리적인 몸짓들로 상징화된다. 그러나 양가감정이 신경증적인 사람들에게 행동의 모든 방향에 걸쳐서 나타나는 것처럼 그는 고백할 것에 대해서는 끈질기게 폭발적으로 고백하기도 했으며, 그의 고통과 굴욕에 대한 불평을 늘어놓기도 하였다. 사실, 이 소년은 치료에 들어가기 전 일련의 고백들을 모두 기록하였다. 그러나 그것들은 그의 허영심이나 그의 과도한 과제에 대한 것은 아니었다.

실제로 그는 아버지의 조롱과 어머니의 질책 앞에서 공격성을 표출하였고, 참을 수 없는 굴욕에 대한 분노에 찬 떨림으로 반응했는데, 그 떨림도 그 어떤 공개적인 반항에 이르지 못하는 의지력 결핍적인 것이었다.

여태까지 환자의 정신 체계에 대해서 말한 것들(내분비선의 고장에 의한 원인-결과)은 아직 하나의 가설에 지나지 않는다는 것을 밝혀야 한다. 이 예측은 부분적으로 신경증적인 모든 사람에게는 잘못된 동기부여와 그것의 네 가지 경향인 허영심, 죄의식, 감상성, 비난 등이 감춰져 있고, 그것들에 의해서 뒷받침 되는 과도한 과제가 존재한다는 가르침에 기반을 두고 있다. 따라서 그에 대한 직접적 관찰이 어느 지점까지 이 예측을 입증할 수 있는지 입증해야 한다.

앞으로 말하려는 것은 처음 네 회기(回期)의 분석에 대한 요약이다.

이 예측은 그 지표들을 확인하고, 그것을 확장시키는 질문을 한 다음, 그가 모욕에 대하여 방어하려고 했지만 그의 잘못된 동기부여가 모욕만 더 강화시켰을 뿐이었던 그의 잘못됐던 행동을 설명해 줄 수 있었다. 세 번째 회기가 끝난 다음, 그와 충분한 접촉이 가능하였다. 그 젊은이는 그것이 그의 내적 상황일 수 있다는 사실을 인정했던 것이다. 그리고 그는 그의 가장 내밀한 의도까지 간파된다고 느꼈다. 그러나 그는 신뢰를 가지고 있었고, 인도를 따랐다. 그렇다고 해서, 치료가 진행되는 동안 공개적이고, 상징적으로 위장된 저항이 없지는 않았다. 치료는 저항의 원인인 잘못된 동기부여에 대한 추적의 도움으로 저항을 차례대로 해소하는 방식으로 이루어졌다. 여기에서 우리가 그의 콤플렉스들을 확인하기 위해서 자위(自慰), 여성이 되고 싶은 욕망, 다른 성적 비정상들에 대한 추적에 초점을 맞추면서 성적 지표(指標)만 살펴보았다면, 멀리 돌아갔을 것이다. 여성적인 일들에 대한 흥미는 틀림없이 동성애에 대한 경향을 생각하게 했으며, 그것은 다음에 고백되었다. 그러나 동성애 자체는 분석과 설명이 필요한 증상이다. 그것은 틀림없이 애정에 대한 고조된 욕구를 충족시키려고 어머니나 아버지와 동일시하려는 주체의 경향을 설명한다. 동성애 증상에는 채워지지 않은 욕구가 성적인 뉘앙스로 담겨 있었던 것이다. 그러나 그 어떤 것도 조그만 어린아이가 벌써 그의 어머니와 잠자리를 같이 하기를 바랐다고 주장할 수 있게 하지 않았다. 그런 유사-상징적 공식에는 아무 중요한 진실도 들어 있지 않은 것이다. 오히려 그 가설에 담긴 진실은 나중에 환자의 꿈이 보여주는 것처럼 유사-신화적 허구(虛構) 이외의 것들을 훨씬 더 분명하게 보여준다.

*

이 소년에게는 주목을 끄는 두 개의 틱이 있다. 그는 손가락들을 잡아당겨서 뼈들을 꺾는 것이다. 그것은 마치 그가 어떤 것들을 끌어당겨서 상징적으로 늘어나게 하고, 크게 하며, 동시에 "뼈를 꺾게 하려는" 노력처럼 보인다. 그러므로 좀 더 상세한 연구들이 이 해석을 확인해 준다면, 틱은 고조된 과제와 의지력 결핍과 관계된다고 할 수 있을 것이다. 그것은 고조된 과제를 실현하는데 있어서의 환자의 무력하고, 의지력이 결핍된 욕망이라는 앞에서 예상했던 상태를 설명할 것이라는 말이다. 두 번째 틱은 그 의미를 좀 더 분명하게 보여 준다. 그의 얼굴은 때때로 일관성 없는 듯이 찌푸린 표정으로 경련을 일으키지만, 가까이에서 보면 두 개의 반대되는 움직임으로 되어 있다. 두 눈은 빛나는 듯이 과도하게 열리고, 입 꼬리는 경멸하는 뾰루퉁한 얼굴에 씁쓸한 미소를 나타내면서 위쪽으로 올라가 있다. 누구를 경멸하는가? 자기 자신을? 아니면 다른 사람을? 그 둘을 동시에? 그것은 세상에 대한 경멸과 비난일 뿐만 아니라 그 자신에 대한 연민이기도 할 것이다. 그러나 그것은 차라리 그 자신에 대한 경멸에 찬 쓰라림이다. 그의 허영심과 결부된 죄의식이라는 말이다. 그 씁쓸한 미소와 경멸에 찬 뾰루퉁한 얼굴은 그가 그렇게 되려는 빛나는 모습을 흉내 내는 것 같은 그의 빛나는 눈빛과 반대되기 때문이다. 그것은 그가 그것을 실현할 수 없다는 생각에서 나온 죄의식에 의한 쓰라림과 결부되어 있고, 그것이 그의 고조된 허영심에서 비롯된 과제라는 사실을 새롭게 나타내는 표시이다. 허영심에서 나오는 황홀한 표정에는 동시에 그것과 반대되는 죄의식에 의한 표정이 동반되지 않는다면 지어지지 않는다. 그 틱은 두 번의 회기 후에 사라졌다. 그의 얼굴은 안정되고, 주의력이 생겼던 것이다. 그러나 틱은 치료적 관계 바깥에서는 지속되었을 것이다.

이 과장된 빛은 무엇을 말할까? 그 고조된 과제의 내용은 무엇일까? 그것들을 살펴본 결과 그것들이 예술이나 지적 작업에의 과도한 그 어떤 것도 말하지 않았다. 하지만 그가 조금이라도 걸음을 잘못 걸으려고 하지 않았고 (그는 심지어 잘못 걷지 않으려고 모든 반응을 멈추기도 하였다), 환자가 신자이고 신앙생활도 열심히 했기 때문에, 그의 지나친 죄의식은 그의 고조되고, 과도한 과제인 도덕적 명령과 관계된다고 생각하지 않을 수 없었다. 그는 다른 모든 사람들을 도덕성에서 능가하려고 하지 않았을까? 그는 완벽하게 순결하려고 하지 않았을까? 그의 비밀스러운 이상은 가능한 한 고조돼서 성인이 되려고 한 것이 아닐까? 언제인가 그에게 질문을 하자, 그는 눈에 띄게 열심을 보이면서 즉시 고백한 적이 있었다. 그리고 그는 나이브하게 "모든 사람들은 성인이 되기를 바라야 합니다"라고 덧붙였다. 이 과제는 의지력 결핍과 직접적인 관계에 있다. 그 과제에 포함되어 있는 과도한 선(善)에는 굴욕감에서 나온 분노가 없는 겸손이 내포되어 있고, 자기를 전혀 주장하지 않으면서 반항을 포기하는 어떤 것이 들어 있는 것이다. 그 어떤 감상적인 비난도 없으며, 죄의식에서 나온 허영심도 없는 것이다. 그러나 그 젊은이는 그 과제 자체에 포함된 반론도 안다. 다시 말해서, 성인(聖人)이 되려는 이상이 생각할 수는 있지만, 실현할 수는 없다. 그래서 그는 이 과제 때문에 경련을 일으키지 말아야 하고, 그것이 그에게 급선무이자, 일상적인 과제를 소홀히 하려는 변명으로 삼지 말아야 한다는 것까지 알고 있었다. 하지만 그는 상상에 의한 열망 때문에 교만하게도 그가 다른 모든 사람보다(특히 그의 형) 더 우월하게 선택되었다고 믿는 어리석음에 빠졌다. 그가 환자라는 점을 상기하는 것은 당연한 일이다. 그러나 그를 하위-의식적 강박에 빠진 그의 태도에서 떼어낸 것은 그 반론도 아니었고, 그렇게 설득력 있었던 다른 반론도 아니었다. 고조된 이 과제는 우리가 앞으로 살펴볼 테지만, 그것보다 덜 고조되었지만 더 구체적으로 보이는 다른 계획과 하위-의식적인 방식으로 연결되었기 때문이다. 제2의 이 과제는 그의 내면에서 순수함을 향한 그의 동경을 실제의 불순, 즉 자위, 지나친 죄의식, 의지력 결핍, 그의 틱들, 그리고 그의 모든 병리적 상태 전체를 연결시키는 중간 수단이다. 그를 결국 완화시킬 수 있는 것은 이 하위-의식적 연계밖에 없을 것이다. 제2의 과제는 너무 추상적이고, 멀리 있는 제1의 과제를 더 구체적인 형태로 표현하지만 마찬가지로 정화(淨化)에 대한 욕망과 관계된다. 그러나 그것은 더 이상 자신에 대한 정화가 아니라 세상에 대한 정화이다. 대체된 과제는 그가 특별히 끔찍해하는 사회적인 상처와 관계된다. 그 환자는 창녀에 대해서 상당한 연민을 가지고 있어서, 매춘(prostitution)이 근절되기를 바라는 것이다. 그리고 그가 말했듯이 그는 그가 부당한 대우를 받는 사람들을 위해서 아무것도 할 수 없기 때문에 죄의식으로 가득하다. 또한 창녀들에 대한 감상적인 연민은 그에게 창녀들에게 자주 가는 사람들을 비난하게 하고, 그가 매춘을 허용하는 세상 사람들보다 더 낫다고 교만하게 믿게 한다. 그는 자신을 잘못된 동기부여라는 변태적인 순환 속으로 온통 몰아넣는 것이다. 매춘의 근절을 떠맡는 것은 모든 가능성을 뛰어넘어서 비논리적인 과제임에 틀림이 없다. 그런데 비논리성은 그것으로부터 억압된 의미를 찾게 한다. 그 젊은이는 그의 상상적인 세계에 너무 깊이 빠져서 그의 과제가 왜 비논리적이냐고 물으면서 순진하게 질문하였다. 그는 매춘의 문제를 둘러싼 열정적으로 잘못된 동기를 가지고 있는데, 그가 그 문제에 과도한 관심을 보인다는 점을 주목해야 한다. 여기에서 창녀들에게 그렇게 관심을 가진 젊은 자위행위자는 은밀하게 그녀에게 자주 들르려고 하는 욕망에 은밀하게 시달리지 않았을까 하는 가정을 세워볼 수 있다. 내가 질문을 하니까, 그는 그렇다고 고백하였다. 그는 그 욕망에 대해서 죄의식을 가졌으며, 그 죄의식은 그가 완벽하게 정화되려는 이상, 성인에 대한 이상과 정반대돼서 그를 끔찍하게 마비시켰다. 결국 나태는 그의 삶 전반과 실제적인 과제들로 퍼졌다. 그에게 창녀들에게 가는 길이 막혀서, 양심의 가책을 받지 않으면서 그들의 욕망을 실현시키는 불결한 사람들, 다른 사람들을 비난한 것이다. 억압돼서 비난으로 가득 찬 그의 갈망은 감상성으로 변환되었고, 그들의 욕망을 남용하고, 다른 사람들을 착취하는 사람들에 대한 엄청난 연민과 거짓된-관대함으로 변환되었다. 그들은 비인간적으로 타락했고, 불쌍하게 느껴졌던 것이다. 억압된 욕망은 수많은 다른 비논리적 표현들로 변환될 수 있다. 그것은 동정으로 위장되고, 매춘을 근절하려는 비논리적 과제로 전도(顚倒)된 것이다. 그의 상상 속에서 창녀들은 그처럼 모욕을 받고, 세상 사람들이 착취하는 존재의 상징이기 때문이다. 그가 창녀들에게 투사한 것은 그 자신이고, 그의 운명에 대한 엄청난 연민이었다. 그러나 그가 그와 창녀들 사이에 있는 또 다른 유비를 보지 못했더라면, 그는 이 투사의 도움을 청하지 않았을 것이다. 그가 매춘을 하지 않았고, 타락하지 않았으며, 그 자신을 착취하지 않았고, 자위하지 않았다면 어떻게 되었을까? 그는 그가 가장 은밀하게 그 자신을 굴욕감으로 괴롭히게 하고, 그 자신의 악덕을 가지고 있기 때문에 스스로를 창녀와 동일시하는 것이다. 그는 상상 속에서 창녀들의 운명과 창녀촌에 자주 가는 사람들의 악덕을 변화시키려는 야심을 가지고 있었다. 그가 그 자신의 부끄러운 운명을 변화시키고, 그 자신의 악덕에서 벗어나기를 바랐기 때문이다. 그가 완벽하게 깨끗해지고, 개선되려는 고조된 과제 속에는 좋은 인상을 주려는 욕망에서 나온 말로만의 허풍이라고 할 수 밖에 없는 커다란 유혹이 있다. 그런 욕망은 사실 잘못된 동기부여의 골조(骨組) 속에 들어 있는 것이다. 그러나 그런 허황된 수많은 가능성 가운데서 선택은 하위-의식적이고, 강박적인 정화에 대한 실제적 욕구에 의해서 결정되고는 한다. 그것이 고조되었고, 억제되어서 충족되지 못했고, 불모의 죄의식이라는 부정적인 형태로밖에 드러나지 못하기 때문이다. 호언장담과 그것의 사회적으로 연관된 비난하는 감상성은 그 자신의 양심의 가책을 위장하려는 수단일 뿐이다. 가면 뒤에서 언제나 진짜 얼굴을 발견할 수 있는 것은 바로 그 때문이다. 잘못된 동기부여라는 구실 뒤에서 진정한 동기가 작용하는 것이다. 우리가 잘못된 동기화와 정화에 대한 고조된 과제 사이의 관계를 소홀히 한다면, 하위-의식적이고, 강박적인 모든 이유들의 진정한 의미를 알아보지 못할 것이다. 그리고 대부분의 젊은이들이 과도한 양심의 가책 없이 저지르는 악덕인 창녀촌에 자주 들르는 행위와 자위 앞에서 그를 마비시키면서 공포를 느끼게 하는 악화된 죄의식의 의미를 파악하지도 못할 것이다. 성과 영성 사이에는 하위-의식적으로 얽혀 있는 것들이 많다는 사실을 분명하게 보여주는 이 사례는 영성에서의 경련은 타락한 성의 결과이고, 성의 타락은 영성에 경련을 일으키는 원인이라는 말을 정당화시켜 준다. 그러나 성과 영성이 병리적이고, 하위-의식적으로 얽혀 있는 것에 대한 이해가 중요하다면, 그것들을 그것들의 진정한 생물학적 기능에 따라서 완전히 분리시키는 것 역시 더욱더 필요해진다. 건강한 영성은 건강한 성을 초자아의 형태 아래 환원시키지 않고, 건강한 성도 영성으로 환원되지 않기 때문이다. 그런 환원은 단순화인 듯하다. 그러나 그것은 사실 이미 치료 과정에서 충분히 드러났듯이 복잡한 문제로 이끌어간다. 그리고 더 중요한 것은 그것이 건강한 정신 기능과 병적인 정신 기능의 결과에 대해서 설명하지 못하게 하는 데 있다.

예를 들어서 말하자면, 어떤 환자에게 그것은 그의 "초자아의 금지"에 불과한 것이라고 환원시키면서 그의 이런 증상이나 저런 증상을 소멸시켜서 정상으로 돌아오게 할 수도 있을 것이다. 다시 말해서 그를 창녀에게 가게 할 수도 있는 것이다. 그러나 그것은 그의 신경증을 낫게 하는 것이 아니라, 새로운 증상이 만들어지면서 그의 죄의식이 다시 나타난다. 영성화에 대한 동경과 이런 경향에서 나온 금지는 자연스러운 것이다. 병적인 것은 그것들이 고조된 것에 불과하다. 환자를 치료하려면 그의 자연스러운 경향이 충족되고, 잘못 동기화된 고조를 해결하도록 이끌어야 한다. 그때 중요한 것은 죄의식에서 비롯된 허영심과 비난에서 비롯된 감상성을 포기하는 것이다. 그 젊은이의 자위행위에 비논리적이고, 상징적인 의미가 담겨 있는 한(스스로를 위로하고, 금지를 푸는 해방) 자위행위는 그쳐지지 않을 것이다. 그것이 통제 불가능하고, 강박적으로 되기 때문이다. 그리고 그가 자위행위를 그치지 않는 한, 그는 그의 의지력 결핍을 고조시키는 과도한 죄의식과 그를 마비시키는 공포로 가득 차게 될 것이다. 그리고 이런 상황이 근본적으로 변화되는 것은 자위행위를 창녀에게 들르는 것으로 대체하는 것으로는 결코 이루어질 수 없다. 그가 그의 과도한 과제를 포기하지 않는 한 치유될 수 없는 것이다. 그를 무능력에 대한 과도한 느낌으로 채우고, 그의 병의 원천에 있는 것은 바로 과도한 과제이기 때문이다. 그의 진정한 특성들이 발달하고, 그 특성들에 맞는 과제를 발견함에 따라서 그는 치유가 될 것이다. 그가 의지력 결핍이 되게 하고, 그에게 유일한 위로, 유일한 만족, 유일한 활동인 자위행위로 떠밀며, 그 자체에 고뇌가 많이 담겨 있는 것은 고조된 과제이다. 완벽한 순결에 대한 동경인 과도한 과제는 그를 자위행위라는 불결로 떠밀었다. 성인이 되려는 상상력이 고조된 과제와 비교할 때, 모든 실제적인 과제는 그에게 시시하고, 흥미도 없는 것처럼 보였기 때문이다. 그는 실제적인 과제 앞에서는 의지력 결핍으로 되었고, 고조된 과제들 앞에서는 경련을 일으켰다. 그는 그의 모든 힘을 빼앗았고, 결국 감당할 수 없게 한 이 경련 때문에 언제나 성적 타락으로 다시 빠지지 않으면 안 되었다. 다시 말해서, 이상과 완전히 반대되는 것 속으로 빠진 것이다. 타락은 이완의 불가피한 수단인 해방적인 경련 해소의 상징, 즉 억압적이고, 숨이 막히는 반(反)-이상으로 되었다. 그에 따라서, 하위-의식의 이 얽힘의 결과 자위행위는 그의 고조된 과제만큼 그를 사로잡았다. 그리고 자위행위의 성적 의미에 양가적 형태의 상징적 의미가 덧붙여졌다. 거짓된 정신적 과제로 도피하려는 강박적인 유혹과 그런 도피에서 비롯된 마비시키는 공포가 다가왔던 것이다. 거기에는 상징적 의미가 있는데, 그의 병에는 그 의미만이 결정적으로 중요하다. 순결에 대한 경련적인 과제에 반하는 이런 상징적 의미는 이제는 더 이상 허황된 경련이 아니라 부끄러움이 과도하게 실린 또 다른 죄의식의 경련으로 되었다. 그 젊은이는 그에게 남겨진 유일한 이 두 가지 대안, 즉 고조된 상승과 치욕스러운 추락–하나는 실현 불가능하고, 다른 하나는 받아들일 수 없다–사이에서 찢겨졌다. 그리고 이제는 고통스럽게 순결의 과제라는 허황된 경련과 가공의 이완(자위를 통해서 상징적으로 추구하지만 실제로는 공포에 사로잡히게 하기 때문에) 사이에서 방향을 잡지 못하고, 정신적 현기증의 먹이가 된 채 올라가면서 내려오고, 내려오면서 다시 올라가기만 하면서 산다. 다른 모든 과제들은 거짓된 정신적 과제와 비교할 때 그에게 매력도 없고, 무의미해 보였을 뿐만 아니라 더 나아가서 그를 부끄럽게 하는 악덕으로의 불가피한 추락 때문에 점점 더 그 자신에 대한 신뢰감을 잃어버렸고, 그것과 함께 그의 모든 능력, 실제적인 과제를 시도하려는 모든 욕망도 잃어버렸다. 그는 만족에 대한 잘못된 계산에 의하여 나태의 열락(悅樂) 속으로 도피하였다. 그가 그의 고조된 과제 때문에 오그라드는 한, 추락할 뿐만 아니라 상승하려는 시도 역시 그의 의지력 결핍을 강화할 뿐이다. 그는 세상에 그의 고조된 과제뿐만 아니라 그 짝인 악덕까지 감추려는 걱정밖에 하지 않는 것이다. 그래서 그는 점점 더 세상으로부터 물러서서 더욱더 자폐적으로 될 것이다. 그는 그의 고조된 과제뿐만 아니라 그것의 양가적인 결과로 인하여 그의 악덕에 대한 죄의식도 더 크게 느끼면서 그 자신에게 던져지고, 병적인 상상 속으로 들어가게 되었다. 그는 비난으로 가득 찬 감상성의 먹이가 돼서 결국 그 자신과 세상에 대해서 절망에 이르게 된 것이다.

다른 많은 사람들에게도 마찬가지이지만, 이런 절망적인 상황 속에서 그런 증상들은 물론 그런 왜곡의 뿌리까지 사라지게 하는 정말 구원적인 유일한 방책은 환자가 자신의 잘못된 동기부여에 대해서 깨닫게 되는 것이다. 그가 그의 원수이며, 고통의 원천인 "그를 사로잡고 있는 악마", 즉 그의 고조된 과제를 끊임없이 정당화하고, 강화시킬 뿐만 아니라 무엇보다도 그것으로부터 허황된 만족을 끌어내고 있다는 사실을 깨닫게 하는 것이다. 그는 세세한 콤플렉스들이 무엇인지 찾지 않고, 그의 병과 분리할 수 없는 콤플렉스를 집중적으로 공격하면서 세 번째 회기 후에 그에게 실제로 부과된 긴요하고, 실제적인 과제는 바카롤레아를 준비하는 것이라고 생각한다는 사실을 얻을 수 있었다. 그러면서 그는 그 치료적 개입에 대해서 그의 진정한 고뇌가 결코 성적인 근심에 있는 것이 아니라는 사실을 표명하면서 희망을 일깨우는 소리를 질렀다: "당신은 내가 삶에 대한 흥미와 목표를 다시 찾을 수 있다고 생각하시나요?" 그가 그의 고조된 상상에서 깨어난다면, 왜 그렇지 않겠는가? 그가 그의 고조된 과제를 포기하고, 잘못된 동기부여에 대한 깨달음을 통하여 진정한 삶의 요청에 맞서기를 그친다면 왜 그렇지 않겠는가?

*

치료의 초기에 대한 이 요약은 잘못된 동기부여가 정신을 감금시키려고 "그의 그물을 짜는" 하위-의식적 연결의 모든 다양한 것들을 다 밝혀내지는 못한다. 그러나 이것은 잘못된 동기부여의 근본적인 원인, 즉 모든 정신적 왜곡의 일정한 원인에 대한 인식의 도움과 여기에서 특별히 연구한 사례에서 나온 몇 가지 지표들의 도움으로 개인적인 왜곡의 일반적인 틀, 즉 치료의 길에 쉽게 접근할 수 있고, 그것을 결정하는 틀이 추적 가능하다는 사실을 보여 주기는 할 것이다.

물론 이 특별한 사례에서 나온 몇 가지 지표들만 가지고 만족할 수는 없다. 치료 과정에서는 환자의 삶에서 일어나는 우발적인 세세한 사건들에도 들어가야 하고, 꿈들에 대한 해석도 더 좋은 방법을 제공할 것이다. 그가 그의 세 누이와 그의 형과 맺은 관계, 말하자면 아버지의 조롱과 어머니의 독단은 가정적 환경에서 비롯된 지속적인 외상의 원인이며, 우리가 "콤플렉스들"이라고 부르는 것은 어쩌면 (성적 해석을 제외하고) 그의 의지력 결핍의 공동 결정인자이며, 우발적 원인일 것이다. 그것들이 그의 병을 만든 외상들인 것이다. 그러나 우리가 우연히 일어난 원인들만 힐끗 본다면, 그의 병의 본성에 대해서는 이해할 수 없을 것이다. 다른 예를 들자면, 전기는 좋은 도체(導體)의 우연한 마찰에 의해서 발생하는데, 전기 과학은 처음에 전기가 어떻게 발생하는지 하는 우연적인 원인에 대해서는 연구하지 않고, 거기에서 발생한 현상들 사이의 일정한 관계에 대해서만 연구한다. 우연한 원인에 대해서 연구하는 것이 모든 과학의 속성인 것이 틀림없지만, 무엇보다도 먼저 그 원인들과 근본적 원인들을 연구하는 것도 그 속성이다. 과학을 이론적으로 다양하게 하고, 실천적으로 풍요하게 하는 것은 오직 이 연구뿐이다. 따라서 정신적 왜곡 현상을 만든 환경적 원인에 대해서 살펴보는 것은 불가피한 일이다. 그러나 이 현상들 사이를 연결하는 일정한 관계에 관심을 기울이는 것은 무엇보다도 더 필요하다. 외적인 원인을 확인하는 것이 중요한데, 그것은 단지 그것이 왜곡의 정신 내적 출발점을 가리키기 때문이다. 약한 정신체계가 그것을 정신병리 증상들과 연결시키는 일정한 하위-의식적 연계를 만드는 것은 환경에서 비롯된 흥분으로부터이다. 그때 이런 연계는 감정들과 분노들의 양가적 분해 때문에 생긴다. 우연히 생긴 외상의 본성과 복합성이 어떻든지 간에 부조화의 법칙에 굴복한 정신내적 작업은 그것들을 잘못된 동기부여의 범주에 의해서 형성된 단일하고, 독특한 구조에 통합한다. 이렇게 구조화된 조직체인 정신 질환은 외상들에 의해서 "영양공급"을 받는다. 그 외상들은 결코 근본적인 원인이 아니다. 그 외상들은 단지 질병이 나타날 형태만 결정할 뿐이다. 그러나 그 존재를 결정하고, 증상들인 병의 콤플렉스들을 조직하며, 그것들을 유지시키고, 증가시키는 것을 결정하는 것은 잘못된 동기부여의 법칙이다. 그리고 그 법칙은 이 사람, 저 사람의 정신뿐만 아니라 모든 사람의 성격을 결정한다. 잘못된 동기부여는 병의 근본적인 원인과 형성을 결정하는 것이다. 그것이 하나의 건강한 복합성 안에서 전체적으로 이루어지는 정신적인 삶을 구성하는 올바른 동기부여와 정반대되기 때문이다. 그러므로 이런, 저런 증상들을 사라지게 할 뿐만 아니라 병든 정신 자체가 건강을 되찾을 수 있는 것은 오직 잘못된 동기부여로부터 올바른 동기부여로의 전환이 이루어지는 것밖에 없다.

*

이 사례를 이해하기 위해서는 적어도 네 번째 회기에 대한 이야기를 덧붙이는 것이 반드시 필요하다. 이 회기에서 그 젊은이는 처음으로 그의 꿈들과 그가 쓴 글들을 가지고 왔는데, 그것들은 우리가 살펴보았던 관점을 확인할 수 있게 하였다.

무엇보다도 먼저, 그가 시급히 노력(아주 신중을 기울이면서 제안한 노력)을 기울여야 할 바카롤레아에 대한 관심의 각성이 이미 결정적인 것이라고 믿을 만큼 순진했다는 사실이 지적되어야 한다. 이것을 단지 자신의 상태에서 벗어나려는 의지가 의지력 결핍증에 걸린 환자에게 생긴 것이라고 믿는 것은 의지력 결핍증의 심각성을 오해하는 처사일 것이다. 그때 M. D.는 이런 질문을 하였다: "그 어떤 노력이라도 하는 것이 의미가 있을까요?" 그가 가져온 꿈의 해석을 통해서 볼 테지만, 그의 병적인 상태에 덧붙여진 어떤 불안이 그에게 이런 질문을 하게 했을 것이다.

이 질문은 두 가지 방식으로 이해될 수 있다. 우리는 여기에 그가 "세상의 상태를 고려하여" 질문한 것이라고 생각할 수 있는데, 그렇게 할 경우, 그 질문은 비난이 가득 찬 감상적 표현으로 된다. 그러나 "나는 아무것도 아니라는" 것을 말하는 질문이라면, 그 질문은 환자의 거짓된 겸손에서 나온 허황된 죄의식의 표현이다. 이 두 가지 질문에는 모두 저의가 들어 있으므로 두 가지 의미로 대답해야 한다. 첫 번째 관점에서 나온 질문인 경우, 대답은 아마 쉽지 않을 것이다. 젊은이들이 그 전 세대가 그들에게 마련해 준 삶의 조건들 앞에서 절망할 수밖에 없는 이유가 아주 많기 때문이다. 그들은 어른들을 그 어느 때보다 더 믿지 않는다. 그렇게 과도하고, 교만한 불신은 젊은이의 모든 다른 신경증처럼 여기에서 분명히 의지력 결핍의 구성 요소인데, 우리가 현재 사회가 불신받을 것이 아무것도 없다고 반박한다면, 우리는 치료를 현실에 기반을 두는 대신 상상적인 관점에 기반을 두기를 바라면서 상당히 위험한 저항을 일깨울 위험이 있다. 그러므로 환자에게 각 세대는 후속 세대에게 그가 물려받은 문화적 보물을 전해 주어야 하고, 젊은이들이 비난하는 어른의 세대 안에도 이 사회적 책무를 완수하려고 하는 장점을 가진 상당히 많은 사람들이 있다는 사실을 보여 주면서 중립적이고, 일반적인 기반을 찾으려고 애써야 한다. 각 사람들의 본질적인 책무는 여러 세대들에 걸쳐서 추구해 온 이 노력에 하나의 고리(chainon)가 되는 것이고, 그에 따라서 그런 고통을 겪을 가치가 충분히 있는 것이라면, 그는 현재의 상태에서 벗어날 노력을 해야 하고, 그렇게 함으로써 그 자신이 그가 저주하는 이 사회를 구성하는 결정적인 요소가 되어야 한다. 이 관찰은 개인적인 분석에서 추출한 것이 아니라 일반적인 설득 과정에 있는 것이고, 그 효과를 지나치게 생각해서는 안 되는 것이다. 그럼에도 불구하고, 이 일반적인 설득 과정은 치료적 개입에 필요한 수단이라는 것을 강조하는 것이 필요하다. 그것들은 분석을 완성하고, 여기에서 분석을 종합하는 요소가 된다. 그러나 그것들이 효과적인 치료 수단으로 되려면 그것들이 위험한 것을 전혀 제공하지 않아야 하는 것이 제일 중요하다. 그것들은 어느 정도 인습적이고, 일관성이 없는 견해들 위에 서 있지 않고, 치료 과정에서 사용된 설득의 모든 형태들은 서로를 보완하고, 결국 서로를 지지하고, 서로를 강화함으로써 유비적인 전체를 형성하게 된다. 그래야 환자의 세심한 불안과 고뇌에서 제기되는 모든 반론에 대답할 수 있다. 이 전체들이 정말 유비적인 것이라면, 그것은 삶의 진정한 의미가 아닐 수 없다. 그러므로 심리학이 정말 치료적이라면 반드시 가장 광범위한 이 문제에 대한 해결책을 발견해야 하고, 이 해결책을 인간의 일반적인 정신, 말하자면 인간의 병리적 기능은 물론 건강한 기능들까지 분석한 것을 통해서만 찾을 수 있어야 한다. 설득이 환자의 반론에 맞서려면, 환자가 자신의 병을 방어하기 위하여 펼치는 반론은 정신의 건강한 기능에 대한 제시나 다름없기 때문이다. 이와 같은 조건 아래서, 설득은 환자가 하위-의식의 분석을 통해서 그의 정감적인 자기-최면 상태에서 깨어나는 한 그에게 깊은 인상을 줄 수 있는 타당한 힘으로 된다. 진정한 설득, 즉 상위-의식에 의한 종합은 결국 하위-의식에 대한 분석을 넘어서서 치료에 결정적인 무기가 된다.

환자가 제기한 질문의 두 번째 의미, 즉 아무리 노력해도 되지 않는다는 자신의 무가치함에 대한 생각은 변명처럼 사용되는 환자의 잘못된 겸손을 드러낸다. 그런데 그것은 그에게 이런 변명이 효과적이라는 것을 보여 준다. 그는 상상력에 의한 도약(跳躍)을 통해서 모든 어려움들을 물리치는 것이 습관으로 된 것이다. 스스로를 성인이라고 믿거나, 아니면 적어도 그렇게 되도록 부름 받았다고 믿는 것은 그에게 도약할 것만 요구한다. 그래서 실제적인 삶에서는 가장 적당한 목표를 성취하는 데서 부딪히는 어려움에서도 파괴되고 만다. 실제적인 삶에서 도약에 의한 성공은 불가능하고, 발걸음을 하나씩, 하나씩 나아가야 하기 때문이다. 그러나 이런 효율적이고, 온건한 노력은 그를 불안하게 한다. 에너지가 헛되게 고조된 과제에 사로잡혀 있는 한, 하나씩 밟아가는 실제적인 가장 작은 노력도 그에게는 쓸모없고, 불가능한 의무라 따분하게 느껴지는 것이다. 그 작업은 무한하게 드높은 과제를 생각하는 그에게는 어울리지 않는다. 그러나 그는 그의 상상적인 습관을 따라서 단번에 성공해야 하기 때문에 그 의무는 그의 앞에 뛰어넘을 수 없는 벽으로 가로막고 선다. 그가 나아가야 하는 첫 걸음은 그가 그런 습관을 깨야 하기 때문에 그에게 가장 어렵다. 첫 걸음은 그에게 익숙하지 않고, 뛰어넘을 수 없는 어려움을 일깨우는 불안한 감정이다. 하지만 그 걸음은 그에게 너무 어렵다. 그는 아무것도 아니기 때문이다. 그 의무는 그에게 찌푸린 얼굴밖에 보여 주지 않는다. 그러나 진실은 첫 번째 걸음만 만족스럽게 디디면, 두 번째 걸음으로 가게 되고, 그 다음 걸음도 이어진다는 것이다. 그 의무가 너그러운 얼굴을 보여주는 것은 이 결정적이고, 건강한 도약인 상상력을 현실로 이끄는 이 도약의 마지막 무렵밖에 없다. 실제의 작업은 상상에 의한 놀이의 변태적인 만족과 그 놀이가 자극하는 실제의 불안에 흡수돼서 끝나기 때문이다. 그는 주의를 집중하면서 불안을 흐트러트리고, 상상에 불과한 그 불안을 털어버린다. 그 의무는 그 작업을 해방자로 만들고, 결국 실제의 기쁜 놀이로 될 수 있다. 환자가 뛰어넘을 수 없으리라고 불안해 했던 어려움들은 사실 존재하지 않는 것이다. 불안이 그것들을 과장하였고, 실제의 어려움들은 실제적인 기쁨의 조건으로 되는 것이다. 어려움은 환자에게 그가 아무것도 아니라는 헛된 감정과 반대되는 것을 일깨워 주었기 때문이다. 자신의 힘에 한계가 있다는 느낌은 그렇기 때문에 실제적인 감정이다. 이제 기쁨은 실제적인 힘이 열매를 맺는 데서 나오는 감정으로 된다. 그 힘은 어려움들을 극복하면서 작용하고, 발달한다. 게다가 그가 아무것도 아니라는 감정, 즉 어려움 앞에서 느끼는 불안은 성인이 되려는 초인적인 과제를 자위라는 개인적인 악덕으로 전도시켰었다. 완벽한 순결을 지키려던 계획처럼 자위행위 역시 빈약하고, 좌절을 가져다주는 놀이, 즉 상상적인 도약에 의해서 어려움을 극복하려는 시도였던 것이다. 상상 속에서 병적인 금지를 정복하고, 갈망하는 여성을 병적으로 고조돼서 과도하게 된 그의 욕망에 굴복시키는 데는 아무 비용도 들지 않는다. 그러나 상상 속에서의 이런 승리는 현실에서의 패배를 불러온다. 그것은 파트너와 파트너의 저항에 대한 불안을 일깨우고, 다가가는 첫 걸음부터 수줍음을 안겨주며, 결정적인 행동만 바라게 하면서 상상력에 의한 도약으로 이끈다. 그러면서 그것은 성적으로 아무것도 아니라는 감정으로 가득 차게 하고, 변태적인 억제를 자극하며, 기능적으로 발기부전이 되게 하는데, 그것은 실질적인 성적 남용이 자위행위의 위험이 더 큰 이유이기도 하다. 구조화된 이 조직의 복잡성은 정신질환에서도 드러난다. 그리고 그것은 모든 것들은 유비적인 방식으로 연결되어 있으며, 그 일정한 유비를 따라가면 유비들이 서로 교차하는 지점과 그것들이 정신적으로 어떻게 표현되는지를 볼 수 있게 한다. 그것이 심리학적 계산의 역할이다. 이때 어려운 것은 그것이 제시하는 수많은 길들을 통해서 경제적인 방법인 "우아한 해결책"을 찾는 것이다.

*

언제나 삶의 실제적인 그 어떤 어려움에도 달라붙으려는 자신의 무성(無性)에 대한 느낌의 요동치는 불안은 그의 글들에서 볼 수 있듯이 상당히 구체적인 형태를 취한다. 다른 사람들의 의견 앞에서 불안해하는 것이다. 간혹 나타나는 불안은 환자가 첫 걸음을 내딛기를그렇게 어려워하는 실질적 원인(아마 가장 중요한 원인일 것이다)을 보여 준다. "쓸데없는 일"이라는 말은 너무 잘 알려져 있어서 사람들이 그 말이 더 이상 통용되지 않는다면 놀랄 것이다. 그는 그 말에 자신을 완전히 맡겼고, 그 말은 끝까지 그를 따라다녔다. 그는 이제 그 말이 작용하지 못하게 할 수 없다. 그러나 그는 그렇게 포기한 것을 부끄러워한다. 그것이 그의 의지력 결핍의 새로운 결정인자인 것이다. 그는 그 위험을 예측하고, 주위 사람들의 놀라움의 반응들에 대해서 두려워한다. 그는 자신의 역할을 하지 않음으로써 자신을 혐오스럽게 만드는 것을 두려워하고, 환경의 병적인 "균형"을 깨트리는 것을 두려워하며, 우리가 볼 테지만, 공격을 받을까 봐서 두려워하기까지 한다. 그의 예측은 심리학적 계산이 할 수 있는 것처럼 명료하다. 그의 하위-의식은 심리학적으로 계산한 것이다. 그의 예측은 실제적 가능성을 겨냥하였지만, 불안 때문에 과장되었다. 다음에 소개하는 그의 꿈은 가족의 콤플렉스가 그의 마음에 다가온 것을 보여 준다.

> 나는 나의 어머니, 두 누이, 그리고 어머니의 친구 한명과 "톡-톡"이라는 이름의 카드놀이를 하였다. 그것은 아마 어느 일요일 오후였을 것이다. 테이블에는 벌써 다 돌아간 카드가 20장이나 25장이 되었지만, 그 다음에 아무도 놀이를 하지 않은 것이었다. 그 카드들은 서로, 서로 떨어져 있었고, 순서대로 놓이지 않았다. 나는 그 카드들을 놀이의 규칙을 따라서 다시 모으기 시작하였다. 누구인가 나에게 무엇이라고 말할 때, 나는 그 작업을 거의 끝냈다. 나는 이제 막 다이아몬드 8, 9, 10을 모았고, 다이아몬드 10에 J를 추가하기 시작할 때 나의 누이 F는 내가 어머니의 J를 훔쳤다고 비난하였다. 나는 내가 어떻게 그렇게 했는지 알지 못했지만 실제로 J는 이미 던져져 있었다. 어머니와 누이 R은 나에 대한 비난이 옳다고

> 하였고, 어머니의 친구는 중립적이었다. 그녀들은 매번 나를 비방했는데, 어머니와 누이들의 신앙은 좋았다. 그 날, 나는 나를 변호하였다.[9]

이 꿈을 상세하게 해석하지는 않을 것이다. 환자는 자신의 가족 관계에 대해서 거의 말하지 않았는데, 이 꿈에 나온 가족들에 대해서도 그 어떤 연상도 말하지 않았다. 그러므로 광범위한 해석으로도 충분할 것이다.

그 게임은 가족의 삶을 상징적으로 나타낸다. 이 상징은 그의 복종하는 역할을 암시한다. 그는 게임을 하는데, 가족의 삶은 게임이라고 할 수 있으며, 분석에 의하여 활성화된 그의 욕망은 꿈에서 즐거운 게임으로 되었다. 일요일은 신자(信者)들에게는 화해를 위해서 지정된 날이다. 게임의 이름은 "톡-톡"이다. 게임의 규칙을 따르면, 어떤 사람에게 카드가 한 장밖에 남지 않으면, 다른 카드들을 순서대로 놓고, 테이블을 두 번 두드려야 하기 때문이다. 그가 이기려고 하는 순간, 다른 사람들에게 알려야 하는 것이다. 아마 "톡"(두드리다)이라는 말이 예상하지 못했던 놀라운 반응에 사용되는 말이기 때문일 것이다. 그는 이미 종종 화해하려고 노력하였지만 실패하였다. 그러나 이때 그는 노력을 체계적으로 하였고, 그의 대의(大義)가 승리하기를 바랐다. 게임에서 이기기를 바랐던 것이다. 톡-톡하고 주의를 끈다. 톡. 어떤 놀라운 것이 지나간다. 그 게임이 가족의 삶과 화해를 상징하기 때문에 이미 던져진 카드들은 지나간 삶을 상징할 것이다. 그것들은 무질서하게 지나갔다. 카드들이 무질서하게 테이블 위에 던져졌던 것이다. 그는 그것들을 순서대로 정리하려고 한다. 그가 지나간 삶을 질서 있게 하려는 것이다. 그는 화해를 방해하는 그의 앙심을 깨트리려고 한다. 그런데 카드들은 따로 따로 떨어져 있다. 그는 그가 당했던 모욕들을 아주 잘 기억하고 있는 것이다. 각각의 것들은 그의 기억에서 서로 떨어져 있다. 그것은 그의 속에 기록되어 있는 것이다. 그는 그의 가정에서

9 환자가 적어 온 것을 수정하지 않고 그대로 기록하였다.

시종(J)이고, 땅에 붙어 있다. 그는 사각형(다이아몬드) 위에 있는 것이다. 그의 가족은 그를 시종(侍從)으로 만들었고, 그를 땅에 붙어 있게 하였다. 그때 그는 화해를 바랐고, 그의 양심이 일깨워졌다. 그것이 게임의 상징을 선택한 것인데, 거기에는 비난이 담겨 있다. 게임에서 지나간 카드(지나간 삶)들을 순서대로 모으면서, 그는 그의 가족이 그의 병적인 상태 위에 가했던 비난들을 넘겨주기를 바랐다. 그리고 그의 가족들이 그에게 요구하는 것을 하려고 애쓰고, 그가 은밀하게 승리하려고 했던 것(그의 병적인 상태의 도움으로 모든 질책들보다 더 강하게 돼서 승리하려고 했던 것)을 포기하고, 가족들에게 복수하려고 했던 허영심을 모두 포기하였다. 그는 그의 가족의 시종(사각형 위에 있는 시종의 또 다른 의미)이 되지 않을까? 그래서 가족의 발 앞에 섰고, 땅에 달라붙어서, 사각형 위에서 몸을 굽히지 않았을까? 사각형은 그가 받아들이면서도 두려워하는 잘못된 동기부여의 네 가지 범주들이다. 그는 상승하려는 갈망, 즉 그의 허영심을 벗어버릴 테고, 땅에 붙어서 살 수밖에 없을 것이다. 그에게 일깨워진 양심은 화해를 받아들일 수 없는 굴복으로 나타나려고 할 것이다. 그러나 그에게 화해의 욕망은 지속된다. 그는 무질서하게 놓인(그의 굴욕에 대한 기억) 카드들 가운데서 찾은 시종(J)을 질서 있게 정리된 카드들 위에 놓으려고 하는데, 그것은 내부적으로 시작된 화해를 의미한다. 그는 그 자신을 사각형 위에 있는 시종처럼 되려고 했던 것이다. 그는 분석이 그에게 제안하는 것을 하려고 한다. 그의 복수를 포기하는 것이다(이것은 너무 자주 끔찍하게 그에게 등을 돌린다). 그러나 바로 그 순간 부당하고, 불쾌한 대우가 다시 시작된다. (그런 노력을 할 필요가 있을까?) 꿈꾼 이에게 화해하려는 노력이 헛될수록, 그는 상상 속에서 이 생각, 말하자면 이 공격을 불안하게 예측한다. 그것은 그가 기대했던 것이 아니다. 이 거부에 대한 두려움은 그가 자신을 우스꽝스럽게 만들고, 심지어 밉살스럽게 굴게 하는 두려움과 양가적으로 연결되어 있다. 그는 그의 누이 F에게 역겨운 화해의 시도를 하면서 굴복하는 것이다. (우리는 곧 그의 하위-의식이 얼마나 상황을 과장하면서 보는지 분명하게 볼 것이다). 그의 누이는 그가 어머니의 카드에서 다이아몬드 J를 훔쳤다고 주장한다. 가족 내에서의 역할 변경은 카드놀이에서 트릭을 쓰는 것과 같다고 하는 것이다. J를 사각형 위에 놓는 것은 그의 어머니가 하는 일이다. 말하자면, 그가 땅에 붙어서 패자가 된 것은 어머니의 권위주의적인 엄격함 때문이라는 것이다. 그가 "사각형에 붙어 있게" 명령한 것은 어머니이다. 그의 집에서 질서를 잡는 것이 어머니이듯이, 그가 화해의 시도를 바라게 한 것도 어머니이다. 그가 그의 역할을 하지 못하게 하고, 주도권을 잡지 못하게 하며, 서기를 바라지 못하게 하고, 일어서지 못하게 하는 것은 누구인가? 또한 이제 더 이상 야단맞을 필요가 없는 존재, 더 이상 승리하지 못하는 존재, 의지력 결핍에 빠지지 않는 사람으로 되지 못하게 하는 것은 누구인가? 가족에게 따돌림 당하고, 멸시 당하게 하는 것은 누구인가? 그러면서 그 옆에서 그렇게 우아하게 있는 것은 또 누구인가? 그를 사각형 위에 있는 시종처럼 서 있게 하고, 복종하며, 온순해지기를 바라는 것은 사기(詐欺)이다. 그것은 그의 누이 F에게는 참을 수 없는 일이다. 그로서는, 그가 어떻게 그의 어머니의 카드를 "훔쳤는지" 모른다. 그가 어떻게 온순하게 되고, 그 자신이 "사각형 위에 있는 시종"이 돼서 어머니에게 있는 권리를 빼앗았는지 모른다. 그의 권리로서 그를 땅바닥에 넘어뜨리게 한 것은 이제 더 이상 그의 어머니가 아니다. 그러나 카드놀이는 진행된다. 삶은 진행되는 것이다. 그는 그의 어머니가 무질서하게 내려놓은 카드들을 정리할 결심을 할 정도로 충분히 자랐다. 다만, 언제나처럼 그의 어머니와 그의 누이 R은 F의 편이다. 그는 그의 가족에서 모든 쪽에서 공격을 받는 외톨이인데, 이방인만이 중립적인 것이 이상하다.

그는 그의 누이 F에 대해서는 자세한 연상을 하였다. 그의 어머니는 그가 어렸을 때, 어느 날 그의 어머니가 누이 F에게 젖을 먹이는 동안 (그는 F보다 한 살 반이 빠르다), 그가 울기 시작하였는데, 어머니가 F에게 젖을 다 먹일 때까지 울음을 그치지 않았다는 말을 한 적이 있다.

이런 상황은 심리학에서 잘 알려진 전형적인 상황이다. 애정을 제대로 받지 못한 아이는 고조된 반응을 보이는데, 질투는 그의 본성의 경향에 따라서 화가 난 비난이나 감상적인 불평으로 표현되는 것이다. 모든 어린이들은 어느 정도 비슷한 상황에 노출되고, 그것이 외상적으로 될 수 있는 것이다. 신경증적 소질이 있는 아이에게 그런 상황들은 결정적인 것이 될 수도 있다. 그에게 이 수유 장면이나 그와 비슷한 상황들이 결정적인 것으로 되었다면, 그것은 그의 경향에 따른 것이지만 그럼에도 불구하고 그의 잘못이다. 환자는 그의 본성의 경향에 따라서 우는 것을 더 즐겨서 선택했는데, 그의 본성의 잘못은 우는 것이 그의 평생 동안의 방어 무기로 되었다는 점에 있다. 그가 분노를 선택할 수도 있었는데, 그것 역시 신경증적으로 될 수 있고, 그럴 경우 다른 증상으로 나타났을 것이다. 그의 여동생은 어머니의 애정(가족이라는 둥지의 따스함)을 다투는 싸움에서 그녀의 본성의 경향과 상황에 따라서 다른 방어 무기를 선택하였다. 그의 누이동생은 그녀가 어리기도 했지만, 그녀가 더 잘 선택하여서 스스로 따듯한 보살핌을 받는다고 느끼며 상냥한 태도를 보였고, 그녀의 오빠가 우는 것을 보면서 그를 이기기 시작하였다. 이런 반응들은 처음에는 전적으로 본능적인 것이지만 점점 더 습관과 계산으로 된다. 하위-의식적인 이 계산은 초기의 본능적인 성질에서 나온 잘못된 반응들을 다른 특성의 잘못된 반응들인 잘못된 하위-의식적 계산에서 비롯된 잘못된 동기에 의한 반응들로 변환시키는 것이다. 삶의 초기의 본능적 경향들은 그 자체로는 잘못된 동기부여일 뿐인데, 그것은 인간의 본성에 스며들어서 유전으로 전해진다. 그의 누이동생은 어머니의 관심과 애정을 완전히 독차지하려고 지나치게 상냥할 뿐만 아니라 지나치게 순종적으로 될 수도 있다. 그리고 어머니를 차지할 목적에서 어머니를 오빠로부터 떼어놓으려고 온순함에 오빠를 공격하는 또 다른 무기를 덧붙일 수 있다. 예를 들어서 말하자면, 그녀는 끊임없이 모함이라도 함으로써 오빠를 잘못에 처넣을 것이다. 그 다음에는 오빠에 대한 동생의 승리에 남자아이에 대한 여자아이의 승리가 덧붙여진다. 소년은 그 모함에 대꾸하기가 싫어서 더욱더 울기만 할 뿐이다. 그러나 그의 무기력한 분노는 원한으로 되고, 그는 더 고집을 부리고, 말을 듣지 않게 된다. 상냥하고 순종적인 딸과 고집스럽고, 말을 듣지 않는 아들 사이에서 어머니의 선택은 의심할 여지가 없을 것이다. 그러면 소년에게 어머니의 위협적이고, 압도적인 권위가 가해질 것이다. 소년은 그가 언제나 사랑을 받지 못하는 것을 보고, 결국 그 싸움을 포기할 것이다. 그는 점점 더 그의 고집과 수동적인 반항 속에 갇히고, 그것이 그의 복수로 된다. 그의 누이의 승리와 고소(告訴)는 언제나 현실에서 정당화된다. 마침내 어머니는 그녀의 딸과 함께 소년에게 합창으로 죄를 선고한다. 그녀들은 소년이 얼마나 비효율적인가라고 하면서 그의 비효율성을 공격하는데 연합한다. 그리고 어머니는 점점 더 그를 그의 고집스러운 마비상태로부터 떼어내려고 권위적 의지를 행사한다. 그러나 그녀가 그녀의 권위주의를 행사할수록, 그녀는 더욱더 의지력이 결핍된 소년의 고집스러운 마비를 강화시킬 뿐이다. 그는 그에게 주어진 의무를 미움 속에서 받아들이고, 그것을 죽을 만큼 증오한다. 그는 그에게 의무를 부과하는 어머니 대신 의무를 증오하는 것이다. 더구나 그의 영혼에 치명적인 상처를 가져온 것은 그의 어머니이다. 생명에 필요한 영혼의 양식인 애정이 거부당했던 것이다. 그에게는 애정에 대한 굶주림 때문에 비난하는 감상성이 가득 차게 되었다. 그는 그의 깊은 내면에 처박혀서 언제나 더 고조되는 상상력 속에서 허우적거리는데, 그것은 그의 유일한 거짓된 만족의 원천이다. 그것은 언제나 더 큰 불안으로 변하기 때문이다. 그는 왜, 그리고 어떻게 그에게 다가왔는지 알지 못하는 두려움과 불안에 잠기고, 모든 쪽에서 고소당하며, 모든 전선에서 패배하여 결국 그 자신을 고소하고, 그 자신이 무가치하고, 비열하며, 가장 무가치하고, 가장 비열한 별개의 존재라고 믿는다. 그러나 어느 누구도 그에게 주어진 견해의 압도적인 무게를 지탱해 줄 수 없다. 그래서 그는 그것을 억압한다. 그의 화가 난, 고조된 상상력이 복수를 한다.

이 복수는 어머니에게 가하는 고뇌와 처벌인 고집스러운 마비일 뿐만 아니라 결국에는 그 자신에게 가하는 처벌이기도 하다. 거기에는 온 세상 사람들에게 그는 모든 사람들 가운데서 가장 비천하고, 가장 무가치한 존재가 아니라 그와 반대로 가장 부당하게 박해 받는 가장 완벽한 존재라는 것을 입증하려는 은밀한 야심이 담겨 있다. 그의 지나친 고뇌가 암시하는 복수에 대한 그의 꿈은 과도한 허영심으로 변한다. 잘못된 동기부여의 네 가지 경향이 만들어지는 것이다. 분석은 이 점에서는 아직 그의 가족의 드라마 전체를 완전히 밝히지 못했다. 그것은 환자가 그의 아버지, 그의 누이들, 그리고 특히 그의 형과 맺는 관계에 대한 연구를 통해서 완성될 것이다. 그런데 그의 형과의 관계는 가장 중요한 것이 틀림없다. 그것은 첫 번째 회기부터 드러나기에는 너무 깊이 억압되어 있었다. 이 초안을 통해서 미리 살펴본 자세한 것들은 현실의 경우와 맞지 않는 것이 있을 수도 있고, 분석은 그것을 밝혀줄 것이다. 그러나 이 초안의 진정한 본질은 변경되지 않을 것이다. 이 예비적인 구도는 가족적인 상황에서 발생한 사건들로부터 나온 잘못된 동기부여가 어떻게 생겼고, 어떻게 자랐는지 하는 것을 보여주는 그림이기 때문에 허용될 수 있을 것이다. 그러나 치료는 이 예비적인 구도와 가족의 드라마를 나타내는 외적 원인을 확인한 더 발전된 구도에 바탕을 두고 이루어지지 않을 것이다. 오히려 치료는 잘못된 동기부여라는 일정한 내적 원인에 바탕을 두고 이루어질 것이다. 그것만이 가족의 혼란한 상황의 기관(機關)이기 때문이다.

*

그러나 이런 확인은 우리가 일반적인 질서를 고려하도록 잠시 이 사례에 대해서 더 살펴보는 것을 중단하게 한다. 논쟁을 피하려는 노력에도 불구하고, 논쟁은 불가피하다. 정신치료의 체계들이 모두 가족적 상황에 대한 고찰 위에 서 있기 때문에 거기에 이차적인 중요성만

부여하는 치료는 중대한 오류를 범하고 있다는 비난을 받을 수 있다. 여태까지 불가피했던 것처럼 논쟁을 회피하는 대신, 정면으로 맞서는 것이 더 좋다. 그래서 가족적 상황과 잘못된 동기부여 사이의 관계를 지면이 허락하는 데까지 분명하게 밝히면서 이 치료에서 사용된 관점을 정의하려고 해야 한다.

가족의 드라마는 별개의 콤플렉스들로 나뉘게 하는 복합적인 상황이다.

프로이드의 정신분석학에서 콤플렉스는 전형적인 가족 상황에 대한 하위-의식의 기억들이며, 외상을 만들게 할 수 있다. 정신분석은 다음과 같이 성적으로 해석될 수 있는 상황들만이 전형적으로 트라우마를 만드는 것으로 해석한다: 젖떼기, 배변훈련, 침입자처럼 등장하는 신생아, 신비한 신생아(그는 어디에서 올까?), 성의 차이와 거기에서 오는 호기심, 부모의 성관계에 대한 호기심 등.

그러나 애들러의 개인심리학은 하위-의식을 받아들이지 않는다. 그래서 "콤플렉스"라는 용어도 사용하지 않는다. 애들러에게 정신병의 원인은 하위-의식적 기억(억압된 정감)이 아니라 정신적 외상 자체이다. 불리한 환경과 주체의 방어적 반응인 것이다. 적응하지 못한 반응들은 쌓이고, 습관으로 되면서 현실의 요구에 적응하지 못하는 "삶의 계획"(plan de vie)으로 응축된다. 애들러는 외상을 일으킬 수 있는 상황은 가족의 삶의 틀을 넘어간다는 사실을 강조한다. 그러면서 거기에 학교, 주인이나 동료들과의 관계, 직업, 마침내 사회 전체가 덧붙여진다고 말한다. 이렇게 "콤플렉스들은" 삶 전체의 복합적인 상황들과 혼동되는 것이다. 이 두 학파에서 보지 못한 외상적 상황도 있는데, 예를 들어서 말하자면, 계속해서 민감한 부분과 접촉한 것과 관계되는 아이의 돌봄, 성적인 흥분—정신분석학에서 빌려온 용어로 말하자면—이 그것이다. 무엇보다도 이 누락은 놀라운 것이다. 그러나 그것은 특히 더 외상을 깊게 할 수 있는 상황이다. 그것은 신화적 부성(父性)과의 관계이다. 그것은 상징적으로 깊은 의미 아래 제시되지 않고, 교의적인 신인동성론적 측면으로 제시되면서 의심, 양심의 가책, 죄의식의 원인이 되고, 그 특별한 고통은 대단히 외상적으로 될 것이다. 분석의 궁극에 가서 생각할 때, 모든 형태의 정신질환의 뿌리에 있는 방향 상실감의 원인이 되는 위험은 삶의 심오한 신비한 의미를 생각하게 하는 이 본질적인 관계이다. 사실을 말하면, 정신분석학은 삶의 궁극적 의미를 찾는 인간 정신의 타고난 경향을 완전히 무시하지 않은 것이다. 삶의 의미를 상징하는 아버지-신은 정신분석학에서는 위선적으로 억압된 성욕에서 나온 환상으로 설명된다.[10] 개인심리학은 유사-신화적이고 인위적인 이 방법에 반대하면서 삶의 깊은 의미를 무시하고, 그것을 "상식"으로 대체한다. 개인심리학은 본질적 의식을 관습적 의식으로 대체하고, 그것이 심리학에 가져다줄 풍부한 중요성에도 불구하고, 심리학은 환자를 통속화시키면서 신경증적 증상들을 치유하는데 노력해야 한다고 말하며 과장하지 않는 것이다.

하위-의식을 인정하는 모든 심리학에서 병리성의 원인은 복합적이고, 복잡한 주위 상황에게만 있지 않고, 그 상황들에 대한 기억들인 정신이 그것들을 "소화시키는" 방식에 있다고 말한다. 그래서 외상을 만드는 것은 정신내적 현상이다. 따라서 외상화 하는 기억은 다른 모든 기억들과 하위-의식적이고, 통제할 수 없는 정감에 의한 유일한 사건이라는 사실로서만 구별된다. 중요한 것은 하위-의식적으로 조화되지 못하게 하는 정감의 본성을 이해하는 것이다. 그것은 단지 성적 욕망뿐만 아니라 모든 욕망들에 공통적으로 동기를 부여하는 정감과 다른 것이 될 수 있을까?

콤플렉스는 하위-의식적 기억인 정신현상으로 생각되는데, 그것은 그 자신의 법칙을 따라 은밀하게 작용하면서 잘못된 동기로 변환된다. 그것은 양분이 분해되어 피로 변환되는 것과 같은데, 콤플렉스는 그 작용의 원인을 이해하자마자 즉시 충격이 모든 중요성을 잃게 되는 것이다. 정신적 충격이 하나의 공식으로 요약되면서 그 작용 규칙 속에

10 S. Freud, *L'Avenir d'une illusion.*

서 해소되는 것이다. 그 충격들은 단지 외적이고, 우연한 원인에 불과하기 때문이다. 이와 마찬가지로, 외상으로 되는 상황들도 외적이고, 우연한 원인일 뿐이다.

어린이는 잘못된 동기부여의 네 가지 경향을 가지고 태어난다. 그러나 그것들은 아직 그의 반응을 자극하는, 그가 선호하는 이 경향이나 저 경향을 따라서 자동적으로 나타난다. 그는 외상으로 되는 상황들에서 울거나 성내면서 반응하는 것이다. 감상적으로나 비난적으로 반응하는 것이다. 초기 아동기에 아직 본능적으로 나이브한 허영심은 보살핌의 중심에 있는 유아가 그 자신에게 일치시키는 자신의 중요성에 의해서 형성된다. 아직 자동적이고, 나이브한 이 경향들은 이미 인간 존재에게 있는 아직 순진하지만 타고나는 죄로 구성되어 있다. 사람들에게는 잘못 반응하려는 잠재적 가능성이 있는 것이다. 이 잠재성은 아이가 외상적인 상황에 노출되면 현재화된다. 아이의 반사적 행동들은 나이브한 면들과 자동적 특성을 잃는 것이다. 유아는 그것들을 이용하기 시작한다. 그는 계산을 하게 되는 것이다. 반사에 의하여 촉발된 잘못된 반응들에 의해서만 드러난 타고난 잘못된 동기부여는 하위-의식적으로 계산된 잘못된 동기부여와 하위-의식적으로 강박적인 잘못된 반응성으로 분열된다. 이제 잘못된 동기부여는 잘못된 반응의 현저한 원인으로 되는 것이다. 본질적이고, 규칙적인 원인으로 되는 것이다. 그런데 잘못된 동기부여의 결과인 잘못된 행동 역시 그것의 도발하는 힘 때문에 잘못된 행동을 강화시키는 원인이 되는 것도 사실이다. 가족의 한 가운데서 부모와 자녀가 살면서 결국 외상적인 상황을 만드는 것은 서로가 잘못된 동기부여를 하고 정당화하는 데서 나온 상호 도발의 결과이다. 삶의 모든 활동들은 왜곡된 것으로서 잘못된 동기부여와 그 법칙에 의해서 결정되는 것이다. 외적 상황과 결부된 기억들인 콤플렉스는 같은 존재 이유를 가지고 있다. 잘못된 동기를 만드는 고조된 정감을 가지고 있는 것이다. 치료 상황에서 연상에 의해서 만들어진 기억은 하나의 화면(畵面)일뿐이다. 그 기억들은 너무 다양하고, 전형적이라서 이 전형적인 다양성은 그렇게 중요하지 않고, 그것에 대한 추적에도 치료적 효과가 없다. 환자는 그가 어떤 상황에서 상징적으로 잘못된 반응인 증상들을 얻게 되었는지 하는 것을 알 때 치료되지 않는다. 심지어 그에게 외적 상황만 알려 줄 때는 위험하기도 하다. 거기에 대해서는 꿈 해석의 결과를 가지고 살펴볼 것이다. 오직 환자는 우리가 그의 잘못된 반응들을 그것의 유일하고, 진정한 원인, 즉 공통적이고, 적법한 원인과 연결시킬 때에만 치료된다. 우리가 언제나 작용하는 그의 잘못된 동기부여, 그래서 그가 저질렀고, 또 그치지 않고 저지르는 잘못을 보여줄 때만 치료되는 것이다. 그것을 깨달을 때에만 고칠 수 있기 때문이다. 주된 관심을 외상적 상황과 콤플렉스에 두지 않고 잘못된 동기부여에 기울이는 것은 치료적 오류가 아니다. 그와 반대로 치료의 결실을 많이 얻는 유일한 원리이다.

*

여태까지 살펴본 것들을 뒤로 하고, 우리의 이해를 완성하며, 꿈을 치료의 수단으로 삼기 위하여 앞에서 말한 꿈에 대해서 다시 연구할 필요가 있다. 우리가 살펴보았듯이, 꿈은 화해가 제안된 결정적인 순간, 가족의 외상 유발적 상황과 관련하여 그 동안 쌓인 앙심을 요약하고 있다.

분석은 가족의 드라마를 보여 주어야 한다. 환자가 가족에 대해서 품은 병적인 증오가 하위-의식의 깊은 곳에서 통제할 수 없고, 강박적으로 작용하지 못하게 하기 위하여 그것을 의식하는 것이 필수적이다. 그러나 가족이 그에게 저질렀고, 계속해서 저지르는 잘못에 대해서 환자가 이해하고, 그것을 인정하는 한, 그 증오가 공개적으로 표출되지 않도록 하기 위하여 그것을 해소시킬 줄 아는 것 역시 중요하다. 그 어떤 무모한 설득도 환자를 납득시킬 수 없다. 아무리 설득이 고조된 증오를 덮을 수 있거나 그가 현재의 증상을 보이지 않을지라도, 거기에서 곧 다른 것들이 생겨난다. 유일한 치료책은 과거 상호 도발에 의해서 자행되었고, 이제는 습관이 돼서 끊임없이 자행되는 적극적이고, 우발적인 표상들을 심층까지 분석하는 것이다. 잘못된 동기부여의 본질적 중요성에 대한 인식만이 그 젊은이가 받아들여야 하는 가족에 대한 그의 태도를 정의하고 조절할 가능성을 제공할 것이다. 그 반면에 콤플렉스들의 통제되지 않은 공개는 그의 고통의 외적 원인과 가족들의 잘못을 들춰내면서 그가 그것을 투사하게 하고, 그 자신의 잘못과 오류를 억압하게 한다. 잘못된 동기부여는 각 사람이 그 자신에게 행하는 잘못이다. 그것은 각 사람의 죄인 오류로서 그의 책임인 것이다. 가족의 구성원들은 그들의 동기가 잘못 되었기 때문에 잘못 행동하고, 환자의 동기도 잘못 되었기 때문에 잘못 행동한다. 그 두 가지 결점은 분명하게 분리된다. 환자는 가족의 결점을 변화시킬 수 없다. 그가 낫기를 바란다면, 그에게는 그 자신의 결점을 변화시키는 것 이외에 그 어떤 다른 가능성도 없다. 그의 감상성(그의 과도한 예민성으로 나타난다)과 비난(그의 증오와 복수하려는 마음으로 나타난다)과 죄의식(그에게 그 어떤 노력도 하지 못하게 하는 거짓된 겸손, 많은 일에서 실패하게 하며, 다른 사람들에게 반응을 불러일으켜서 그가 과도한 예민성과 감상성 때문에 고통 받게 한다)을 변화시켜야 하는 것이다. 예를 들어서 말하자면, 문제가 되는 젊은이는 그가 책임을 져야 하는 가족을 위해서 장을 보지도 못한다. 그는 그의 상상에 빠져서 그가 찾아야 할 것을 잊어버리고, 돈을 잃어버리거나 도둑맞는 것이다. 그의 하위-의식에서 나온 반항심은 그가 시종이 되는 것을 굴욕적으로 여겨서 그에게 강박적으로 시종으로서의 일을 태만하게 하도록 하고, 서투르게 거기에서 떠나게 한다. 그런데 그런 것들은 그가 다시 굴욕적인 질책을 받게 한다.

그러면 그의 가족이 그를 좀 더 참으면서 기다리게 하려면, 그는 어떤 것을 그만 두어야 하는가? 그러나 그는 가족들이 그를 좀 더 참으면서 기다리게 할 수 없었다. 다시 말해서 그가 잘못된 동기를 그만 두지 않는 한 잘못된 반응들을 하지 않을 수 없었던 것이다. 화해의 진정한 노력이 행해져야 하는 것은 가족의 변덕에 완벽하게 굴복하고, 맹목적으로 복종하는 것이 아니라 그의 동기들을 수정하는데 있다. 해석된 꿈은 환자가 그에게 제안된 화해의 진정한 의미를 제대로 이해하지 못하고 있음을 보여 준다. 하지만 꿈의 해독(解讀)은 언제 개입할 수 있는지를 보여 준다. 꿈은 환자에게 좋은 의도가 일깨워졌지만, 그것이 고조된 증오로 다시 바뀔 위험이 있다고 하는 것이다. 그 젊은이는 거짓되게 복종하고 굴복하려고 하지만, 그것을 두려워하고, 그의 불안은 그가 그 길로 계속해서 나아가면 야기될 수 있는 가족의 잘못된 반응을 예측한다. 그는 화해하기를 바라기 시작하였다. 그는 변덕들에 복종할 준비, 즉 자신이 "사각형 위에 있는 시종"이 될 준비가 돼 있다고 믿는 것이다. 그러나 언쟁이 시작되면서 화해하는 대신, 그는 그 어느 때보다 더 반항하였다("그 날 나는 나를 지켰다"). 꿈으로 표현된 이 의도들이 실현된다면, 가족들의 반응을 상상하기는 어렵지 않다. 가족은 기다리지 않고 곧 화해의 의향을 짓밟고, 공개적으로 반항하였다. 그리고 우리는 가족적 상황이 악화된 현장에서 환자의 반응을 상상한다. 꿈의 해석이 다시 추락할 위협을 미리 보여주지 않았더라면, 상황의 악화가 그의 의지력 결핍의 공포를 강화하였을 테고, 그가 떠맡은 치료의 노력도 위협받았을 수 있다. 통제할 수 없는 저항이 드러났을 테고, 아직 약했던 치료적 접촉도 끊어졌을 것이라는 사실도 제외해서는 안 된다. 그 젊은이는 아직도 외적인 환경과 가족의 삶의 복합적 상황에 너무 고착되어 있다. 그는 아직 그에게 있는 결점인 그의 잘못된 동기를 충분히 보지 못했다. 그는 외부 상황과 연계되어서 중요한 것은 그가 내적으로 다시 서는 것이라고 믿지 않았고, 그가 외부 세계에 복종하는 것이 치료라고 믿는다. 이와 같은 생각에서, 우리는 회복을 지배하는 일반적 규칙을 공식화하게 하는 또 다른 사실을 도출할 수 있다.

*

그 젊은이는 그에게 바카롤레아를 준비할 태세가 되어 있지만, 그것으로 인하여 어머니를 기쁘게 하고 싶지는 않다고 말하였다. 그것은 변명이지만, 그것이 아무리 치료적 대화에서 얻은 분명한 동기일지라도 거기에는 그에게 의미 있는 잘못된 동기가 들어 있다. 우리는 치료가 반항으로 이끌 수밖에 없는 굴복을 요구한다는 그의 재난적인 생각을 없애기 위해서는 어느 정도 다음과 같은 말로 설명하려고 할 수밖에 없었다. "당신의 어머니에게 고통을 주려고도, 기쁨을 주려고도 하지 마시오. 당신은 당신의 현재 상태에서 어느 것이 어머니에게 고통이나 기쁨을 가져다 줄 수 있는지 하는 것에 대해서 제대로 느끼지 못합니다. 당신은 당신 안에 어느 것을 해야 하는지에 대한 규칙을 가지고 있습니다. 그러므로 당신의 진정한 만족을 찾으시오. 당신 자신을 기쁘게 하기 위하여 행동하고, 바카롤레아를 통과하시오. 꾸준히 노력하는 것 이외에 진정한 기쁨이 없으므로 그것을 하시오. 꾸준한 노력에 의하여 당신의 상상적인 상태에서 나오기 위하여 그것을 하시오. 당신이 이 명령적인 과제를 소홀히 하는 한, 고통을 받을 것이므로 그것을 하시오. 그것이 치료를 위한 결정적인 발걸음이기 때문에 그것을 하시오. 삶의 하나의 가능성으로서 바카롤레아를 고려할 필요가 있기 때문에 원망을 가지지 말고, 그것을 하시오. 원망은 당신의 동기들을 거짓되게 하고, 당신의 결심을 흔들리게 할 것입니다. 당신은 당신의 어머니를 기쁘게 하고 싶지 않다는 핑계 아래 '바카롤레아'를 치지 않으려는 속임수를 찾고 있습니다. 인상을 찌푸리지 마시오. 그런 정당화의 유혹을 이용하는 사람은 당신만이 아닙니다. 그러나 그런 것에 속아 넘어가지 않는 것이 좋습니다. 그것들이 삶 전체를 종종 망치는 '지름길'이 되는 반응으로 이끌기 때문입니다. 당신의 정말 문제는 당신이 낙오자가 되느냐, 아니냐 하는 것을 아는 것입니다. 나로 말하면, 나는 당신의 지성이 실패에 대한 두려움 때문에 당신이 나태를 부추기는 정감에 의해서 흐려지지만 않는다면 학교의 시험들을 잘 치를 수 있는 충분한 지성을 가지고 있다고 믿습니다. '당신의 어머니를 기쁘게 해 주고 싶지 않다'는 당신의 핑계는 당신도 모르게, 그리고 당신을 불행하게 하려고 당신을 태업(怠業)으로 이끄는 하위-의식의 장난입니다. 거기에서 기만적인 동기들을 구별하는 것은 틀림없이 어렵지 않습니다. 거기에는 당신의 어머니를 이기려는 복수에 가득 찬 허영심, 앙심에 찬 비난, 연민에 사로잡힌 감상성이 있습니다. 그것들이 합해져서 억압되고, 죄의식으로 가득한 결점을 만듭니다. 이 결점은 당신의 도망가려는 태도인데, 그것은 궤변을 만들고, 당신의 진정한 과제를 피하는 모든 핑계들을 정당화하려고 합니다. 내가 지금 말하는 것이 이론입니까? 그렇지 않습니다. 이것은 탁월하게 실천적입니다. 당신을 도울 수 있는 것은 정당화와 도피라는 상상력의 악행을 의식화하는 것보다 더 효과적인 방법은 없습니다. 거짓되게 당신을 정당화하지 마시오. 비록 바카롤레아에 합격하는 것이 당신의 어머니를 기쁘게 해 줄지라도 그것을 고려하시오 그렇게 하는 것이 결국 당신이 당신의 자아-중심적 고리로부터 빠져나오는 길입니다. 그리고 그것이 당신의 어머니를 기쁘게 '하기 때문에', 그리고 당신의 어머니를 기쁘게 '하기 위하여' 그렇게 하는 것은 진정한 내면의 화해의 징표입니다. 그것만이 치유를 준비할 수 있습니다."

*

여기에 이 환자를 특징짓고, 그와 어머니의 관계를 특징적으로 나타내는 꿈이 있는데, 그것을 해석할 필요는 없다. 이것은 그의 유아시절의 오래 된 꿈인데, 어린아이들이 으레 그렇듯이 상징적 왜곡 없이 실제의 상황을 보여 준다. 더구나 이것은 꿈의 형태로 나타난 어린 시절의 기억이다. 그것은 어쩌면 가족 상황을 요약하면서 적어도 부분적으로 회고의 상상력에 의하여 현실과 꿈이 하나의 혼돈된 용암(鎔巖)

속에 뒤섞인 몽상가가 자주 만드는 기억의 스크린일지도 모른다.

나는 언제나 내가 여덟 살이나 아홉 살 때 우리의 여름 별장에서 꾸었던 꿈을 기업합니다.

어느 날 저녁, 나는 잠자기 조금 전에 어머니 방에 가서 어머니와 단 둘이 지금은 알지 못하는 어떤 구체적이고, 분명한 도덕적인 양심의 문제에 대해서 털어 놓았습니다. 나는 어머니가 어떤 방식으로 나를 위로하려고 했는지는 모르겠습니다. 그러나 나의 양심은 반밖에 달래지지 않았습니다. 그날 밤, 나는 양심의 가책 때문에 괴로워서 잠을 들 수 없었습니다. 침대에 누운 지 얼마 지나지 않아서, 나는 할 수 없어서 다시 내 방을 떠나서 나의 도덕적 양심을 달래기 위하여 어머니에게 갔습니다. 그리고 다시 잠을 잘 수 없어서 두세 번 더 어머니를 찾아갔습니다. 어머니는 전혀 나의 양심을 다 달래 주지 못하였습니다. 그래서 나는 내 침대에서 나의 양심과 토론을 했습니다. 나는 분명히 (그 이미지는 언제나 내 속에 남아 있을 것이 틀림없다고 믿습니다) 내가 어머니 방으로 가는 모습을 기억합니다. 나는 어머니 방으로 가고 있었고, 내 방 문은 1미터 쯤 뒤에 있는 것을 다시 볼 수 있습니다. 나의 얼굴은 고통스러웠고, 두 눈에서 눈물이 흘렀으며, 가슴은 찢어질 듯 아팠습니다. 내가 생각하기에 내가 어머니 방에 갔던 것은 아마 세 번째였을 것입니다. 어머니가 나를 몹시 꾸짖을 것 같아서 무서웠기 때문입니다. 두 번째인가, 아니면 세 번째부터 어머니는 나를 위로했을지라도, 아주 짧게 말하였고, 곧 딱딱하고, 엄하게 내가 내 방에 다시 자러 가야한다고 하였습니다. 나는 그 어떤 때보다도 절망적인 마음으로 되었고, 양심이 더 괴로웠지만 복종하였습니다. 어쨌든 나는 아마 네 번인가 다섯 번 어머니의 방에 갔었고, 나의 꿈은 끊겼습니다.

그는 거기에 덧붙여서, 이렇게 말하였다.

실제로 나는 그런 일을 다시 한 적은 거의 없고, 내가 세세한 문제에 대해

> 서 어머니에게 말했을 때도 나는 내 마음속에서 떠오르는 반대 의견을 감히 어머니에게 하지 못했습니다. 나의 수줍음은 언제나 그것이 어떤 것이든지 간에 나의 모든 경향들이 발달하는 것을 마비시킵니다. 그리고 도덕적 고통은 나의 지배적인 경향들입니다. 그래서 그 꿈은 그런 경향을 더 고조시킵니다.

이 꿈 또는 기억은 그 소년의 마음에 새겨졌고, 다른 과거나 미래의 꿈들보다 더 사람들의 마음에 새겨질 것이다. 그 꿈이 어린아이들의 삶의 본질적인 것을 요약하기 때문이다. 애정의 욕구와 어른들이 아이가 하는 질문에 참을성 있게 대답하는 것이 포함된 설명에 대한 욕구를 요약하기 때문이다. 어린아이들은 그들의 전 영혼과 전 존재를 다해서 찾는 것을 발견하지 못할 때, 신경증적으로 된다. 그날 밤 어머니를 여러 번 성가시게 하였던 그 소년의 지나친 고집은 밑에 있는 동기를 찾게 하면서 비논리성의 요소가 담겨 있다는 생각이 들게 한다. 형에게 언제나 허용적인 어머니에 대한 질투인지 모르는 것이다. 그의 어머니에게 그에게도 어머니가 관심을 가져야 하는 깊은 내면의 삶이 있다는 것을 증명하려는 욕구가 아닐까? (내가 분석할 때, 이 지표들을 사용했다면, 그것들은 치유를 훨씬 앞당겼을 수 있는 유용한 탐사의 기회를 주었을 것이라고 고백한다). 이 아이를 어머니에게 이끈 것을 누가 오이디푸스 콤플렉스라고 주장할 수 있을까? 아이가 어머니에게 물어보러 갔던 양심의 문제는 어머니에게 성적으로 접근하려는 감춰진 욕망의 핑계였을까? 언제나 전치(轉置)된 도덕적 분개를 개입시키지 않더라도 그것은 아이의 공포일 것이다. 그것은 잘못이라고 말할 수 있다. 진실은 반대편에 있는 것이다. 어른이 된 신경증적인 사람이 그런 연상, 즉 성적인 방법론에서 제안하는 연상을 할 수 있는 것은 틀림없다. 그러나 그 연상들은 어머니에게 실망한 성적 욕망을 나타내는 것이 아니라 상징적인 압축, 말하자면 미래의 성적 파트너에게 투사될 부드러움을 투사하는 감상주의일 것이다. 아버지의 죽음을 바라는 "오이디푸스 콤플렉스"의 다른 욕망 역시 사랑-미움의 상징적 표현에 불과하다. 강압에 대한 미움인 것이다. 죽음에 대한 생각은 진정한 욕망이 아니라 상징적으로 강박적인 불안의 억압인 것이다. 아주 어렸던 이 어린이가 어머니에게 찾았던 것은 애정과 설명이다. 하나는 영혼에 대한 양식이고, 다른 하나는 희망에 대한 양식이다. 정신분석학은 이 아이가 꿈을 꾸었을 때는 초자아가 만들어질 때의 성적 잠재기에 있었다고 말할 것이다. 그것은 진실이면서, 거짓이다. 진실인 것은 정신적 기능으로서 초자아는 형성될 필요가 있다. 거짓인 것은 정신적 기능의 형성은 성적 잠재기라는 한정된 기간에 완성되지 않기 때문이다. 그것은 태어나면서부터 청소년기에까지 성숙의 본질적 징표로 확장되어 있는 것이다. 정신성은 억압되고, 잠복하는 유아성욕의 부대 현상이 아니다. 정신적 기능과 성적 기능이 성숙 과정에서 잘못된 교육에 의하여 타락하게 되면 그 사이에 융합된 연계가 만들어진다. 그러나 이 연계(성욕의 과대한 평가와 저평가)는 정신적 기능에 대한 진정한 표현이 아니다. 정신의 건강한 기능 속에서 각각 고유한 기관을 가진 성욕과 정신성은 성숙 과정에서 융합적으로 서로 영향을 주지 말고, 나란히 발달해야 한다. 사춘기에 성은 아직 성숙하지 않았고, 성 기관들이 만들어지면서 정신 기능에 의해서 수치심이라는 형태로 미숙하게 학대 받을 수 있다. 사춘기와 청년기 성의 문제가 악화되는 것은 정신 기능이 아직 조화로운 가운데서 우세하게 자리 잡지 못했고, 성 기능이 성숙해지지 못하고 유아적인 상태에 있으며, 상상력이 고조되어서 방향을 제대로 잡지 못했다는 표시이다. 성과 물질에 대한 정신 기능의 우위 없이는 그 어떤 교육도 불가능할 것이다. 죄책감은 정신 기능과의 관계에서 생기는 것이기 때문에 정신 기능이 우위에 있지 않으면 부모의 교육도 죄책감을 일깨울 수 없다. 죄의식의 고조와 그것의 억압 수단인 허영심과 비난을 일삼는 비판과 고조된 부드러움인 감상성은 왜곡된 것들이기는 하지만 정신 기능에서 나온다. 잘못된 동기부여는 모두 판단 기능에 기반을 둔 잘못된 가치 평가이기 때문이다. 그것은 너무 원시적이고, 정감적이기 때문에 초기 상태의 판단이다. 그것이 정신 기능과 직접적인 관계에 있지 않았을 경우, 잘못된 동기부여는 적법하지 않았을 것이다. 정신 기능이 먼저 형상화되지 않았을 경우 교육은(정신의 왜곡은 물론 잘못된 동기부여로 나아가려는 정신의 타고난 경향과 싸워야 하는 데) 죄의식에 대한 인식이 없이 오직 처벌에 대한 불안밖에 모르는 동물의 훈련으로 될 수밖에 없었을 것이다. 사실 처벌에 대한 불안의 표현은 고등동물에서 인간의 죄의식의 표현이다. 죄의식은 가축에게 이미 존재했던 처벌에 대한 원시적 불안이 진화된 형태이기 때문이다. 죄의식은 정신적 요구 앞에서의 불안인 정신화된 불안인 것이다. 그러므로 심리학에는 정신 기능의 자율적 발달과 그 왜곡인 잘못된 동기부여에 대한 연구보다 더 중요한 것은 없다. 이 연구만이 성적 기능과 모든 정신적 기능의 자율적 성숙에 대한 참된 이론을 가져다 줄 수 있는 것이다. 오직 그것만이 어린이의 건강한 성숙 단계와 삶의 의미를 향한 그의 목표, 말하자면 정신 건강의 원리와 그 결과인 정신 치료의 궁극적 원리도 보여 줄 수 있을 것이다.[11]

*

또한 환자가 기록하였고, 어느 정도 그의 삶에 대한 충동과 열정, 설명에 대한 욕구를 보여주는 그의 생각들을 전하는 것도 흥미 있을 것이다. 그것들은 지지를 받지 못하여 의지력 결핍을 불러온 두려움으로 변환되었다. 그러나 우리는 거기에서도 그의 본래적인 잘못을 다시 찾아볼 수 있다. 그가 찾는 지지(支持), 말하자면 그가 삶에서 제기하는 질문에 대한 답변은 비록 종종 오류들이 들어 있기는 하지만 지난 시대의 위대한 사상가들의 저작들 속에 어느 정도 명료하게 들어 있기 때문이다. 그 저작들은 적어도 새로운 세대들이 그것들을 비판하면서 자신의 방향을 찾아나갈 수 있게 사용될 수 있다. 그러나 정신쇠약증

---

11 P. Diel, *Les Principes de l'éducation et de la rééducation*, Paris, Payot, 1900.

환자들은 대략적인 것에만 만족하고, 노력하는 것을 두려워하며, 결국 샘의 원천을 파내지 않으려고 한다. 그들은 다른 사람들을 경멸하고, 허영심에 가득 차 있으며, 그들의 소중한 본질 속에 있으면서 영향받고, 잘못 되기를 두려워하여 그들 자신의 독특한 해결책을 찾으려고 고집 부리다가 결국 새롭게 고조된 과제 앞에서 너무 빨리 탈진하고, 헤매며, 모든 정신적 노력 앞에서 절망한다. 게다가 환자는 정신을 반쯤 졸게 하고, 습관적으로 몽롱하게 하는 상태에 빠진 상상적이고, 정감적인 삶이 고조돼서 종종 연구할 수도 없고, 효과적으로 책을 읽지도 못한다는 사실을 잊지 말아야 한다. 기억, 집중력, 지적 통찰에 문제가 생겼는데, 그들의 결함을 살펴보려고 하지 않는 것이다. 그들은 흔히 나태하고, 허황된 감정으로 가득 차 있는데, 그것은 그들이 모든 것을 적어도 큰 맥락에서는 이미 알고 있으며, 세세한 것들은 알 필요가 없다고 믿게 한다. 그래서 그들의 생각은 빈약해지고, 결국 비고 만다. 그의 생각은 주관적이고, 정감적이며, 하위-의식적인 걱정들에 강박적으로 결정되어서 모든 객관적 가치를 상실하였고, 궤변을 통해서 허영심만 키우는 개인적인 의미밖에 들어 있지 않다. 그것은 어느 정도 두드러진 정신적 무기력이며, 거기에 어느 정도 진행된 사회적이고, 성적인 무기력이 덧붙여지는데, 의지력의 결핍과 삶에 대한 감정의 무기력에 의해서 완성된다. 그리하여 고조와 억제 사이의 팽팽한 긴장으로 모든 분수와 활력을 잃게 된다. 이 또는 저 무기력이 우세하게 되면 현재의 상태인 의지력 결핍과 다른 병적인 상태를 만든다. 다른 경우에서도 그것은 무익한 토론에서 솜씨 좋게 궤변을 늘어놓으며, 생각이 흔들리는 것은 마찬가지일 것이다. 그러나 정신쇠약의 모든 상태가 진정한 정신력의 타고난 결핍을 말하는 것은 아니다. 잘못된 동기부여의 양가적 경향 때문에 정신력이 서로 반대되는 방향으로 이끌려서 경련을 일으켰고, 그것이 "정신력을 죽게" 한 것이다. 그러나 우리는 그의 무기력(無氣力) 상태에서 타고난 힘이 어느 정도 마비되었는지 미리 말할 수 없다. 그 차이는 대단히 크기 때문이다. 무기력, 무력감, 허무감은 서로를 무화시키는 반대되는 행동력의 크고, 작음과 관계없이 만들어지기 때문이다. 허무감과 반대되는 허영심은 종종 그의 자질(資質)의 기반이 된다. 주체는 그가 타고난 힘을 느끼지만, 고조되면서 그것을 억제하고, 그것을 풍요하게 하지 못하며 절망한다. 처음부터 허무감이나 허영심과 반대로 그의 희망과 자신감을 일깨우고, 치료에 대한 환자의 열심을 자극하기 위하여 환자에게 그의 상태에 대해서 설명하기가 권장된다. 신경증적인 사람은 종종 타고난 힘이 부족하지 않고, 그것은 흔히 평균 이상이다. 그에게 언제나 부족한 것은 그것이 발달하지 않는다는 점이다. 본질적인 힘과 너무 발달해 있을 수 있는 어느 특별한 재능을 혼동하지 않는 것이 중요하다.

여기에 환자가 쓴 것이 있다.

> 내가 혐오하는 현대적인 삶의 수많은 조건 가운데 하나는 어떤 사람들은 정신을 희생하면서 육체적인 일에만 몰두하고, 다른 사람은 육체를 희생하면서 정신적인 일에만 몰두하는 것이다. 더 고약한 것은 지성이 부족해서 근육의 일을 선택하고, 근력이 부족해서 지성적인 일을 선택하는 것이다. 그래서 분업은 사람들이 그에게 가장 발달해 있는 기능들만 발달시키게 한다.

앞부분은 더 자세하게 살펴볼 만하다. 그것은 생각을 구실로 하여 하위-의식적이고, 정감적으로 결정된 것을 표현한 것이다. 주체의 하위-의식적 고민이 상징적으로 드러난 것이다. 환자는 발달하지 않는 사람이다. 그는 의지력 결핍으로 완전히 정체되어 있으면서 고통 받고, 거기에 죄책감을 느끼며, 그의 죄의식을 다른 사람들에게 투사하고, 그들이 합리적으로 발달하지 않는다고 비난한다. 그는 그 자체가 아주 진부한 그의 비난을 생각의 형태로 거꾸로 말하는데, 그것은 자신에게 정신성을 갖춘 것처럼 보이게 하기 위함이다. 문학적으로 조금 재능이 있는 사람들이 좀 더 능숙하게 표현할 수도 있는 널리 퍼져 있는 경향인 것이다. 정신과 신체가 동시에 발달해 있는 것이 바람직한 것은 틀림없다. 그러나 지적인 사람이 반드시 신체적인 일도 동시에 하거나 그 반대도 마찬가지라고 주장하는 것은 비논리적인 말이다.

그러나 그의 생각은 더 진지하게 될 수 있다. 그는 다음과 같이 덧붙인다.

> 신체와 영혼에 대한 무지가 너무 심해서 우리는 진정한 신체적 건강과 훈련과 지적, 도덕적, 미적, 신비적 건강과 훈련에 대해서 알 수 없다. 인간에 대한 과학이 아무리 그것을 발견한다고 할지라도, 어쩌면 그것은 불가능할지 모른다. 그리고 우리는 어떻게 그 모든 기능들을 완전하고, 조화로우며, 최적으로 발달시킬 수 있을지 알지 못할 것이다. 그러므로 우리는 개인성에 대한 관념을 심화시키고, 분명히 해야 한다. 이상적으로 인간적인 것에는 남성이나 여성이 모두 그 자신으로 되는 두 가지 유형만 있지 않은가? 거기에는 문명인이나 야만인 모두가 다시 다가가야 한다. 그와 반대로 모든 인간은 그와 비슷한 사람들과는 어느 정도 다른 이상을 실현시켜야 하는 것이 아닌가? 그럴 경우 각자의 인간적인 기능들의 통합 비율은 사람들마다 조금씩 달라질 것이다. 그 차이는 세상 사람들의 눈에는 종종 잘 보이지 않지만, 언제나 존재한다. 이 개인성의 문제는 유전의 문제와 밀접하게 연결되어 있다. 사실, 하느님은 아담과 이브를 완벽하게 정상으로 창조하였지만, 인간의 자유 때문에 아담과 이브의 모든 자손들은 어느 정도만 정상으로 태어난다. 어떤 사람들은 이 세상을 살면서 그렇게 주장하지 않고, 인간의 이상에 가까이 가지만, 다른 사람들은 거기에서 멀어진다. 그래서 사람들은 그들이 타고나는 성질의 면에서 발달해야 하지 않을까? 그렇지 않으면, 그들은 인간의 이상에 다가가려고 해야 하지 않을까? 궁금한 것은, 우리가 삶을 시작하기 전에 이런 생각들과 다른 생각들이 나에게는 필수적인 것처럼 보이는데, 우리보다 앞서 살았던 수많은 사람들은 우리보다 여기에 대해서 거의 분명하게 알지 못했다는 사실이다. 그렇다면 어떤 결론을 내려야 할까?

그가 쓴 모든 생각은 능력을 발달시키는 문제를 중심으로 해서 돌아간다. 그 환자가 그 문제를 선택했던 것은 괜히 그랬던 것이 아니다. 그에게 선택은 강박적인 것이었다. 그 문제는 그를 하위-의식적으로뿐만 아니라 상위-의식적으로도 사로잡고 있었다. 그것이 그의 삶의 문제, 그의 병든 삶의 문제이며, 병의 문제였던 것이다. 그 문제는 해결책을 찾지 못하였다. "어떤 결론을 내려야 할까?" 그는 삶의 모든 문제에 대한 해결책을 발견하기 전에는 움직일 수 없지만, 다른 사람들은 그것을 추구하지도 않고, 찾지도 않았지만 살 수 있는 것을 보고 놀란다. 그래서 그는 "어떤 사람들은 이 세상을 살면서 그렇게 주장하지 않고, 인간의 이상에 가까이 가지만, 다른 사람들은 (그처럼) 거기에서 (그래야 한다고 주장할지라도) 멀어진다"고 말한다. 그는 행동하기 전에 완벽한 이론에 대한 확신이 있어야 하지만, 그는 어디에서도 그것을 찾을 수 없다. 그 자신만이 그것을 찾아야 하는 것이다. 그는 그것을 찾지 못할 것이다. 그래서 그는 움직이지 않을 것이다. 그는 영원히 그의 의지력 결핍증에 갇힐 텐데, 그것의 가장 깊은 원인은 고조된 과제와 교만한 죄의식에 있다. 그의 고조된 과제는 단지 가장 과도한 도덕적 순결인 성인이 되는 것만이 아니다. 그는 아무 도움도 받지 않고, 아무 노력도 하지 않으면서 그의 타고난 우수성으로 삶이 그에게 부과한 정신적 과제를 해결할 수 있다고 상상하는 것이다. 그러나 누가 곡선이 점근선에 다가가는 것처럼 무한대에서밖에 찾을 수 없는 해결책을 찾으려고 하는가? 그의 병인 의지력 결핍과 억제의 근본적 원인은 그의 도덕적이고, 정신적인 고조이다. 그의 상상력이 그에게 부과하는 새롭게 고조된 과제인 정신적 과제에 환자는 비굴한 웃음을 지으면서 대답한다. 그가 그것까지는 억제하지 못한 것인데, 그것은 그의 허영심이 하위-의식의 끝에까지 다가갔다는 표시이다. 고백의 징표인 것이다.

그의 고백은 기대하지 않았던 방식으로 확대되었다. 그것이 나중에 처음 네 회기를 요약한 것에서도 나타날 것이지만, 그 사실을 지적하는 것은 도움이 된다. 그 젊은이는 그의 방향을 찾으려는 욕구를 말하는 기록들을 아주 진지하게 가져왔지만, 그것들은 질서가 없었다. 정감적인 겸손과 그의 글들에서 보이는 궤도를 벗어난 열망 사이의 양가감정이 너무 두드러져서 그는 그 자신을 여러 가지 상황 때문에 방해받았지만 은밀하게 최고급의 사상가로 여기고 있다는 결론을 내리지 않을 수 없었다. 그는 자신의 지나치게 모순된 태도의 명백한 사실 앞에서 회기의 초기에는 자신이 아무것도 아니라는 느낌 때문에 너무 조심스럽게 감췄던 과도한 허영심을 거부했지만 이제는 "살아 있는 모든 사람 가운데서 뿐만이 아니라 과거에 살았던 모든 사람들과 앞으로 살 모든 사람들 가운데서도 첫째입니다!"라고 외친다. 한계가 없는 허영심의 진지한 고백이 아닌가? 괴상망측한 허풍이 아닌가? 둘 다이다.

*

이 사례로부터 치료적 개입의 방법뿐만 아니라 기술까지도 그 결과로 따라온다.

그것은 분석가와 분석자가 얼굴을 맞대고 하는 다정한 대화에 있을 것이다. 분석가만이 아니라 분석자도 같이 말하는 것이다. 분석자에게 그가 열등하게 대우 받는다는 느낌을 가지고 있지 않는 것이 중요한데, 그것은 흔히 있을 수 있는 권위주의적인 자세와 다른 분석가의 친절한 자세에 의하여 얻을 수 있다. 분석가의 다정한 솔직함의 예는 접촉에 해로운 짜증나는 허영심과 우쭐대는 허영심의 게임과 대꾸를 없애는 가장 좋은 방법이다. 또한 분석자가 복종하는 자세를 취하지 않게 하고, 그렇게 함으로써 좋은 인상을 준다고 믿는 오류를 범하지 않도록 돕는 것 역시 좋은 방법이다. 분석을 건강하고, 객관적으로 되게 하는 가장 기초적인 주의를 기울이지 않는 분석 상황은 어디에 써먹을 수 있을까? 분석가는 설명적인 가르침 이외에 구체적인 예를 제일 잘 보여 줄 수 있다. 그것은 결국 분석자가 분석가의 가르침을 받아들이게 하고, 적어도 마음의 병의 내밀한 원인을 같이 찾아보는 데서 분석가의 우수성을 받아들이게 하는 유일한 방법이다.

가장 심각한 잘못은 어쩌면 그것이 주관적 오류가 아닐 수도 있다는 두려움 때문에 병의 원인을 같이 찾아보려고 하지 않고, 모든 치료를 환자의 연상에 근거해서 탐색하지 않으며, 아무 설명도 해주지 않는 것이다. 분석가가 (무의식의) 법칙들 위에 근거한 객관적 과학으로 무장되어 있지 않다면, 그는 그의 무능을 고백해야 한다. 어떤 의사가 실수를 할까봐 감히 개입하지 못한다면, 우리는 어떤 말을 할 것인가?

전체적으로 볼 때, 정신분석 상황에서 분석가는 분석자 앞에서 자신을 분석한다. 그는 객관적으로 되기 위하여 그가 그 전에 자신 속에서 발견한 것들과 다른 사람의 결함에 대해서 이해할 수 있었던 것들만 가르쳐야 한다. 그래야 그의 가르침은 주관적인 충고가 아니라 자기-관찰과 자기-체험에 근거한 것이 될 수 있다. 그런 대가, 오직 그런 대가만을 통해서 분석자가 분석가에게 배우는 만큼 분석가 역시 분석자에게 배울 것이다. 다른 사람에 대한 분석은 자기-분석을 확장시키고, 심화시킨다. 그것은 점점 더 정신적 배열의 다양성을 알게 하고, 그것들이 조화와 반조화의 법칙에 공통적으로 뿌리 내리고 있다는 사실을 이해하게 한다.

이런 기술에 의하여, 다루어야 할 자료들(기억, 매일 일어나는 사건들에 대한 분석, 꿈의 해독, 질문에 대한 답변들)이 너무 많아서 회기는 필연적으로 긴 기간 동안 이루어진다.

오직 분석가만이 말하는 회기도 있다. 유비가 발달하여 모든 정신체계의 기능들을 포괄하는 연속체가 형성되어서 설명해야 할 것이 너무 길고, 복잡해졌기 때문이다. 그래서 설명은 심리학적 계산의 "다양한 조합과 교대"라는 측면에서 언제나 새롭게 행해질 수 있다. 그리고 그것은 적법성에 아무 영향도 미치지 않으면서 수많은 양가적이고, 반(反)-명제적 연계가 가능하고, 무궁무진하게 섬세하기 때문에 "확률적 계산"이라고 부를 수 있는 가운데서 이루어진다.

환자들의 상상에 의한 근심이 주위를 맴도는 매력의 극(極)은 정신질환의 중심으로서 고조된 과제이다. 가치 평가를 하는 정신의 병인 것이다. 잘못된 가치 평가는 빈 곳을 돌지 않는다. 그것은 물질적, 성적 욕망이 만든 삶의 활동적인 내용과 관계된다. 상상에 의해서 고조된 과제는 정신의 명료성을 억제하고, 고조-억제는 잘못 동기화된 가치 평가에 의해서 물질적, 성적 행동들로 펼쳐진다. 그것들의 정신병리적인 표현이 신경증적이고, 정신병적인 증상들로 나타날 정도로 장관(壯觀)이거나 삶의 규범으로 여겨지는 통속적 이데올로기라는 집단적 망상이라고 할지라도 그것들은 그 밑에 고조된 과제라는 의미가 있고, 암시적이고, 강박적인 힘을 가진 가치 평가의 힘일 뿐이다. 그러므로 치료에서 제일 처음 해야 하는 것은 분석자에게 특별하게 고조된 과제가 어떤 것인지 찾는 것이다. 인도자-원리로 된 그것들의 잘못된 가치 평가와 싸우는 유일한 방법은 그것들의 가치 평가를 정화(淨化)하는 힘으로 대적하는 것이다. 거기에는 반드시 모든 형태의 정화가 뒤따르지만 그것들은 충분히 예견될 수 있는 일이다. 모든 질병들과 모든 형태의 정신질환에 공통적인 전형적 빈곤성은 그것의 가장 심각한 동기가 정화를 위해서는 모든 과거의 행태에 맞서는 새로운 제안을 받아들이기 위하여 여태까지 지배적이었던 가치(도덕화하거나, 비도덕화하는)를 포기해야 한다는 불안이기 때문이다.

*

환자는 언제나 새롭게 다른 치료법이 있어야 한다고 믿는다. 그가 성(性)에 대해서 듣는 것을 더 좋아할 수 있다. 유사-신화적이고, 우화적인 이야기가 그를 더 재미있게 할 수도 있다. 심지어 그가 그의 잘못된 반응들을 다른 사람들, 말하자면 그의 부모의 잘못된 반응과 유아시절의 외상, 콤플렉스들을 가지고 설명하는 것을 더 좋아할 수도 있다. 그러나 그의 중요한 관심은 결국 그 방법들에 모아지지 않는다는 것이 틀림없다. 그래서 그는 그런 압박을 피하기 위하여 묻는다. “나는 어떻게 해야 합니까? – 당신에게 주어진 과제를 실현시키시오. – 하지만 나는 그것을 할 수 없습니다. –그것이 고조되어 있으므로, 그것을 포기하십시오. – 나는 그렇게 할 수 없습니다. 그것은 나보다 강합니다. 어떻게 할 수 있습니까? – 하위-의식에 있는 뿌리를 공격하시오. 당신의 모든 힘을 빼앗고, 당신의 삶의 하나, 하나까지 실패하게 한 것은 그것입니다. 겉으로 보기에 의미 없는 것 같은 이런 세부적인 것들을 정당화하려고 하지 마시오. 그것들을 정당화하면서, 당신은 당신의 모든 병과 그 병들의 원인인 고조된 과제까지 정당화하기 때문입니다. 당신이 당신도 모르게 하루에 수천 번이나 사용하는 잘못된 동기부여의 뿌리를 뽑으시오. 여기에서 뿌리를 뽑는 것은 고백과 비슷한 말입니다. 중요한 것은 모든 실패는 감춰진 잘못의 표시라는 것을 깨닫는 것입니다. 모든 현실적인 실패의 원인은 잘못된 정당화인 그 전에 있었던 실패를 고백하지 않고, 그것보다 먼저 있었던 실패들도 고백하지 않은 것입니다. 당신이 당신의 잘못을 고백하고, 거기에서 벗어나는 대신, 그것을 정당화했기 때문에 당신은 그것을 쉬지 않고, 반복하고, 그것은 커질 뿐입니다. 당신이 저지른 진정한 잘못은 외적이고, 우발적인 실패가 아니라, 내적이고, 본질적인 실패인 모든 우발적인 실패의 일정하고, 공통적 원인, 즉 잘못된 동기부여입니다. 당신은 당신의 고통에 대해서 불평합니다. 고통을 당하는 것은 마지못해서 겪는 것입니다. 당신은 삶이 당신에게 부당한 피해를 입힌다고 끊임없이 상상하면서 실제의 고통을 고조시킵니다. 당신의 고통, 말하자면 신경증적 고통은 삶에서 타고나는 고통으로 모든 사람들이 거기에 노출되어 있고, 그것을 견디고, 극복해야 합니다. 그러나 당신은 당신의 상상력으로 그것이 참을 수 없게 될 정도로 고조시킵니다. 그래서 당신의 고조된 고통은 당신의 본질적인 잘못에 대한 벌로 되고, 당신의 내적 실패와 죄로 됩니다. 그것은 기회가 있을 때마다 당신에게는 아무 잘못도 없다고 믿게 하는 고조된 상상력의 처벌입니다. 당신이 그렇다는 것과 여기 있는 모든 잘못들이 다른 사람 때문이라는 사실을 받아들일지라도, 당신의 신경증적인 상태는 당신이 여전히 그것을 받아들이지 못하는 근본적인 잘못을 저지르고 있다는 표시입니다. 당신은 다른 사람들이 그들의 잘못된 동기부여에 의해서 당신이 겪을 수밖에 없는 잘못을 받아들이기를 거부하면서 어쩔 수 없이 당신을 동정합니다. (받아들일 수 없다는 것은 이미 동정한다는 것입니다). 당신은 자신을 동정하면서 다른 사람들이 당신에게 가하는 잘못에 분개하기 때문에 그들을 과도하게 비난합니다. 당신이 매번 당신의 초기의 잘못에 대한 책임을 지지 않으려고 할수록, 당신은 더욱더 허영심과 감상성과 비난, 말하자면 죄의식으로 넘쳐흐르게 됩니다. 그래서 죄가 지속되는데, 그것이 고조된 고통의 원인인 중대한 오류가 아니라면, 그것은 죄도 아닙니다. 이것이 마술의 고리입니다. 당신이 당신의 잘못을 깨닫는 대신, 모든 죄책감을 억압하는 한, 당신은 거기에서 빠져나올 수 없습니다. 그래서 당신은 당신의 허영심을 강화시킬 수밖에 없습니다. 그 순환은 언제나 더 팽팽해지는 허영심의 수준, 말하자면 더 하위-의식적인 죄라는 면에서 다시 엮어집니다. 그리고 당신이 죄와 잘못이 없다고 주장할수록 당신은 이 마술적인 악순환에 빠지지 않을 수 없습니다. 이것은 법칙에 의해서 규정된 운동을 따르는 기계처럼 단순하고, 분명합니다. 그러나 그것은 지옥의 기계입니다. 그리고 당신 자신이 이 기계와 운동 에너지, 당신의 생명 에너지를 공급했기 때문에 그것은 당신 자신이 부과하면서 동시에 고통을 당하는 지옥의 마술적인 기계 작용입니다. 그러나 당신에게 다가오는 모든 것들이 당신의 죄에 대한 처벌, 말하자면 당신이 당신에게 가할 수밖에 없는 처벌이기 때문에 이 지옥의 기계와 하위-의식적으로 계산되는 이 기계 작용은 삶의 가장 정확한 법칙인 삶의 의미의 표현입니다. 당신의 불편과 고조된 고통, 당신의 병은 당신이 삶을 반대 방향으로 돌려놓았다는 징표입니다. 삶의 방향과 반대편에 있지 마시오. 삶과 삶의 의미는 의심할 나위 없이 당신보다 훨씬 더 강하고, 당신이 등지기에는 너무 강하며,

당신은 더 파괴당할 위험이 있습니다. 반대 방향, 말하자면 삶의 의미의 방향인 합리적인 방향으로 도시오. 그러면 당신은 당신을 고통스럽게 하는 법칙에 내재된 똑같은 필연성과 함께 당신의 고조된 고통에서 빠져나오고, 당신의 병에서 치유될 것입니다. 당신에게 삶을 등지게 강요하는 것은 당신의 죄의식에서 나온 허영심입니다. 우리가 그것의 중심에 타격을 가하기에는 그것은 너무 강합니다. 그리고 당신은 그 힘이 줄어들 때에만 그 힘의 크기에 대해서 알게 될 것입니다. 당신의 눈을 멀게 하고, 분명하게 보지 못하게 하는 것은 그것 자체이기 때문입니다. 허영심이 더 커질수록, 당신은 그것을 보지 못할 것입니다. 그것이 교만한 속임수의 정의입니다. 당신은 그것이 존재하지 않는다고 가정합니다. 그러나 당신은 그것의 힘의 크기를 정확하게 잴 수 있습니다. 그것을 정복하려면 그만한 크기의 노력이 필요합니다. 아무리 당신이 그것이 존재하지 않는다고 믿고 싶어 하지만 당신은 그것이 존재한다는 것을 잘 알고, 당신이 그것을 타격할 힘이 없으며, 차라리 그것의 먹이가 되는 편이 낫다고 하는 바로 그 순간 그것을 느끼게 됩니다. 당신이 두려워하는 것은 치료가 당신에게 너무 커다란 노력을 부과하지나 않나 하는 것입니다. 그러나 치료는 당신에게 허영심을 완전히 순식간에 없애라고 하지 않습니다. 중요한 것은 고통을 덜 당하도록 천천히 줄여가는 것일 뿐입니다. 치료가 당신에게 할 수 없는 유일한 것은 첫걸음을 떼게 하는 것입니다. 그것은 당신에 의해서만 해결책을 찾을 수 있는 문제입니다. 그것은 당신의 고통의 크기와 그것이 아직 접촉되지 않고 있는 한 당신의 생명의 충동의 크기와의 관계에 의해서 구성되기 때문입니다. 다른 사람들을 지나치게 고소하거나 비난하지 말고, 당신도 정죄하지 마시오. 그리고 같은 말이지만, 당신을 지나치게 고소하지 말고, 다른 사람들을 감상적으로 정죄하지도 마시오. 당신을 우월하게 생각하지 말고, 다른 사람들을 열등하게 생각하지도 마시오. 다른 사람들의 변덕이나 의견에 굴복하면서 다른 사람들에게 감상적으로 되지 마시오. 허영심만이 당신이 좋은 인상을 주도록 하기를 강요하기 때문입니다. 사실, 당신은 다른 사람들에게 재난적인 인상만 줄 뿐이고, 단지 그들의 비난하고, 경멸하는 경향과 공격하려는 마음만 일깨울 뿐입니다. 다른 사람들에게 저항하지만, 당신의 공격성이나 평가 절하로 저항하지 마시오. 거의 모든 사람들이 하는 게임과 반대되는 것을 하면서 그것을 즐기시오. 지나치게 다른 사람들을 비난하지 마시오. 그것은 당신 자신을 지나치게 비난하면서 혼란에 빠졌던 균형을 하위-의식적 계산을 통하여 회복시키려고 애쓰지 않게 하기 위함입니다. 당신을 괴롭히고, 지나치게 고통 받으면서 죄책감에 시달리지 마시오. 그것이 아무리 작을지라도 당신이 실패한 모든 것들 속에서 당신의 잘못된 동기부여를 찾아보고, 당신의 진정한 특성을 찾아보시오. 잘못은 당신이 쌓아놓은 앙심, 말하자면 당신도 모르게 당신의 눈초리, 몸짓, 흉내 내기, 저의(底意) 등에서 드러나는 열등성과 우월성에 대한 원한에 들어 있습니다. 당신을 살게 하는 거짓된 동기들은 경련을 일으키는 감정이기 때문입니다. 그리고 모든 감정은 신경을 자극하기 때문에 경련을 일으키는 감정들은 몸에 경련을 일으킵니다. 당신이 맺는 모든 인간관계에서 잘못된 동기부여는 그것이 잘못된 반응을 하기도 전에 당신의 행동에 나타나서 다른 사람들에게 전달됩니다. 그것은 첫 번째 만남에서부터 그들의 잘못된 동기부여에 의하여 다른 사람들의 잘못된 반응과 불신을 불러일으킵니다. 따라서 당신의 잘못된 동기부여는 결국 당신의 내적 고통의 원인일 뿐만 아니라 사회적인 면에서 당신의 불운이기도 합니다. 다른 사람이 당신을 용서하지 않는 것은 첫 번째 만남에서 그것이 당신의 불안이나 오만한 태도에 오염되었고, 그들을 그들도 원하지 않지만 잘못되게 이끌고, 행동하게 하는 당신의 마술 고리에 덥석 물렸기 때문입니다. 이렇게 다른 사람들의 잘못된 반응들밖에 접하지 못해서 당신은 행동하기도 전에 이 세상은 옳지 않고, 그런 세상에서 당신만 올바르며, 결백하다고 생각하게 됩니다. 그래서 다른 사람들은 당신을 피하거나 괴롭히고, 당신은 마침내 도망치게 됩니다. 바람직하지도 않고, 괴로운 모든 새로운 만남들은 당신을 더 수줍거나 공격적으로 만들고, 그 어느 때보다 더 지치게 하며, 어김없이 더 분명하게 이 세상의 "불공정함"과 적대적인 것에 대한 새로운 증거들을 제공합니다. 그러므로 당신의 잘못을 당신에게 잘못된 반응을 하게하는 당신의 잘못된 동기부여와 그들의 잘못된 반응들로 나타나는 다른 사람들의 외향화된 잘못된 동기부여 사이를 엮는 악한 고리에서 찾으시오. 당신이 하는 모든 실패 속에서 당신의 책임을 발견하고, 음험하게 숨어 있는 당신의 과오를 점점 더 깨달으면서, 당신은 외적인 각각의 실패들을 내면의 승리로 변환시키게 되고, 결국에는 당신의 하위-의식적인 잘못된 동기부여를 깨닫는 해명(解明)으로 변환시키게 될 것입니다. 그렇게 하면서 당신은 당신 안에서 조금씩 당신에게 올바른 반응을 가능하게하는 올바른 동기부여가 형성되도록 하고, 결국 당신의 병과 그 병의 모든 증상적 표현들이 그치게 될 것입니다. 하위-의식적 행동들을 하게하는 것은 하위-의식의 잘못된 동기부여입니다. 그래서 병이 나고, 신경증적 증상들과 통속화된 증상들이 생깁니다. 그러나 올바른 반응을 하게하는 것은 올바른 동기부여이며, 거기에서 정신의 건강인 조화와 균형이 생깁니다. 당신의 동기부여가 올바르게 되는 한, 그것은 당신을 위해서 작용할 것이고, 당신은 당신의 마술의 고리, 말하자면 당신의 상상력의 고조로부터 나오게 될 것입니다. 그리고 당신은 당신에게 펼쳐진 현실과 다른 사람들에게 펼쳐진 현실을 파악할 것입니다. 이 세상에는 신경질과 신경질에서 비롯된 고통이나 통속화와 통속화에서 비롯된 마비로부터 탈출하는 그밖에 다른 방법은 없습니다. 그것은 당신이나 다른 사람 모두에게 마찬가지입니다."

*

치료는 환자에게 그의 본질적인 잘못을 설명하는 것에 있고, 같은 말이지만 그에게 삶의 의미에 대해서 설명하는 것에 있다. 그것이 인간 본성의 근본적인 잘못에서 벗어나는 길이다. 또한 치료는 환자에게 그가 행한 각각의 실패에 대한 본질적인 잘못을 보여 주어서 그것을 그 자신 안에서 찾을 수 있도록 하는 데 있다. 치료는 분석에 기반을 둔 종합에 있는 것이다. 우리는 다리가 부러진 환자에게 사고가 났던 상황을 재구성하고, 그에게 다른 사람이 그를 밀쳤다고 말하면서 고치지는 않는다. 외부의 원인에 법적인 이해가 관계될 수는 있지만, 그것을 밝히는 것이 치료에는 그 어떤 가치도 없기 때문이다. 모든 정신질환은 가족과 사회, 이 세상 전체와 삶과 그 의미에 대한 고집스러운 복수이다. 환자는 삶에 절망하고, 삶을 의미 있는 방식으로 살기를 거부한다. 그는 오직 복수하기만을 바란다. 그는 자신이 삶에 벌을 주고 있다고 믿으면서 고집스럽게 그 자신을 파괴하는데, 이 파괴적인 고집은 그의 감상적인 비난과 죄의식에서 나온 허영심의 궁극적인 표현이다. 그를 그의 고집과 강박으로부터 떼어내는 데 충분하게 강한 것은 하나밖에 없다. 그의 불합리한 행위를 삶의 궁극적 의미와 맞서게 하는 것이다. 그러나 이런 직면(confrontation)은 지치지 않고 새롭게 이루어져야 한다. 삶에 내재된 의미는 환자에게 끊임없이 새로운 측면과 새로운 공식들을 통하여 제시되어야 하는 것이다. 정신질환은 삶의 왜곡인 삶의 의미에 대한 왜곡이기 때문이다. 그것은 땅에 쓰러질 때마다 새로운 힘을 얻는 거인, 괴물 앙테(Antée, 가이아와 포세이돈 사이에서 태어난 거인 괴물로 헤라클레스가 황금 사과를 얻으려고 가는 길에 만나서 싸웠는데, 그가 땅에 쓰러질 때마다 가이아가 다시 일어날 힘을 주었다–역자 주)와 같다. 또한 병은 그의 머리를 자르고, 불로 지지지 않으면 머리가 두 배로 늘어나는 히드라 같은데, 여기에서 불로 지지는 것은 정신적 이해를 통해서 계속해서 정화되는 것을 상징적으로 나타낸다. 여기에서 다시 솟아나는 두 개의 머리는 환자의 모든 반응들, 말하자면 그의 반응의 모든 잘못된 동기들을 분해하고, 나누는 양가감정으로 해석할 수 있다. 또한 정화하는 불은 잘못된 동기와 잘못된 반응을 이해하도록 설명하는 것을 의미한다. 그러므로 심리학적 계산은 모든 잘못된 동기와 잘못된 반응을 보완하는 양가적인 것을 찾는 것으로 이루어지고, 앞으로 나아가는 방향은 잘못된 동기부여의 네 가지 범주에 의해서 얻어진다. 하위-의식적으로 잘못 계산한 것을 수정하여 의식적으로 사용하면 삶의 문제들을 앞에서 말한 방정식에 넣어서 생각해 볼 수 있다. 그러나 그런 재구성은 습관적으로 저절로 작동하지 않는 한 모든 정신적인 문제들과 그 무한한 조합들에서 나온 문제들을 해결할 수 없다. 삶의 문제는 자동적으로 살지 않는 한 깨달을 수 없는데, 그렇게 되려면 생명의 충동의 근원으로 상승하고, 모든 사람들의 내면에 있는 하위-의식적 계산이 이루어지는 심연으로의 하강이 필요하다. 잘못된 동기에 의한 계산은 인간의 본성에 있는 결함이기 때문이다. 강박증과 거기에서 나오는 궤변에서 해방되도록 삶을 되돌아보게 하는 새롭고 놀라우며, 건강하고 의미 있는 가치 평가의 풍요성을 체험하려면 언제나 정신을 미묘하게 파악하면서 끊임없이 계산을 새롭게 하는 수밖에 없다. 그때야 비로소 그것이 삶의 무한하고 만화경 같은 가변성을 드러내 보이기 때문이다. 그러나 이런 설명은 그와 그 자신의 관계에 대해서 말해 준다.

*

우리는 치료의 효과를 또 다른 방식으로 설명할 수 있는데, 거기에서 내적 동기에 대한 연구의 사회적 중요성이 더 한층 명료하게 드러난다.

모든 심리학이 "자아"와 "타자" 사이의 관계 위에 기초를 둔 것은 분명하다. 그러나 현실적인 데이터에 맞춰서 심리학을 인간관계와 사회적 관계 위에 기초를 두게 하려면 한편으로는 진정한 자아와 다른 사람에 대한 그의 실제적 비전 사이를 구분하고, 다른 한편으로는 자아의 왜곡된 이미지와 고조된 상상력의 산물이 다른 사람의 이미지 사이를 구분하는 것이 중요하다.

다른 사람에 대한 왜곡된 분노에서 해방된 인격으로 완벽하게 진정한 실재(實在)로 된 자아로서 그 자신에게 조화롭게 닫힌 통일체는 그것에 의해서 그를 둘러싼 세계에 객관적으로 열려 있는데, 그것이 사랑이라는 개방이다. 진정한 자아는 모든 역동적 표현들인 그의 모든 생각, 모든 성향, 모든 감정들이 유비적인 관계 속에 있는 구조적 조직이다. 그 안에서 그 어떤 에너지의 부분도 다른 것과 반대되지 않으며, 죽어 있는 힘은 하나도 없고, 그에 따라서 고조도 없고, 억제도 없다. 허영심에서 나온 거짓이 없는 자아의 진정성은 한 번도 완벽하게 실현된 적이 없는 이상인데, 모든 사람들의 본질적이고, 상위-의식적인 욕망은 이 이상적인 자아를 형성하려고 한다. 다시 말해서, 본질적인 자아는 사용 가능한 힘의 한계 안에서 이상을 향한 진화의 노력으로서 삶의 궁극적 의미(모든 개인적인 삶의 사회적 과제와 구별되는)인 진정한 자아를 형성하려고 하는 것이다. 이상적인 실재가 되어 그의 이상적 자아를 완벽하게 실현한 사람은 다른 사람들을 하나의 실재, 즉 그들이 그들의 진정한 자질들과 결함을 가진 실질적인 존재로 지각한다. 그가 완전히 자유롭고, 그들을 완전히 객관적으로 보며, 그들과 이상적으로 분리되었기 때문에 그는 거기에 이상적으로 재통합될 수 있으며, 이 이상적인 연합은 활동적인 사랑이고, 선이다. 그러므로 진정한 자아가 실현되는 정도에 따라서 "타자"는 하나의 실재로 되고, 접촉 가능한 실재로 지각된다.

그러나 이상적인 자아는 결코 완벽하게 실현되지 않으며, "타자" 역시 그의 전체적인 실재 안에서 진정한 자아로 지각되지 않는다. 자아와 타자는 결코 완전히 분리되지 않는 것이다. 그들은 독립적 실재가 아니기 때문에 부분적으로 상상 속에 있으며, 상상 속에서 혼동된다. 하지만 이상적인 자아는 모든 동기들 속에 있는 자아일 것이다. "실존하는" 자아는 결코 완전히 의식되지 않는다. 그의 동기들은 부분적으로 하위-의식적이고, 상상적으로 왜곡되어 있다. 이 하위-의식적인 부분이 "자아"와 "타자"에 대한 상상이다. 그래서 "자아"와 타자의 의도에 대한 부분적인 잘못된 해석은 고조될 수 있고, 거기에서 정신에 대한 병적 왜곡과 표현이 생길 수 있다. 따라서 어느 정도 고조된 상상력인 하위-의식의 내용은 자아의 어느 정도 고조된 상상으로 구성되어 있고, 그 자신과 그의 동기들의 왜곡된 이미지와 다른 사람과 그의 동기들의 왜곡된 이미지들로 구성되어 있다. 이 두 이미지들이 하위-의식에서 어느 정도 가려낼 수 없을 만큼 혼동돼서 다른 사람의 이미지는 하위-의식적으로, 그리고 분리할 수 없을 만큼 그 자신의 이미지를 동반한다. 이것이 심리학에서 볼드윈(Janet Baldwin)이 "동료"(*socius*)라고 부르는 자기의 이미지의 하위-의식에서의 짝인 타자의 이미지이다.

내적 성찰을 하지 않는 심리학이 밝혀낸 "동료" (*socius*)라는 관념을 임상적 관찰이나 다른 그 어떤 외적 관찰에 의해서도 밝혀낼 수 없었다는 것은 명백한 사실이 아닌가? 심리학자들은 이런 발견을 은밀한 내적 성찰을 통해서만 해낼 수 있다. 그래서 그 "동료"가 입증되지 않는다면, 그것은 사변적 성격을 가진 가설로만 존재할 것이다. 오직 체계적인 내적 성찰만이 그 가설을 입증할 수 있는데, 그 증명 방법에 효과가 없으면 "동료"라는 관념 위에 근거한 모든 결론들은 사변으로 머무를 것이다. 그런데 내적 성찰이 이 예비적 관념, 즉 실존하는 자아의 모든 성향과 함께 하고, 하위-의식적으로 영향을 미치는 타자의 이미지라는 "동료"에 대해서 분명하게 증명했다는 것은 심리학 전체에 커다란 쾌거가 아닐 수 없다. 이상적 자아가 결코 완전히 실현된 적이 없고, 타자의 왜곡된 이미지가 언제나 자아를 어느 정도 변화시키기 때문에 (자아 자체를 상상으로 하면서 어느 정도 왜곡시키기 때문에) 자아가 존재하는 것이 아니라 타자와의 관계에서만 만들어지는 것이라고 말하는 것도 완전히 정당화될 수 있다. 그러나 자아가 하위-의식적으로 타자로 만든 이미지에 불과한 이 타자도 정신의 한 부분인 "동료"로서 자아의 "전체"의 한 부분이라는 사실을 잊지 않는 것이 중요하다.

내적 성찰은 올바른 동기와 잘못된 동기, 그리고 그것의 일정한 계산을 찾아낸다. 그런데 올바른 형태의 동기부여는 실현된 이상적 자아의 유비적 관계 이외에 다른 것이 아니다. 다시 말해서 그것은 정신화되고, 승화돼서 이상적으로 된 자아와 하나의 실재로 지각된 "타자" 사이의 관계이다. 이와 반대로 잘못된 동기부여는 그 자신에 대한 어느 정도 고조된 상상과 다른 사람에 대해서 어느 정도 고조된 상상 사이의 관계이다. 자아의 하위-의식적 이미지는 두 극 사이에서 흔들린다. 허영심과 죄의식 사이에서 흔들리고, 다른 사람의 하위-의식적 이미지가 감상성과 비난이라는 두 극 사이에서 흔들린다. 하위-의식적인 이 두 이미지들을 분리시킬 수 없기 때문에 하위-의식에서의 잘못된 동기부여의 두 부분인 죄의식으로 인한 허영심과 감상적인 비난은 똑같이 분리될 수 없을 만큼 연결되어 있다. 말하자면, 잘못된 동기부여의 그 어떤 형태도 덧붙일 수 없는 것이다.

자아의 왜곡된 이미지인 그 자신에 대한 상상은 다른 사람의 왜곡된 이미지와 연결된 다른 사람에 대한 상상과 연결돼서 형성된다. 사람들은 이상적 자아와 그것의 유비적 관계(충만성. 그 자신 안에서 정당성과 확실성을 찾는 그 자신 안에서 평안을 누리는 인격)를 맺지 못한다. 그래서 불확실하고, 허영심 있으며, 죄의식 때문에 힘들어하는 그의 자아는 그 사람 앞에서 스스로를 정당화 하기 위하여 상상 속에서 찬동을 받으려고 자신이 만든 다른 사람의 이미지 앞에서 어떤 역할을 하려는 욕구를 느낀다. 상상력이 스스로에게 제시하는 내적 광경의 속임수는 다른 사람의 이미지나 자신의 왜곡된 이미지가 결국에는 그의 찬동을 거부할 수 없는 방식으로 형성되는 것과 관계된다. 심지어 하위-의식적으로 눈이 먼 "자아"의 가장 왜곡된 활동들까지 말이다. 다른 사람의 왜곡된 이미지는 전체적으로 그 자신의 하위-의식적 자아, 말하자면 왜곡되고, 병적인 자아의 파생물이기 때문이다. 하위-의식적 자아는 두 부분으로 나누어지고, 더 나아가서 여러 부분으로 분해될 수 있다. 작용하는 자아와 다른 사람처럼 상상 속에서 관객-찬양자로 나누어질 수 있는 것이다. 허영심에서 나온 이 무오류성에 대한 느낌은 타인의 실재 앞에서 느끼는 죄책감에 시달리는 형태로 남아 있다는 사실은 놀랄 일도 아니다. 그런데 타자는 상상 속에만 있는 존재가 아니라 실제로 살아 있는 존재이다. 이렇게 형성되는 잘못된 동기부여를 보완하는 부분, 말하자면 타인의 실재로 이끄는 감상적인 비난은 실제로 존재하는 타자에 대한 비난과 불평일 뿐이며, 그것은 그것을 찬양자의 역할로 환원하려는 상상과 같지 않다.

그러나 우리는 다른 사람의 하위-의식적 이미지가 모습을 드러내는 여러 가지 형태를 구분해야 한다. 그것은 어느 정도 추상적이거나 구체적인 모습으로 나타날 수 있는 것이다.

가장 추상적인 이미지는 이런저런 것을 대상으로 삼지 않고, 다른 모든 것들을 대상으로 삼으며, 구체적인 어떤 표상이 아니라 그것들의 생각, 견해를 대상으로 삼는다. 그것은 다른 사람의 견해에 대한 불안, 말하자면 관습적 의식인 것이다. 이 추상적인 이미지인 견해에 대한 불안이 어느 정도 각 사람의 하위-의식에 새겨 있기 때문에 그것은 각자에게서 바깥으로 투사되고, 일반적으로 우리가 다른 사람들을 즐겁게 하려고 하거나 그들의 찬동을 얻으려고 할 때 하는 상상적인 생각 속에 응축된다. 여론을 얻으려는 것에 모아지는 것이다. 그것은 시대에 따라서 변화되지만, 그 형태들은 변하지 않아서 통속적이고, 관습적인 도덕을 구성하면서 끊임없이 하위-의식적으로 새롭게 태어난다. 그렇게 하려면 무엇보다도 먼저 다른 사람들에게 돈이나 자리를 주고 부탁해야 한다는 생각, 반항적인 아이의 사고방식에 있는 유치한 생각, "제멋대로 해서는" 안 되지만 그 어떤 수단을 써서라도 스스로를 지켜야 한다, 불의를 용납해서는 안 되지만, 불의에는 불의로 갚아주어야 한다는 생각, 자백을 해서는 안 되고, 언제나 모든 잘못을 즉시 부인할 수 있는 답변을 가지고 있어야 한다는 생각을 버려야 한다. 현재 통용되는 이런 견해들은 틀림없이 통속화된 사람들이 하는 악행들이다.

그러나 다른 사람의 이미지에 의존하는 것은 이렇게 통속적으로 관습화된 측면만 있는 것이 아니다.

한 사람이 신경증적이라서 그의 상상이 고조되거나 억제적이고, 하위-의식적 자아가 내면의 관객-찬양자 앞에서 공연하는 습관이 많을수록 주체 스스로의 욕구에 따라서 왜곡된 타자의 이미지 역시 더욱더 거의 구체적으로 의인화된다. 신경증적인 사람은 여론 앞에서 하위-의식적으로 자기-정당화하는 습관이 있을 뿐만 아니라 그의 내면에 있는 이런저런 왜곡된 이미지가 자극하는 대로 그 앞에서 독백의 형태로 계속해서 자기-정당화를 되새김질[反芻]처럼 한다. 모든 원망에는 이런 생각이 따라온다: 나는 그것을 말할 것이다. 그러면 그는 그의 잘못을 깨달을 것이다. 그가 깊은 인상을 심어 주려는 타자는 흔히 신경증적인 그 사람과 정감적으로 연결되어 있거나, 아니면 그가 "우월감-열등감"을 심하게 느끼는 범주에 속한 사람이다. 그러나 그가 그에게 깊은 인상을 심어 주려고 했던 상상 속에서의 그의 의도는 실현된 적이 없다. 인상적인 것은 이제는 관객-찬양자가 된 그의 내면에 있는 "타자"의 이미지일 뿐이다. 그러나 현실에서 존재하는 사람은 그가 깊은 인상을 심어 주려고 했고, 그가 곱씹었던 말에 대해서 자신의 분노를 겉으로 퍼부을 것이다. 그 결과 서로가 서로에 대해서 곱씹었던 잘못들을 투사하고, 다시 투사하는 일이 벌어지고 만다. 각 사람이 서로에 대해서 가진 잘못된 상상은 쌓였던 앙심을 폭발할 지경까지 날카롭게 해서 언쟁으로 된다. 언제나 마음이 불편하여 어느 정도 짜증이 난 상태에 있는 신경증적인 사람은 마침내 모든 사람들과 모든 만남에서 실제로 만난 상대방에게 깊은 인상을 주는 잘못, 즉 모든 상황을 악화시키고, 상처를 내는 잘못을 저지른다. 그에게는 어떤 상투적인 태도가 있는데, 그것 때문에 그는 그의 소심함을 드러내는 낮은 톤의 목소리나 상상 속에서 이루어지는 침묵의 대화나 관객-찬양자와 함께 하는 대화 속에서 나타나는 공격성을 가지고 있다고 생각한다. 따라서 그것은 실제로 사람들과 대화할 때 상대방에게 그가 상황과 맞지 않는 광신자라는 인상을 주면서 어김없이 드러난다. 사실, 신경증적인 사람은 상황 바깥에 있으며, "그 자신의 바깥에" 있다. 특히 그가 그에게 끊임없이 동기화가 잘못된 태도를 고취시키는 관객-찬양자와 말하는 듯한 습관적인 독백을 높은 소리로 하기 때문에 더욱더 그렇다. 그리고 그는 거기에서 그가 잘했고, 기쁘다는 느낌을 가지기도 한다. 신경증적인 사람의 모든 관심은 대화 상대방과 침착한 상태에서 말하는 대신 "내면에서 속삭이는 자"인 그의 내면의 찬양자와 그가 하는 "당신은 이렇게, 혹은 저렇게 말하시오. 그러면 놀랄 만큼 인상적일 것입니다", 또는 "당신은 잘못 했습니다. 이제 복구해야 합니다"라는 소리를 들으려는 욕구에 사로잡혀 있다. 내면의 관객은 끊임없이 속삭이고, 괴롭히며, 그의 왜곡된 이미지로 대체되어 잘못 해석된 실제의 대화 상대방은 끊임없이 놀라고, 인상을 받는다. 그의 실제 인상은 신경증적인 사람이 상상하는 것과는 완전히 정반대이다. 그것은 재난적인 것이다. 신경증적인 사람은 그것을 느끼며, 좌절한다. 그는 그의 내면의 비참밖에 생각할 수 없는 것이다. 진실은 이 신경증적이고, 모든 면에서 양가적인 이 사람이 재난적인 인상을 두려워한다는 사실이다. 그는 대화를 하기 전부터 그것을 불안하게 예견하였다. 불안이 그를 수줍게 하였고, 대화하는 내내 그가 부재하게 하였으며, 대화가 끝난 다음에도 그를 쫓아왔다. 그것이 그가 "뒤늦은 재치"(esprit d'escalier, 계단을 다 내려와서야 재치 있는 대답이 생각난다는 의미의 관용어—역자 주)를 하게 한 것이다. 내적인 대화는 언제나 만남이 망쳐지고 난 다음에 고조되면서 격렬하게 다시 시작된다. 앞선 대화에서 했던 것들이 세세하게 독백으로 반복되는 것이다. 독백은 내면의 잘못된 조언자(조언자와 속삭이는 자가 되려고 하위-의식적 자아에 의해서 세워지고, 왜곡된 자아를 경솔하게 하는 존재)를 압도하면서 자기-질책과 함께 시작되고, 마지막에는 하위-의식적 자아와 그의 관객(내적 성찰을 잘못한 존재) 사이에 화해가 이루어지는 것으로 끝난다. 다시 말해서 잘못을 외부세계에 투사하고, 내면에 있는 두 인물을 무죄방면하며, 실제의 대화 상대방에게 잘못을 돌리게 하는 것이다. 그 결과 그들은 다시 정당화된다.

그러므로 우리는 여기에서 허영심은 상상 속에서의 자아와 그의 상상된 관객 사이의 일치로 정의되는 것을 볼 수 있다. 죄의식은 그 둘 사이의 불화와 언쟁으로 정의된다. 그 자신에 대해서 연민을 가지는 감상성은 내면의 불행과 관계되는, 실제 상황에 집중하지 못하는 무능이며, 비난은 그의 동기들에 의해서 충분히 밝혀지지 않은 내면의 불행에 대한 부정, 말하자면 자신의 잘못을 실제의 관객에게 투사하는 것이다. 반응의 이 비밀스러운 순환과 그 결과인 허영심의 증가를 가져오는 잘못된 내적 일치의 복구는 놀랍고, 외상적인 상황이 끝날 때마다 매번 반복된다. 이것들은 그 자체로서는 순전한 상상이지만, 실제로 외상적으로 작용한다. 그것이 음험하게 불러일으켜졌지만, 정신은 거기에 잠겨 있기 때문이다. 내적으로 잘못된 반응의 순환은 그것이 어떤 것이든지 간에 모든 우발적이고, 외상적인 상황의 제대로 된 본질이다. 이 잘못된 동기부여로부터 중대한 죄의식과 본질적인 허영심을 구분하여야 한다. 중대한 죄의식은 상상 속에서의 자아와 타자의 이미지 사이의 논쟁이 아니다. 그것은 환자의 정신 속에 하위-의식적인 두 인물이 존재하고, 정신이 중력의 점을 그 안에 가진 인격적 통일체(인격)가 아니라는 사실에 있다. 죄의식은 그의 본질적인 양심을 겨누는 것이다. 본질적인 허영심에 대해서 말하자면, 그것은 자신의 내면에 두 개의 하위-의식적 인물들이 존재하고, 그것이 하위-의식적으로 분열되고, 탈구(脫臼)되어 있을지라도, 자신이 이상의 실현자인 인격적 통일체를 이룬 사람이라고 믿는 데 있다.

실제의 대화 상대방에게 죄를 돌린 좀 더 진전된 사례를 통하여 이런 습관적인 비난은 대화 상대방의 계속적인 잘못된 상상으로 변환시킨 결과로서, 그것은 점점 더 자아를 왜곡시키고, 더욱더 잘못된 동기부여-반응으로 나아가는 것을 알 수 있다. 그 자신과 다른 사람의 실재에 대한 이런 지속적인 변환은 다른 사람의 이미지의 하위-의식적 상투적 표현(cliché)을 강화시키고, 그것에 의하여 다른 모든 사람들은 마침내 적대적이고, 죄가 있다고 미리 규정된다. 대화의 상대방은 그가 어떤 사람이든지 간에 상투적 표현에 흡수되고, 자아의 교만한 욕구에 의하여 변환된 정신 속으로 들어오는 것이다. 열등하다고 여겨지는 다른 사람의 이미지는 그 앞에서 교만한 자아가 뽐내고, 그가 찬사의 공물(貢物)을 기대하는 관객-찬양자일 뿐이다. 신경증적인 사람은 다른 사람을 이렇게 상상력에 의하여 흡수함으로써, 마침내 현실이 그에게 거부하는 다른 사람들의 찬양이라고 생각되는 것을 얻지만, 그것은 단지 자기-찬양, 말하자면 개인적인 허영심의 충족일 뿐이다. 그러나 허영심은 결코 충족될 수 없는 듯하다. 특히 허영심이 많은 자아는 찬동을 목말라 하고, 한 번 들어와서 계속해서 존재하는 관객인 그 타자는 곧 강박적 관찰자, 말하자면 교만한 자아 위에 있는 재판관으로 되기 때문이다. 그는 자기-고발자인 것이다.

*

이런 관찰은 "다른 사람의 이미지"가 어떻게 본래 상투적인 방식으로 형성되는지를 이해하게 하면서 그 "다른 사람의 이미지"가 더 구체적이고, 더 하위-의식적으로 다시 나타날 수 있는 제3의 측면을 파악하는데 도움을 준다. 그것이 정신 안에서 수행되는 제3의 기능을 파악하게 해 준다. 첫 번째 측면은 다른 사람들의 추상적 견해(다시 말해서 여론)에 대한 불안에 가득 찬 의존성이었고, 두 번째 측면은 계속해서 이어지는 모든 대화 상대방의 구체적인 견해에 대한 불안에 가득 찬 의존성이었다.

부모, 배우자, 자녀와의 인간관계는 일시적인 관계가 아니라 지속적인 관계이다. 따라서 그 관계들에서의 외상도 일시적이지 않고, 지속적이다. 그 관계들은 정신을 매우 구체적이지만 완전히 하위-의식적인 이미지들로 적신다. 그 인물들은 일반적으로 가까운 사람들이 아니라 아주 친밀한 "인척"으로 지속적인 외상의 원인이다. 이 인척들의 왜곡된 이미지는 정신에 영원히 들어오며, 계속해서 영향을 미친다. 정신 에너지의 모든 부분은 이 지속적인 이미지들을 조직하고, 유지하기 위하여 사용된다. 다시 말해서 타자의 실재를 다시금 짜증이 날 때마다 왜곡된 이미지로 변환시키려고 하는 것이다. 분리할 수 없는 파트너들이 서로 부추기는 데서 비롯된 연속되는 외상들을 중화시키려는 목표는 헛된 것이다. 여기에서도 앞에서 살펴보았던 낯선 대화 상대방의 경우와 똑같이 죄 많은 적으로 불려온 타자와의 대화에서 독백으로 언쟁하고, 그를 찬양자로 격하시켜서 이기기 위하여 상상력를 통한 변환이 이루어진다. 그러나 여기에서 언제나 상상적으로 그렇게 변환되는 것은 동일한 실제의 인물이기 때문에 끊임없이 새롭게 왜곡을 강요당하는 이미지는 신경증적인 사람에게 하나의 실체인 "초자아" 같다. 마치 원시인들이 그의 우상(偶像)을 페티쉬(fétiche)처럼 대하는 것과 같은 것이다. 원시인들은 그들의 우상에게 간청하다가 우상이 그들의 간청을 들어주지 않으면 그 우상에게 매질을 한다.

이렇게 그릇되게 해석되는 관계들은 쉽게 해결될 수 없는 모든 관계들 속에서 신경증적 주체들 사이에서도 이루어진다. 예를 들어서 말하자면, 직장에서도 있을 수 있는 것이다. 신경증적인 사람은 그가 아무리 서열상 상급자라는 유리한 위치에 있을지라도 내심 하급자들의 눈치를 보면서 고통당하지 않을 수 없는 것이다. 신경증적인 사람이 하급자의 위치에 있을 때는 그가 상급자의 의사 때문에 불안한 것이 그의 물질적 상황을 위태롭게 할 수도 있다고 해석할 수 있기 때문에 더 고통스러운 것이 사실이다. 잘못된 해석으로부터 나온 이 문제들을 해결하려는 시도들은 상급자는 물론 하급자에게도 잘못된 수많은 태도들을 양산할 텐데, 화가 나지만 복종하거나 오만하게 지배하는 등 매우 다양할 것이다.

그러나 이렇게 정감적으로 강박적인 유대 관계는 실제로 악의적인 불화에 이르면서 부모와 자녀들 사이나 부부 사이에서 더 많이 이루어질 수 있다. 상대방들은 그들의 마음속에 타자에 대한 실체화된 이미지를 가지고 있기 때문이다. 그들 각자는 왜곡된 이미지 때문에 하위-의식적이고, 정감적이며, 강박적으로 연계되어서 실제의 삶에서도 상상에 의한 오류 속에서 서로가 서로에게 분리되어 있다. 그들은 서로가 서로를 정말 모르고, 상대방의 진정한 욕구를 느끼지 못하면서 서로에 대한 악몽에 빠져서 계속해서 함께 산다. 감상적인 사랑과 비난이 가득 담긴 복수는 실제의 상대방을 향해서 나아가지 않고, 그의 이미지를 향한다. 실제의 상대방은 왜곡되고, 강박적인 이미지를 통해서 조준될 뿐이다. 그러나 타자에 대한 상상인 타자의 이미지는 자아의 해리된 한 부분일 뿐이며, 자아는 타자와 혼동되고, 동일시된다. 외상화 하는 고통과 언제나 고통을 새롭게 불러일으키는 복수를 그치게 해달라는 타자를 향한 간청에는 자기 자신에게 타자에 대한 도발을 그만 두라는 의미와 자기 자신을 향한 복수, 즉 자기-처벌을 그만 두라는 의미가 동시에 들어 있다. 그것은 사랑과 증오인 것이다. 이 사랑-증오는 종종 매일의 가장 아무것도 아닌 일들, 이제는 더 이상 참을 수 없게 된 상대방의 습관, 지극히 작은 불화에 의해서 북돋워지지만, 그것들은 언제나 똑같은 정신적인 "자리에서" 작용하면서 "화농성 궤양"을 만든다. 그것은 외상화 하는 사건들이 아니다. 그것들은 그것에 대한 해석이다. 지속적으로 가까운 관계를 맺으면서 사는 사람들에게 서로가 참을 수 없는 습관으로 여겨지면서 평가 절하하고, 끔찍이 싫어하게 되는 것은 종종 어떤 "신체적" 작용이나 만족을 채우는 방식, 예를 들어서 말하자면 음식을 먹는 방식 등이다. 마찬가지로, 어린아이들이 특히 애정을 받지 못하거나 애정 공세를 받지 못한다고 느낄 때, 그들의 비난은 호기심을 충족시키지 못한 것에 덧붙여져서 부모들의 관계에 고착되어 있다. 그들은 부모들이 무엇인지 설명할 수 없지만 불결하다고 느끼는 것이다. 그러나 성적인 호기심의 고조는 상처받고, 애정에 굶주린 정신의 근본적인 경향을 충족시키려는 수단일 뿐인데, 그것은 그가 원할 때마다 자신 안에 애정을 거부한 타자의 속성을 취할 수 있도록 내면화 하려는 술책이다. 어린아이는 죄의식으로 가득 찬 허영심을 가지고 그가 부모의 어느 한쪽보다 더 낫다고(더 깨끗하다고) 믿으면서 그를 이기려고 하고, 비난으로 가득 찬 감상성을 가지고 끊임없이 그를 쫓아다니는 것이다. 우리는 이렇게 부모의 한쪽을 자신의 내면에 "내면화 하려는" 경향을 정신분석 용어로 말하자면 "동일시"라고 할 수 있다. 그때 그 타자의 이미지는 우상으로 실체화되었고, 감상적으로 사랑 받고, 매질 당한다. 그것은 승화의 산물이 아니라 억압의 산물인 엄격한 초자아이다. 결국 보상에 의해서 고조된 과제로 응축된 거짓된 승화로서, 도덕화 하는 경련적인 엄격성을 만드는 것은 아버지의 실체적 이미지를 향한 죄의식의 억압인 것이다. 그때 아버지는 과대평가되면서 동시에 과소평가되는 잘못된 교육자이다. 성적인 것이라고 주장하는 콤플렉스들은 계속적인 동일시를 불러일으키는 외상들에 대한 기억의 복합에서 나온다. 의무를 부과하는 아버지-이미지의 내면화인 것이다. 이 사랑-증오를 성적으로 해석하려는 유혹은 클 수 있다. 그러나 사실 그것은 모든 진정한 감정이 죽어서 그렇게 된다. 그 원인은 그 어떤 외상도 정신이 그 자신의 왜곡된 이미지와 타자의 왜곡된 이미지로 해리되는 것으로 설명하고, 왜곡된 그 두 이미지 사이를 일치시키려는 허망한 노력을 하려는 하위-의식적 정신의 활기찬 작업에 있다. 또한 이 과정의 본질적 원인은 억압된 죄의식, 다시 말해서, 상상적으로 왜곡된 자아의 허영심과 아버지의 왜곡된 이미지를 향한 비난이 가득 찬 감상성에 있다. 그러나 더 근본적으로 본질적인 원인, 즉 잘못된 동기부여의 원인은 치명적인 죄에서 찾아야 한다. 다시 말해서, 삶의 의미로서 인격적 통일체인 진정한 자아를 형성하는 삶의 과제가 아직 실현되지 않았고, 본질적인 허영심 속에서 찾고 있다는 사실에 있는 것이다. 또한 개인의 능력의 한계 내에서 이루어지는 본질적 과제의 실현이 불합리하고, 그의 모든 능력을 벗어나는 과제를 향한 허황된 자아의 경련적인 노력으로 대체되었다는 사실에 기인한다. 주체는 지금 고조된 과제에 매달려 있는 것이다.

자아의 왜곡된 이미지와 타자의 왜곡된 이미지에 대해서 여태까지 말했던 것은 치료의 효율성이 어디에 있는지를 분명하게 보여준다. 허황된 자아가 존속하는 한, 타자에 대한 왜곡된 이미지가 똑같이 존속되고, 모든 사회적 관계는 그로부터 혼란에 빠진다. 치료적 개입이 추구해야 하는 최초의 결과는 구체적인 인물(친척들)에 대한 왜곡된 이미지에 하위-의식적으로 집착하는 고착의 해체이다. 치료적인 노력이 효율적으로 이루어지려면 지속적인 원망의 원천인 그 자신과 타자에 대한 잘못된 이미지들을 설명하면서 해체시키는 데 있는 것이다. 그것은 정신을 가치 있고, 명석하게 하고, 자제력을 복구하는데 있는 것이다. 모든 사람들에게 공통적이고, 본질적이며, 감춰진 의미가 거짓된 이미지(거짓된 동기부여)에 고착돼서 알려지지 않는 한, 분석가의 설명 역시 모호하고, 도식적으로 될 수밖에 없다. 그래서 그는 잘못된 반응들을 얼버무리기 위하여 어느 정도 통상적이고, 관습적인 견해에 기반을 둔 위험한 조언들을 한다. 그 자신의 이미지와 타자의 이미지 사이의 관계는 상징화의 첫 번째 지표이다. 상징적 고착이 용해되거나, 그렇지 않으면 적어도 그것이 약화되면, 치료와 거리가 멀었던 환자는 하위-의식적으로 실제의 상황인 분석에 고착되려고 한다. 그러나 분석가는 점점 더 아직도 남아 있는 "타자의 이미지"의 상투적 표현을 쓰려고 한다. 그러면 환자는 "내재화"에 의해서 하위-의식적으로 분석가가 그를 쫓아오고, 관찰하는 것을 느낀다. 분석자는 분석가와 동일시되고, 그의 행동은 "타자의 이미지"에 의존되며, 치료자가 말했을 것을 묻지도 않고 행동하게 된다. 사랑-증오는 그가 부모와 분리된 만큼 분석가에게 집중된다. 그래서 치료자는 내면의 관찰자, 말하자면 죄 많은 원수와 고소자이고, 동시에 감상적인 친구이며, 찬양자로 된다. 이런 상태가 존속하는 한 분석자는 부분적으로 저항하게 된다. 그 상태는 치료의 첫 번째 단계인데, 그것은 "타자의 이미지"로 된 치료자가 환자에게 삶의 의미에 기초를 둔 진정한 지침을 줄 수 있어야 한다. 그러나 지침이 되는 것은 치료자의 하위-의식적이며, 구체적인 이미지가 아니라 상위-의식에서 나온 비전이며, 결국 치료의 진리에 대한 의식적 깨달음이라는 것을 알게 하기 위해서는 그 이미지를 해체하고, 분석자를 분석가의 이미지로부터 분리시키고, 그가 독립적으로 되게 해야 한다. 물론 치료의 진정성인 이 단계에 도달하는 것이 언제나 가능한 것은 아니다 그러나 분석은 환자의 마음의 밭을 “갈고”, 정신적이고, 숭고한 씨를 뿌리는 것이며, 토양이 비옥하고, 상황들이 너무 가혹하지 않는다면, 그것들은 계속해서 발달하고, 열매를 맺을 것이라는 사실을 덧붙일 수 있다. 그런데 그것은 종종 치료가 종결된 지 한참 후에 이루어질 수도 있다.

심리학이 오래 전부터 각자에게 있는 익명의 동반자, 다시 말해서 하위-의식적 동반자라고 받아들인 “동료” (*socius*)는 “타자”의 왜곡된 이미지이다. 어디서 정감적 혼란이 없이 타자에 대한 객관적인 이미지를 형성할 수 있고, 간직할 수 있는 맑은 거울 같이 이상을 실현한 사람을 찾을 수 있는가? 해서 하는 말이다. 우리가 앞에서 살펴보았지만, 자아 자체가 왜곡되어 있지 않으면, 자아는 타자에 대해서 왜곡된 이미지만 형성하고, 간직할 수밖에 없다.

“동료”라는 관념은 한편으로는 모든 정신이 점점 더 왜곡되는 것을 확인하는 말이고, 다른 한편으로는 “자아의 이미지”와 “타자의 이미지”의 구별이 필요하다는 말이다. “동료”라는 관념의 발달과 그것이 요구하는 명확한 구별은 겉으로 보기에 매우 다른 학파들에서 나온 심리학적 진실들이 하나의 연결점을 찾을 수 있다는 사실을 보여준다. 이것은 언젠가 서로 다른 학파들이 하나의 커다란 관념 안에서 통합될 수 있다는 희망을 준다. 정신에 관한 진실과 그것의 실천적 적용, 교육과 재교육 체계가 통합될 수 있는 것이다.

*

지금 심리학의 방법론들과 기술들은 공통의 기반이 없기 때문에 서로 모순되기도 한다. 통합하는 이 기반은 동기를 부여하는 내면의 작용에 대한 이해일 수밖에 없다. 내적 성찰의 심리학은 임상심리학과 행동주의 심리학에 여러 가지 유형의 관찰과 경험에서 얻은 자료들에 대한 과학적 해석을 보장하는 공통된 방법을 제공해야 한다.

심리학의 미래는 각자의 고유한 연구 기술에 바탕을 둔 학파의 방법을 통합한 것에 달려 있는 것이다. 심리학은 그 대가를 치러야만 생명과학, 소위 엄밀한 과학의 필수적인 보완책이 될 수 있다. 그렇게 하기 위해서는 내적 성찰에 대한 저주를 거두어야 한다.

정신체계를 깊이 연구해서 얻은 인식의 적용은 순전히 의료적 치료의 측면에서만 고려하는 치료 계획을 훨씬 더 능가한다. 여기에서 이론적 인식은 미래의 발달에 관한 실천적 기능을 담당하기 때문이다.

매우 중요한 이 사실에 대해서 말했던 모든 것 말고, 언어의 지혜는 이것을 증명한다. 정신적 인식은 몸에 대한 인식의 보완적 탄생이다. 인식(con-naître)은 정신 안에서, 정신에 의해서 태어나는 것이다(프랑스어에서 인식, con-naître이라는 단어는 "같이"라는 의미의 con, "낳는다"라는 의미의 naître로 구성되어 있다–역자 주). 본질적인 것에 대한 이 인식(con-naissance)은 개인적인 진화의 충동일 뿐만 아니라 인류라는 종의 진화의 충동이다. 공동의 지식(co-science)에 의해서 충동이 재탄생한다. 통찰력이 있는 공동의 지식인 자기에 대한 인식은 의미 있는 행동의 동기들을 창조하면서 합리적인 가치 평가를 통해서 미리 욕망들을 제어함으로써 기술적이고, 기계적으로만이 아니라 정신적으로도 환경을 지배하게 한다. 거기에 인간의 삶의 모든 문제들과 생명과학의 모든 문제들이 요약되어 있다. 정신은 동기들의 (욕구 충족의) 약속을 평가하고, 서열화 하기까지 해야 하며, 가치 있는 만족들을 배열해야 한다. 그리고 그렇게 함으로써 의식적이고, 과학적으로 내재적인 생물발생적 가치들의 위계를 창안해야 한다. 거기에서 미래의 진화의 모든 단계들이 가능해진다. 삶과 정신의 신비한 깊이가 어떻든지 간에 인간의 정신은 삶의 의미 있는 만족의 조건들을 의식적으로 아는데 필요한 모든 것들을 가지고 있다. 정신은 그것들을 더욱더 잘 알기 위해서 그 자신이 진화의 조건으로 된다. 정신의 깊이에 대한 탐구는 합리적인 것과 불합리한 것을 구별하게 한다. 오직 정신적으로 건강한 삶만이 그 자체로 의미 있다. 내재적으로 만족할 만한 의미는 정신이 상상에 의한 고조와 그것들의 눈먼 허영의 형태(정신의 질병들)들에서 벗어나는 것이다. 진화를 통한 해방은 분석적 재교육뿐만 아니라 예방적 종합의 길을 열면서 정신 건강의 예방적 조건에 대해서 아는 데 있다. 태어나는 세대들을 위한 건강한 교육의 수단인 것이다.

태어날 때부터 충동을 제대로 사용하게 하는 교육적 예방은 어쩌면 진화적 발전의 유일한, 또는 가장 좋은 방법이다. 그 길이 일단 열리면, 진화 기간은 과거에 걸렸던 진화의 시간보다 훨씬 단축될 수 있을 것이다. 그것은 더 이상 무의식적인 진화적 충동에 기반을 두지 않고, 초의식적 열망에 의해서 명료하게 동기를 부여받았기 때문이다.

명료한 내적 성찰의 궁극적인 의미는 지도자-이상(idéal-guide)이라는 초의식적 내재성을 의식적으로 동기를 부여하는 지도자-생각(idée-guide)으로 변환시키는 것이 아닐까? 다시 말해서, 생각하는 종에게 주어진 생물발생적으로 본질적인 심오한 과제가 아닐까?